国家级技工教育规划教材
全国技工院校医药类专业教材

GSP实务教程

张瑜　张发余　主编

中国劳动社会保障出版社

图书在版编目（CIP）数据

GSP 实务教程/张瑜，张发余主编 . -- 北京：中国劳动社会保障出版社，2023
全国技工院校医药类专业教材
ISBN 978 - 7 - 5167 - 5861 - 8

Ⅰ. ①G… Ⅱ. ①张… ②张… Ⅲ. ①药品 - 商业经营 - 质量管理 - 中国 - 技工学校 - 教材 Ⅳ. ①F721. 8

中国国家版本馆 CIP 数据核字（2023）第 103675 号

中国劳动社会保障出版社出版发行
（北京市惠新东街 1 号 邮政编码：100029）
*
北京市科星印刷有限责任公司印刷装订 新华书店经销
787 毫米 × 1092 毫米 16 开本 23. 5 印张 497 千字
2023 年 6 月第 1 版 2024 年 5 月第 2 次印刷
定价：58. 00 元

营销中心电话：400 - 606 - 6496
出版社网址：http://www. class. com. cn

《GSP实务教程》编审委员会

主　　编　张　瑜　张发余

副 主 编　赵云虹　刘　燕　张绍元　黄晟盛　邓　媚

编　　者　**（以姓氏笔画为序）**

邓　媚（湖南省医药技工学校）

王春艳（江西省医药技师学院）

华迎春（河南医药健康技师学院）

刘　敏（江西省医药学校）

刘　燕（江西省医药技师学院）

刘宸菀（湖南食品药品职业学院）

张　瑜（山东医药技师学院）

张发余（山东医药技师学院）

张绍元（山东泰安市第一人民医院）

赵云虹（黑龙江省高级技工学校）

黄晟盛（杭州第一技师学院）

主　　审　杨文章（山东医药技师学院）

张晓军（杭州第一技师学院）

总前言

为了深入贯彻党的二十大精神和习近平总书记关于大力发展技工教育的重要指示精神，落实中共中央办公厅、国务院办公厅印发的《关于推动现代职业教育高质量发展的意见》，推进技工教育高质量发展，全面推进技工院校工学一体化人才培养模式改革，适应技工院校教学模式改革创新，同时为更好地适应技工院校医药类专业的教学要求，全面提升教学质量，我们组织有关学校的一线教师和行业、企业专家，在充分调研企业生产和学校教学情况、广泛听取教师意见的基础上，吸收和借鉴各地技工院校教学改革的成功经验，组织编写了本套全国技工院校医药类专业教材。

总体来看，本套教材具有以下特色：

第一，坚持知识性、准确性、适用性、先进性，体现专业特点。教材编写过程中，努力做到以市场需求为导向，根据医药行业发展现状和趋势，合理选择教材内容，做到“适用、管用、够用”。同时，在严格执行国家有关技术标准的基础上，尽可能多地在教材中介绍医药行业的新知识、新技术、新工艺和新设备，突出教材的先进性。

第二，突出职业教育特色，重视实践能力的培养。以职业能力为本位，根据医药专业毕业生所从事职业的实际需要，适当调整专业知识的深度和难度，合理确定学生应具备的知识结构和能力结构。同时，进一步加强实践性教学的内容，以满足企业对技能型人才的要求。

第三，创新教材编写模式，激发学生学习兴趣。按照教学规律和学生的认知规律，合理安排教材内容，并注重利用图表、实物照片辅助讲解知识点和技能点，为学生营造生动、直观的学习环境。部分教材采用工作手册式、新型活页式，全流程体现产教融合、校企合作，实现理论知识与企业岗位标准、技能要求的高度融合。部分教材在印刷工艺上采用了四色印刷，增强了教材的表现力。

本套教材配有习题册和多媒体电子课件等教学资源，方便教师上课使用，可以通过技工教育网（http://jg.class.com.cn）下载。另外，在部分教材中针对教学重点和难点制作了演示视频、音频等多媒体素材，学生可扫描二维码在线观看或收听相应内容。

本套教材的编写工作得到了河南、浙江、山东、江苏、江西、四川、广西、广东等省（自治区）人力资源社会保障厅及有关学校的大力支持，教材编审人员做了大量的工作，在此我们表示诚挚的谢意。同时，恳切希望广大读者对教材提出宝贵的意见和建议。

本书前言

《GSP 实务教程》是全国技工院校医药类专业教材之一。本教材包括五大模块，具体分为 13 个课题：GSP 认知，药品质量管理与监督检查管理，GSP 对人员与机构的要求，GSP 对药品采购的管理，GSP 对药品收货与验收的管理，GSP 对药品储存养护设施、设备的管理，GSP 对药品储存、养护的管理，GSP 对药品校准、验证的管理，药品销售与广告宣传管理，药品出库与配送管理，药品售后管理与质量风险管理，质量管理体系文件，计算机管理信息系统等。

本教材的特点：一是符合技能人才成长规律和技工院校学生认知特点，适应技能人才培养实际，满足医药企业经营工作的需要，实现思想政治教育、知识传授、技能培养融合统一；二是在深度和广度上，按照“必须、够用”为度的标准，采用一体化模式即“模块→课题→任务”结构进行编写，每个课题任务前有“学习目标”，后有“任务实施”“任务测评”“课堂练习”，加大了技能培训力度，实现“一体化教学”的目标；三是注重趣味教学，力求寓乐于学，注重博采众长，力求新颖科学。

本教材在编写过程中得到山东医药技师学院、黑龙江省高级技工学校、江西省医药技师学院、江西省医药学校、杭州第一技师学院、湖南省医药技工学校、湖南食品药品职业学院、河南医药健康技师学院、山东泰安市第一人民医院等单位的大力支持与协助，在此一并表示衷心的感谢。

由于时间仓促和水平所限，虽经各位编者的不懈努力，本教材可能还会有不完善之处，恳请广大读者提出宝贵的意见。

编者

2023 年 6 月

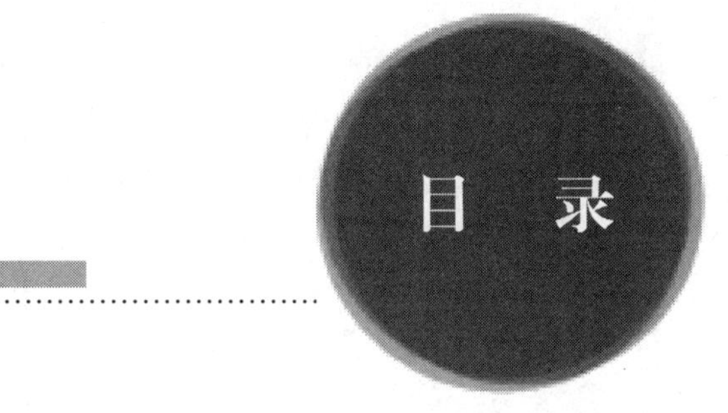

模块一 GSP 概述

模块二 GSP 关于药品购进管理规范

模块三　GSP 对药品储存养护管理

模块四　销售与售后管理

模块五 质量管理体系文件与计算机管理信息系统

模块一

GSP 概述

课题一

GSP 认知

任务一 GSP 的产生和发展

学习目标

1. 能写出 GSP 的定义。
2. 能列举出 GSP 的相关术语。
3. 能说出 GSP 的形成过程。

任务引入

小强刚刚成功入职某医药有限公司，担任销售员一职，薪资待遇还不错。入职没多久，小强就接到人力资源部门通知，明天要对新员工开展 GSP 基础知识培训，授课老师（质量管理部门负责人）要求学员提前做好准备，学完还要当堂考核。

小强要做哪些准备呢？同学们，请你们快点帮忙提示一下！

【任务分析】

完成本次任务需要做到：

1. 能写出 GSP 的定义。
2. 能列举出 GSP 的相关术语。
3. 能说出 GSP 的形成过程。

相关知识

一、GSP 的形成过程与相关术语

1. 初识 GSP

药品作为保障人民生命安全的特殊商品必须在其生产、经营全过程中采取严格的管理控制措施，为此我国制定了一系列法规来保证药品质量。其中《药品经营质量管理规范》就是为了加强药品质量管理，规范药品经营行为，保障人民用药安全、有效而制定的管理规范。

《药品经营质量管理规范》简称 GSP，是英文 Good Supply Practice 的缩写，中文意思即良好药品的供应规范，是指在药品流通全过程中，用于保证药品符合质量标准而制定的，针对药品计划采购、购进验收、储存、销售及售后服务等环节的一整套管理制度。其核心是通过严格的质量管理制度来约束企业行为，对药品流通全过程进行质量控制，保证向用户提供优质的药品。

我国 GSP 是根据《中华人民共和国药品管理法》和《中华人民共和国药品管理法实施条例》制定的，是药品经营管理和质量控制的基本准则。

【知识链接】

《中华人民共和国药品管理法》是为了加强药品管理，保证药品质量，保障公众用药安全和合法权益，保护和促进公众健康而制定的法律。新修订的《中华人民共和国药品管理法》经十三届全国人大常委会第十二次会议表决通过，于 2019 年 12 月 1 日起施行。

《中华人民共和国药品管理法实施条例》是根据《中华人民共和国药品管理法》制定的实施条例。

---

2. GSP 的形成过程与相关术语

（1）GSP 的形成过程

1980 年，国际药品联合会在西班牙马德里召开的全体大会上通过决议，呼吁各成员国实施《药品经营质量管理规范》（GSP），日本是最早实施 GSP 的国家之一。

1982 年，中国医药公司在考察分析研究日本等国家药品经营质量管理工作经验的基础上，结合我国当时的医药商业质量管理工作实际，开始起草制定 GSP 文件。1984 年，我国第一部 GSP 由国家医药管理局发布，在全国医药商业系统内试行。我国第一部 GSP 的发布实施引起了医药经营企业的广泛重视，许多企业将 GSP 逐步纳入企业发展的轨道，使之成为企业经营管理的重要组成部分。

1992 年 3 月 18 日，国家医药管理局为了适应我国药品流通环境的新变化，发布了修订后的《医药商品质量管理规范》，自 1992 年 10 月 1 日起施行。自此之后，GSP 成为政府实行医药行业管理的部门规章。受国家医药管理局推行 GSP 的委托，中国医药商业协会于 1993

年 6 月组织编写了《医药商品质量管理规范实施指南》，拉开了医药行业实施 GSP 的序幕。

1998 年，国家药品监督管理局成立后，总结了十几年来实施 GSP 的经验和教训，对 1992 年版《医药商品质量管理规范》进行了重新修订。

2000 年 4 月 30 日，由国家药品监督管理局发布新版 GSP 及其实施细则，自 2000 年 7 月 1 日起实行。这是我国实施 GSP 以来延续制定的第三部 GSP。2001 年 2 月 28 日修订的《中华人民共和国药品管理法》（以下简称《药品管理法》）的颁布确立了 GSP 的法律地位，标志着我国 GSP 工作进入了依法强制实施阶段。经过十余年的实践，GSP 对提高药品经营企业员工素质、规范药品经营行为、保障药品质量、优化医药产业结构、提高药品经营企业整体竞争实力、确保对药品经营质量进行监管等方面均起到了十分重要的作用。

随着我国经济与社会的快速发展，《药品管理法》等法律法规与有关监管政策出现了一些不一致的地方，药品流通、药品市场监管、医改工作等方面也不能适应新形势和新要求，为了进一步加强药品经营质量管理，保障药品安全，2012 年 11 月 6 日卫生部部务会议修订我国第四部 GSP。该版 GSP 是修订幅度最大的一次，增加了许多新的管理内容，如借鉴了国外药品流通管理的先进经验，引入了供应链管理理念；结合我国国情，增加了计算机信息化管理、仓储温湿度自动监测、药品冷链管理等新的管理要求；同时，引入质量风险管理、质量管理体系内审、验证等理念和管理方法，从药品经营企业人员、机构、设施设备、文件体系等质量管理要素的各方面，对药品的采购，验收、储存、养护、销售，运输、售后管理等环节作出新的规定。

2015 年 5 月 18 日经国家食品药品监督管理总局局务会议审议通过再次修订 GSP，于 2015 年 7 月 1 日正式实施。此次修订整体变化不大，除发布方由卫生部变成国家食品药品监督管理总局外，还对首营企业审核内容等进行了调整。

2016 年 6 月 30 日，国家食品药品监督管理总局局务会议审议通过《关于修改〈药品经营质量管理规范〉的决定》，2016 年 7 月 13 日公布，自公布之日起开始实施。经修改的现行版 GSP 增加了药品追溯系统内容，提高了对疫苗配送的要求、强调了票货同行等，有效地增强了药品流通全过程的质量风险控制能力。

练一练

现行版 GSP 是从什么时候开始颁布实施的?

（2）GSP 相关术语

药品：是指用于预防、治疗、诊断人的疾病，有目的地调节人的生理机能并规定有适应证或者功能主治、用法和用量的物质，包括中药材、中药饮片、中成药、化学原料药及其制剂、抗生素、生化药品、放射性药品、血清、疫苗、血液制品和诊断药品等。

药品经营企业：是指经营药品的专营企业或者兼营企业。

药品批发企业：是指将购进的药品销售给药品生产企业、药品经营企业、医疗机构的药品经营企业。

药品零售企业：是指将购进的药品直接销售给消费者的药品经营企业。

药品经营方式：是指《药品经营许可证》依法核准的经营方式。目前，我国药品监督管理部门核准的药品经营方式有批发、零售连锁和零售三种。

药品经营范围：是指药品监督管理部门核准经营药品的品种类别。

在职：与企业确定劳动关系的在册人员。

在岗：相关岗位人员在工作时间内在规定的岗位履行职责。

原印章：企业在购销活动中，为证明企业身份在相关文件或者凭证上加盖的企业公章、发票专用章、质量管理专用章、药品出库专用章的原始印记，不能是印刷、影印、复印等复制后的印记。

待验：对到货、销后退回的药品采用有效的方式进行隔离或者区分，在入库前等待质量验收的状态。

零货：指拆除了用于运输、储藏包装的药品。

拼箱发货：将零货药品集中拼装至同一包装箱内发货的方式。

拆零销售：将最小包装拆分销售的方式。

国家有专门管理要求的药品：国家对蛋白同化制剂、肽类激素、含特殊药品复方制剂等品种实施特殊监管措施的药品。

特殊管理药品：狭义的特殊管理药品是指麻醉药品、精神药品、毒性药品、放射性药品。

二、制定、颁布 GSP 的指导思想与基本原则

GSP 是药品经营管理和质量控制的基本准则，企业应当在药品采购、储存、销售、运输等环节采取有效的质量控制措施，确保药品质量，并按照国家有关要求建立药品追溯系统，实现药品可追溯。

1. 实施 GSP 的指导思想

（1）实行全过程的质量管理

药品经营企业的经营活动可分为售前、售中、售后工作三个过程，再细可分为市场调研、制订计划、采购验收、储存养护、洽谈业务、用药指导、包装或装箱送货、质量查询、药品退调、市场调研等，这些工作是环环相连、紧密相关的，药品质量综合反映了所有工作环节质量管理的状况和效果，一个环节疏忽就会导致所有环节工作的失效。

（2）实行全员参加的质量管理

质量管理工作要靠人来做，那么工作过程中每个环节的工作人员都和质量管理有关，所以，从企业经理到销售代表，从化验员到仓库养护员，全体都要参加质量管理。只有通过全体职工的共同努力、协同配合，企业的质量管理工作才有扎实的基础。要实现全员的质量管理，必须抓好质量意识教育，同时实现规范化管理，制定各级质量责任制，明确工作程序、标准和质量要求，规定每个岗位的任务、权限，各司其职、相互配合，共同抓好质量工作。

（3）实现全企业的质量管理

企业内的质量职能分散在企业的各个部门，各个部门的质量管理工作都是不可缺少的，因此既要求企业各个部门都要参与质量管理，充分发挥各自的质量职能优势，又要协调一

致、相互配合。企业各层次都有自己的质量管理活动，上层管理侧重于质量决策、组织协调和控制，保证实现企业的质量目标；中层管理要具体实现上层的质量决策，执行各自的质量职能，进行具体的业务管理；基层管理则要求职工按规范、按规章制度进行工作或操作，进行现场的管理工作，完成具体的工作任务。由此组成一个完整的质量管理体系，实行全企业的质量管理。

（4）分阶段、分步骤进行

实施GSP是一项系统工程，投资面大、涉及面广、难度大，既有硬件的改造，又有软件管理的建立与完善，还有人员的教育培训等。因此，GSP实施需要分阶段、分步骤进行，制定GSP实施总体规划后，确定各个阶段的实施目标及其完成期限。

（5）全动态、全循环的质量管理

这个质量管理程序是一个“闭路循环”，环环相扣、首尾相连，而这个循环质量管理程序运作的动力就是用户对药品质量不断提高的要求。这个程序发生中断即“开口”时，就应立即查找原因，及时协调，恢复正常功能；这个质量管理程序与业务经营活动密切联系，起着监督和保证的作用。

全过程、全员、全企业，分阶段、分步骤、全动态、全循环的质量管理，这就是GSP的指导思想。根据这些思想，GSP具体规定了药品经营活动中，企业“能做什么”“不能做什么”“由谁来做”“应该做到什么程度”“应该如何做”“做的怎么样”“如何调整”等内容。

药品经营企业严格执行GSP的要求，就能做到经营活动过程中“一切活动有制度约束”“一切活动有人员负责”“一切活动有标准要求”“一切活动按程序进行”，从而达到最终的目的：“一切药品符合质量标准”。

2. GSP修订工作的总体思路

（1）依据《中华人民共和国药品管理法》《中华人民共和国药品管理法实施条例》《中华人民共和国行政许可法》等法律法规及有关政策开展修订工作。

（2）查找药品流通过程中各种影响药品质量的安全隐患，采取确实可行的管理措施加以控制，保证经营活动中的药品安全。

（3）调整原GSP中不符合药品监管和流通发展要求的、与药品经营企业经营管理实际不相适应的内容，重点解决药品流通中存在的突出问题和难点问题。规范药品供应链全过程管理，体现当今医药流通行业发展的最新管理水平。

（4）以建立最严格的药品监管制度为原则，以促进药品流通行业提升水平为方向，对药品经营行为的管理和规范进行了较大幅度的提高，使修订的规范具有一定的前瞻性。

（5）积极吸收国外药品流通管理的先进经验，促进我国药品经营质量管理与国际药品流通质量管理的逐步接轨。

3. 实施GSP的基本原则

实施GSP既是企业依法经营的基本前提，也是企业规范管理的基本准则，是企业确保药品质量的最低管理标准。因此，必须强制执行，没有任何通融的余地。药品经营企业领导一定要支持质量管理部门及其工作人员行使职权，在工作中坚持质量第一的原则，认真贯彻执行 GSP，来不得任何虚假和侥幸心理。药品经营企业在实施 GSP 的过程中，从药品经营企业的计划、购进、验收、储存、调配、销售、运输及售后服务等环节，采取有效的质量控制措施，坚决摒弃凭经验、主观臆断和随意的工作方式，确保药品质量，并按照国家有关要求建立药品追溯系统，实现药品可追溯。

任务实施

凡事预则立，不预则废。针对即将到来的培训提前做个功课吧！

【材料准备】

工具：计算机、打印机、《药品经营质量管理规范》（2016 版）。

实训场地：模拟药房。

【实施步骤】

步骤一：知识阅读

借助现有学习资料，学习 GSP 的定义和相关术语。

步骤二：梳理 GSP 的形成过程

列出 GSP 形成过程的时间路线图。

步骤三：问题讨论

在学习中如果遇到不懂的问题，可以进行组内讨论。

步骤四：答疑解惑

经过小组讨论后还存在的问题，由老师帮你指点迷津、答疑解惑。

任务测评

评价方式包括自我评价、组内评价、组间评价、教师评价，并据此设计了学生自评表（表 1－1－1）、组内评价表（表 1－1－2）、组间互评表（表 1－1－3）、教师考核评价表（表 1－1－4）。其中自我评价、组内评价、组间评价采用线上填写学习通问卷的形式进行，教师评价包含过程评价、结果评价，采用纸质评价表。各评价方式占本任务百分比分解如图 1－1－1 所示。

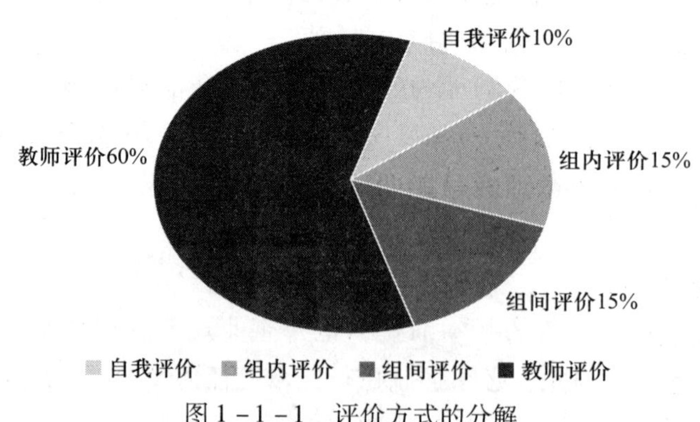

图 1－1－1　评价方式的分解

表 1-1-1　　学生自评表

学习任务名称：________　姓名：________　学号：________

序号	学习过程	评价内容	评价标准			得分
			符合(分)	部分符合(分)	不符合(分)	
1	课前探究	能够主动完成学习通作业	8~10	5~7	0~4	
2	明确任务	能够认真查阅相关资料	8~10	5~7	0~4	
3	问题讨论	能够参与小组讨论，说出自己的观点	8~10	5~7	0~4	
4	知识归纳总结	能够写出 GSP 定义	8~10	5~7	0~4	
5		能够说出 GSP 的形成过程	8~10	5~7	0~4	
6		能够熟悉 GSP 中的相关术语	8~10	5~7	0~4	
7		理解制定 GSP 的指导思想	8~10	5~7	0~4	
8		能够掌握实施 GSP 的基本原则	8~10	5~7	0~4	
9	竞赛提升	能够积极参加课中竞赛并获奖	8~10	5~7	0~4	
10	总结点评	能够客观公正做好自我评价	8~10	5~7	0~4	
合计						

表 1-1-2　　组内评价表

学习任务名称：________　组别：________　被评价者姓名：________

序号	学习过程	评价内容	评价标准			得分
			符合(分)	部分符合(分)	不符合(分)	
1	课堂参与合作学习的态度	能够尊重同伴、独立思考，承担并完成岗位职责	8~10	5~7	0~4	
2	获得和提供信息技能	能够查阅规范、工作页解决疑问	8~10	5~7	0~4	
3		在展示汇报时能够积极参与，踊跃表达	8~10	5~7	0~4	
4	帮助和支持技能	在小组讨论时能积极思考、诚恳提问	8~10	5~7	0~4	
5		在讨论过程中能尊重他人，耐心倾听	8~10	5~7	0~4	
6	组织引导技能	能够帮助、督促其他成员参与小组活动，相互勉励，阻止讨论偏离主题	8~10	5~7	0~4	
7	知识获得技能	能够独立完成 GSP 知识阅读与理解，熟悉常见专业术语	8~10	5~7	0~4	
8		能够理解 GSP 的形成过程，并与其他同学交换想法、合作讨论	8~10	5~7	0~4	
9	评议的技能	能够对其他组学习过程和结果进行专业评价	8~10	5~7	0~4	
10		在展示学习成果时，能姿态端正，思路清晰	8~10	5~7	0~4	
合计						

表 1-1-3 **组间互评表**

学习任务名称：__________ 组别：__________ 被评价者姓名：__________

序号	评价内容	评价标准			得分
		符合(分)	部分符合(分)	不符合(分)	
1	该小组制定方案科学、高效、合理	16~20	10~15	0~9	
2	该小组进行方案汇报时，使用普通话，思路清晰，条理性强	16~20	10~15	0~9	
3	该小组任务完成过程中遵循学习规律，问题讨论合理	16~20	10~15	0~9	
4	该小组能够合理评价其他小组	16~20	10~15	0~9	
5	该小组完成相关知识学习	16~20	10~15	0~9	
合计					
评价小组组长签名					

表 1-1-4 **教师考核评价表**

学习任务名称：__________ 学生：__________ 学号：__________

序号	考核要求	评价标准			得分
		符合(分)	部分符合(分)	不符合(分)	
1	GSP 的定义理解清晰	16~20	10~15	0~9	
2	GSP 形成的过程图绘制正确	16~20	10~15	0~9	
3	能够说出 GSP 中的相关术语	16~20	10~15	0~9	
4	能够列出 GSP 实施的基本原则	16~20	10~15	0~9	
5	记录规范	16~20	10~15	0~9	
合计					

想一想

1. 通过学习你理解什么是 GSP 了吗？大家讨论一下，为什么要对 GSP 内容进行不断的修订？

2. 请梳理本次课程的知识内容，绘制思维导图。

3. 参观一下你所在城市规模较大的药房，聊一聊零售药店工作中接触与 GSP 相关的知识内容都有哪些？

课堂练习

1. 我国现行版 GSP 是（　　）年正式实施的。

A. 2000　　B. 2013　　C. 2016　　D. 2019

2. GSP 是（　　）的简称。

A. 药品生产质量管理规范　　B. 药品经营质量管理规范
C. 药物临床试验质量管理规范　　D. 药品管理法
3. (　　) 是指经营药品的专营企业或者兼营企业。
A. 药品批发企业　　B. 药品生产企业
C. 药品零售企业　　D. 药品经营企业
4. (　　) 是药品经营管理和质量控制的基本准则。
A. GSP　　B. GAP　　C. GTP　　D. GMP

任务二　GSP 的主要内容与特点

学习目标

1. 能列举出 GSP 的主要内容。
2. 能说出制定 GSP 的意义。
3. 能说出 GSP 的主要特点。

任务引入

2022 年 6 月 1 日，福建省厦门市市场监管局发布 2022 年第 8 号药品流通飞行检查结果公告：厦门市某药业有限公司严重违反《药品经营质量管理规范》（GSP），被责令限期改正。现场检查发现，该药业公司营业场所药品柜台中元胡止痛片等 20 个商品超过药品有效期；阴凉区药品柜台上两种药品无采购记录、收货记录、验收记录、陈列检查记录和销售记录，现场无法提供购进合法票据和供应商资料；其执业药师检查期间一直未在岗履职。上述问题均对药品安全使用构成巨大隐患。

药品是特殊商品，关系到人民的生命安危，但普通百姓很难通过观察看出药品质量的好坏，如何才能保障百姓用上安全有效的放心药呢?

【任务分析】

完成本次任务需要做到：
1. 熟悉《药品经营质量管理规范》的主要内容。
2. 理解实施 GSP 的重要意义。
3. 了解 GSP 的主要特点。

相关知识

一、GSP 的适用范围

《药品经营质量管理规范》第三条规定："药品经营企业应当严格执行本规范。药品生产企业销售药品、药品流通过程中其他涉及储存与运输药品的，也应当符合本规范相关要求。"

GSP 第一百七十九条规定："药品零售连锁企业总部的管理应当符合本规范药品批发企业相关规定，门店的管理应当符合本规范零售企业相关规定。"

这意味着，除药品经营企业外，药品生产企业销售药品，涉及药品物流等的相关活动也纳入本适用范围。国家药品监督管理部门依据这一规定，加强了对药品生产企业、药品物流企业相关活动的监管，消除了各种影响药品安全的隐患。由于使用环节药品质量管理的差异性，GSP 没有将医疗机构药品采购、储存等活动纳入适用范围，但鉴于医疗机构药品使用的质量管理与经营质量管理密切相关，以及药品监管职能的要求，GSP 规定了医疗机构药房和计划生育技术服务机构的药品采购、储存、养护等质量管理规范由国家药品监督管理部门商相关主管部门另行制定。

GSP 为药品经营质量管理的基本要求，对于药品经营质量管理过程中的一些技术性、专业性较强的规定以及操作性要求需要更加详细、具体的内容，如企业信息化管理、药品储运温湿度自动监测、药品验收管理、药品冷链物流管理、零售连锁管理等具体要求，由国家药品监督管理部门以 GSP 附录方式另行制定发布，并作为 GSP 组成部分一并监督实施。

二、GSP 的主要内容

GSP 共 4 章，包括总则、药品批发的质量管理、药品零售的质量管理、附则，共计 184 条。GSP 吸收了国外药品流通管理的先进经验，促进我国药品经营质量管理与国际药品流通质量管理的逐步接轨。如引入供应链管理理念，结合我国国情，增加了计算机信息化管理、仓储温湿度自动监测、药品冷链管理等新的管理要求，同时引入质量风险管理、体系内审、验证等理念和管理方法，对药品的采集、验收、储存、养护、销售、运输、售后管理等环节作出了许多新的规定。企业实施 GSP 的核心内容见表 1 – 2 – 1。

表 1 – 2 – 1　　企业实施 GSP 的核心内容

类别	进	存	销
硬件设施	验收场所及设施	仓储设施，养护场所及设备	营业场所及设施、运输设施设备
人员资格和职责	业务计划人员、采购人员、质量检查验收人员	保管员、养护员	业务销售员、处方审核人员、营业员、配送运输人员
	企业负责人和质量管理负责人、质量管理部门负责人、质量管理人员		

续表

<table>
<tr><th>类别</th><th>进</th><th>存</th><th>销</th></tr>
<tr><td>质量管理程序和制度</td><td>1. 按需进货，择优选购，质量第一；
2. 供方合法资质审核；
3. 合同明确质量条款；
4. 首营企业、首营品种质量审核；
5. 逐批验收</td><td>1. 仓库分区与色标管理；
2. 分类储存与保管；
3. 效期药品管理；
4. 退货管理；
5. 不合格药品管理；
6. 药品养护</td><td>1. 依法销售；
2. 出库质量复核；
3. 安全规范销售；
4. 问题药品召回；
5. 质量事故处理；
6. 合理运输；
7. 做好售后服务</td></tr>
<tr><td rowspan="2">过程控制</td><td>供货方清单及附件、购进记录、质量验收相关记录</td><td>仓储、养护相关记录，不合格品相关记录，退货记录，信息传递凭证</td><td>复核记录、销售记录、售后服务记录</td></tr>
<tr><td colspan="3">质量方针及目标、质量管理制度、质量管理程序、职责、质量标准、档案（质量、养护、教育、健康）、质量体系内审、质量风险管理、药品冷链管理、计算机信息化管理、验证等</td></tr>
</table>

练一练

1. GSP 共（　　）章，（　　）条。

2. GSP 第二条规定：本规范是药品经营管理和质量控制的（　　）。企业应当在药品采购、储存、（　　）、（　　）等环节采取有效的质量控制措施，确保药品质量，并按照国家有关要求建立药品追溯系统，实现药品可（　　）。

3. 归纳一下，GSP 每章的内容是什么？

三、GSP 的主要特点

1. 全面提升软件和硬件要求

GSP 全面提升了企业经营的软硬件标准和要求，在保障药品质量的同时，也提高了市场准入门槛，有助于抑制企业低水平重复建设，促进行业结构调整，提高市场集中度。

在软件方面，GSP 明确要求企业建立质量管理体系，设立质量管理部门或者配备质量管理人员，并对质量管理制度、岗位职责、操作规程、记录、凭证等一系列质量管理体系文件提出详细要求，并强调了文件的执行和实效；提高了企业负责人、质量负责人、质量管理部门负责人以及质管、验收、养护等岗位人员的资质要求。

在硬件方面，GSP 全面推行计算机信息化管理，着重规定计算机管理的设施、网络环境、数据库及应用软件功能要求；明确规定企业应对药品仓库采用温湿度自动监测系统，对仓储环境实施持续、有效的实时监测；对储存、运输冷藏、冷冻药品要求配备特定的设施设备。

2. 针对薄弱环节增设一系列新制度

针对药品经营行为不规范、购销渠道不清、票据管理混乱等问题，GSP 明确要求药品购销过程必须开具发票，出库运输药品必须有随货同行单（票）并在收货环节查验，物流活动要做到票、账、货相符，以达到规范药品经营行为，维护药品市场秩序的目的。

针对委托第三方运输，GSP 要求委托方应考察承运方的运输能力和相关质量保证条件，签订明确质量责任的委托协议，并要求通过记录实现运输过程的质量追踪。强化企业质量责任意识，提高风险控制能力，推动我国药品流通行业向专业化、规范化和第三方物流的方向发展。

针对冷链管理，GSP 提高了对冷链药品储存、运输设施设备的要求，特别规定了冷链药品运输、收货等环节的交接程序和温度监测、跟踪和查验要求，对高风险品种的质量保障能力提出了更高的要求。

3. 更新发展，紧密衔接

GSP 与国家新颁布的相关文件紧密衔接，不断更新发展，强化监督，实现供应链全程管理。

2015 年 12 月 30 日，国务院办公厅印发《关于加快推进重要产品追溯体系建设的意见》，为贯彻该文件精神，落实药品经营企业追溯管理责任，强化企业主体意识，促进建设来源可查、去向可追、责任可究的药品全链条追溯体系，对原 GSP 中电子监管相关规定进行修改。

2016 年 4 月 23 日，国务院发布《关于修改〈疫苗流通和预防接种管理条例〉的决定》，取消了原条例关于药品批发企业经营疫苗的规定，改由疫苗生产企业直接向疾病预防控制机构销售和配送，针对这一文件，GSP 中关于疫苗经营的规定作出相应调整。

根据《国务院办公厅关于加快推进“三证合一”登记制度改革的意见》，原使用组织机构代码证、税务登记证办理相关事务的，一律改为使用“三证合一”后的营业执照，GSP 中关于查验首营企业证件要求也进行了相应修改。

总之，通过借鉴国际上先进的药品流通质量管理思想和经验，并结合我国药品监管流通现状及发展要求，我国 GSP 已接近当前国际先进的流通管理规则。

【知识链接】

《中华人民共和国药品管理法》第九十八条　禁止生产（包括配制）、销售、使用假药、劣药。

有下列情形之一的，为假药：

（一）药品所含成分与国家药品标准规定的成分不符；

（二）以非药品冒充药品或者以他种药品冒充此种药品；

（三）变质的药品；

（四）药品所标明的适应证或者功能主治超出规定范围。

有下列情形之一的，为劣药：

（一）药品成分的含量不符合国家药品标准；

（二）被污染的药品；

（三）未标明或者更改有效期的药品；
（四）未注明或者更改产品批号的药品；
（五）超过有效期的药品；
（六）擅自添加防腐剂、辅料的药品；
（七）其他不符合药品标准的药品。

四、实施 GSP 的重要意义

1. 实施 GSP 是贯彻执行国家有关法律法规的需要

GSP 作为我国药品经营质量管理工作基本准则，收录了以往质量管理法规中对药品商业企业的要求内容，如进货管理、验收管理、储存与养护管理、销售与售后服务管理等，因此，实施 GSP 将会更好地促进药品经营企业做到依法经营和依法管理，以保证经销药品质量，保护用户、消费者的合法权益和人民用药安全有效。

2. 实施 GSP 是药品经营企业提高综合素质的需求

质量是企业的生命，企业只有提高综合素质才能求生存、谋发展。GSP 对企业管理水平、制度建设、人员素质、设施设备等都作了具体规定，全面提升了企业经营的软硬件标准和要求，提高了市场的准入门槛，企业必须达到 GSP 规定的要求，对于不能达到 GSP 规定要求的企业予以取缔。GSP 实施将有效打击缺乏质量保障企业的生存能力，药品流通领域散、小、乱等方面的乱象可有效地解决，而大型医药公司趁此机会获得更多市场份额，重塑企业品牌和形象，提高企业素质和质量管理水平，减少了恶性竞争。

3. 实施 GSP 是药品国际贸易的需求

值得关注的是，GSP 借鉴了世界卫生组织及美国、欧盟等发达国家和地区药品流通监管政策，对企业的经营质量管理要求再次提升，使我国 GSP 基本达到了国际通行的标准要求，为我国药品经营企业走向世界打开了通道，促进了我国药品经营企业的国际医药交流，从各个层面提高了企业的素质，使企业得到长足发展。

4. 实施 GSP 是消除药品质量隐患，确保药品安全有效的需要

GSP 是国家为规范我国药品经营企业行为而制定，对药品流通实行全过程、全方位的监管，减少了销售假药、药品流通混乱等各种影响药品安全的风险隐患，保证了药品的安全性、有效性和稳定性，这是 GSP 的基本作用和实施 GSP 的根本目的。

练一练

你认为实施 GSP 的重要意义是什么？

【知识链接】

GSP 第四条规定，药品经营企业应当坚持诚实守信，依法经营。禁止任何虚假、欺骗行为。

《药品管理法》第一百二十六条："除本法另有规定的情形外，药品上市许可持有人、药品生产企业、药品经营企业、药物非临床安全性评价研究机构、药物临床试验机构等未遵守药品生产质量管理规范、药品经营质量管理规范、药物非临床研究质量管理规范、药物临床试验质量管理规范等的，责令限期改正，给予警告；逾期不改正的，处十万元以上五十万元以下的罚款；情节严重的，处五十万元以上二百万元以下的罚款，责令停产停业整顿直至吊销药品批准证明文件、药品生产许可证、药品经营许可证等，药物非临床安全性评价研究机构、药物临床试验机构等五年内不得开展药物非临床安全性评价研究、药物临床试验，对法定代表人、主要负责人、直接负责的主管人员和其他责任人员，没收违法行为发生期间自本单位所获收入，并处所获收入百分之十以上百分之五十以下的罚款，十年直至终身禁止从事药品生产经营等活动。"

任务实施

【材料准备】

工具：计算机、《药品经营质量管理规范》（2016 版）。

设备：实训室、药店管理系统、医药企业虚拟仿真系统。

【实施步骤】

步骤一：查阅 GSP

通读 GSP 条款，重点关注与本次检查问题相关内容的法规内容。

步骤二：找出相关 GSP 规定

对照 GSP 条款，理解 GSP 对执业药师等人员的要求、零售药店对药品采购的要求、零售药店销售过期药品的处罚规定。

步骤三：记录相关条款

记录 GSP 相关管理要求，有理有据的加强执法力度，保障人民用药安全。

【注意事项】

1. 刚刚接触 GSP 相关知识，先熟悉内容即可，待深入学习后再进行全面理解。
2. 本任务涉及 GSP 的多个条款，请仔细查找。
3. 小组相互配合，争取又快又好地完成任务。

任务测评

评价方式包括自我评价、组内评价、组间评价、教师评价，并据此设计了学生自评表（表 1－2－2）、组内评价表（表 1－2－3）、组间互评表（表 1－2－4）、教师考核评价表（表 1－2－5）。其中自我评价、组内评价、组间评价采用线上填写学习通问卷的形式进行，教师评价包含过程评价、结果评价，采用纸质评价表。各评价方式占本任务百分比分解如图 1－1－1 所示。

表 1－2－2　　学生自评表

学习任务名称：＿＿＿＿＿＿　姓名：＿＿＿＿＿＿　学号：＿＿＿＿＿＿

序号	学习过程	评价内容	评价标准			得分
			符合(分)	部分符合(分)	不符合(分)	
1	课前探究	能够主动完成学习通作业	8～10	5～7	0～4	
2	明确任务	能够熟悉 GSP 的基本内容	8～10	5～7	0～4	
3	制定方案	能够参与小组讨论，提出合理建议，积极参与小组汇报工作	8～10	5～7	0～4	
4	任务实施	能够掌握 GSP 主要内容	12～15	8～11	0～7	
5		能够熟悉 GSP 的意义	12～15	8～11	0～7	
6		能够根据案例上的问题找出法规依据	12～15	8～11	0～7	
7	竞赛提升	能够积极参加课中竞赛并获奖	12～15	8～10	0～7	
8	总结点评	能够客观公正做好自我评价	8～10	5～7	0～4	
合计						

表 1－2－3　　组内评价表

学习任务名称：＿＿＿＿＿＿　组别：＿＿＿＿＿＿　被评价者姓名：＿＿＿＿＿＿

序号	学习过程	评价内容	评价标准			得分
			符合(分)	部分符合(分)	不符合(分)	
1	课堂参与合作学习的态度	能够尊重同伴、独立思考，承担并完成岗位职责	8～10	5～7	0～4	
2	获得和提供信息技能	能够查阅规范、工作页解决疑问	8～10	5～7	0～4	
3		在展示汇报时能够积极参与，踊跃表达	8～10	5～7	0～4	
4	帮助和支持技能	在小组讨论时能积极思考，诚恳提问	8～10	5～7	0～4	
5		在讨论过程中能尊重他人，耐心倾听	8～10	5～7	0～4	
6	组织引导技能	能够帮助、督促其他成员参与小组活动，相互勉励，阻止讨论偏离主题	8～10	5～7	0～4	
7	质量控制技能	能够合作完成药品质量检查项目	8～10	5～7	0～4	
8		能够合作完成合格证明文件有效性判断	8～10	5～7	0～4	
9	评议的技能	能够对其他组质量判断结果进行专业评价	8～10	5～7	0～4	
10		在展示成果时，能姿态端正，思路清晰	8～10	5～7	0～4	
合计						

表 1－2－4　　组间互评表

学习任务名称：＿＿＿＿＿＿　组别：＿＿＿＿＿＿　被评价者姓名：＿＿＿＿＿＿

序号	评价内容	评价标准			得分
		符合（分）	部分符合（分）	不符合（分）	
1	该小组制定方案科学、高效、合理	16～20	10～15	0～9	
2	该小组进行方案汇报时，使用普通话，思路清晰，条理性强	16～20	10～15	0～9	
3	该小组任务完成过程中遵循 GSP 规范，样品选取合理	16～20	10～15	0～9	
4	该小组能够合理评价其他小组	16～20	10～15	0～9	
5	该小组能熟悉 GSP 的主要内容与特点	16～20	10～15	0～9	
合计					
评价小组组长签名					

表 1－2－5　　教师考核评价表

学习任务名称：＿＿＿＿＿＿　学生：＿＿＿＿＿＿　学号：＿＿＿＿＿＿

序号	考核要求	评价标准			得分
		符合（分）	部分符合（分）	不符合（分）	
1	评估学生对 GSP 主要内容掌握情况	16～20	10～15	0～9	
2	评估学生对 GSP 特点掌握情况	16～20	10～15	0～9	
3	评估学生对实施 GSP 重要意义的掌握情况	16～20	10～15	0～9	
4	评估学生针对案例寻找法规依据的能力	16～20	10～15	0～9	
5	评价学生学习态度和表达能力	16～20	10～15	0～9	
合计					

想一想

1. 通过本课题学习你对 GSP 有了哪些新的理解？打算如何学好《GSP 实务教程》这门课程？

2. 请梳理本次课程的知识内容，绘制思维导图。

课堂练习

1. 除（　　）外，均应执行《药品经营质量管理规范》。

A. 药品经营企业

B. 药品生产企业

C. 药品流通过程中涉及储存、运输药品的企业

D. 药品生产企业销售药品

2. （多选）GSP 是药品经营管理和质量控制的基本准则，企业应当在（　　）环节采取有效的质量控制措施，确保药品质量。

A. 采购　　B. 储存　　C. 销售　　D. 财务　　E. 运输

课题二

药品质量管理与监督检查管理

任务一　药品的概念与特殊性

学习目标

1. 正确理解药品的概念。
2. 正确掌握药品的特殊性。

任务引入

药品是一种特殊的商品，药品质量的优劣直接关系到人民群众的生命健康。大家都知道注射青霉素前需要做皮试，但其实青霉素本身不具有致敏性，具有致敏性的物质是它的分解产物青霉噻唑酸和青霉烯酸。如果在青霉素生产过程中混入过多的分解产物，就会导致其质量不合格，患者服用这种不合格的产品后，轻则会导致溶血性贫血、药疹、接触性皮炎、间质性肾炎、哮喘发作，重则会导致过敏性休克，甚至死亡。由此可见，药品质量的重要性。

【任务分析】

完成本次任务需要做到：

1. 完成药品概念的查阅与书写。
2. 完成药品特殊性的查阅与书写。

相关知识

一、药品的概念

药品是人类生活中不可缺少的消费品，是人民生命健康的保障，不同时代、不同国家的药品具有不同的内涵。世界各国根据各自的国情和用药习惯以及药品管理体制的需要，对药品有着不同的定义。

1. 药品的定义

《药品管理法》第二条规定，药品是指用于预防、治疗、诊断人的疾病，有目的地调节人的生理机能并规定有适应证或者功能主治、用法和用量的物质，包括中药、化学药和生物制品等。

2. 药品的含义

（1）药品使用目的是预防、治疗、诊断人的疾病，有目的地调节人的生理机能，这是区别药品与保健品、食品、毒品、化妆品的基本特征。

（2）药品包括传统药和现代药（即中药和西药）。

（3）药品是人用药品，不包括农药和兽药。

（4）药品的范围，包括中药材、中药饮片、中成药、化学原料药及其制剂、抗生素、化学药品、放射性药品、血清 、疫苗 、血液制品和诊断药品等。

二、药品的特殊性

1. 药品的特性

药品是商品，具有商品一般的特性，也就是说药物只有用于交换成为商品后才成为药品，才具有价值。药品的使用价值体现在预防、治疗、诊断人的疾病上，因为药品的使用价值与人类的生命健康息息相关，所以药品是不同于一般日用商品的特殊商品，其特殊性主要表现在以下几个方面。

（1）药品作用的两重性

药品可以防病治病、康复保健，管理得当、使用合理可以治病救人，有利于健康。但多数药品又具有不同程度的毒副作用，如果管理不善、使用不当，不仅不能“治病”，还可能“致病”，影响人们的身体健康，甚至危及生命安全。据世界卫生组织公布资料表明，世界上有 1/3 的死亡患者，死因并不是疾病本身，而是不合理用药。

（2）药品使用的科学性

药品的使用方法、数量、时间等多种因素在很大程度上决定其使用效果，大部分药品需要在医生或助理药师的指导下合理使用，才能达到防病治病和康复保健的目的。若滥用药物很可能会造成中毒或产生药源性疾病。

（3）药品质量的严格性

药品是治病救人的物质，其质量的优劣关系到人的生命健康与生死存亡。质量合格的药品可以挽救人的生命，保护人的健康；质量不合格的药品会延误治疗或因毒副作用损害人的健康甚至危及人的生命。

药品的纯度、稳定性、均一性与药品的使用价值密切相关，杂质、异物混入药品，可能出现异常生理现象、毒副作用，甚至导致中毒。药品的物理、化学、生物药剂学、安全性、有效性、稳定性、均一性等质量指标均必须符合国家药品标准的规定。法定的国家药品标准是判断和保证药品质量的标准，是划分药品合格与否的唯一依据。只有达到国家药品标准的药品，才能进入流通渠道，才能确保其发挥疗效。

（4）药品等级的一致性

一般商品有质量等级之分，如优等品、一等品、二等品、等外品，甚至残次品；而药品与其他商品不同，它只有合格品与不合格品，符合规定要求的合格品允许销售，不合格品绝不允许销售，否则就是违法经营。

（5）药品监管的严肃性

药品质量的优劣真伪，一般消费者难以辨别，必须有专门的技术人员和专门机构，依据法定标准，用符合要求的仪器和设备，正确操作才能进行鉴定或评价。

（6）药品储备的时效性

药品是治疗疾病的物质基础，人们何时生病、生何种病是不以人的意志为转移的，但一旦生病就急需药品，尤其在面临急救、疫情、灾情等紧急情况时，能否及时提供足够的药品关系到一个人，甚至成千上万人的生死存亡。这就要求药品生产、经营企业及医疗卫生部门对药品要有适量的储备，宁愿药等病，切勿病等药。但是，药品又有一定的有效期，因此，还要注意储备的数量。

（7）药品种类的复杂性

据不完全统计，全世界有 20 000 余种药品，我国中药制剂 5 000 多种，西药制剂 4 000 多种，由此可见，药品的种类繁多而复杂。

2. 药品市场的特性

药品作为一种特殊的商品，其市场除实行准入制度外，还具有以下特性。

（1）药品市场需求弹性较大。

（2）药品市场需求的多样化和差异性。

（3）药品市场被动消费现象突出。

（4）药品市场专业性强。

（5）药品市场竞争激烈。

（6）药品品种不断更新引导市场。

（7）药品市场分散，销售时间受到限制。

（8）药品市场监管难度比较大。

（9）广告媒体影响药品市场。

任务实施

【材料准备】

工具：计算机、温湿度仪，干湿度测量仪。

材料：化学药品、中药饮片、中成药一批；笔和纸、《药品经营质量管理规范》（2016版）；

设备：实训场地、药店管理系统、医药企业虚拟仿真系统。

【实施步骤】

步骤一：理解药品的概念

1. 教师发布任务，学生分组讨论，选出以下属于药品的词语：阿司匹林、唇膏、美白面膜、兽药、黄芪、连花清瘟胶囊、金银花、新冠疫苗、敌敌畏、阿兹夫定、青霉素、百草枯、润肤油、阿胶、燕窝、酒精棉球、胰岛素注射液、刚果红、安乃近、心得安。

2. 教师引导，学生总结药品的含义。

步骤二：理解药品的特殊性

学生分为四组，通过信息查询，寻找可以体现药品特殊性的案例，每组分享两个案例。

任务测评

评价方式包括自我评价、组内评价、组间评价、教师评价，并据此设计了学生自评表（表2－1－1）、组内评价表（表2－1－2）、组间互评表（表2－1－3）、教师考核评价表（表2－1－4）。其中自我评价、组内评价、组间评价采用线上填写学习通问卷的形式进行，教师评价包含过程评价、结果评价，采用纸质评价表。各评价方式占本任务百分比分解如图1－1－1所示。

表2－1－1　　学生自评表

学习任务名称：＿＿＿＿＿＿　姓名：＿＿＿＿＿＿　学号：＿＿＿＿＿＿

序号	学习过程	评价内容	评价标准			得分
			符合（分）	部分符合（分）	不符合（分）	
1	课前探究	能够主动完成学习通作业	8～10	5～7	0～4	
2	明确任务	能够明确药品的特殊性	8～10	5～7	0～4	
3	制定方案	能够参与小组讨论，提出合理建议，积极参与小组汇报工作	8～10	5～7	0～4	
4	任务实施	能够在词云中准确找出药品名称	8～10	5～7	0～4	
5		能够总结药品的含义	8～10	5～7	0～4	
6		能够列出药品的特殊性	8～10	5～7	0～4	
7		能够分享体现药品特殊性的案例	8～10	5～7	0～4	
8		能够按照GSP的要求，完成清场和消杀	8～10	5～7	0～4	
9	竞赛提升	能够积极参加课中竞赛并获奖	8～10	5～7	0～4	
10	总结点评	能够客观公正做好自我评价	8～10	5～7	0～4	
合计						

表 2-1-2 **组内评价表**

学习任务名称：＿＿＿＿＿＿ 组别：＿＿＿＿＿＿ 被评价者姓名：＿＿＿＿＿＿

序号	学习过程	评价内容	评价标准			得分
			符合(分)	部分符合(分)	不符合(分)	
1	课堂参与合作学习的态度	能够尊重同伴、独立思考，承担并完成岗位职责	8~10	5~7	0~4	
2	获得和提供信息技能	能够查阅规范、工作页解决疑问	8~10	5~7	0~4	
3		在展示汇报时能够积极参与，踊跃表达	8~10	5~7	0~4	
4	帮助和支持技能	在小组讨论时能积极思考，诚恳提问	8~10	5~7	0~4	
5		在讨论过程中能尊重他人，耐心倾听	8~10	5~7	0~4	
6	组织引导技能	能够帮助、督促其他成员参与小组活动，相互勉励，阻止讨论偏离主题	8~10	5~7	0~4	
7	质量控制技能	能够合作选出含药品属性词语	8~10	5~7	0~4	
8		能够合作完成体现药品特殊性案例分享	8~10	5~7	0~4	
9	评议的技能	能够对其他组任务完成情况进行专业评价	8~10	5~7	0~4	
10		在展示作品时，能姿态端正、思路清晰	8~10	5~7	0~4	
合计						

表 2-1-3 **组间互评表**

学习任务名称：＿＿＿＿＿＿ 组别：＿＿＿＿＿＿ 被评价者姓名：＿＿＿＿＿＿

序号	评价内容	评价标准			得分
		符合(分)	部分符合(分)	不符合(分)	
1	该小组制定方案科学、高效、合理	16~20	10~15	0~9	
2	该小组进行方案汇报时，使用普通话，思路清晰，条理性强	16~20	10~15	0~9	
3	该小组任务完成过程中遵循 GSP 规范，样品选取合理	16~20	10~15	0~9	
4	该小组对其他小组的评价合理	16~20	10~15	0~9	
5	该小组完成体现药品特性的案例分享任务	16~20	10~15	0~9	
合计					
评价小组组长签名					

表 2-1-4　　教师考核评价表

学习任务名称：____________　学生：____________　学号：____________

序号	考核要求	评价标准			得分
		符合(分)	部分符合(分)	不符合(分)	
1	完成含药品名称词云挑选	16~20	10~15	0~9	
2	药品的含义理解清晰	16~20	10~15	0~9	
3	完成体现药品特性的案例分享	16~20	10~15	0~9	
4	理解药品的特殊性	16~20	10~15	0~9	
5	记录规范	16~20	10~15	0~9	
合计					

想一想

1. 大家来讨论：药品是一种特殊的商品，药品质量的优劣直接关系到人民群众的生命健康。除青霉素注射前需要做皮试外，还有哪些药品在使用时有注意事项？

2. 请梳理本次课程的知识内容，绘制思维导图。

课堂练习

1. （多选）药品的范围包括（　　）。

A. 中药材　　B. 中药饮片

C. 中成药　　D. 抗生素

E. 化学药品

2. （多选）药品的特性包括（　　）。

A. 作用的两重性　　B. 使用的科学性

C. 质量的严格性　　D. 等级的一致性

E. 监管的严肃性

任务二　药品质量与药品质量监督管理

学习目标

1. 能够理解药品质量与药品质量标准。

2. 能够掌握全面质量管理的特点与方法。

3. 能够掌握药品质量保证体系的概念与内容。

任务引入

2006 年 7 月 24 日，青海省西宁市部分患者使用安徽华源生产的克林霉素磷酸酯葡萄糖注射液（即欣弗注射液）后，出现胸闷、心悸、心慌、寒战、肾区疼痛、腹痛、腹泻、恶心、呕吐、过敏性休克、肝肾功能损害等临床症状。随后，黑龙江、广西、浙江、山东等省区也分别报告发现类似病例。7 月 28 日，国家食品药品监督管理局组织专家赶赴青海，开展药品检验、病例报告分析和关联性评价等工作；同时，派专员赶赴安徽对安徽华源的生产过程进行现场核查。8 月 15 日，国家局通报：导致这起不良事件的主要原因是，安徽华源 2006 年 6 月至 7 月生产的欣弗注射液未按批准的工艺参数灭菌，私自降低灭菌温度、缩短灭菌时间、增加灭菌柜装载量（该药品按规定应经过 105 ℃、30 分钟的灭菌过程。但安徽华源却擅自将灭菌温度降低到 100 ℃至 104 ℃不等，将灭菌时间缩短到 1 分钟到 4 分钟不等），影响了灭菌效果。“欣弗”事件很好地诠释了药品质量的重要性，质量合格的药品可以救人，质量不合格的药品可以害人。

【任务分析】

完成本次任务需要做到：

1. 完成药品质量和药品质量标准的查阅与书写。
2. 完成全面质量管理的特点与方法的查阅与书写。

相关知识

一 、药品质量与药品质量标准

1. 药品质量

国际标准化组织（ISO）对质量的定义是：质量是产品或作业所具有的、能用于鉴别其是否合乎规定要求的一切特性或性能。“质”表示事物的本体、本性。“量”表示度，“质量”这个词一般表示为产品质量、工作质量和服务质量的优劣程度。

药品质量是指药品能满足规定需求和特性的总和，它是衡量药品使用价值的尺度。随着科学技术的发展和人们对产品质量认识的不断提高，用户对药品质量的要求不再仅是技术标准所规定的项目，还增加了在使用过程中产品所表现出来的特性，这些特性一般由产品的有效性、安全性、稳定性、均一性及经济性等诸因素表现出来。

2. 药品质量标准

（1）药品质量标准的含义

药品质量标准的含义包括：①药品质量标准具有法规的性质；②药品质量标准是由国务

院药品监督管理部门颁布；③药品质量标准是对药品质量规格和检验方法所作的技术规定；④药用辅料、药品卫生标准均属药品质量标准；⑤所有从事药品生产、经营、使用、检验、科研的单位和个人均应遵循药品质量标准，保证药品质量。

（2）《中华人民共和国药典》

《中华人民共和国药典》，简称《中国药典》，是由国家药典委员会根据《药品管理法》的规定组织编纂及制定、修订，是法定的国家药品标准，由国家药品监督管理局批准颁布实施。

中华人民共和国成立后，党和政府十分关心人民的医药卫生保健工作，1949 年 11 月卫生部召集有关医药专家研讨编纂药典问题。1950 年 1 月卫生部负责组建中国药典编纂委员会，筹划编制新中国药典，并于 1953 年颁布《中国药典》，以后又出版了 1953 年增补本（1957 年出版）。至今《中国药典》已颁布 1963 年版、1977 年版、1985 年版、1990 年版、1995 年版、2000 年版、2005 年版、2010 年版、2015 年版、2020 年版。《中国药典》2015 年版共四部，收载品种 5 608 种：一部收载 2 598 种，二部收载 2 603 种，三部收载 137 种，四部收载 270 种及通则 317 个。2020 年 7 月 2 日，国家药品监督管理局、国家卫生健康委发布公告，正式颁布 2020 年版《中国药典》，于 2020 年 12 月 30 日起正式实施。2020 年版《中国药典》由一部、二部、三部和四部构成，收载品种共计 5 911 种。其中，一部中药收载 2 711 种；二部化学药收载 2 712 种；三部生物制品收载 153 种；四部收载通用技术要求 361 个，包括制剂通则 38 个、检测方法及其他通则 281 个、指导原则 42 个，药用辅料收载 335 种。

《中国药典》的收载范围：必须是医疗必须、临床常用、疗效肯定、质量好、副作用小、优先推广使用，并有标准规定的品种。具体规定如下：①工业生产的药品应是工艺成熟、质量稳定、可成批生产的；②中药材应是医疗常用、品种来源清楚、有商品经营的；③中成药应是使用面广、处方合理、工艺成熟，有较长期的使用经验；临床必需的验方、制剂，择优选收；医疗常用的辅料、基质等，适当收载。

（3）药品质量标准的作用

药品质量标准在药品管理中的作用可以归纳为：①药品质量标准是判断药品是否合格或不合格的法定依据；②药品质量标准是药品质量的法定目标；③执行和实现药品质量标准，是控制药品质量的关键；④药品质量标准是药品质量保证和质量控制活动的重要依据；⑤药品质量标准是建立、健全药品质量保证体系的基础。

想一想

药品质量标准有什么作用？

二、全面质量管理

1. 全面质量管理的概念

质量管理，是对产品质量和影响产品质量的各项工作进行的管理。企业为了生产出适合用户要求的高质量产品，就必须采用各种科学的方法，对影响产品质量的各项工作进行管理，它是企业管理的重要组成部分。

全面质量管理（TQC），是指以满足用户的质量要求为目标，组织企业全体员工及有关部门同心协力，建立质量管理体系，运用科学技术和管理方法，开发、研制、生产和销售用户满意产品的管理活动。

全面质量管理是由美国的费根堡姆博士首先提出来的，后经美国的戴明博士和朱兰博士在日本大力推广而形成质量管理模式。它以系统理论、控制理论为指导，运用数理统计、信息论、管理心理学等知识，在产品质量形成的各个阶段、各个环节，对影响产品质量的各种因素进行全面系统的控制管理，以取得满意的结果。

2. 全面质量管理的特点

（1）全过程的质量管理

全过程的质量管理是指对直接或间接影响产品质量的全过程进行质量管理，包括产品设计开发过程、生产技术准备过程、加工制造过程、使用服务过程等各个阶段的质量管理。

（2）全员参加的质量管理

全员参加的质量管理是指从事产品设计制造、管理服务、决策领导的所有人员都参加的质量管理。这是需要处在直接质量工作点（如配料、温控、压片等岗位）和间接质量工作点（如科室人员等）的所有人员都参加的质量管理。全员参加的质量管理能够使企业全体人员树立质量第一的观念，人人承担质量责任，人人把好质量关。

（3）全方位的质量管理

全方位质量管理的对象是全面质量，包括产品质量、工作质量和服务质量。它的核心是提高人的工作质量，从而有效地开发、研制、生产和销售用户满意的产品，全方位提高企业经济效益和社会效益。

3. 全面质量管理的方法

全面质量管理的方法主要包括：基本方法和技术方法。基本方法主要包括行政方法、法律方法、经济方法，技术方法主要包括 PDCA 循环法。

（1）PDCA 循环法概念

PDCA 循环又称戴明循环，是美国质量管理专家戴明发明的循环法，是指按照计划、实施、检查、处理 4 个阶段的顺序从事管理工作，并且不断进行循环的一种科学管理方法。它体现了质量管理的思想方法和工作步骤，已广泛应用于质量管理工作中。

PDCA 4 个阶段构成一个循环，即具体的一次质量管理的活动过程，如图 2－2－1 所示。

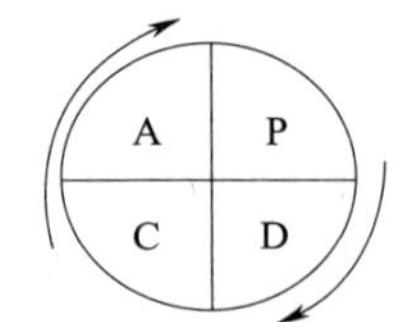

图 2－2－1　PDCA 循环图

P（Plan）——计划，计划阶段，是在充分调查研究的基础上进行方针、目标、管理项目、办法、措施等活动计划的制订，称为第一阶段。

D（Do）——实施，执行阶段，根据第一阶段制订的计划，进行扎扎实实的管理活动，称为第二阶段。

C（Check）——检查，检查阶段，指对计划的执行情况进行检查，检查内容包括：完成的项目，未完成的项目，正确执行的项目，错误执行的项目，各项目的执行是否符合质量管理的要求，并找出存在的问题，称为第三阶段。

A（Action）——处理，处理阶段，根据上一阶段检查的结果，采取相应措施，肯定成功的部分，纠正失败的部分，并形成制度和标准，防止再犯。没有解决的问题转入下一个循环，作为下一次计划管理的目标之一。

（2）PDCA 循环的特点

1）阶梯式上升，循环前进。PDCA 工作法反映药品质量管理工作循环前进、滚动上升的本质特征。每一过程的 PDCA 管理都不是前一次 PDCA 过程的简单重复，而是在更高层次、更新内容上的继续。在药品质量管理工作中，每经过一次循环，就意味着解决了一些问题，质量水平有了新的提高。所以推动药品质量管理工作阶梯式上升、循环前进是 PDCA 工作的重要特点，如图 2－2－2 所示。

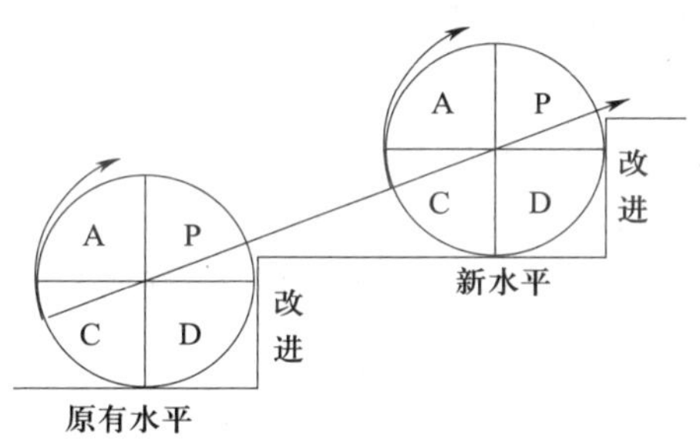

图 2－2－2　阶梯式上升、循环前进

2）大环套小环、相互促进。医药企业药品质量管理工作存在着组织形式和管理内容的包容关系。从组织形式方面来看，企业是一个大的 PDCA 循环，科室是下一层次的 PDCA 循环，仓库是再下一层次的 PDCA 循环。上一级 PDCA 循环是下一级 PDCA 循环的依据，下级 PDCA 循环是上一级 PDCA 循环的贯彻落实和具体化。从管理工作内容方面来看，大管理内容的 PDCA 循环包容着小管理内容的 PDCA 循环，小管理内容的 PDCA 循环是大管理内容循环的基础和保证。从工作内容上来看，PDCA 循环是大环套小环，各环之间相互联系、相互促进。质量管理工作应注意组织层次和工作内容的上下衔接与协调，如图 2－2－3 所示。

3）强调总结与处理。PDCA 循环强调对每一具体工作的总结与处理，认为计划、实施、检查、处理具有同等重要的地位，绝无轻重差别。这种认识和做法与传统管理的习惯做法有很大不同。如传统的药品采购一般以购进药品验收入库为一次采购的结束，而 PDCA 工作法要求采购工作在药品验收入库以后还要增加一项评价工作，总结此次工作中应该肯定的成绩

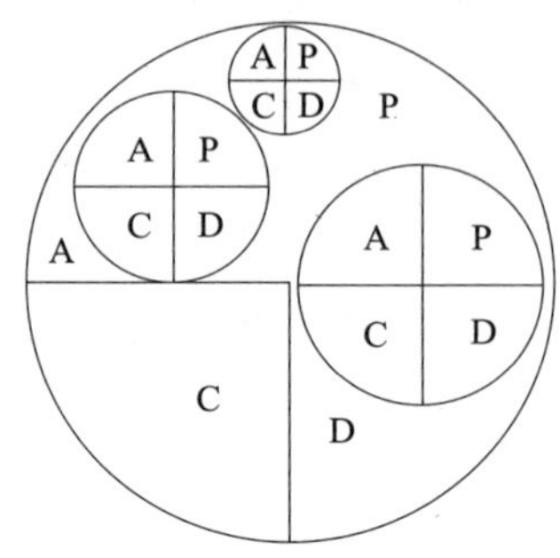

图 2－2－3　PDCA 包容关系

和存在的问题，作为制订下一次采购计划的资料和依据。所以，PDCA 循环工作法强调检查与处理，是保证质量管理沿着维持——改善——维持——改善方向阶梯上升、循环前进的重要基础，是与传统管理方法不同的工作方法。

三、药品质量保证体系

1. 药品质量保证体系的概念

（1）质量保证

质量保证是指企业对产品或服务方面提供的质量担保。质量保证可分为内部质量保证和外部质量保证。内部质量保证是指企业内部各环节之间提供的保证（如上工序为下工序提供符合质量要求的半成品或服务的保证），内部质量保证可以使企业的各环节相互衔接，实现企业的质量目标；外部质量保证是指企业对用户提供质量保证，保证用户购得的产品在规定时间内质量可靠、使用正常，以取得用户的信任，赢得用户、赢得市场，增强企业的竞争力，提高企业的经济效益。

（2）药品质量保证体系

药品质量保证体系就是通过一定的制度、办法、程序、机构等把质量保证活动加以系统化、标准化、制度化，其核心就是依靠人的积极性和创造性，发挥科学技术的作用，其实质就是责任制。建立和健全药品质量保证体系，是实行全面质量管理的重要标志。

2. 药品质量保证体系的内容

药品质量保证体系的内容主要包括：设计过程的质量保证、生产过程的质量保证、经营过程的质量保证、使用过程的质量保证四个部分。

（1）设计过程的质量保证

医药产品的研制开发是医药产品质量的孕育阶段，是保证质量的前提。医药产品的研制开发阶段是决定产品质量的源头，从一定意义上说，医药新产品从研制开发阶段就已经开始决定了该产品的质量水平。

设计标准是制造过程必须遵守的标准和依据，而使用质量则是设计质量、制造质量完善程度的综合体现。因此，设计过程的质量保证是全面质量管理的起点，是企业质量保证体系中首要的一环。

（2）生产过程的质量保证

医药产品正式投产后，能否保证达到质量标准，在很大程度上取决于生产车间技术能力及制造过程的质量管理水平。生产过程的质量保证要注意抓好以下几项工作：

1）加强工艺管理。加强对生产制造过程的质量保证能力，使生产制造过程经常处于稳定的控制状态。搞好文明生产，创造良好的工艺过程环境。

2）组织好原料检验工作。为了保证产品质量，必须根据技术标准，对原材料、在制品、半成品等各方面的质量进行检验，严格把关。保证不合格的原材料不投产，不合格的半成品不转工序、不使用。

3）组织好质量检验，掌握质量动态。查出影响质量的诸因素并及时采取控制和改善措施。技术检验工作要正确规定技术检验的范围，设置专职检验点；合理选择工序检验的方法；建立一支专群结合的检验队伍，实行自检、互检、专检相结合的“三检制”。

4）实行工序质量控制。建立监督和控制重点工序（或岗位）的管理点，运用控制图加强对工序质量的管理。

5）对不合格品进行严格管理。通过严格管理，做到不合格的原材料、中间体不投入生产，不合格产品不出厂。

（3）经营过程的质量保证

医药企业经营过程的质量保证就是保证患者及时安全有效用药，这是一个综合保证。按照全面质量管理的观点，医药商业企业在实施质量保证时，应把企业各个部门都组织到质量保证体系中来，具体来说，应建立以下几个保证：

1）计划保证，即保证按市场需要制订采购计划，做到购销平衡，不脱销、不积压。这就包括市场调查和市场预测的质量保证、销售资料的信息质量保证、库存资料的保证等。

2）采购保证，即保证按计划采购、择优采购。

3）验收保证，即保证按商品验收率、验收内容、验收方法、验收标准验收商品。

4）保管保证，即保证按仓库条件、保管方法、检查方法、保管责任、安全制度、发放制度、防火制度等进行仓储管理。

5）销售保证，即保证货物品种齐全、按时付货、出库验货发货不出差错。

6）服务保证，建立用户访问制度、质量查询制度，以保证用户满意。

7）教育保证，即保证全体员工树立质量第一观点，提高员工的综合素质。

（4）使用过程的质量保证

药品的使用过程是检验产品质量的过程，它是企业质量管理的归宿和出发点。药品质量的好坏，主要看用户的评价。因此，企业质量管理工作必须从生产过程延伸到使用过程，保证药品疗效确切、安全可靠。

3. 加强药品质量监督管理的意义

（1）加强药品质量监督管理是医药企业的根本宗旨

在社会主义制度下，社会生产的根本目的在于不断提高和改善人民的物质文化和生活需要，这也是社会主义医药企业生产经营的宗旨。社会主义医药企业的性质决定了它必须为医疗行业和病人服务，而其服务的具体表现形式就是尽可能生产满足市场需要（即医疗行业和患者的需要）的高质量的药品，这也是社会效益的根本体现。高质量的药品对于防病治病、救灾灭疫、抗灾抢险起着重要的作用。努力提高药品质量，坚决打击假药、劣药，充分体现了人民的根本要求和生产经营的根本宗旨。

（2）加强药品质量监督管理是维护人民生命安全的保证

无论是防病治病还是康复保健都离不开药品，药品是人们生活的必需品之一，它的质量好坏，直接关系到每一个患者的身体健康与生命安全。因此，如果药品的研制和生产缺乏对人民生命安危、对民族兴衰的高度负责精神，只注意近期疗效，忽视远期后果，甚至为了经济效益不惜生产假劣药，那么就会贻害无穷，是对民族和人类的犯罪。

（3）加强药品质量监督管理是企业生存的保证

以质量求生存，以效益促发展，这是现代企业家的座右铭。从增产节约的角度来说，提高药品质量，就是最好的节约、最大的经济效益。因为药品的特殊性决定了它不允许生产出次品、等外品，只能生产合格品，生产厂家百分之一的次品，对于某患者就是百分之百的危害。药品的质量比数量更重要，质量不好的药品不会被市场承认，因此生产的不合格品越多，浪费就越大。在当今市场经济的大潮中，产品质量差的企业很快就会在竞争中被淘汰。所以，质量是企业的生命。

（4）加强药品质量监督管理是企业效益的保证

医药企业的经济效益包括：质量与数量的统一；价值与使用价值的统一；医疗需要与合理利润的统一。这三个统一是以使用价值为基础的，是药品使用价值的表现，其实质就是药品的质量。也就是说，药品的质量就是企业效益的保证。

任务实施

【材料准备】

工具：计算机、笔、大白纸。

设备：白板、实训场地。

【实施步骤】

步骤一：理解药品质量和药品质量标准

教师组织开展头脑风暴，学生积极参与，列举建立药品质量标准的意义，并举例说明。

步骤二：掌握全面质量管理的特点与方法

假如你们是某药品生产企业，遇到了“欣弗”事件，请查阅资料，运用 PDCA 循环法，制定一个方案，加强对药品生产过程的监督，杜绝此类现象的出现。

任务测评

评价方式包括自我评价、组内评价、组间评价、教师评价，并据此设计了学生自评表（表 2－2－1）、组内评价表（表 2－2－2）、组间互评表（表 2－2－3）、教师考核评价表

（表2－2－4）。其中自我评价、组内评价、组间评价采用线上填写学习通问卷的形式进行，教师评价包含过程评价、结果评价，采用纸质评价表。各评价方式占本任务百分比分解如图1－1－1所示。

表2－2－1　　学生自评表

学习任务名称：__________　姓名：__________　学号：__________

序号	学习过程	评价内容	评价标准			得分
			符合（分）	部分符合（分）	不符合（分）	
1	课前探究	能够主动完成学习通作业	8～10	5～7	0～4	
2	明确任务	能够绘制正确的工作流程图	8～10	5～7	0～4	
3	制定方案	能够参与小组讨论，提出合理建议，积极参与小组汇报工作	8～10	5～7	0～4	
4	任务实施	能够掌握药品质量标准的内容	8～10	5～7	0～4	
5		能够掌握全面质量管理的概念	8～10	5～7	0～4	
6		能够掌握PDCA循环法	8～10	5～7	0～4	
7		能够掌握药品质量保证体系的内容	8～10	5～7	0～4	
8		能够按照GSP的要求，完成清场和消杀	8～10	5～7	0～4	
9	竞赛提升	能够积极参加课中竞赛并获奖	8～10	5～7	0～4	
10	总结点评	能够客观公正做好自我评价	8～10	5～7	0～4	
合计						

表2－2－2　　组内评价表

学习任务名称：__________　组别：__________　被评价者姓名：__________

序号	学习过程	评价内容	评价标准			得分
			符合（分）	部分符合（分）	不符合（分）	
1	课堂参与合作学习的态度	能够尊重同伴、独立思考，承担并完成岗位职责	8～10	5～7	0～4	
2	获得和提供信息技能	能够查阅规范、工作页解决疑问	8～10	5～7	0～4	
3		在展示汇报时能够积极参与，踊跃表达	8～10	5～7	0～4	
4	帮助和支持技能	在小组讨论时能积极思考，诚恳提问	8～10	5～7	0～4	
5		在讨论过程中能尊重他人，耐心倾听	8～10	5～7	0～4	
6	组织引导技能	能够帮助、督促其他成员参与小组活动，相互勉励，阻止讨论偏离主题	8～10	5～7	0～4	
7	学习技能	能够合作完成药品质量标准书写和查阅	8～10	5～7	0～4	
8		能够合作掌握全面质量管理的概念和药品质量保证体系的内容	8～10	5～7	0～4	

续表

序号	学习过程	评价内容	评价标准			得分
			符合(分)	部分符合(分)	不符合(分)	
9	评议的技能	能够对其他组结果进行专业评价	8~10	5~7	0~4	
10		在展示作品时，能姿态端正、思路清晰	8~10	5~7	0~4	
合计						

表 2-2-3　　组间互评表

学习任务名称：＿＿＿＿＿＿　组别：＿＿＿＿＿＿　被评价者姓名：＿＿＿＿＿＿

序号	评价内容	评价标准			得分
		符合(分)	部分符合(分)	不符合(分)	
1	该小组制定方案科学、高效、合理	16~20	10~15	0~9	
2	该小组进行方案汇报时，使用普通话，思路清晰，条理性强	16~20	10~15	0~9	
3	该小组任务完成过程中遵循 GSP 规范	16~20	10~15	0~9	
4	该小组对其他小组的评价合理	16~20	10~15	0~9	
5	该小组完成药品质量管理项目	16~20	10~15	0~9	
合计					
评价小组组长签名					

表 2-2-4　　教师考核评价表

学习任务名称：＿＿＿＿＿＿　学生：＿＿＿＿＿＿　学号：＿＿＿＿＿＿

序号	考核要求	评价标准			得分
		符合(分)	部分符合(分)	不符合(分)	
1	查阅信息程序完整	16~20	10~15	0~9	
2	书写完整规范	16~20	10~15	0~9	
3	药品质量标准查找无误	16~20	10~15	0~9	
4	全面质量管理的方法查找无误	16~20	10~15	0~9	
5	评价记录规范	16~20	10~15	0~9	
合计					

想一想

1. 大家来讨论：结合 2006 年发生的“欣弗”事件，谈谈如何加强药品质量管理？
2. 请梳理本次课程的知识内容，绘制思维导图。

课堂练习

1. 现行版《中华人民共和国药典》是（　　）。

A. 2005 年版　　B. 2010 年版

C. 2015 年版　　D. 2020 年版

2. （多选）PDCA 的 4 个阶段包括（　　）。

A. P（Plan）计划　　B. D（Do）实施

C. C（Check）检查　　D. A（Action）处理

任务三　监督检查管理

学习目标

1. 能说出现场检查的组织。
2. 能列举出现场检查、飞行检查、有因检查的项目和内容。
3. 能写出现场检查、飞行检查、有因检查的程序。

任务引入

国家药品监督管理局关于贯彻实施《中华人民共和国药品管理法》有关事项的公告

自 2019 年 12 月 1 日起，取消药品 GMP、GSP 认证，不再受理 GMP、GSP 认证申请，不再发放药品 GMP、GSP 证书。

提问：药品监督管理部门对药品经营企业是否遵守有关法律法规、是否执行药品经营质量管理规范以及有关标准如何进行监督检查？如何来规范药品经营企业的经营行为？

【任务分析】

完成本次任务需要做到：

1. 完成现场检查、飞行检查、有因检查的组织。
2. 完成现场检查、飞行检查、有因检查的项目和内容。

相关知识

一、现场检查

1. 现场检查是根据药品监督管理部门制订的年度检查计划，对药品经营企业遵守有关法律、法规，执行药品经营质量管理规范以及有关标准情况开展的检查，包括质量管理规范符合性检查。

2. 现场检查人员的组成和职责

（1）现场检查的人员组成

一般由 3 ~ 5 名检查员组成检查组，实行组长负责制。检查组长具体负责组织协调、沟通交流、主持会议等。其他人员还包括企业所在地市药品监督管理局派出的观察员、企业领导班子所有成员、企业中层以上部门的负责人及分支机构负责人。

（2）GSP 现场检查员职责

GSP 现场检查员应严格遵守检查纪律，如有违反，经调查属实，取消其检查员资格，不得再次列入检查员库。情节严重的，依法追究法律责任。现场监督检查的结果应记录在案，并按规定报送上一级药品监督管理部门。

3. 现场检查的程序

（1）召开首次会议

现场检查工作的第一天，召开首次会议。首次会议参会人员：现场检查组成员、企业所在地市药品监督管理局派出的观察员、企业领导班子所有成员、企业中层以上部门的负责人及分支机构负责人。首次会议主要内容：检查组与公司代表会面，介绍检查员及观察员，宣读现场检查通知；企业主要负责人介绍企业参会人员，企业简要汇报 GSP 实施情况；检查组宣读 GSP 现场检查方案、检查纪律和注意事项。检查组要求企业提供的材料：企业质量管理文件（含质量管理制度、工作程序、岗位职责）；企业所有从业人员花名册。

（2）进行现场检查

检查组对企业总部及被抽查的分支机构（或连锁药店）进行现场检查，现场检查的主要内容如下。

1）硬件设施检查，包括办公场所、营业场所、库区环境、库房条件、设施设备及辅助用具、办公用房情况，药品的库存管理及出入库现场管理情况。

2）文件资料检查，包括管理文件、档案资料、证明文件、原始记录等。在检查企业的各种制度、凭证和记录等材料时，企业应将各种文件材料集中到一个场所，并根据检查员的分工情况派遣相关人员协助检查。检查员要求企业提供的材料应在 30 分钟之内提供，否则不予认可。

3）过程控制检查，包括抽查药品、工作过程、操作方法、资料核实等。

4）机构检查，包括部门设置、人员配备、企业档案等。

5）员工档案，包括员工的教育、健康情况。

6）客户档案，包括供货方、购货方。

7）药品档案，包括药品质量、药品养护情况。

8）质量资料档案，包括原始记录、票据凭证、工作文件等。

9）设备及档案。

现场检查的方法是：观察、提问、取证、验证、记录。

（3）汇总检查情况

在现场检查工作完成后，检查组汇总检查情况，做出综合评定，填写检查报告、不合格项目情况表、缺陷项目记录表和检查评定表等。其间，观察员及企业的所有人员要回避。

（4）召开末次会议

检查组完成汇总检查情况后，应召开末次会议，末次会议参会人员与首次会议相同。会议内容包括：

1）检查组组长宣读现场检查报告、企业不合格项目、提出的建议，责成市药品监督管理部门监督整改，并根据现场检查的不同情况分别提出要求。

①通过的企业。现场检查通过的企业，在现场结束后 7 个工作日内，将整改报告报省（自治区、直辖市）药品监督管理部门，同时抄报所在地市药品监督管理局。

②限期整改的企业。现场检查限期整改的企业，在接到整改通知后的3 个月内向省（自治区、直辖市）药品监督管理部门报送整改报告，提出复查申请。

③不通过的企业。现场检查不通过的企业，在接到通知的 6 个月后，重新进行现场检查。

2）企业法定代表人或质量负责人讲话。

3）企业所在地市药品监督管理局观察员讲话。

（5）企业 GSP 实施情况现场检查工作结束

4. 现场检查项目与评定标准

（1）现场检查项目

根据《药品经营质量管理规范现场检查指导原则》（修订稿）规定，检查项目分三部分。批发企业检查项目共 256 项，其中严重缺陷项目（**）10 项，主要缺陷项目（*）103 项，一般缺陷项目 143 项；零售企业检查项目共 176 项，其中严重缺陷项目（**）8 项，主要缺陷项目（*）53 项，一般缺陷项目 115 项；体外诊断试剂（药品）经营企业检查项目共 185 项，其中严重缺陷项目（**）9 项，主要缺陷项目（*）70 项，一般缺陷项目 106 项。药品零售连锁企业总部及配送中心按照药品批发企业检查项目检查，药品零售连锁企业门店按照药品零售企业检查项目检查。药品生产企业销售药品，以及药品流通过程中其他涉及药品储存、运输的，参照本指导原则有关检查项目检查。医药企业现场检查项目的分解如图 2－3－1 所示。

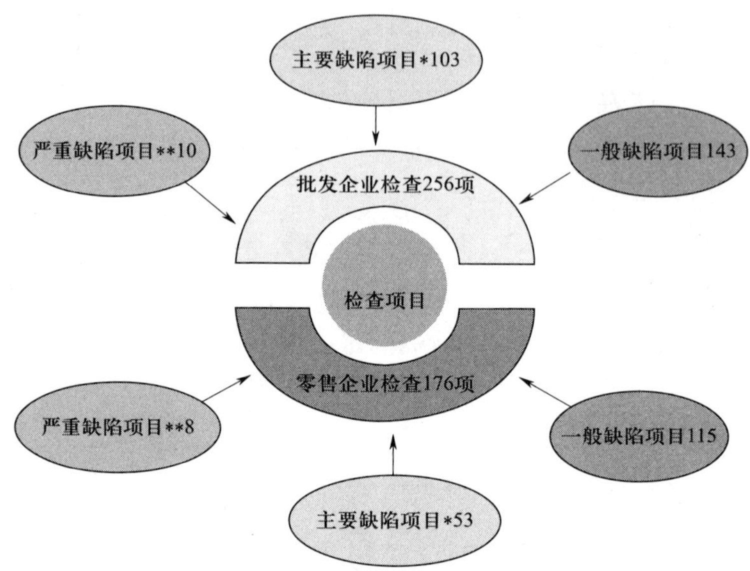

图 2－3－1　医药企业现场检查项目分解图

（2）检查评定标准（见表 2－3－1）

表 2－3－1　检查判定标准

检查项目			结果判定
严重缺陷项目（**）	主要缺陷项目（*）	一般缺陷项目	
0	0	≤20%	通过检查
0	0	20%～30%	限期整改后复核检查
0	<10%	<20%	
≥1	—	—	不通过检查
0	≥10%	—	
0	<10%	≥20%	
0	0	≥30%	

注：缺陷项目比例数＝对应的缺陷项目中不符合项目数÷（对应缺陷项目总数－对应缺陷检查项目合理缺项数）×100%。

（3）监督检查结果判定（见表 2－3－2）

表 2－3－2　监督检查结果判定

检查项目			结果判定
严重缺陷项目（**）	主要缺陷项目（*）	一般缺陷项目	
0	0	0	符合《药品经营质量管理规范》

续表

检查项目					结果判定
严重缺陷项目（**）	主要缺陷项目（*）		一般缺陷项目		
0	0		药品批发企业	<43	违反《药品经营质量管理规范》，限期整改
			药品零售企业	<34	
			体外诊断试剂（药品）经营企业	<33	
0	药品批发企业	<10	药品批发企业	<29	
	药品零售企业	<5	药品零售企业	<23	
	体外诊断试剂（药品）经营企业	<7	体外诊断试剂（药品）经营企业	<22	
≥1	—		—		严重违反《药品经营质量管理规范》，撤销药品经营许可证
0	药品批发企业	≥10	—		
	药品零售企业	≥5			
	体外诊断试剂（药品）经营企业	≥7			
0	药品批发企业	<10	药品批发企业	≥29	
	药品零售企业	<5	药品零售企业	≥23	
	体外诊断试剂（药品）经营企业	<7	体外诊断试剂（药品）经营企业	≥22	
0	0		药品批发企业	≥43	
			药品零售企业	≥34	
			体外诊断试剂（药品）经营企业	≥33	

5. 现场检查中容易出现的问题

现场检查过程中有些企业为了回避问题可能会存在一些不恰当的做法，常见的有：

（1）竭力渲染企业的优秀，回避不足之处。

（2）不接受任何批评，固执己见，轻视检查人员的意见。

（3）不正面回答问题，不清楚之处用方言搪塞，或者一问三不知，尽可能少说话。

（4）高谈阔论，纠缠问题拖延时间，对问题百般辩解，拒不承认。

6. 现场检查过程中的注意事项

（1）修订完善与企业实际相符的质量管理体系文件。体系文件制定的制度应涵盖企业整个经营过程，如印章管理制度、人事薪酬制度、采购发票管理制度、预付款管理制度、采购合同管理制度等。

（2）结合计算机系统制定岗位操作流程。现场的操作应与制定的岗位操作流程相一致。

（3）明确岗位职责。所有员工都应有相应的岗位职责。

（4）体外诊断试剂验收制度，疫苗验收制度。涉及许可经营范围的，应设相应制度，如终止妊娠制度、含麻制度、蛋肽制度、精神药品制度。

（5）检查岗位计算机权限。随机抽查某岗位的系统界面有无无关的权限、模块。

（6）检查计算机系统。

1）检查内容：核对系统功能是否齐全，管控点是否有效，与企业介绍的功能模块是否吻合。

2）检查各岗位的操作要点、管控点。

3）检查操作人员的具体操作过程和信息交换方式。

4）提问岗位人员遇到质量问题时，在计算机系统上的操作流程。

5）严禁外挂式功能，禁止用报表代替系统应有的功能。

6）收货员操作界面应有物流的承运信息，如在途时间、承运时间。承运信息由采购订单传递到收货员界面。

7）冷链品种的收货时间控制、温湿度控制。

8）药品养护检查有完整清晰的记录，养护中发现有问题药品，及时处理，并在计算机系统中有处理记录和停止销售发货的记录。

9）信息部介绍、演示系统的基础数据，如品种分类，管控点的范围（包括上下游经营范围控制），委托书时效，质保协议时效、资质时效，药品过期的拦截功能，提示功能。

10）采购订单界面的承运信息：承运方式，承运单位、发运地点、在途时限、启动时间、运输方式。收货员勾兑采购订单，核实承运信息。

11）体系文件的操作流程应与计算机流程相符。

12）基础数据，包括品种信息、供应商信息，质管部负责录入、更新。

13）修改经营数据之前应做风险评估，并在质管部监督下进行修改。

14）由质管部授权岗位操作权限设置，离职、新增人员进入系统应重新授权。根据岗位授权设置相应的权限，如收货员无分配货位号的权限（验收员权限），关闭与收货员岗位无关的查询模块。

（7）检查温湿度监控系统的布点情况。质量负责人、质管部、仓储负责人需了解布点方案、布点的要求、设备的校验。

1）了解校验报告、校验方案。

2）一般情况下，温湿度系统不与 ERP 对接。

3）冷链药品的验证。验证报告上的验证实施时间应与图表时间一致；对验证过程拍照取证；验证项目按类别进行，完成一个项目后再进行另一个项目的验证，不能穿插进行。

4）冷链数据偏差纠正。

5）冷藏车厢内划线，限高堆放。

6）开门作业的时间限制，应有开门作业的说明流程。

（8）检查方针目标的分解情况。包括分解项目、内容、措施、实施人员、实施时间。

如基础数据管理，质量目标：准确率百分百。采取措施：首营企业信息录入后核对百分百，及时更新百分百。如经营数据修改的合法性百分百，采取措施：数据修改作风险评估率100%，数据修改的审核率百分百，修改的监督率百分百。

（9）风险评估。各个部门寻找风险点，并汇总到质管部。可以用文字或报表的形式评估。评估内容应包括评估项目、评估要求、潜在的风险，风险后果，风险严重性，风险原因，预防风险的措施、责任人。例如：计算机管控的风险包括系统设计的功能不全面、对某个环节管控失效。原因分析：人员不了解新版的要求，系统功能设计未经相关部门审核，审核人不熟悉系统。

（10）内审。按企业制度的规定要求进行，如体系文件修改进行专项内审、场所变更专项内审、ERP 升级专项内审、经营范围增加专项内审。以上各项内容在两个月内可完成变更的，可集中统一内审；变更时间跨度大于半年以上的，应分别进行专项内审。

（11）进货评审。评审时间：按季度进行动态评审。如质管部应参与业务例会，提出质量上的评审意见，或对例会进行综合的评审。评审方式：会议纪要方式。动态评审区别于年度进货评审，是仅针对某个方面存在的问题进行评审。

（12）销售评审。按季度进行动态评审。

（13）人员要求。设收货岗位、验收岗位，养护员可兼职。

（14）温控系统检查。温控系统要有运行 2 个月以上的数据，待系统稳定运行后，申报 GSP 认证。温控系统运行时应避免由于系统不稳定引起的故障。

（15）门禁安装。不建议用探头进行事后管理，应采取门卫、门禁系统等事前控制。

（16）首营品种，需索取生产批件。包装标签说明书不作要求，药典有收载的质量标准，不需收集，品种资料盖质管部印章。

（17）首营企业，需加盖公章。收集印章留样；电子扫描存档；收货员核对备案资料，核对随货凭证的印章，验收员核对随货单样式。

二、飞行检查

1. 飞行检查的概念

飞行检查（unannounced inspection），简称飞检，是跟踪检查的一种形式，是指药品监督管理部门事先不通知药品生产或经营企业而实施的突击性的现场检查。飞行检查是在被检查单位不知晓的情况下进行的，启动慎重，行动迅速，因此可以及时掌握真实情况，做到心中有数。飞行检查可以避免某些形式主义，了解被检查对象的实际情况，及时依法予以查处，避免出现严重的社会危害。

2. 飞行检查的特点

（1）隐秘性

飞行检查要求实施检查的部门对内部也要相对保密，检查组成员不得事先告知被检查单位检查行程和检查内容，在指定地点集合后，第一时间直接进入检查现场，直接针对可能存在的问题开展检查，不得透露检查进展情况、发现的违法线索等相关信息。

（2）突然性

由于检查工作的隐秘性，飞行检查是在企业不知情的情况下进行的，因此被检查企业事前不会进行准备工作，具有突然性，因此检查工作能够真实反映企业日常经营状态。

（3）灵活性

检查人员根据检查现场具体情况灵活制定检查时间与检查步骤，以确保检查质量。

（4）绝缘性

检查人员在检查过程中应当严格遵守有关法律法规、廉政纪律和工作要求，不得向被检查单位提出与检查无关的要求，不接受企业费用支出，做到不吃企业饭、不用企业车、不住企业店。并且不得泄露飞行检查相关情况、举报人信息及被检查单位的商业秘密。

（5）及时性

检查人员在检查现场及时填写飞行检查工作记录，需将具体工作情况、检查内容、接触人员情况等信息如实填写。检查结束时，检查组应当向被检查单位通报检查相关情况。被检查单位有异议的，可以陈述和申辩，检查组应当如实记录。

（6）震慑性

作为一种对市场有效的监管手段，飞行检查具有显著的震慑性，能及时反映企业真实状况，有效打击不法行为，及时避免出现严重社会问题。

3. 飞行检查应遵循的原则

（1）风险导向原则

飞行检查应根据业务发展和风险状况，关注内部控制和案件防控薄弱环节、高风险领域。

（2）重点突出原则

飞行检查应根据风险数据分析可疑线索开展有针对性的检查，突出对严重违规行为的精准打击。

（3）严格保密原则

飞行检查开展前不得告知被查单位，并对检查过程中获得的资料保密，不得以任何方式、渠道传播所知悉的秘密。

（4）客观独立原则

飞行检查应做到检查事实清楚、问题定性准确、定性依据充分，并且不受任何单位和个人干扰，检查对象、检查方式和检查内容根据数据分析结果确定。

4. 飞行检查检查的部门项目及要点

（1）财务部

1）往来打款账务——对公打款账号。

2）打款凭证——相关人员签字审批。

3）账目分类——每月打印科目类别（应收、应付、结余）。

4）税票与随货同行单据金额一致。

5）随货同行单据品种明细与税务清单品种、金额一致。

6）工资表——发放工资记录明细。

（2）行政部

1）员工花名册——人员学历。

2）培训档案——年度培训计划、培训试卷、培训课件。

（3）采购部

1）供货方资质——许可证、GSP、开户行、营业执照、一般纳税人资质、委托范围、委托时间、委托区域。

2）供货方随货同行单——颜色、单据内容、单据印章样式。

3）印章备案与最近购货票据核对。

4）开户许可证、转账账号与税票中账号。

5）供货单位经营范围，采购现场操作，制订采购计划、查超范围、系统能否管控。

（4）销售部

1）下游客户资料——医疗机构许可证、营业执照、委托书、委托人身份证复印件、委托时间（均盖鲜印章）。

2）含特殊药品复方制剂、蛋肽回执单——送货员、发货员、复核员签字，送达收货人时间。

3）冷链药品——运输记录、交接记录、自提记录、交接回执；回执单内容——供货单位、购货单位、购货时间、发货时间、发货温度、到货温度、购买药品数量、购买金额、生产厂家、批准文号、运输员、复核员、销售员、开票员、购货单位收货签字、收货时间、盖章。

4）销售流向明细——近几月单次采购数量较大（20 瓶/盒以上）的含特殊药品复方制剂（复方甘草口服溶液、氨酚待因等）。

5）销售流通明细——药品批发企业销售终止妊娠药品时，应向购买方索取具有施行终止妊娠手术资格的母婴保健技术服务执业许可证，并留复印件备查，核实采购人员（销售人员）留存的法人委托书和身份证明复印件等。

（5）质量管理部

1）公司 GSP 文件——制度、职责、操作规程。

2）药品质量档案——首营品种档案（不认可原始文件电子版）。

3）首营企业——审批流程（现场演练）随机抽取档案资料。

4）验收——冷链药品操作、检验报告、系统操作流程。

5）供货商档案审批——审批表。相关人员系统审核、实际操作。

6）验证——冷链车验证资料、付款明细、签订合同、参与验证人员。

7）验证——现场操作。

8）冷链车、保温箱——验证单位资料、付款凭证、税。

9）内审——专项内审。签字、参与人员提问。

10）信息管理员——提问。维护、使用、设置权限、UPS 协助质量审核。

11）计算机权限控制，检查权限管理有无漏洞。

三、有因检查

1. 有因检查的目的

有因检查是针对一致性评价工作中发现的问题、质疑、举报等情形开展的针对性检查。

2. 有因检查的组织

（1）国家药品监督管理局负责全国一致性评价现场检查的统筹和监督管理。

（2）国家药品监督管理局药品审核查验中心（以下简称核查中心）负责指导全国一致性评价现场检查工作，负责组织实施全国范围和境外的有因检查；对国家药品监督管理局转交的有因检查任务组织开展有因检查。

（3）省级药品监督管理部门负责组织对所受理的国内仿制药品的研制现场、生产现场、临床试验等开展有因检查；对国家药品监督管理局或核查中心转交的本行政区域的有因检查任务开展有因检查。

3. 有因检查的程序与要求

（1）有因检查的程序

1）药品监督管理部门或一致性评价办公室可针对下列情形启动有因检查：一致性评价的评审过程中发现的问题；一致性评价及其药品注册相关的举报问题；药品监督管理部门或一致性评价办公室认为需进行核查的其他情形。

2）检查派出机构应当对有因检查任务进行风险研判，及时组织开展有因检查。检查组应由 2 名以上检查员组成，依据有因检查的任务配备足够的具有相关专业经验的检查员。

3）有因检查可采取事前通知或不告知的方式开展，也可参照飞行检查方式开展。

4）必要时，现场抽取样品送一致性评价办公室指定的药品检验机构进行复核检验。

5）有因检查重点针对发起的原因开展检查，可以进行必要的延伸检查，可以不进行全面系统的检查。

（2）基本要求

1）被检查单位应配合检查，被检查单位有下列情形之一的，视为拒绝、逃避检查：

①拖延、限制、拒绝检查员进入被检查场所或者区域的，或者限制检查时间的；

②无正当理由不提供或者延迟提供与检查相关的文件、记录、票据、凭证、电子数据等材料的；

③以声称工作人员不在、故意停止生产经营等方式欺骗、误导、逃避检查的；

④拒绝或者限制拍摄、复印、抽样等取证工作的；

⑤其他不配合检查的情形。

检查组对被检查单位拒绝、逃避检查的行为应当进行书面记录，责令改正并及时报告检查派出单位；经责令改正后仍不改正、导致检查工作无法完成的，检查结论判定为不通过。

2）有因检查的派出机构、检查员等相关人员应当对飞行检查信息、举报人信息、被检查单位商业秘密等信息保密。

4. 结果判定

有因检查应当围绕“因”重点开展，参照《一致性评价研制现场核查指导原则》《一致性评价生产现场检查指导原则》《一致性评价临床试验数据核查指导原则》中相应的检查要点与判定原则。

如有因检查的结论为“不通过”，则对应的检查结论应判定为“不通过”。

任务实施

【材料准备】

材料：现场检查配套文档材料；飞行检查配套文档材料；有因检查配套材料；监督检查记录表；笔和纸、《药品经营质量管理规范》（2016 版）。

设备：实训场地、药店管理系统、医药企业虚拟仿真系统。

【实施步骤】

步骤一：现场检查

按照现场检查的程序，安排人员进行现场检查项目检查和评定，并记录。

步骤二：飞行检查

按照飞行检查的程序，安排人员进行飞行检查项目检查和评定，并记录。

步骤三：有因检查

按照有因检查的程序，安排人员进行有因检查项目检查和评定，并记录。

步骤四：正确填写检查记录

根据药品检查的内容填写验收记录，见表 2－3－3 和表 2－3－4。

表 2－3－3　现场检查记录表

到货日期	供货单位	通用名称	商品名称	剂型	规格	数量	上市许可持有人	生产厂商	生产日期	生产批号	有效期	批准文号	到货数量	验收合格数量	验收结论	验收人	验收日期	备注

表 2－3－4　飞行检查记录表

药品名称	规格	批号	产地	生产日期	生产企业	供货企业	质量状况	批准文号	到货数量	验收合格数量	验收结论	验收日期	验收人	备注

【操作要点及注意事项】

1. 现场检查要求。
2. 飞行检查要求。
3. 有因检查要求。

任务测评

评价方式包括自我评价、组内评价、组间评价、教师评价，并据此设计了学生自评表（表2－3－5）、组内评价表（表2－3－6）、组间互评表（表2－3－7）、教师考核评价表（表2－3－8）。其中自我评价、组内评价、组间评价采用线上填写学习通问卷的形式进行，教师评价包含过程评价、结果评价，采用纸质评价表。各评价方式占本任务百分比分解如图1－1－1所示。

表2－3－5　　学生自评表

学习任务名称：________　姓名：________　学号：________

序号	学习过程	评价内容	评价标准			得分
			符合（分）	部分符合（分）	不符合（分）	
1	课前探究	能够主动完成学习通作业	8～10	5～7	0～4	
2	明确任务	能够绘制正确的监督检查管理工作流程图	8～10	5～7	0～4	
3	制定方案	能够参与小组讨论，提出合理建议，积极参与小组汇报工作	8～10	5～7	0～4	
4	任务实施	能够完成现场检查	8～10	5～7	0～4	
5		能够完成飞行检查	8～10	5～7	0～4	
6		能够完成有因检查	8～10	5～7	0～4	
7		能够完成监督检查结果判定	8～10	5～7	0～4	
8		能够按照GSP的要求，完成清场和消杀	8～10	5～7	0～4	
9	竞赛提升	能够积极参加课中竞赛并获奖	8～10	5～7	0～4	
10	总结点评	能够客观公正做好自我评价	8～10	5～7	0～4	
合计						

表2－3－6　　组内评价表

学习任务名称：________　组别：________　被评价者姓名：________

序号	学习过程	评价内容	评价标准			得分
			符合（分）	部分符合（分）	不符合（分）	
1	课堂参与合作学习的态度	能够尊重同伴、独立思考，承担并完成岗位职责	8～10	5～7	0～4	

续表

序号	学习过程	评价内容	评价标准			得分
			符合(分)	部分符合(分)	不符合(分)	
2	获得和提供信息技能	能够查阅规范、工作页解决疑问	8～10	5～7	0～4	
3		在展示汇报时能够积极参与，踊跃表达	8～10	5～7	0～4	
4	帮助和支持技能	在小组讨论时能积极思考，诚恳提问	8～10	5～7	0～4	
5		在讨论过程中能尊重他人，耐心倾听	8～10	5～7	0～4	
6	组织引导技能	能够帮助、督促其他成员参与小组活动，相互勉励，阻止讨论偏离主题	8～10	5～7	0～4	
7	质量控制技能	能够合作完成监督检查项目	8～10	5～7	0～4	
8		能够规范填写检查记录表	8～10	5～7	0～4	
9	评议的技能	能够对其他组监督检查结果进行专业评价	8～10	5～7	0～4	
10		在展示作品时，能姿态端正，思路清晰	8～10	5～7	0～4	
合计						

表 2－3－7　　**组间互评表**

学习任务名称：＿＿＿＿＿＿　组别：＿＿＿＿＿＿　被评价者姓名：＿＿＿＿＿＿

序号	评价内容	评价标准			得分
		符合(分)	部分符合(分)	不符合(分)	
1	该小组制定方案科学、高效、合理	16～20	10～15	0～9	
2	该小组进行方案汇报时，使用普通话，思路清晰，条理性强	16～20	10～15	0～9	
3	该小组任务完成过程中遵循 GSP 规范，样品选取合理	16～20	10～15	0～9	
4	该小组能够合理评价其他小组	16～20	10～15	0～9	
5	该小组完成监督检查项目、规范填写检查记录表	16～20	10～15	0～9	
合计					
评价小组组长签名					

表 2－3－8　　**教师考核评价表**

学习任务名称：＿＿＿＿＿＿　学生：＿＿＿＿＿＿　学号：＿＿＿＿＿＿

序号	考核要求	评价标准			得分
		符合(分)	部分符合(分)	不符合(分)	
1	现场检查程序完整	16～20	10～15	0～9	

续表

序号	考核要求	评价标准			得分
		符合（分）	部分符合（分）	不符合（分）	
2	飞行检查程序完整	16～20	10～15	0～9	
3	有因检查符合要求	16～20	10～15	0～9	
4	监督检查结果判定无误	16～20	10～15	0～9	
5	监督检查结果记录规范	16～20	10～15	0～9	
合计					

想一想

1. 大家来讨论：国家药品监督管理局要求持续加强疫情防控用药监管，做好技术指导等服务，稳定疫情防控大局。关于药品监督检查管理你有何感想？

2. 请梳理本次课程的知识内容，绘制思维导图。

课堂练习

1.（多选）飞行检查的原则包括（　　）三部分。

A. 风险导向原则　　B. 重点突出原则

C. 严格保密原则　　D. 客观独立原则

E. 反映及时原则

2.（多选）根据《药品经营质量管理规范现场检查指导原则》（修订稿）规定，现场检查项目分为（　　）三部分。

A. 药品批发企业

B. 药品零售企业

C. 体外诊断试剂（药品）经营企业

D. 药品零售连锁企业

E. 药品生产企业

模块二

GSP 关于药品购进管理规范

课题三

GSP对人员与机构的要求

任务一　GSP对人员的要求

学习目标

1. 能说出GSP对药品批发企业人员的要求。
2. 能说出GSP对药品零售企业人员的要求。
3. 能够按照GSP要求完成药品经营企业人员配置。
4. 具备诚实守信、爱岗敬业的职业素质。

任务引入

大街小巷随处可见的药店，为我们的生活提供了便利，如今医药行业也越来越规范严谨。假设你们毕业后打算创业，自己开设一家医药公司，请根据GSP要求以及部门设置、岗位职责要求，将人员配置到位。

想一想：药品经营企业关键岗位人员任职有什么要求？

【任务分析】

完成本次任务需要做到：

1. 掌握药品经营企业人员要求。
2. 按照GSP人员要求进行人员配置。

相关知识

人员是药品经营活动中最活跃、最关键的要素。有资质的人员是开办药品经营企业的重要前提，也是企业从事药品经营活动的必备条件，高素质的人员能够自觉地、创造性地按照GSP的要求经营，更好地保证药品质量。

为保证企业从业人员能够在规范要求下履行岗位职责，确保药品质量，要求从事药品经营和质量管理人员具备良好的职业道德，具备岗位需要的专业知识、工作经验以及职业道德，同时，不得有相关法律法规禁止从业的情形。企业法定代表人、企业负责人、质量负责人不得有《药品管理法》第一百一十八条、第一百二十二条、第一百二十三条规定的情形。

【知识链接】

中华人民共和国药品管理法

第一百一十八条　生产、销售假药，或者生产、销售劣药且情节严重的，对法定代表人、主要负责人、直接负责的主管人员和其他责任人员，没收违法行为发生期间自本单位所获收入，并处所获收入百分之三十以上三倍以下的罚款，终身禁止从事药品生产经营活动，并可以由公安机关处五日以上十五日以下的拘留。

第一百二十二条　伪造、变造、出租、出借、非法买卖许可证或者药品批准证明文件的，没收违法所得，并处违法所得一倍以上五倍以下的罚款；情节严重的，并处违法所得五倍以上十五倍以下的罚款，吊销药品生产许可证、药品经营许可证、医疗机构制剂许可证或者药品批准证明文件，对法定代表人、主要负责人、直接负责的主管人员和其他责任人员，处二万元以上二十万元以下的罚款，十年内禁止从事药品生产经营活动，并可以由公安机关处五日以上十五日以下的拘留；违法所得不足十万元的，按十万元计算。

第一百二十三条　提供虚假的证明、数据、资料、样品或者采取其他手段骗取临床试验许可、药品生产许可、药品经营许可、医疗机构制剂许可或者药品注册等许可的，撤销相关许可，十年内不受理其相应申请，并处五十万元以上五百万元以下的罚款；情节严重的，对法定代表人、主要负责人、直接负责的主管人员和其他责任人员，处二万元以上二十万元以下的罚款，十年内禁止从事药品生产经营活动，并可以由公安机关处五日以上十五日以下的拘留。

一、关键岗位人员任职要求

根据GSP相关要求，药品经营企业可分为药品批发企业和药品零售企业，相关岗位人员任职要求如下。

1. 药品批发企业人员任职要求

（1）企业负责人任职要求

企业负责人是企业药品经营许可证中“企业负责人”项所载明的人员，是药品质量的主要责任人，是企业的最高经营管理者。为保证企业质量管理工作的顺利开展，GSP要求企业负责人应当具有大学专科以上学历或者中级以上专业技术职称，经过基本的药学专业知识培训，熟悉有关药品管理的法律法规及规范。

（2）企业质量负责人任职要求

企业质量负责人由企业高层领导担任，是药品经营质量的主要责任人。与企业负责人相比，GSP 对质量负责人的学历、执业资格、工作经历及能力有更加严格的规定，以确保企业质量负责人具备较强的药学专业知识和执业资格，并且有丰富的质量管理工作经验，能够解决药品经营企业中质量决策和质量实施的重大问题。GSP 要求企业质量负责人应当具有大学本科以上学历、执业药师资格和 3 年以上药品经营质量管理工作经历，在质量管理工作中具备正确判断和保障实施的能力。

（3）企业质量管理部门负责人任职要求

与企业质量负责人相比，企业质量管理部门负责人属于企业中层管理人员，是药品经营质量的直接责任人，其主要职责是贯彻执行企业质量管理制度，负责具体的质量管理工作。GSP 要求企业质量管理部门负责人应当具有执业药师资格和 3 年以上药品经营质量管理工作经历，能独立解决经营过程中的质量问题。

（4）企业质量管理相关工作岗位人员任职要求

企业质量管理相关工作岗位人员是指质量管理人员以及从事验收、养护工作的人员，他们是质量管理工作直接实施者，必须具备一定的专业知识及工作经验，从而保证质量基础工作规范的有效实施。GSP 对其要求如下。

1）从事质量管理工作的人员，应当具有药学中专或者医学、生物、化学等相关专业大学专科以上学历或者具有药学初级以上专业技术职称。

2）从事验收、养护工作的人员，应当具有药学或者医学、生物、化学等相关专业中专以上学历或者具有药学初级以上专业技术职称。

3）从事中药材、中药饮片验收工作的人员，应当具有中药学专业中专以上学历或者具有中药学中级以上专业技术职称；从事中药材、中药饮片养护工作的人员，应当具有中药学专业中专以上学历或者具有中药学初级以上专业技术职称；直接收购地产中药材的验收人员应当具有中药学中级以上专业技术职称。从事疫苗配送的人员，还应当配备 2 名以上专业技术人员专门负责疫苗质量管理和验收工作。专业技术人员应当具有预防医学、药学、微生物学或者医学等专业本科以上学历及中级以上专业技术职称，并有 3 年以上从事疫苗管理或者技术工作经历。

同时，为保证质量管理工作的独立行使及避免相关质量岗位工作量过大，GSP 要求从事质量管理、验收工作的人员应当在职在岗，不得兼职其他业务工作。

（5）业务相关工作岗位人员任职要求

相关业务工作岗位人员是指从事采购、销售及储运的人员。GSP 要求从事采购工作的人员应当具有药学或者医学、生物、化学等相关专业中专以上学历，从事销售、储存等工作的人员应当具有高中以上文化程度。

根据 GSP 相关要求，药品批发企业人员要求见表 3－1－1。

表 3-1-1　GSP 对药品批发企业人员要求汇总表

序号	岗位	专业	学历	职称（执业资格）	上岗条件	备注
1	企业负责人	—	≥大专	≥中级	药学专业知识培训	二选一
2	质量负责人	—	≥本科	执业药师	3 年以上质量管理工作经历	三项同时满足
3	质管部负责人	—	—	执业药师	3 年以上质量管理工作经历	两项同时满足
4	质量管理员	药学	≥中专	≥药学初级	—	二选一
		医学、生物、化学等相关专业	≥大专	≥药学初级	—	二选一
5	验收员	药学或医学、生物、化学等相关专业	≥中专	≥药学初级	—	二选一
6	中药材、中药饮片验收员	中药学	≥中专	≥中药学中级	—	二选一
7	直接收购地产中药材验收员	中药学	—	≥中药学中级	—	两项同时满足
8	养护员	药学或医学、生物、化学等相关专业	≥中专	≥药学初级	—	二选一
9	采购员	药学或医学、生物、化学等相关专业	≥中专	—	—	两项同时满足
10	保管员、复核员	—	≥高中	—	—	
11	销售员	—	≥高中	—	—	
12	疫苗专业技术人员（质管和验收）	预防医学、药学、微生物学、医学等	≥本科	≥中级	3 年以上疫苗管理或技术工作经历	四项同时满足
13	体外诊断试剂质量管理人员（2 人）	—	—	执业药师	—	
		检验学相关专业	≥本科	主管检验师	3 年以上检验工作经历	二选一
14	体外诊断试剂验收、售后人员	检验学	≥中专	—	—	两项同时满足
15	特殊管理和冷藏冷冻的药品储运人员	—	—	—	接受过相关法规和专业知识培训并经考核合格后上岗	

备注：

1. 药学初级以上专业技术职称指药士、药师或中药师及以上技术职称。
2. 中药学初级以上专业技术职称是指中药师及以上技术职称。
3. 中药学中级以上专业技术职称是指主管中药师及以上技术职称或执业中药师。
4. 专业技术人员是指具有预防医学、药学、微生物学或者医学等专业本科以上学历及中级以上专业技术职称。中级以上专业技术职称指相关专业的助理研究员、工程师、主管药（技）师及以上职称。

练一练

某药品批发企业因业务需要，拟招聘：验收员 2 名，采购员 1 名，销售人员 1 名，质量管理部经理 1 名。请从以下应聘人员中挑选符合要求者并通知前来面试。

序号	姓名	性别	学历	专业	职称	工作年限	联系方式
1	张青	女	本科	药理学	主管药师	8 年	×××
2	李辉	男	研究生	化学	高级工程师	13 年	×××
3	王景	男	大专	药学	药师	7 年	×××
4	唐笑	女	大专	护理学	—	3 年	×××
5	宋思	女	大专	中药学	中药师	6 年	×××
6	付伟	男	大专	生物制药技术	助理工程师	3 年	×××
7	黄甜	女	高中	—	—	3 年	×××
8	汉岳	男	大专	医疗器械	工程师	6 年	×××

2. 药品零售企业人员任职要求

（1）企业负责人任职要求

企业法定代表人或企业负责人是零售药店药品经营质量的主要责任人，GSP 要求企业法定代表人或企业负责人具有执业药师资格，其作用主要是发挥执业药师的处方审核、药学服务、指导和监督药品质量管理工作的关键人才支撑作用。

为保证处方药销售的合法性，零售药店应当配备执业药师，负责处方审核，指导合理用药。

（2）企业质量管理相关岗位人员任职要求

零售药店质量管理相关岗位主要包括质量管理、验收、采购等岗位。为保证质量管理工作的顺利进行，GSP 要求质量管理、验收、采购人员应当具有药学或者医学、生物、化学等相关专业学历或者具有药学专业技术职称；从事中药饮片质量管理、验收、采购员应当具有中药学中专以上学历或者具有中药学专业初级以上专业技术职称；中药饮片调剂人员应当具有中药学中专以上学历或者具备中药调剂员资格。

（3）企业业务相关工作岗位人员任职要求

零售药店业务相关工作岗位主要包括陈列、销售及收银，日常工作中涉及药品质量管理相对较少，GSP 对营业员的任职要求是具有高中以上文化程度或者符合省级药品监督管理部门规定的条件。

根据 GSP 相关要求，药品零售企业人员要求见表 3－1－2。

表 3-1-2　　GSP 对药品零售企业人员要求汇总表

序号	岗位	专业	学历	职称（执业资格）	上岗条件	备注
1	企业法定代表人或企业负责人	—	—	执业药师	—	
2	质量管理、验收、采购员	药学或医学、生物、化学等相关专业	≥中专	≥药学初级	—	二选一
3	中药饮片质量管理、验收、采购员	中药学	≥中专	≥中药学初级	—	二选一
4	中药饮片调剂员	中药学	≥中专	≥中药调剂员资格	—	二选一
5	营业员	—	≥高中	—	符合省级药品监督管理部门规定的条件	二选一
6	特殊管理、国家有专门管理要求的和冷藏冷冻的药品销售人员	—	—	—	接受过相关法规和专业知识培训并经考核合格后上岗	

二、完成关键岗位人员配置

1. 首先确定药品经营企业的类型，开办的企业是批发企业还是零售企业。

2. 再根据不同类型的企业组织结构进行人员配置，也可根据企业的规模大小进行人员的增减。

3. 选择符合条件的人员安排面试，面试时需要对相关资质进行查验核实。

任务实施

【材料准备】

材料：A4 纸若干；白纸若干；桌签 8 个；《药品流通企业通用岗位设置规范》《药品经营质量管理规范》(2016 版)。

【实施步骤】

步骤一：成立公司

以小组为单位成立医药公司，全班分成 8 组，每组 6 ~7 人，并给公司命名。

步骤二：学习材料

1. 小组学习《药品经营质量管理规范》(2016 版) 第二章第二节和第三节中关于组织机构设置和人员要求的内容。

2. 学习《药品流通企业通用岗位设置规范》，了解药品流通行业现有主要岗位及岗位要求。

步骤三：设置机构

1. 部门设置。根据 GSP 要求确定必须设置的部门，参考《药品流通企业通用岗位设置规范》，结合本公司构想及规划设置相关部门。

2. 负责人。根据上述规范要求设立企业负责人、分管副总及部门负责人。

3. 岗位设置。在每个部门下设置岗位。

4. 人员定岗。小组内每位成员需扮演一个角色：企业负责人、质量负责人、部门负责人、岗位人员进行定岗，采购、验收、保管、养护、质量、销售岗位必须要有真实人员任职，其他岗位可以用虚构人名代替。

步骤四：职能设置

写出负责人和各岗位的职责和要求。

步骤五：绘制公司组织机构及职能设置框图

1. 绘制本公司组织机构及职能设置框图（电子版）。

2. 框图要包含企业负责人、分管副总、部门及负责人、具体岗位及负责人，岗位职责可以单独写。

步骤六：小组成果展示

1. 各小组写出负责人与各岗位人员的资质条件。

2. 各小组进行成果展示并介绍各岗位人员的资质条件。

3. 各小组进行相互点评，各岗位人员的资质是否符合 GSP 要求。

【操作要点和注意事项】

1. 小组每个人要认真学习两个规范。

2. 明确公司组织机构应包括的层级及各层级之间关系。

3. 厘清岗位应归属的部门。

4. 小组内每个人需明确自己所在岗位、部门，以及岗位职责要求。

5. 团队共同画出组织机构及职能框图，要求如下：

（1）图表美观，布局合理；

（2）机构层级及各层级之间关系正确；

（3）岗位所属部门正确；

（4）岗位职责明确。

任务测评

评价方式包括自我评价、组内评价、组间评价、教师评价，并据此设计了学生自评表（表 3－1－3）、组内评价表（表 3－1－4）、组间互评表（表 3－1－5）、教师考核评价表

(表 3－1－6)。其中自我评价、组内评价、组间评价采用线上填写学习通问卷的形式进行，教师评价包含过程评价、结果评价，采用纸质评价表。各评价方式占本任务百分比分解如图 1－1－1 所示。

表 3－1－3 **学生自评表**

学习任务名称：__________ 姓名：__________ 学号：__________

序号	学习过程	评价内容	评价标准			得分
			符合(分)	部分符合(分)	不符合(分)	
1	课前探究	能够主动完成学习通作业	8～10	5～7	0～4	
2	明确任务	能够绘制企业各岗位人员任职要求一览表	8～10	5～7	0～4	
3	制定方案	能够参与小组讨论，提出合理建议，积极参与小组汇报工作	8～10	5～7	0～4	
4	任务实施	能够绘制出组织机构框架图	8～10	5～7	0～4	
5		能够说出各部门及各岗位的职责	8～10	5～7	0～4	
6		能够写出各岗位人员的任职要求	8～10	5～7	0～4	
7		能够完成各岗位人员的资质核验	8～10	5～7	0～4	
8		能够完成企业的人员配置	8～10	5～7	0～4	
9	竞赛提升	能够积极参加课中竞赛并获奖	8～10	5～7	0～4	
10	总结点评	能够客观公正做好自我评价	8～10	5～7	0～4	
合计						

表 3－1－4 **组内评价表**

学习任务名称：__________ 组别：__________ 被评价者姓名：__________

序号	学习过程	评价内容	评价标准			得分
			符合(分)	部分符合(分)	不符合(分)	
1	课堂参与合作学习的态度	能够尊重同伴、独立思考，承担并完成岗位职责	8～10	5～7	0～4	
2	获得和提供信息技能	能够查阅、学习规范解决疑问	8～10	5～7	0～4	
3		在展示汇报时能够积极参与，踊跃表达	8～10	5～7	0～4	
4	帮助和支持技能	在小组讨论时能积极思考，诚恳提问	8～10	5～7	0～4	
5		在讨论过程中能尊重他人，耐心倾听	8～10	5～7	0～4	
6	组织引导技能	能够帮助、督促其他成员参与小组活动，相互勉励，阻止讨论偏离主题	8～10	5～7	0～4	

续表

序号	学习过程	评价内容	评价标准			得分
			符合(分)	部分符合(分)	不符合(分)	
7	质量控制技能	能够合作完成企业各岗位人员的任职要求	8~10	5~7	0~4	
8		能够合作完成企业的人员配置	8~10	5~7	0~4	
9	评议的技能	能够对其他组岗位人员任职要求进行专业评价	8~10	5~7	0~4	
10		在展示汇报成果时，能姿态端正，思路清晰	8~10	5~7	0~4	
合计						

表 3-1-5　　**组间互评表**

学习任务名称：＿＿＿＿＿＿　组别：＿＿＿＿＿＿　被评价者姓名：＿＿＿＿＿＿

序号	评价内容	评价标准			得分
		符合(分)	部分符合(分)	不符合(分)	
1	该小组制定方案科学、高效、合理	16~20	10~15	0~9	
2	该小组进行方案汇报时，使用普通话，思路清晰，条理性强	16~20	10~15	0~9	
3	该小组任务完成过程中遵循 GSP 规范，案例设置合理	16~20	10~15	0~9	
4	该小组能够合理评价其他小组	16~20	10~15	0~9	
5	该小组完成企业的人员配置	16~20	10~15	0~9	
合计					
评价小组组长签名					

表 3-1-6　　**教师考核评价表**

学习任务名称：＿＿＿＿＿＿　学生：＿＿＿＿＿＿　学号：＿＿＿＿＿＿

序号	考核要求	评价标准			得分
		符合(分)	部分符合(分)	不符合(分)	
1	组织机构设置及职责框架图设计合理	16~20	10~15	0~9	
2	图表美观、布局合理	16~20	10~15	0~9	
3	部门岗位职责正确	16~20	10~15	0~9	
4	人员任职要求正确	16~20	10~15	0~9	
5	各岗位人员任职资质核验无误	16~20	10~15	0~9	
合计					

【知识拓展】

学历与学位

一、学历

学历是指人们在教育机构中接受科学、文化知识训练的学习经历。一个人在什么层次的教育机构中学习，接受了何种层次的训练，便具有相应层次的学历。

一个人具备的学历，是指一个人最后也是最高层次的一段学习经历，并以经教育行政部门批准、实施学历教育、由国家认可的有文凭发放权力的学校及其他教育机构所颁发的学历证书为凭证。学历与专业无关。

就现阶段我国的教育体制而言，我国的学历教育类别按阶段可以划分为三个阶段。

1. 初等教育：小学。

2. 中等教育：初级中学；高级中学（中师、中专、职高、中技、普通高级中学）。

3. 高等教育：专科（高职、高专、高技）、本科 、硕士研究生、博士研究生。高等教育又分为普通高等教育和成人高等教育（脱产、业余、函授）、高等教育自学考试、电大开放教育、远程网络教育等。

二、学位

学位是标志一个人学历的头衔，即一个人通过学习取得学识及相应学习能力程度的标志，由国家授权的高等学校颁发。一般包括学士、硕士、博士三种。

学位和学历的区别：学位是学历的标志，不与学校学习的经历或学历挂钩；而学历则必须是学校学习的经历。

职称定义

职称最初源于职务名称，理论上职称是指专业技术人员的专业技术水平、能力以及成就的等级称号，是反映专业技术人员的技术水平、工作能力的标志。随着社会发展，逐步产生了对专业技术人员的水平评价与聘任岗位相分离的需要，即“评聘分离”，职称的概念也相应发生了变化。聘任的岗位称之为“专业技术职务”，简称职务；而专业技术人员的水平则以“专业技术职务任职资格”来标识，简称职称。

以下列举几种常见的职称种类：

系列	高级		中级	初级
	正高级	副高级		
高等学校教师	教授	副教授	讲师	助理讲师
中等专业学校教师	正高级讲师	高级讲师	讲师	助理讲师、教员
中学教师	正高级教师	高级教师	一级教师	二级教师、三级教师
自然科学研究人员	研究员（Z）	副研究员（Z）	助理研究员（Z）	研究实习员（Z）

续表

系列	高级		中级	初级
	正高级	副高级		
社会科学研究人员	研究员（S）	副研究员（S）	助理研究员（S）	研究实习员（S）
工程技术人员	正高级工程师	高级工程师	工程师	助理工程师、技术员
实验技术人员	正高级实验师	高级实验师	实验师	助理实验师、实验员
卫生技术人员	主任医师	副主任医师	主治（主管）医师	医师、医士
	主任药师	副主任药师	主管药师	药师、药士
	主任护师	副主任护师	主管护师	护师、护士
	主任检验师	副主任检验师	主管检验师	医学检验师、医学检验士
经济专业人员	正高级经济师	高级经济师	经济师	助理经济师、经济员
会计专业人员	正高级会计师	高级会计师	会计师	助理会计师、会计员
律师	一级律师	二级律师	三级律师	四级律师、律师助理
体育教练员	国家级教练	高级教练	一级教练	二级教练、三级教练

执业药师

执业药师是指经过全国统一考试合格，取得中华人民共和国执业药师资格证书并经注册登记，在药品生产、经营、使用单位中执业的药学技术人员。执业药师资格考试分药学和中药学两类，每类包括 4 个考试科目。药学类考试科目包括：药学专业知识（一）、药学专业知识（二）、药事管理与法规、药学综合知识与技能。中药学类考试科目包括：中药学专业知识（一）、中药学专业知识（二）、药事管理与法规、中药学综合知识与技能。

执业药师资格实行注册制度。取得执业药师职业资格证书者，应当通过全国执业药师注册管理信息系统向所在地注册管理机构申请注册。经注册后，方可按照注册的执业类别、执业范围从事相应的执业活动。未经注册者，不得以执业药师身份从业。

想一想

1. 大家来讨论：国家对执业药师要求越来越严格，国家药品监督管理部门严厉打击执业药师“挂靠”行为，并将执业药师准入门槛从中专提高到大专，对此你有何感想？

2. 请梳理本次课程的知识内容，绘制思维导图。

课堂练习

一、单选题

1. 药品批发企业（　　）应当具有大学本科以上学历、执业药师资格和 3 年以上药品经营质量管理工作经历。

A. 企业负责人　　B. 质量负责人
C. 质管部负责人　　D. 质量管理人员

2. 药品批发企业从事中药材、中药饮片验收工作的人员，应当具有中药学专业（　　）以上学历或者具有中药学（　　）以上专业技术职称。

A. 大专，初级　　B. 中专，中级
C. 中专，初级　　D. 大专，中级

3. 药品批发企业从事疫苗配送的，还应当配备（　　）以上专业技术人员专门负责疫苗质量管理和验收工作。专业技术人员应当具有预防医学、药学、微生物学或者医学等专业（　　）以上学历及中级以上专业技术职称，并有（　　）以上从事疫苗管理或者技术工作经历。

A. 1 名，大专，3 年　　B. 2 名，本科，2 年
C. 2 名，大专，3 年　　D. 2 名，本科，3 年

二、多选题

在药品批发企业中，以下（　　）岗位必须具备执业药师资格。

A. 质量负责人　　B. 质量管理部门负责人
C. 体外诊断试剂质量管理人员　　D. 企业负责人
E. 质量管理员

三、判断题

1. 企业负责人应当具有大学专科以上学历或者中级以上专业技术职称，经过基本的药学专业知识培训，熟悉有关药品管理的法律法规及基本规范。（　　）

2. 药品批发企业，直接收购地产中药材的验收人员应当具有中药学初级以上专业技术职称。（　　）

3. GSP 要求从事质量管理、验收工作的人员可以兼职其他业务工作。（　　）

4. 零售药店中，中药饮片调剂人员应当具有中药学中专以上学历或者具备中药调剂员资格。（　　）

任务二　GSP 对机构的要求

学习目标

1. 能按照 GSP 完成药品批发企业组织机构设置。
2. 能按照 GSP 完成药品零售企业的组织机构设置。

任务引入

申办药品经营企业过程中，需按照 GSP 要求以及部门设置、岗位职责要求，确定企业管理组织机构的设置与职能框架。

想一想：作为企业负责人，如何正确设置组织机构？

【任务分析】

完成本次任务需要做到：

1. 掌握药品经营企业的组织机构设置要求。
2. 根据 GSP 要求合理设置组织机构。

相关知识

组织机构设置，是企业根据外在环境变化的要求，在组织成长过程中，通过对企业各种资源（如人力资源）的整合和优化，同时协调好组织中部门与部门之间的关系、人员与任务间的关系，使员工明确自己在组织中应有的权利和应承担的责任，有效地保证组织活动的开展，实现企业资源价值最大化和组织绩效最大化的过程。狭义来讲，组织机构设置就是在人员有限的状况下通过组织机构设计提高组织的执行力和战斗力。

合理高效的组织机构，是药品经营企业健康发展的重要支撑，也是药品经营企业能够有效实施 GSP 的必要保障。

一、组织机构概念

组织机构又称为组织结构，是组织的全体成员为实现组织目标，在管理工作中进行分工协作，在职务范围、责任、权利方面所形成的结构体系。组织机构是组织在职、责、权方面的动态结构体系，其本质是为实现组织战略目标而采取的一种分工协作体系。

对于药品经营企业来说，组织机构是指药品经营企业按照国家有关法律法规和企业章程，结合本企业实际，设置相关部门，并对各个部门的职责、权利及其相互关系进行界定。图 3－2－1 是某药品批发企业组织机构框架图，图 3－2－2 是某药品零售企业（单体药店）组织机构框架图。

二、组织机构设置原则

企业组织机构的设置要符合有关法律法规要求及企业经营实际，以需定岗，以岗定责，与本企业经营类型、经营规模相适应。根据企业经营类型与规模确定部门的设置、层次结构与部门职责；根据企业经营类型与规模确定员工数量、岗位及相应职责。

总之，企业组织机构的设置应充分考虑企业的行业特征、企业性质、经营模式、规模大

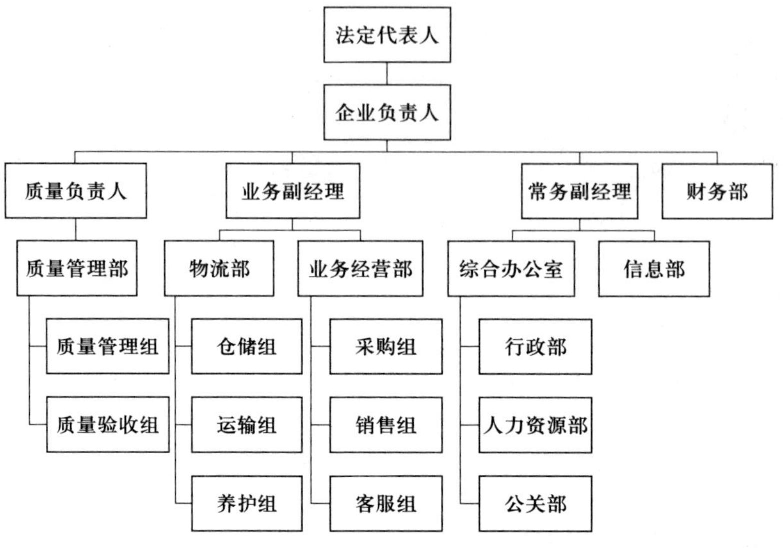

图 3-2-1　某药品批发企业组织机构框架图

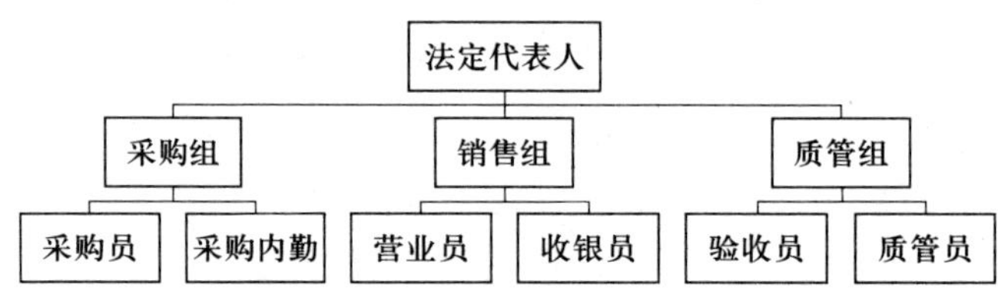

图 3-2-2　某药品零售企业（单体药店）组织机构框架图

小等因素，使组织机构的建立与企业经营管理实际相适应，从而确保企业管理结构能满足质量管理的需求。

三、组织机构设置要求

1. 部门设置

部门是指组织为完成规定的任务而设置的有权管辖一个或多个特定领域事物的机构。部门设置，主要是对管理工作进行分工，解决组织的横向结构问题，目的在于确定组织中各项任务的分配与责任的归宿，以求分工合理、职责分明。除配备一般企业具有的行政部、人力资源部、财务部、信息部等职能部门外，药品经营企业必须设置质量管理部门和企业质量负责人。其职能不仅包括参与日常经营的业务流程和岗位操作，同时还要负责各岗位对法律、法规及本企业质量管理制度的执行、监督、指导。质量管理部门应当履行药品质量管理和质量控制的职责，控制企业药品经营全过程的质量。质量管理部门应设置质量管理部门负责人，药品质量管理、药品验收等岗位，明确质量管理职责，使相关工作人员能够承担具体的药品质量管理与控制工作。

同时，药品经营企业质量管理部门的岗位设置及人员配备应与企业的经营规模相适应，能够实现包括质量方针、目标的制定，以及质量策划、质量控制、质量保证和质量改进等系列活动。加强本企业从采购、收货、验收、入库、销售、售后服务等全过程的质量管理活动，并使之制度化、标准化，从而实现加强药品经营质量管理、规范药品经营行为、保障用药安全有效的目的。质量管理部门的职责不得由其他部门及人员履行，企业质量负责人应当由高层管理人员担任，全面负责药品质量管理工作，独立履行职责，在企业内部对药品质量管理具有裁决权。

（1）药品批发企业

药品批发企业是指将购进的药品销售给药品生产企业、药品经营企业、医疗机构的药品经营企业。

药品批发企业所经营药品种类多、数量大，为保证药品经营过程中的质量管理，药品批发企业一般应设置质量管理、采购、储存、运输、销售、财务、人力资源、信息管理和行政办公等部门。每个部门应有部门负责人，负责部门内部工作的正常运行，并有效协调本部门与其他部门之间关系，从而保证企业总体目标的实现。

（2）药品零售企业

药品零售企业，是指将购进的药品直接销售给消费者的药品经营企业，包括药品零售连锁企业和药品零售单体药店。

1）药品零售连锁企业。药品零售连锁企业，是指经营同类药品、使用统一商号的若干个门店，在同一总部的管理下，采取统一采购配送、统一质量标准、采购同销售分离、实行规模化管理经营的组织形式。药品零售连锁企业应由总部、配送中心和若干个门店构成。跨地域开办时可设立分部。

药品零售连锁企业部门设置分为总部部门设置及门店部门设置两部分。其中总部部门设置类似于药品批发企业，一般由质量管理、采购、储存、运输、销售、财务、人力资源、信息管理和行政办公部门组成。每个部门同样配备部门负责人，负责部门内部工作的正常运行，并有效协调本部门与其他部门之间关系，从而保证企业总体目标的实现。

药品零售连锁企业门店一般不设置部门，直接设置到岗位。按照国家药品监督管理局的有关规定，药品零售连锁经营是药品零售经营方式的一种表述，应按药品零售经营和药品零售企业的有关规定依法予以监管。

2）药品零售单体药店。药品零售单体药店根据其经营规模大小设置部门，或者直接设置到岗位。部门一般设置质量管理、采购、销售、财务等部门。若直接设置到岗位，应设置质量管理、采购、销售、收银、验收、处方审核等岗位，其中质量管理岗位要求专人专岗，以保证独立行使岗位职责，从而保证所经营药品的质量。

2. 岗位设置

岗位是指组织要求个体完成的一项或多项责任，以及为此赋予个体的权利的总和。岗位与人对应，每个岗位应有岗位负责人。合理高效的岗位设置能够让企业管理者及企业员工了解自身工作岗位的工作内容、任务及职责范围，从而提高企业运营的效率。

（1）采购部岗位设置。根据经营药品不同，采购部下设成药采购岗、中药饮片采购岗、采购内勤岗。

（2）质量管理部岗位设置。根据任务不同，质量管理部下设药品质量管理岗、药品验收岗、药品养护岗。

（3）销售部岗位设置。销售部下设成药销售岗、中药饮片销售岗、销售内勤岗。

（4）仓储部岗位设置。仓储部下设收货、成药保管、中药饮片保管、冷链药品保管、成药复核、中药饮片复核、冷链药品复核及设备养护等岗位。

（5）信息管理部岗位设置。信息管理部下设信息管理岗。

（6）运输部岗位设置。运输部下设一般药品运输岗、冷链药品运输岗。

（7）财务部岗位设置。财务部下设会计岗、出纳岗。

（8）行政人事部岗位设置。行政人事部下设人事主管岗、后勤主管岗。

四、部门与岗位职责

职责，职务与责任的统一，是一个具象化的描述，是对企业各部门和各级各类人员在质量管理活动中所承担的任务、责任和权限的具体规定。只有明确质量职责、权限及其相互关系，才能真正做到质量工作事事有人管、人人有专责，真正把所有的质量职能活动切实落实到每个部门和工作岗位。

1. 部门职责

（1）采购部职责

1）负责产品采购工作，保证产品供应。

2）负责收集有关供货单位及购进品种合法性的证明文件材料。

3）负责供货单位及购进品种的选择，确保购进药品的合法性。

4）负责供应商的管理与维护。

5）做好采购记录。

（2）质量管理部职责

1）坚持“质量第一”的原则，督促相关部门和岗位人员执行药品管理的法律法规。

2）组织制定质量管理体系文件，并指导、监督文件的执行。

3）负责对供货单位和购货单位合法性、购进药品的合法性以及供货单位销售人员、购销单位采购人员的合法资格进行审核，并根据审核内容的变化进行动态管理。

4）负责质量信息的收集和管理，并建立药品质量档案。

5）负责药品的验收，指导并监督药品采购、储存、养护、销售、退货、运输等环节的质量管理工作。

6）负责不合格药品确认，对不合格药品的处理过程实施监督。

7）负责药品质量投诉和质量事故的调查、处理及报告。

8）负责假劣药品的报告。

9）负责药品质量查询。

10）负责指导设定计算机系统质量控制功能。

11）负责计算机系统操作权限的审核和质量管理基础数据的建立及更新。

12）负责组织验证、校准相关设施设备。

13）负责药品召回的管理。

14）负责药品不良反应的报告。

15）组织质量管理体系的内审和风险评估。

16）组织对药品供货单位及购货单位质量管理体系和服务质量的考察和评价。

17）组织对被委托运输的承运方运输条件和质量保障能力的审查。

18）协助人力资源部门开展质量管理教育和培训。

19）其他应当由质量管理部门履行的职责。

（3）销售部职责

1）严格执行药品销售管理制度。

2）负责收集供货单位及购货单位采购人员的合法性资料。

3）负责产品质量查询及质量投诉的登记。

4）做好销售记录。

（4）仓储部职责

1）严格执行收货、验收及入库规定，把好入库质量关。

2）严格按照药品储存条件控制仓库的温湿度，执行色标管理，按规定堆放药品。

3）严格执行出库复核规定。

4）保证仓库设施设备正常运转。

5）定期养护药品，特别是重点养护品种。

6）落实防火、防盗、防虫、防鼠、防污染、防潮措施。

7）做好相关记录。

（5）信息管理部职责

1）保证计算机系统安全稳定工作。

2）负责计算机系统数据备份工作。

3）建立能够符合经营全过程管理及质量控制要求的计算机系统，实现药品可追溯。

（6）运输部职责

1）严格执行运输操作规程，并采取有效措施保证运输过程中的药品质量。

2）按要求采取运输安全管理措施，防止在运输过程中发生药品盗抢、遗失、调换等事故。

3）按照药品的储存条件进行合理运输，严格执行冷链药品运输的过程管理与控制。

4）做好运输记录。

（7）财务部职责

1）建立健全各种账册，做好各种财务预算计划，并认真监督执行。按期做好财务决算报告。

2）负责公司成本核算，提出控制成本的办法，定期进行财务经营状况的分析，提出相应措施和办法，供企业高层决策。

3）建立健全各种票据、账、表的管理制度，并认真执行，做到票、账、货相符。

（8）行政人事部

1）根据企业发展计划和各部门人员使用需求，编制公司用工计划和人员招聘计划，报经批准后，开展人员招聘，满足公司发展对人员的需要。

2）负责企业员工的培训管理、培训实施、培训考核及评定、员工上岗证管理等工作。依据各部门员工情况，编制员工培训计划，经质量管理部审核后，负责员工培训、考核，建立员工培训档案。

3）负责员工健康体检工作。依据经营计划，合理安排各部门直接接触药品的员工体检计划，建立员工健康档案。

4）负责协调各部门开展工作，搞好与其他职能部门的共事合作关系。

2. 岗位职责

（1）企业负责人岗位职责

1）主持企业日常全面工作，是企业药品经营质量第一责任人。对企业所经营药品的质量承担法律责任。

2）坚持“质量第一”的原则，保证公司认真贯彻执行国家有关药品监督管理的法律、法规及行政规章，对本公司经营药品的质量和质量管理体系的建立和运行负第一责任。

3）全面负责公司质量管理，建立健全质量管理体系，对公司经营的药品进行质量判断和行使质量否决权。

4）建立企业质量保证体系，设置专门的质量管理机构并根据企业实际情况设置质量管理组、质量验收组等岗位。

5）负责提供必要的条件，保证质量管理部门和质量管理人员有效履行职责，确保企业按照 GSP 要求经营药品。

6）建立药品追溯系统及与之适应的计算机系统，实现药品可追溯。

7）批准质量管理制度和其他质量制度性文件的执行。

（2）企业质量负责人岗位职责

1）组织贯彻执行国家有关质量管理法律、法规和行政规章。

2）协助企业负责人认真贯彻质量方针、目标、计划，指导质量管理部工作的实施及检查。

3）组织制定和修订企业质量管理文件和程序文件，在企业负责人签署颁发文件后，组织实施并进行监督检查。

4）主持质量事故和重大质量问题的处理，落实整改和预防措施。

5）管理和协调各部门的质量管理工作。

6）组织质量管理体系评审工作的展开、评审、分析等。

7）负责首营企业和首营品种的最终审核，必要时组织质量管理部门、购进部门实地考察生产企业的质量保证能力情况，确保从合法的供货单位购进合法和质量可靠的药品。

8）指导和监督质量管理部门工作。

9）组织对药品流通过程中的质量风险进行评估、控制、沟通和审核。

（3）质量管理部门负责人岗位职责

1）组织贯彻执行国家有关药品管理的法律、法规和行政规章。

2）负责企业质量管理制度、质量责任制度及经营环节工作程序规范的起草、编制及修订工作，并指导监督文件的执行。

3）根据企业质量方针和目标、年度工作计划，落实相应措施以确保质量目标的实现。

4）组织质量管理体系文件的内部评审，对各项质量管理制度的执行情况进行考核。

5）指导验收、养护、保管和运输过程中的质量工作。

6）负责首营企业和首营品种的质量审核，必要时会同购进部门实地考察生产企业的质量保证能力情况，确保从合法的供货单位购进合法和质量可靠的药品。

7）负责药品质量事故、质量查询及质量投诉的调查、处理及报告。

8）每年定期对药品进货情况进行质量评审。

9）负责质量管理体系评审工作的展开、评审、分析等。

10）协助开展质量管理的教育及培训，并负责质量管理工作的查询和咨询。

11）建立健全药品质量档案，规范企业质量记录和凭证的管理。

12）负责不合格药品的审核，并对其处理过程实施监督，每年定期对不合格药品情况进行汇总分析和上报。

13）负责质量信息的管理，保证信息传递的通畅、准确、及时。

14）负责对本企业所经营药品发生的不良反应情况进行收集和上报。

15）负责对药品流通过程中的质量风险进行评估、控制、沟通和审核。

（4）采购部负责人岗位职责

1）领导本部门按照药品法律法规及本企业购进管理制度的要求，坚持“质量第一”的原则，做到按需进货，确保企业的经济效益和社会效益。

2）加强对药品购进人员的质量意识教育，正确处理质量与经济效益的关系，掌握购进过程的质量动态，发现问题及时与质量管理部门联系。

3）负责审查药品购进计划，填写首营企业审批表及首营品种审批表，每年定期会同质量管理部门对进货情况进行质量评审。

4）配合质量管理部门开展本部门质量考核工作，负责贯彻落实重大质量问题改进措施。

5）督促药品购进人员向供货单位索取符合规定要求的资料，严格按规定进行首营企业、首营品种的初审工作。

6）签订有明确质量条款的合同或质量保证协议，按规定及时准确做好药品购进记录。

（5）储运部负责人岗位职责

1）加强对储运人员的质量意识教育，督促其认真执行有关仓储的质量管理制度和程序，做好药品的储存、养护、出库、运输等环节的质量管理工作。

2）督促储运人员遵守药品外包装图示标志的要求，规范搬运和堆垛。

3）严格执行批号管理、效期管理、色标管理，按照药品储存条件分开、分库存放，保证药品质量。

4）加强库房场地、设施、设备的建设和管理，努力提高仓储能力，适应企业经营规模和质量管理的需要。

5）配备必要的设施设备及人员，保证冷链药品储运全过程的质量管理，确保药品在运输过程中质量不受损害。

6）合理调配运力，根据药品特性规范操作，采取必要措施防止破损、污染等事故的发生，将药品安全、快捷、准确地送达客户。

（6）销售部负责人岗位职责

1）负责督促药品销售人员向购货单位索取规定要求的资料，确保将药品销售给具有合法资质的购货单位。

2）执行本企业药品销售管理制度，严禁销售假劣药品和质量不合格药品。

3）开展市场预测和销售分析，及时反馈市场信息，提供给采购部门参考。

4）加强对近效期药品及滞销药品的管理，督促本部门药品销售人员做好催销工作。

5）组织开展用户访问，收集、整理各种质量信息，及时进行质量改进。

6）签订有明确质量条款的合同或质量保证协议，加强药品销售合法票据的管理，督促销售人员及时做好药品销售记录。

7）督促本部门人员严格执行本企业药品不良反应报告制度的规定。

8）加强对本部门药品销售人员职业道德教育，使之正确宣传和推销药品，不得虚假宣传、夸大宣传和误导用户。

（7）行政人事部负责人岗位职责

1）组织制定、执行、监督公司人事管理制度。

2）组织培训需求的分析，建立培训计划，提高员工胜任工作所必需的知识与技能技巧。

3）建立公司行政管理制度，并有效组织实施。

想一想

药品零售连锁企业总部与药品零售连锁门店的部门设置有什么区别？分别有什么要求？

任务实施

【材料准备】

材料：A4 纸若干、白纸若干、桌签 8 个、《药品流通企业通用岗位设置规范》《药品经营质量管理规范》（2016 版）。

【实施步骤】

步骤一：成立公司

以小组为单位成立医药公司，全班分成 8 组，每组 6 ~ 7 人，并给公司命名。

步骤二：学习材料

1. 小组学习《药品经营质量管理规范》（2016 版）第二章第二节，关于组织机构设置的要求。

2. 学习《药品流通企业通用岗位设置规范》，了解药品流通行业现有主要岗位及岗位要求。

步骤三：设置机构

1. 部门设置。根据 GSP 要求确定必须设置的部门，参考《药品流通企业通用岗位设置规范》，结合本公司构想及规划设置相关部门。

2. 岗位设置。在每个部门下设置岗位。

步骤四：职能设置

写出各岗位的职责和要求。

步骤五：绘制公司组织机构及职能设置框图

1. 参考文中所示范例，绘制本公司组织机构及职能设置框图（电子版）。

2. 框图要包含企业负责人、分管副总、部门及负责人、具体岗位及负责人，岗位职责可以单独写。

步骤六：小组成果展示

1. 各小组进行成果展示并介绍本公司组织机构及职能设置框图。

2. 各小组相互点评对方组织机构及职能设置框图是否符合 GSP 要求。

【操作要点和注意事项】

1. 认真学习两个规范。

2. 明确公司组织机构应包括的层级及各层级之间关系。

3. 厘清岗位应归属的部门。

4. 组织机构及职能框图绘制要求如下：

（1）图表美观，布局合理。

（2）机构层级及各层级之间关系正确。

（3）岗位所属部门正确。

（4）岗位职责明确。

任务测评

评价方式包括自我评价、组内评价、组间评价、教师评价，并据此设计了学生自评表（表 3－2－1）、组内评价表（表 3－2－2）、组间互评表（表 3－2－3）、教师考核评价表（表 3－2－4）。其中自我评价、组内评价、组间评价采用线上填写学习通问卷的形式进行，教师评价包含过程评价、结果评价，采用纸质评价表。各评价方式占本任务百分比分解如图 1－1－1 所示。

表 3－2－1 **学生自评表**

学习任务名称：__________ 姓名：__________ 学号：__________

序号	学习过程	评价内容	评价标准			得分
			符合（分）	部分符合（分）	不符合（分）	
1	课前探究	能够主动完成学习通作业	8～10	5～7	0～4	
2	明确任务	能够绘制正确的组织机构及职能设置框架图	8～10	5～7	0～4	
3	制定方案	能够参与小组讨论，提出合理建议，积极参与小组汇报工作	8～10	5～7	0～4	
4	任务实施	能够绘制出组织机构框架图	8～10	5～7	0～4	
5		能够说出各部门职责	8～10	5～7	0～4	
6		能够说出各岗位职责	8～10	5～7	0～4	
7		能够说出各岗位人员任职要求	8～10	5～7	0～4	
8		能够区分零售企业与批发企业的组织机构设置	8～10	5～7	0～4	
9	竞赛提升	能够积极参加课中竞赛并获奖	8～10	5～7	0～4	
10	总结点评	能够客观公正做好自我评价	8～10	5～7	0～4	
合计						

表 3－2－2 **组内评价表**

学习任务名称：__________ 组别：__________ 被评价者姓名：__________

序号	学习过程	评价内容	评价标准			得分
			符合（分）	部分符合（分）	不符合（分）	
1	课堂参与合作学习的态度	能够尊重同伴、独立思考，承担并完成岗位职责	8～10	5～7	0～4	
2	获得和提供信息技能	能够查阅、学习规范解决疑问	8～10	5～7	0～4	
3		在展示汇报时能够积极参与，踊跃表达	8～10	5～7	0～4	
4	帮助和支持技能	在小组讨论时能积极思考，诚恳提问	8～10	5～7	0～4	
5		在讨论过程中能尊重他人，耐心倾听	8～10	5～7	0～4	
6	组织引导技能	能够帮助、督促其他成员参与小组活动，相互勉励，阻止讨论偏离主题	8～10	5～7	0～4	
7	质量控制技能	能够合作完成各岗位职责	8～10	5～7	0～4	
8		能够合作完成组织机构设置	8～10	5～7	0～4	

续表

序号	学习过程	评价内容	评价标准			得分
			符合(分)	部分符合(分)	不符合(分)	
9	评议的技能	能够对其他组组织机构设置进行专业评价	8～10	5～7	0～4	
10		在展示汇报成果时，能姿态端正，思路清晰	8～10	5～7	0～4	
合计						

表 3－2－3　　**组间互评表**

学习任务名称：＿＿＿＿＿＿　组别：＿＿＿＿＿＿　被评价者姓名：＿＿＿＿＿＿

序号	评价内容	评价标准			得分
		符合(分)	部分符合(分)	不符合(分)	
1	该小组制定方案科学、高效、合理	16～20	10～15	0～9	
2	该小组进行方案汇报时，使用普通话，思路清晰，条理性强	16～20	10～15	0～9	
3	该小组任务完成过程中遵循 GSP 规范，案例设置合理	16～20	10～15	0～9	
4	该小组能够合理评价其他小组	16～20	10～15	0～9	
5	该小组完成组织机构设置	16～20	10～15	0～9	
合计					
评价小组组长签名					

表 3－2－4　　**教师考核评价表**

学习任务名称：＿＿＿＿＿＿　学生：＿＿＿＿＿＿　学号：＿＿＿＿＿＿

序号	考核要求	评价标准			得分
		符合(分)	部分符合(分)	不符合(分)	
1	组织机构层级关系合理	16～20	10～15	0～9	
2	组织机构图美观合理	16～20	10～15	0～9	
3	岗位职责正确	16～20	10～15	0～9	
4	部门职责正确	16～20	10～15	0～9	
5	合理设置组织机构	16～20	10～15	0～9	
合计					

【知识拓展】

中华人民共和国药品管理法（2019 年修订）

第六十一条　药品上市许可持有人、药品经营企业通过网络销售药品，应当遵守本法药品经营的有关规定。具体管理办法由国务院药品监督管理部门会同国务院卫生健康主管部门等部门制定。

疫苗、血液制品、麻醉药品、精神药品、医疗用毒性药品、放射性药品、药品类易制毒化学品等国家实行特殊管理的药品不得在网络上销售。

第六十二条　药品网络交易第三方平台提供者应当按照国务院药品监督管理部门的规定，向所在地省、自治区、直辖市人民政府药品监督管理部门备案。

第三方平台提供者应当依法对申请进入平台经营的药品上市许可持有人、药品经营企业的资质等进行审核，保证其符合法定要求，并对发生在平台的药品经营行为进行管理。

第三方平台提供者发现进入平台经营的药品上市许可持有人、药品经营企业有违反本法规定行为的，应当及时制止并立即报告所在地县级人民政府药品监督管理部门；发现严重违法行为的，应当立即停止提供网络交易平台服务。

想一想

1. 大家来讨论：现在网上直播带货越来越流行，药品是否可以进行直播销售？哪些药品不得在网上销售呢？

2. 请梳理本次课程的知识内容，绘制思维导图。

课堂练习

1. （　　）是指将购进的药品销售给药品生产企业、药品经营企业、医疗机构的药品经营企业。

A. 药品批发企业　　B. 药品零售企业

C. 药品连锁企业　　D. 药品物流企业

2. （　　）是指将购进的药品直接销售给消费者的药品经营企业，包括药品零售连锁企业和药品零售单体药店。

A. 药品批发企业　　B. 药品零售企业

C. 药品连锁企业　　D. 药品物流企业

3. （　　）主持企业日常全面工作，是企业药品经营质量第一责任人。对企业所经营药品的质量承担法律责任。

A. 企业负责人　　B. 企业质量负责人

C. 质量管理部门负责人　　D. 法定代表人

4. （　　）负责审查药品购进计划，填写首营企业审批表及首营品种审批表，每年定期会同质量管理部门对进货情况进行质量评审。

A. 采购部负责人　　B. 企业质量负责人

C. 质量管理部门负责人　　D. 企业负责人

任务三　GSP 对人员培训与健康检查的要求

学习目标

1. 能说出 GSP 对人员培训的要求。
2. 能说出 GSP 对人员健康检查及卫生的要求。
3. 具备制订培训计划的能力，能够对人员进行相关培训。

任务引入

某药品经营企业因业务扩大，通过面试录用一批员工：验收人员 2 名，采购人员 1 名，售后服务人员 1 名，质量管理部经理 1 名。如果你是该公司的人事处负责人，你会安排他们进行哪些培训？在人员健康检查方面有哪些要求？

【任务分析】

完成本次任务需要做到：

1. 熟悉人员培训的内容。
2. 掌握健康检查的要求。

相关知识

一、人员培训

GSP 是一种科学的管理规范，需要员工在准确理解和把握 GSP 基本要求的基础上，自觉地执行企业质量管理文件，并不断改进，提高工作质量，保证药品质量的“全过程”控制。为实现这一目标，在实施 GSP 过程中，对于企业人员进行有组织、有计划的培训与教育工作具有十分重要的意义。

1. 培训类型

按照培训的组织方式，可分为内部培训和外部培训。

（1）内部培训

由企业相关人员主持，一般是企业内部优秀的或是经验丰富的员工。内部培训又分为新员工岗前培训、岗位技能培训及继续培训，这里主要介绍岗前培训和继续培训。

1）岗前培训。岗前培训是指上岗前必须接受的培训。其目的为保证新录用人员或岗位调整的人员能充分、有效、适宜地履行岗位职责，主要包括规章制度、岗位职责、操作规范、岗位安全知识、企业文化等内容的培训。药品经营企业的高风险岗位从业人员必须接受岗前培训，并经考核合格后方能上岗。药品经营企业中的高风险岗位是指工作内容为特殊管理药品和冷藏冷冻药品的储存、运输等的岗位。

2）继续培训。继续培训也称为继续教育，是为保证在职在岗的工作人员能够不断适应行业发展、社会进步和本职工作的需要，对其进行新知识、新技术、新理论、新方法、新信息、新技能，以及国家与药品监督管理有关的新政策、新法规、新要求的高层次的追加教育与培训。继续培训是在岗位任职期间应当定期接受的培训。

企业负责人要有主动学习的理念和意愿，并在企业内部定期组织主题培训，加强员工的继续培训。

（2）外部培训

为确保持续有效地改进企业质量管理体系，准确理解和执行药品监督管理的法律法规及行政规章，及时借鉴、引进先进的管理理念和管理模式，企业应积极选派质量、经营管理方面的高层管理人员或关键岗位人员，参加药品监督管理部门、行业协作组织、业务合作单位等组织的各类专业研讨及培训，从而达到掌握最新的行业发展动态及质量管理信息，及时调整、改进企业质量管理制度，不断提升企业质量管理水平的目的。

要注意的是，内部培训或外部培训是对主持培训的人而言的，而非指培训所处的环境。企业也可聘请外部专家到企业授课，这仍属外部培训的范畴。

企业应根据自身情况，合理安排内部培训或外部培训，两种培训方式各有优缺点，但相对来说，内部培训的优势更大，主要体现在以下几点。

1）时间上更加灵活，操作性更强，能够有效避免专家时间上的不可控性，时效性上更有保障。

2）培训内容更贴近企业内部各岗位实际，针对性强。外部专家授课难免千篇一律，针对性不强，往往对理论性、普遍性的问题有效，而对企业实质性的问题作用不大。

3）互动性更强。主持培训的人本身就是员工中的一员，亲和力强，与其他员工在沟通上障碍少，有利于提升培训效果，这是外聘专家难以比拟的优势。

4）费用相对较低。

2. 培训对象

GSP 是要求全员参加的质量管理，GSP 培训也要进行全员培训，包括企业负责人，质量、经营、运输、仓储、销售等各部门负责人，以及各部门的管理人员和一般人员。企业应根据自身发展和管理的需要，合理制订年度培训工作计划，选派相关人员接受培训教育。

3. 培训内容

按照 GSP 要求，企业应对相关岗位人员开展相关法律法规、药品专业知识及技能、质量管理制度、职责及岗位操作规程等方面的培训。

（1）法律法规，包括《药品管理法》《药品流通监督管理办法》《药品经营质量管理规范》等相关法律法规。

（2）专业知识与技能。药品专业知识包括药学专业知识和药品专业知识；药品技能包括药品的陈列与养护、储存与保管、服务与咨询等。

（3）企业质量管理制度。

（4）部门职能、岗位职责及岗位操作规程等。

（5）各类质量台账、记录的登记方法等。

（6）从事特殊管理的药品和冷藏冷冻药品的储存、运输等工作的人员需要重点培训，培训内容包括相关法律法规和专业知识、工作制度和标准操作规程、应急预案等，经考核合格后方可上岗。

培训内容应根据法规政策的最新要求，及时更新。

4. 培训计划与实施

（1）培训计划

培训计划是企业在一定时期内，为达到质量方针目标而制订的培训教育工作的总体安排。主管培训工作的职能部门由企业指定，在编制教育培训规划和计划时，应将 GSP 的培训教育纳入计划，并在企业内部筛选适合承担培训任务的员工。培训教师要不断更新知识，以保证培训质量。

培训计划可由质量管理部门在征求人力资源部门意见的基础上，按年度定期制订，报企业主管负责人审批后实施，也可以由人力资源部门制订。编制培训计划时，应结合企业的质量工作计划和员工自身素质的实际需求，着重解决实际问题，真正达到学以致用、提高素质和能力的目的。培训计划应根据不同培训对象的要求分别制订培训内容，做到由浅入深，普及与提高并重，理论联系实际。

（2）培训方法

企业根据具体情况，可采用各种各样的培训方式，如集中培训、个别培训、外部培训、内部培训等。根据不同的培训对象，灵活选用培训内容。企业应有一位固定的 GSP 培训教师。该培训教师要有较高的业务能力和专业知识水平，自身接受过较高级的培训，有一定的教学经验，善于收集各种案例充实培训内容。

企业一般人员的培训，主要在本企业内部通过全脱产、半脱产及现场培训的方式进行。可以请专家、教授或其他企业的有经验的教员定期授课，或临时请专家做专题报告。对于技术人员和中层干部的培训工作，除部分由本企业进行培训外，还采用送出去的办法进行培训，如参加企业外各类培训、专题会议讲座等。

（3）培训实施

按照培训计划的要求，质量管理部门协助人力资源部门实施有关的培训教育工作。质量管理部门负责落实和确定质量培训的内容、教师、培训对象和考核方法等工作，对培训过程实施有效监控并做好记录。按照培训教育制度的规定，培训应采取有效的考核手段，将考核结果与员工的上岗资格、激励机制紧密结合。

5. 培训档案

企业员工接受岗前培训、继续培训或其他培训时，应建立培训档案。具体分为企业内部培训教育档案和员工个人培训教育档案，以便于从不同角度记载企业开展药品质量管理方面的教育与培训情况。

企业内部培训教育档案内容包括：培训教育管理制度、年度培训计划、历次培训档案、培训工作记录及总结、培训教育考核结果及所采取的措施。相关表格文件见表 3－3－1、表 3－3－2、表 3－3－3。

表 3－3－1　某零售药店年度质量培训计划表

编号：

序号	培训目的	培训内容	培训方式	地点	授课老师	预定时间	培训对象	考核方式	备注

表 3－3－2　某零售药店员工培训记录表

编号：　培训主题：　培训时间：

序号	姓名	部门	职务	地点	培训中表现	考核结果	备注

表 3－3－3　某零售药店员工培训考核表

编号：　填表日期：

序号	姓名	培训内容	考核方式	考核项目	考核时间	考核结果	评定人	采取措施	备注

员工个人培训档案内容包括：培训教育登记表、学历职称证明、历次培训教育证明（复印件）以及其他相关资料。相关表格文件见表 3－3－4。

表 3－3－4　某零售药店员工个人培训教育档案

档案编号：

姓名		性别		出生年月		任职时间	
部门		职位		工号		职称	
培训编号	培训主题	培训时间	课时	授课方式	考试方式	考试成绩	备注

员工培训是一项基础性的必要工作，员工培训的目的是确保法定代表人、负责人、质量管理人员熟悉药品监督管理的法律法规、规章规范和所经营药品的相关知识，并符合有关法律法规及 GSP 规定的资格要求，没有相关法律法规禁止从业的情形。

二、健康检查及卫生管理

1. 健康检查

药品是特殊的商品，药品质量的优劣直接关系到人体健康。在药品流通过程中，受环境条件及人为因素的影响，药品容易发生质量的变化。尤其是与药品直接接触的工作人员，其身体健康状况将对药品质量产生直接或间接的影响。

GSP 规定患有传染病或者其他可能污染药品疾病的人员，不得从事直接接触药品的工作；身体条件不符合相应岗位特定要求的，不得从事相关工作。

（1）健康检查时间

员工上岗前要进行健康检查，每年还要进行年度健康检查并及时做好档案记录。

（2）健康检查人员

直接接触药品的人员，包括药品质量管理人员及药品验收员、养护员、保管员、复核员、营业员以及搬运工等。

（3）健康检查内容及要求

1）检查项目。

①一般检查。内科：心跳、血压，肺、肝脾等。皮肤科：化脓性或渗出性皮肤病。眼科：视力及辨色力。精神科：体格检查，精神检查。

②化验项目。肝功能：黄疸指数、硫酸锌浊度、谷丙转氨酶指数、乙肝检查等。肠道致病菌：志贺菌检查、伤寒杆菌检查、其他肠道致病菌检查。

③X 光片：胸透，判断心肺有无异常，协助诊断肺结核等。

2）患有以下疾病者不能从事直接接触药品的工作：

①患有传染病，如肺结核、病毒性肝炎等，肺结核患者痰液和呼出的空气中均含有大量结核细菌，所以更具有危害性。

②患有皮肤病，特别是化脓性、渗出性皮肤病患者，如疥疮、癣、脓疱疮等，这些疾病都有可能通过接触传染。

③患有精神病、色盲等，这类疾病虽不具有传染性，却难以保证保管的药品质量。

④其他，如患有细菌性痢疾、伤寒、甲型肝炎、沙眼及急性出血性结膜炎等传染性强、传播迅速的疾病。

（4）检查机构

企业应在卫生行政管理部门认可的健康体检机构接受体检，并按照有关规定对员工进行相应项目的检查，确保体检结果的准确性和有效性。

（5）健康档案管理

对员工的健康检查情况及资料应及时记入或存入健康档案，健康档案应分为企业档案和员工个人档案，每一位员工从进入企业起，即应接受岗前体检，并建立健康档案。

1）企业健康档案包括：年度体检工作安排、年度体检人员名单、体检汇总表、采取的措施等项目。具体记录见表 3－3－5。

2）个人健康档案包括：岗前体检表及资料，年度体检表及资料，患病离岗、治疗、体检、再上岗记录等资料（体检情况应保存原件）。具体记录见表 3－3－6。

表 3－3－5　某零售药店（2022）年度企业员工健康检查汇总表

档案编号：

检查时间		个人信息			检查机构		检查项目	
序号	档案编号	姓名	性别	年龄	现岗位	检查结果	采取措施	备注

表 3－3－6　员工个人健康档案

档案编号：

姓名		性别		出生年月		任职时间	
部门		职位		员工号			
检查日期	检查机构		检查项目		检查结果	采取措施	备注

练一练

患有下列何种疾病可以从事直接接触药品的工作？（　　）

A. 精神病　　B. 肺结核　　C. 肝炎　　D. 高血压

2. 卫生管理

根据《药品管理法》及 GSP 要求，为保障劳动者的健康及药品质量，企业应当制定员工个人卫生管理制度。储存、运输等岗位人员的着装应当符合劳动保护和产品防护的要求，既要防止污染药品，也要保护员工不受伤害。库房内所有员工应统一着装，工作服需干净整洁，若女性留有长发，需将头发盘起，指甲不可以太长。搬运货物时应戴口罩、手套。危险品运输过程中，员工应配备防静电功能的防护服、防护手套、防护镜、防毒面具以及必要的应急药品和器材等。若需进入冷库，应穿戴保温防寒服。

在零售药店药品储存、陈列等区域不得存放与经营活动无关的物品及私人用品，在工作区域内不得有影响药品质量和安全的行为。

任务实施

【材料准备】

材料：A4 纸若干、白纸若干、桌签 8 个、计时器。

【实施步骤】

步骤一：分组讨论

全班随机分成 8 组，每组 6 ~ 7 人，以小组为单位成立医药公司，并设立不同的岗位。

步骤二：小组总结

1. 小组进行分工合作，每组推选出一名代表进行分享，推选一名观察员进行点评。
2. 根据以上岗位需求，新录入的员工需要进行哪些岗前培训才能上岗？
3. 以上人员是否存在直接接触药品的岗位，需满足哪些健康要求？
4. 各小组成员集思广益，共同完成任务。

步骤三：小组分享

每小组轮流分享，并进行点评。时间控制在 3 分钟以内。

任务测评

评价方式包括自我评价、组内评价、组间评价、教师评价，并据此设计了学生自评表（表 3 – 3 – 7）、组内评价表（表 3 – 3 – 8）、组间互评表（表 3 – 3 – 9）、教师考核评价表（表 3 – 3 – 10）。其中自我评价、组内评价、组间评价采用线上填写学习通问卷的形式进行，教师评价包含过程评价、结果评价，采用纸质评价表。各评价方式占本任务百分比分解如图 1 – 1 – 1 所示。

表 3 – 3 – 7　　学生自评表

学习任务名称：______________　姓名：______________　学号：______________

序号	学习过程	评价内容	评价标准			得分
			符合（分）	部分符合（分）	不符合（分）	
1	课前探究	能够主动完成学习通作业	8 ~ 10	5 ~ 7	0 ~ 4	
2	明确任务	能够说出人员培训与健康要求	8 ~ 10	5 ~ 7	0 ~ 4	
3	制定方案	能够参与小组讨论，提出合理建议，积极参与小组汇报工作	8 ~ 10	5 ~ 7	0 ~ 4	
4	任务实施	能够说出人员培训的内容	8 ~ 10	5 ~ 7	0 ~ 4	
5		能够写出人员健康检查内容	8 ~ 10	5 ~ 7	0 ~ 4	
6		能够说出人员健康要求	8 ~ 10	5 ~ 7	0 ~ 4	
7		能够说出卫生管理要求	8 ~ 10	5 ~ 7	0 ~ 4	
8		能够记录与填制相关表格	8 ~ 10	5 ~ 7	0 ~ 4	

续表

序号	学习过程	评价内容	评价标准			得分
			符合（分）	部分符合（分）	不符合（分）	
9	竞赛提升	能够积极参加课中竞赛并获奖	8～10	5～7	0～4	
10	总结点评	能够客观公正做好自我评价	8～10	5～7	0～4	
合计						

表 3－3－8　　组内评价表

学习任务名称：________________　组别：________________　被评价者姓名：__________

序号	学习过程	评价内容	评价标准			得分
			符合（分）	部分符合（分）	不符合（分）	
1	课堂参与合作学习的态度	能够尊重同伴、独立思考，承担并完成岗位职责	8～10	5～7	0～4	
2	获得和提供信息技能	能够查阅、学习规范解决疑问	8～10	5～7	0～4	
3		在展示汇报时能够积极参与，踊跃表达	8～10	5～7	0～4	
4	帮助和支持技能	在小组讨论时能积极思考，诚恳提问	8～10	5～7	0～4	
5		在讨论过程中能尊重他人，耐心倾听并反馈情况	8～10	5～7	0～4	
6	组织引导技能	能够帮助、督促其他成员参与小组活动，相互勉励，阻止讨论偏离主题	8～10	5～7	0～4	
7	质量控制技能	能够合作制定人员培训内容及培训计划	8～10	5～7	0～4	
8		能够合作完成人员健康检查及卫生检查	8～10	5～7	0～4	
9	评议的技能	能够对其他组人员培训及健康要求进行专业评价	8～10	5～7	0～4	
10		在展示汇报成果时，能姿态端正，思路清晰	8～10	5～7	0～4	
合计						

表 3－3－9　　组间互评表

学习任务名称：________________　组别：________________　被评价者姓名：__________

序号	评价内容	评价标准			得分
		符合（分）	部分符合（分）	不符合（分）	
1	该小组制定方案科学、高效、合理	16～20	10～15	0～9	

续表

序号	评价内容	评价标准			得分
		符合(分)	部分符合(分)	不符合(分)	
2	该小组进行方案汇报时，使用普通话，思路清晰，条理性强	16～20	10～15	0～9	
3	该小组任务完成过程中遵循 GSP 规范，情景模拟设置合理	16～20	10～15	0～9	
4	该小组能够合理评价其他小组	16～20	10～15	0～9	
5	该小组完成人员培训及健康检查内容	16～20	10～15	0～9	
合计					
评价小组组长签名					

表 3－3－10　　教师考核评价表

学习任务名称：＿＿＿＿＿＿＿＿　学生：＿＿＿＿＿＿＿＿　学号：＿＿＿＿＿＿＿＿

序号	考核要求	评价标准			得分
		符合(分)	部分符合(分)	不符合(分)	
1	人员培训计划合理	16～20	10～15	0～9	
2	人员培训内容正确	16～20	10～15	0～9	
3	人员健康检查符合要求	16～20	10～15	0～9	
4	培训档案及健康档案管理符合要求	16～20	10～15	0～9	
5	卫生管理符合要求	16～20	10～15	0～9	
合计					

【知识拓展】

传染病分类

《中华人民共和国传染病防治法》将传染病分为甲类、乙类和丙类。

甲类 2 种：鼠疫、霍乱。

乙类 25 种：传染性非典型肺炎、艾滋病、病毒性肝炎、脊髓灰质炎、人感染高致病性禽流感、麻疹、流行性出血热、狂犬病、流行性乙型脑炎、登革热、炭疽、细菌性和阿米巴性痢疾、肺结核、伤寒和副伤寒、流行性脑脊髓膜炎、百日咳、白喉、新生儿破伤风、猩红热、布鲁氏菌病、淋病、梅毒、钩端螺旋体病、血吸虫病、疟疾。

丙类 10 种：流行性感冒、流行性腮腺炎、风疹、急性出血性结膜炎、麻风病、流行性和地方性斑疹伤寒、黑热病、包虫病、丝虫病，除霍乱、细菌性和阿米巴性痢疾、伤寒和副伤寒以外的感染性腹泻。

想一想

1. 大家来讨论：企业培训的形式越来越多样化，很多公司开展线上培训，医药企业应如何更好地进行培训呢，对此你有何感想？

2. 请梳理本次课程的知识内容，绘制思维导图。

课堂练习

一、填空题

高风险岗位是指工作内容为特殊管理的药品和冷藏冷冻药品的储存、运输等的岗位，为保证此类药品的质量稳定，对应岗位人员必须接受______培训，并经______后方能上岗。

二、判断题

1. 内部培训或外部培训是对主持培训的人而言的，而非指培训所处的环境。企业也可聘请外部专家到企业授课，这仍属外部培训的范畴。（　　）

2. GSP 培训需要进行全员培训，包括企业负责人，质量、经营、运输、仓储、销售等各部门负责人以及各部门的管理人员和一般人员。（　　）

三、简答题

1. 岗前培训包含哪些内容？

2. 直接接触药品的岗位有哪些？应排除哪些疾病？

课题四

GSP 对药品采购的管理

任务一　药品采购的原则、程序和方法

学习目标

1. 能说出药品采购的原则。
2. 能按照程序和方法进行药品采购。
3. 掌握人员管理的重要性，明确采购人员的条件和职责。
4. 了解药品采购计划的内容以及采购计划的编制方法。
5. 了解药品的来源以及药品采购的方式。

任务引入

自新冠肺炎疫情暴发以来，连花清瘟胶囊、清肺败毒颗粒等药品因疗效明确，市场需求量急剧增加。小明为某药品经营企业采购员，现需根据本企业经营情况进行抗病毒感冒药的采购，请帮助小明完成任务。

【任务分析】

完成本次任务需要做到：

1. 明确药品采购的原则和流程。
2. 收集企业药品需求信息。
3. 在市场询价、比价，确定供应商，制订采购计划。
4. 签订采购合同，下达采购订单。
5. 督促供应商及时送货，协助财务处理后续付款事宜。

相关知识

药品采购是指取得合法资格的药品经营企业从药品生产企业、药品经营企业获取相应的药品，以保证药品经营活动的正常开展。药品采购是药品经营企业经营活动的起点，是药品经营企业质量管理过程控制的第一关，是确保企业经营行为合法、规范，保证药品经营质量的关键环节。

一、药品采购的原则

药品经营企业应坚持“质量第一、按需进货、择优选购”的原则，把质量放在选择经营品种和供货单位的首位，确定供货单位的合法资格及质量信誉，保证所购入的药品是国家批准的合法药品。

1. 质量第一

药品是特殊的商品，是人们用于预防、治疗、诊断疾病的物质。药品的质量至关重要，药品质量合格与否，直接关系到患者的生命安全。因此，企业应该始终将质量放在选择药品和供货单位条件的首位。

2. 按需进货

购进药品的目的是销售，任何商品的销售都应符合市场规律。市场的供需状况直接决定了一种商品的销售前景。

3. 择优选购

追求“物美价廉”是人们在购买商品时一种普遍的心理，药品的购进当然也不例外。因此企业在购进药品时，还应该优中选优，挑选性价比高的药品来保证销量。

【知识链接】

药品经营质量管理规范（2016 版）

第六十一条　企业的采购活动应当符合以下要求：

（一）确定供货单位的合法资格；

（二）确定所购入药品的合法性；

（三）核实供货单位销售人员的合法资格；

（四）与供货单位签订质量保证协议。

采购中涉及的首营企业、首营品种，采购部门应当填写相关申请表格，经过质量管理部门和企业质量负责人的审核批准。必要时应当组织实地考察，对供货单位质量管理体系进行评价。

二、药品采购的基本程序

在药品采购活动过程中，需要根据 GSP 要求制定采购程序，以确保采购的药品符合质量要求。药品零售连锁企业实行统一进货、统一配送，连锁门店的采购是连锁门店根据销售情况向其总部提起要货申请，其采购记录即为向总部要货申请记录。连锁门店不得自行采购药品。

1. 询价/比价：询价就是从可能的卖方那里获得谁有资格完成工作的信息，该过程的专业术语叫供方资格确认。获取信息的渠道有招标公告、行业刊物、互联网等媒体、供应商目录、约定专家拟定可能的供应商名单等。通过询价获得供应商的投标建议书。

2. 选择供应商：根据“质量第一，按需进货，择优选购”的原则，选择最合适的供应商。

3. 制订采购计划：由销售预测，加上经验判断，即可拟定销售计划或目标。销售计划是表明各种产品在不同时间的预期销售数量；而采购计划即依据销售数量，再加上预期的期末存货减去期初存货来拟订。

4. 签订采购合同，下达采购订单。

5. 督促供应商及时进行产品送货，协助财务处理后续付款事宜。

与一般商品相比较，药品因其特殊性，需质量管理部的积极参与，严格把控质量关。药品采购基本流程如图4-1-1所示。

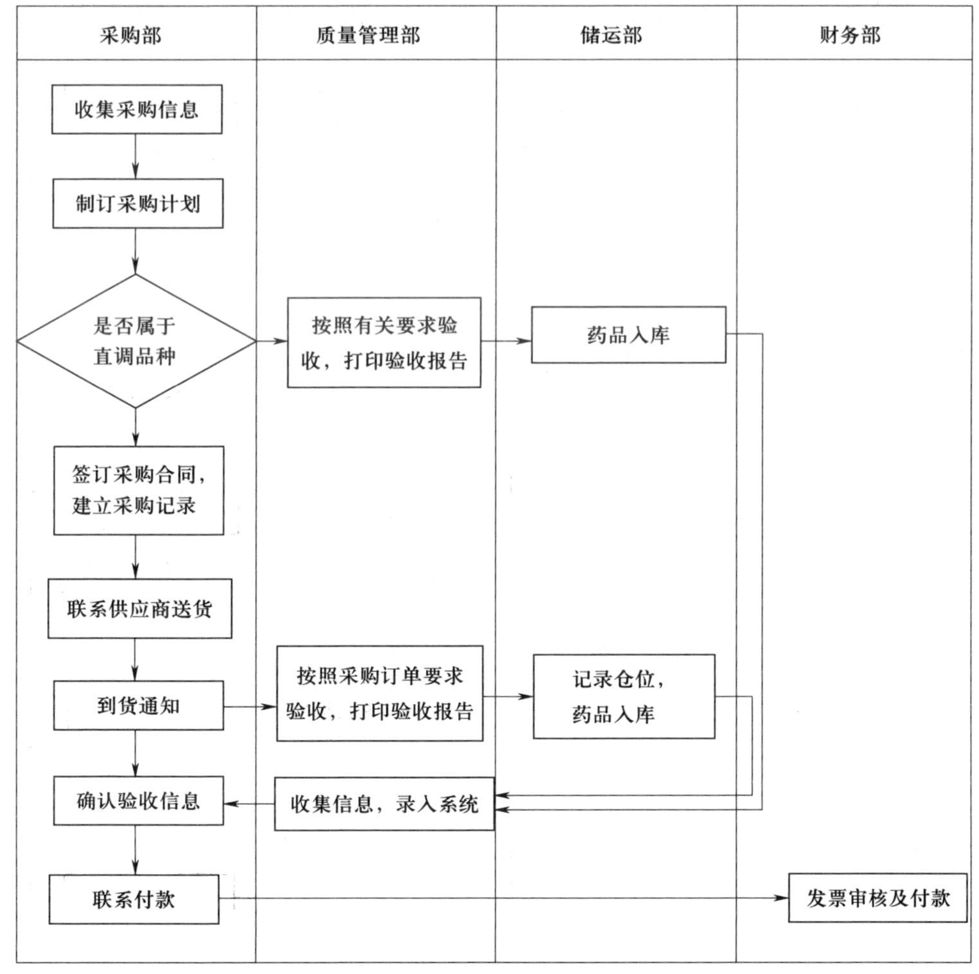

图4-1-1 药品采购流程图

此外，除普通药品外，对直调药品和特殊管理药品的采购有特殊要求。

直调药品采购要求：《药品经营质量管理规范》第六十九条规定，发生灾情、疫情、突发事件或者临床紧急救治等特殊情况，以及其他符合国家有关规定的情形，企业可采用直调方式购销药品，将已采购的药品不入本企业仓库，直接从供货单位发送到购货单位，并建立专门的采购记录，保证有效的质量跟踪和追溯。该条明确指出允许药品直调的特殊情况，在非特殊情况的日常经营中，一律不得采用直调的方式经营药品。企业应当制定《直调药品管理制度》《直调药品操作规程》，明确职责，并按要求对直调药品的采购环节进行管理。在计算机系统中应该对直调药品建立单独的采购记录，实现对直调药品的有效追踪。

特殊管理药品采购要求：《药品经营质量管理规范》第七十条规定，采购特殊管理的药品，应当严格按照国家有关规定进行。特殊管理药品包括疫苗、血液制品、麻醉药品、精神药品、医疗用毒性药品、放射性药品以及药品类易制毒化学品；专门管理药品包括蛋白同化制剂、肽类激素（胰岛素除外）、部分含特殊药品复方制剂、治疗性功能障碍药等；特别加强管理的药品包括戒毒药品、“运动员慎用”的兴奋剂药品、终止妊娠药品。这些特殊管理的药品，其采购应严格按照国家相关规定进行。企业应建立特殊药品采购程序，并记录药品采购明细。

采购特殊管理的药品时应注意：①供货方和企业自身的经营范围中要有特殊药品经营项目；②禁止现金交易；③采购特殊管理的药品时，应在购销合同、质量保证协议中明确对方按照国家相关规定进行运输、邮寄。

【知识链接】

药品经营质量管理规范（2016 版）

第六十六条　采购药品时，企业应当向供货单位索取发票。发票应当列明药品的通用名称、规格、单位、数量、单价、金额等；不能全部列明的，应当附《销售货物或者提供应税劳务清单》，并加盖供货单位发票专用章原印章、注明税票号码。

三、药品采购的方式

1. 订购和选购

所谓订购是买卖双方根据市场需要，签订订购合同，按合同产销。选购是从企业现有的产品中选择购买。采购的药品是由药品经营企业自己选择的，采购的数量和品种是药品经营企业根据市场需要和本企业经营能力提出来的。

2. 代批代销

代批代销是指药品经营企业受药品生产企业或经营企业的委托办理的一种销售业务。在药品销售出去以前，药品所有权归委托单位，在药品销售出去以后结算货款。

3. 代理制

药品生产企业在自愿的基础上，通过合同或契约的形式，委托药品经营企业在一定区域内实行垄断或独家经营销售药品，实现“风险共担，利益共享”的一种组织形式。

4. 招标采购

药品经营企业作为招标方，将药品需求信息通知给投标方，药品经营企业根据投标方提供的价格进行选择，价格最低、质量最优者中标。中标后，双方签订合同，合同履行货到仓库后，由验收员进行质量验收，验收合格后，由财务复核入账付款。此种方法成为经营企业日益青睐的一种方法。

其中，集中招标采购是指数家医疗机构联合共同委托招标代理机构组织的药品采购。基本药物、医疗机构临床使用量比较大的药品，原则上实行集中招标采购。药品集中招标采购的目的是保证城镇职工基本医疗保险制度的顺利实施，从源头上治理医药购销中的不正之风，规范医疗机构药品采购工作，减轻社会医药费用负担。

5. 网上采购

随着电子商务的发展，药品经营企业可以直接在网上采购药品，通过信用工具结算，大大降低了商业流通成本，同时，药品经营企业可以在短时间内获得市场信息，并在最短时间内完成采购，有利于药品经营企业抓住市场机遇，提高经济效益。

【知识链接】

什么是“4 +7”药品带量采购?

带量采购，指的是在药品集中采购过程中开展招投标或谈判议价时，由联合的医疗机构明确总采购数量，让销售企业针对具体的数量报价。简单地说，带量采购是政府出面的药品“大型团购”，明确采购量，低价企业中标。带量采购可以通过企业间的竞价，起到以量换价的作用，从而降低采购药品的价格。

“4 +7”药品集中采购是由国家医保局、国家卫生健康委、国家药品监管局等部门组织的以北京、上海、重庆、天津（4个直辖市）和沈阳、大连、厦门、广州、深圳、成都、西安（7个副省级城市）共11个试点城市的公立医疗机构为集中采购主体，组成采购联盟，并委托上海市医药集中招标采购事务管理所及其阳光采购平台进行带量议价的工作。

四、采购计划编制

制订药品采购计划是采购环节中的重要工作内容，科学合理地制订采购计划，有助于从源头杜绝假冒伪劣药品进入药品流通过程，加速药品资金周转，保证市场供给，适应市场的不断变化。采购计划按照企业经营管理需要，一般按年度、季度、月份编制，分为年度采购计划、季度采购计划、月份采购计划和临时采购计划。

1. 药品采购计划的制订依据

（1）国家政策方针、药品法律法规、各级政府有关市场政策方针。

（2）前期计划执行情况。前期计划执行情况是对进、销、存业务活动的真实反映，对指导本期采购计划的制订具有重要作用。

（3）市场供应情况和需求情况。市场供应情况包括货源品种、数量、货源畅销程度、供货方的销售计划和付款条件、国家产业政策对药品生产的影响；市场需求情况主要包括销售客户购买力、消费结构变化情况等。这是制订药品采购计划最直接的依据。

2. 制订采购计划的程序

采购部门在制订年度和季度计划时，可以粗略制订，通常以纸质版形式编制，作为编制月份采购计划的参考；月份采购计划和临时采购计划需要精准制订，在计算机 GSP 管理系统中编制，采购计划中供应商信息、商品信息以及采购药品数量等要与供货方开具的单据完全一致。以下是制订月份采购计划和临时采购计划的程序。

（1）采购人员根据计算机管理系统提供的前 3 个月药品的购进和销售数量、当月销售量以及药品库存数量，从计算机管理系统药品质量档案中确定拟采购的药品品种和采购数量。

（2）通过对供应商质量保证能力、供货能力、价格竞争能力、售后服务能力等方面综合评价分析，从合格供货方档案列表中确定合理的供应商，确定采购药品的价格。

（3）采购人员对采购的药品信息审核无误后，在采购计划单上签字，采购计划单将通过计算机管理系统自动生成采购订单。

任务实施

【材料准备】

工具：计算机、笔。

材料：企业经营状况表、前 3 个月销售统计表和当月销售统计表、采购计划表、纸质版采购合同。

设备：实训场地、药店管理系统、医药企业虚拟仿真系统。

人员准备：学生分为 4 组，每组分为采购员、采购部负责人、验收员、供应商 4 个角色，相互配合完成任务。

【实施步骤】

步骤一：采购员收集信息

采购员根据收集的信息，制订本月药品的采购计划，填写采购计划表（见表 4－1－1）。

表 4－1－1　　药品采购计划表

制表人：　　　　制表日期：

序号	药品名称	剂型	规格	单位	药品上市许可持有人	拟购数量	供货价格	金额	生产企业	供货企业	备注

步骤二：签订采购合同

根据提供的纸质版合同，填写本次采购的品种信息，合同数量为计划数量的 1.1 倍，价格为原进价的 9.5 折。

步骤三：到货确认

与供货商联系确认送货时间、地点、数量，通知质量管理部进行质量审查。

步骤四：索取发票，转账付款

根据入库验收单，向供应商索取发票，审查发票的有效性，联系财务转账付款。

【操作要点及注意事项】

1. 制订采购计划需要注意采购品种、采购数量的合理性，统筹考虑企业现有库存、市场需求、资金周转、药品特点等诸多因素，要有一定的预测能力。

2. 制订采购计划时注意同一品种有不同规格、不同生产企业，一定要采购需要的品名、规格、生产企业，价格参考以前的供货价。

任务测评

评价方式包括自我评价、组内评价、组间评价、教师评价，并据此设计了学生自评表（表 4－1－2）、组内评价表（表 4－1－3）、组间互评表（表 4－1－4）、教师考核评价表（表 4－1－5）。其中自我评价、组内评价、组间评价采用线上填写学习通问卷的形式进行，教师评价包含过程评价、结果评价，采用纸质评价表。各评价方式占本任务百分比分解如图 1－1－1 所示。

表 4－1－2　　学生自评表

学习任务名称：________　姓名：________　学号：________

序号	学习过程	评价内容	评价标准			得分
			符合（分）	部分符合（分）	不符合（分）	
1	课前探究	能够主动完成学习通作业	8～10	5～7	0～4	
2	明确任务	能够绘制正确的采购流程图	8～10	5～7	0～4	
3	制定方案	能够参与小组讨论，提出合理建议，积极参与小组汇报工作	8～10	5～7	0～4	
4	任务实施	能够绘制药品采购流程图	8～10	5～7	0～4	
5		能够制订采购计划	8～10	5～7	0～4	
6		能够完成采购合同签订	8～10	5～7	0～4	
7		能够完成发票的审核	8～10	5～7	0～4	
8		能够按照 GSP 的要求，完成清场和消杀	8～10	5～7	0～4	
9	竞赛提升	能够积极参加课中竞赛并获奖	8～10	5～7	0～4	
10	总结点评	能够客观公正做好自我评价	8～10	5～7	0～4	
合计						

表 4-1-3 **组内评价表**

学习任务名称：＿＿＿＿＿＿＿＿ 组别：＿＿＿＿＿＿＿＿ 被评价者姓名：＿＿＿＿＿＿

序号	学习过程	评价内容	评价标准			得分
			符合（分）	部分符合（分）	不符合（分）	
1	课堂参与合作学习的态度	能够尊重同伴、独立思考，承担并完成岗位职责	8~10	5~7	0~4	
2	获得和提供信息技能	能够查阅规范、工作页解决疑问	8~10	5~7	0~4	
3		在展示汇报时能够积极参与，踊跃表达	8~10	5~7	0~4	
4	帮助和支持技能	在小组讨论时能积极思考，诚恳提问	8~10	5~7	0~4	
5		在讨论过程中能尊重他人，耐心倾听	8~10	5~7	0~4	
6	组织引导技能	能够帮助、督促其他成员参与小组活动，相互勉励，阻止讨论偏离主题	8~10	5~7	0~4	
7	质量控制技能	能够合作完成药品采购项目	8~10	5~7	0~4	
8		能够合作完成采购计划的制订	8~10	5~7	0~4	
9	评议的技能	能够对其他组采购完成情况进行专业评价	8~10	5~7	0~4	
10		在展示作品时，能姿态端正，思路清晰	8~10	5~7	0~4	
合计						

表 4-1-4 **组间互评表**

学习任务名称：＿＿＿＿＿＿＿＿ 组别：＿＿＿＿＿＿＿＿ 被评价者姓名：＿＿＿＿＿＿

序号	评价内容	评价标准			得分
		符合（分）	部分符合（分）	不符合（分）	
1	该小组制定方案科学、高效、合理	16~20	10~15	0~9	
2	该小组进行方案汇报时，使用普通话，思路清晰，条理性强	16~20	10~15	0~9	
3	该小组任务完成过程中遵循 GSP 规范，样品选取合理	16~20	10~15	0~9	
4	该小组能够合理评价其他小组	16~20	10~15	0~9	
5	该小组完成药品采购项目	16~20	10~15	0~9	
合计					
评价小组组长签名					

表 4-1-5　　　　教师考核评价表

学习任务名称：________　　学生：________　　学号：________

序号	考核要求	评价标准			得分
		符合(分)	部分符合(分)	不符合(分)	
1	完成药品采购流程	16~20	10~15	0~9	
2	药品采购计划制订规范	16~20	10~15	0~9	
3	理解采购岗位的职责	16~20	10~15	0~9	
4	规范签订采购合同	16~20	10~15	0~9	
5	记录规范	16~20	10~15	0~9	
合计					

想一想

1. 大家来讨论：2018 年 8 月，被告单位北京某肿瘤药品有限公司通过非正规渠道低价采购药品“日达仙”（注射用胸腺法新）。被告人卢某、赵某、张某作为该公司直接负责的主管人员，被告人吴某、汪某作为公司负责销售的直接责任人员，在明知上述药品没有合法手续、采购价格低于正常价格的情况下，仍然以该单位的名义于 2018 年 9 月 7 日、11 日在北京市东城区分两次向被害人吴某某销售上述“日达仙”（注射用胸腺法新）共 8 盒，销售金额共计 9 600 元。经中国食品药品检定研究院检验，涉案“日达仙”（注射用胸腺法新）检验结果不符合规定。经北京市东城区市场监督管理局认定，涉案药品为假药。对此你有何感想？

2. 请梳理本次课程的知识内容，绘制思维导图。

课堂练习

1. 药品经营企业采购部门采购药品，只能从（　　）采购。

A. 取得药品经营许可证和药品生产许可证的企业

B. 取得药品经营许可证的企业

C. 企业合格供应商列表上的供应商

D. 具有药品质量保证能力和供应能力的企业

2. 药品采购的原则是（　　）。

A. 质量第一　　　　B. 按需进货

C. 择优选购　　　　D. 以上都对

任务二　GSP 对药品首营审核的管理

学习目标

1. 能判断什么是首营品种、首营企业。
2. 能独立完成首营品种、首营企业的审核流程。
3. 能正确填写首营企业审核表、首营品种审核表。
4. 能核实供货方销售人员的合法资格。

任务引入

自新冠肺炎疫情暴发以来，连花清瘟胶囊、清肺败毒颗粒等药品因疗效明确，市场需求量急剧增加。某药品经营企业欲采购以上未经营过的品种，小明为某药品经营企业采购员，他应如何做好首营品种、首营企业的审核?

【任务分析】

完成本次任务需要做到：

1. 明确首营企业、首营品种审核的工作流程。
2. 索取首营企业、首营品种审核的资料。
3. 填写首营企业审批表、首营品种审批表。
4. 完成首营企业、首营品种材料合法性审核。
5. 签订质量保证协议、计算机系统录入药品信息。
6. 建立合格供货方档案，建立药品质量档案。

相关知识

一、首营企业的审核

首营企业是指采购药品时，与本企业首次发生供需关系的药品生产或经营企业。

1. 首营企业审核的内容

（1）首营企业审核的内容包括两个方面：企业的合法资质和质量保证能力。

（2）首营企业审核的部门：质量管理部门会同业务部门共同进行。

（3）首营企业审核的方法：主要是资料审查，必要时实地考察。

2. 首营企业审核所需要的资料

《药品经营质量管理规范》第六十二条规定，对首营企业的审核，应当查验加盖其公章原印章的以下资料，确认真实、有效：

（1）药品生产许可证或者药品经营许可证复印件。

（2）营业执照、税务登记、组织机构代码的证件复印件，以及上一年企业年度报告公示情况。

（3）《药品生产质量管理规范》认证证书或者《药品经营质量管理规范》认证证书复印件。

（4）相关印章、随货同行单（票）样式。

（5）开户户名、开户银行及账号。

首营企业审核所需要的资料具体见表 4－2－1。

表 4－2－1　　首营企业资料审核目录

项目	序号	资料目录（确定供货单位、购进药品、购销人员合格，签质保协议）
首营企业	1	营业执照及年检证明复印件（超营范围、未年检、效期超期：应有正在办理证明）
	2	药品生产许可证或药品经营许可证正本或副本复印件，若在有效期内有过许可变更的，必须提供副本的变更内容（注意超营范围、未年检、效期超期）
	3	税务登记证、增值税一般纳税人证和组织机构代码证复印件（注意年检、效期超期）
	4	开票信息（开户户名、开户银行及账号、公司地址）、销售药品所开的税票
	5	随货同行单（票）样式、供货单位公司的相关印章印模、空白发票样式复印件
	6	质量保证协议书：《药品经营质量管理规范》第六十五条规定内容缺一不可：①明确双方质量责任；②供货单位应当提供符合规定的资料且对其真实性、有效性负责；③供货单位按规开发票；④药品质量达标；⑤药品包装、标签、说明书合规；⑥药品运输质量保证及责任；⑦质量保证协议的有效期限
	7	标明有明确质量条款的供货合同
	8	企业质量体系情况调查表
	9	法人授权委托书原件（盖公章原章和法人印章或签名的授权书，应载明被授权人姓名、身份证号，以及授权的品种、地域、期限）、人员身份证复印件和上岗证
	备注	1. 上述复印件均需加盖供货单位印章。 2. 印章式样包括企业公章、财务专用章、发票专用章、质量管理专用章、合同专用章、法人印章或者签字等，上述印章应为原尺寸、原规格的原印章或彩色扫描件。随货同通行单（票）必须为加盖企业公章的原件，不得使用复印件加盖公章形式。 3. “随货通行单”样式必须真实印有“随货同行单”字样。 4. 不论企业有多少个结算账户，至少备案 3 个，其中必须要有基本结算账户，企业的基本账户提供开户许可证，一般账户提供银行印签卡，均备份。 5. 药品生产许可证、药品经营许可证可以到国家药品监督管理局网站以及各省药品监督管理局网站进行查询核实。重点核查许可证单位名称、法定代表人、地址等与网站公布的一致性，经营方式、经营范围是否符合要求，是否存在变更情况。 6. 供货单位的营业执照由所在地市场监督管理部门核发，对其真实性查询可以登录该企业所在的市场监督管理部门网站进行企业信息查询，核查企业是否存在，是否在有效期内。 组织机构代码证到全国组织机构代码管理中心查询网站查询。供货单位的基本账户及所有业务往来的账户信息都应该备案，凡是未备案的账户或者与备案不符发账户，均不得付款；业务账户不得是个人账户；变更账户未经审核，不得发生业务关系，不得事后补办变更手续。 为便于企业办理证照，工商、质监、国税、地税部门共同推进税务登记证和工商营业执照、组织机构代码证“三证合一”，共同赋码，即“一证三码”。 7. 经营特殊管理药品的首营企业，还必须审核其经营特殊管理药品的合法资格，索取加盖首营企业原印章的药品监督管理部门的批准文件

3. 首营企业审核的程序

根据 GSP 要求，药品经营企业应当建立首营企业审核的工作程序，规范对供货单位的审核工作。

（1）采购员索取材料

药品采购人员根据市场需要从首营企业购进药品时，应向供货单位索取以下材料。

1）企业资质。首营企业是药品生产企业的，应向首营企业了解公司规模、历史、生产状况、产品种类、质量信誉、质量管理部门设置情况等，并索取加盖有公司原印章的药品生产许可证、营业执照复印件。

首营企业是药品经营企业的，应向首营企业了解公司规模、历史、经营状况、经营种类、质量信誉、质量管理部门设置情况等，并索取加盖有公司原印章的药品经营许可证、营业执照复印件。

2）首营企业药品销售人员的证明材料。需要验明首营企业药品销售人员的合法身份，并索取加盖有首营公司原印章和公司法人代表印章或签字的法人授权委托书原件、销售人员的身份证复印件。

3）首营企业的相关印章、随货同行单（票）样式。

4）首营企业的开户户名、开户银行及账号。

（2）填写首营企业审批表

采购员将资料收集齐后，填写首营企业审批表（见表 4－2－2），进行合法性审批。

表 4－2－2　　首营企业审批表

编号：　　填报部门：　　填报人：　　填报日期：　　年　　月　　日

供货企业名称		法定代表人	
注册地址		企业负责人	
生产/仓库地址		邮政编码	
企业类别	□上市许可持有人　□药品生产企业　□药品经营企业		
生产/经营许可证号		许可证发证日期	
许可证发证机关		许可证有效期	
营业执照登记机关		营业执照注册号	
营业执照有效期		注册资金	
生产/经营范围			
组织机构代码证号		组织机构代码证有效期	
质量保证协议书	已签订：□质量条款规范 □质量条款不规范 □未签订	质量保证协议有效期	

续表

<table>
<tr><td rowspan="2">供货单位委托业务人员情况</td><td>姓名</td><td></td><td>委托书有效期</td><td></td></tr>
<tr><td>身份证号码</td><td></td><td>联系电话</td><td></td></tr>
<tr><td rowspan="2">企业资信情况</td><td>开户银行</td><td></td><td>账 号</td><td></td></tr>
<tr><td>税务登记证号</td><td></td><td>企业规模</td><td>□一般纳税人 □小规模纳税人</td></tr>
<tr><td>企业供货能力审核</td><td colspan="4"></td></tr>
<tr><td rowspan="4">采购部</td><td colspan="4">所附资料：□质量体系调查表 □药品生产/经营许可证 □营业执照
□税务登记证 □组织机构代码证 □开户户名、开户银行及账号
□法人授权委托书 □业务人员身份证复印件 □质量保证协议
□印章备案 □随货同行单（票）备案</td></tr>
<tr><td colspan="4">采购员签字： 日期：</td></tr>
<tr><td rowspan="2">采购部门审批</td><td colspan="3">□ 同意开展业务 □不同意 原因：</td></tr>
<tr><td colspan="3">部门负责人签字： 日期：</td></tr>
<tr><td rowspan="10">质量管理部</td><td>资料审核情况</td><td colspan="3">□ 经审核，资料齐全、合法有效
□ 经审核，资料不齐全
□ 经审核，资料无效</td></tr>
<tr><td>企业情况</td><td>核查方式：</td><td colspan="2">□经核查与资料内容一致
□经核查与资料内容不一致</td></tr>
<tr><td rowspan="3">委托业务人员核查情况</td><td>核查方式</td><td colspan="2">□网上核查 核查网站：
□电话核查 电话号码：</td></tr>
<tr><td colspan="3">□ 经核查可与其洽谈业务</td></tr>
<tr><td colspan="3">□ 经核查不能与其洽谈业务</td></tr>
<tr><td rowspan="2">质量管理体系情况</td><td colspan="3">□ 符合合格供应商要求 □ 不符合合格供应商要求</td></tr>
<tr><td colspan="3">核查人签字： 日期：</td></tr>
<tr><td rowspan="3">审核意见：</td><td colspan="3">□ 经审核，资料齐全、合法有效，同意列入合格供货方</td></tr>
<tr><td colspan="3">□ 经审核不同意列入合格供货方 原因：</td></tr>
<tr><td colspan="3">质管部经理签字： 日期：</td></tr>
<tr><td rowspan="3">质量负责人审批</td><td colspan="4">□ 同意</td></tr>
<tr><td colspan="4">□ 不同意 原因：</td></tr>
<tr><td colspan="4">质量负责人签字： 日期：</td></tr>
</table>

（3）合法性审核审批

采购员填写完首营企业审批表后，经本部门采购负责人加具意见后，附上述有关资料，依次送质量管理部负责人审核和企业质量负责人审批。质量管理部负责人要进行资料审查，主要审查资料是否完备，是否加盖有规定的原印章或签章、所购进药品是否超出供货单位的生产或者经营范围、有效期限的证件是否在有效期内。如果需要对供货单位的质量保证能力进行进一步确认时，质量管理部会同采购部门进行实地考察，重点审查公司质量管理体系、质量控制的有效性和完整性。

（4）签订质量保证协议

质量保证协议是为了明确供货方与购货方交易双方的质量责任，是药品供货方对药品购货方的质量承诺，具有与合同相同的法律效力。质量保证协议对药品的合法性、药品质量情况、有效期、合法票据、包装情况、运输方式、运输条件等方面作出明确规定，并明确协议的有效期、双方质量责任。质量保证协议需加盖供货单位公章或合同章原印章。

企业与供货方签订了质量保证协议，则不必在每份合同上都写明质量条款，但需说明按双方另行签订的质量保证协议执行。质量保证协议应当至少按年度签订，约定有效期限，注明签约日期。

（5）建立合格供货方档案

对审核合格的首营企业，质量管理部在计算机管理系统中录入合格供货方单位信息，列入“合格供应商列表”，建立合格供货方档案。质量管理部将首营企业审批表、首营企业资料、药品销售人员资料及质量保证协议等有关资料交质量管理员存档。采购部门只能选择“合格供应商列表”中的供应商进行药品采购。

二、首营品种的审核

首营品种是指本企业首次采购的药品，包括新产品、新规格、新剂型、新包装。此外，首营品种也包括向不同企业购买的同一品种的药品。

1. 首营品种的审核内容

首营品种审核目的是确定将购入的药品为合法的药品，同时了解药品的质量、储存条件等基本情况，以明确企业有无经营该品种的条件和能力。

首营品种审核的范围包括新产品、新规格、新剂型、新包装。

首营品种审核的内容为核实药品的批准文号和取得的质量标准，审核药品的包装、标签、说明书等是否符合规定，了解药品的性能、用途、检验方法、储存条件及质量信誉等内容。首营品种的试销期一般为二年。

2. 首营品种审核所需要的资料

《药品经营质量管理规范》第六十三条规定，采购首营品种应当审核药品合法性，索取加盖供货单位公章原印章的药品生产或者进口批准证明文件复印件并予以审核，审核无误的方可采购。以上资料应当归入药品质量档案。

采购部门索取加盖供货企业公章原印章的资料（见表4－2－3），确认真实有效后，填写首营品种审批表，将资料和首营品种审批表交质量管理部门审核，符合要求的，方可录入计算机基础数据库。质量管理部门应保持对购进药品审核的延续性，在所有购进期间，该药品的证明文件均应是合法的。

表 4-2-3　　首营品种资料审核目录

项目	序号	国产药品	进口药品
首营品种	1	该品种供货方药品生产许可证或经营许可证和营业执照复印件	
	2	药品生产批准证明文件复印件，包括药品注册批件或再注册批件、药品补充申请批件复印件	进口药品注册证、医药产品注册证或者进口药品批件复印件
	3	药品注册批准证明文件的附件（药品质量标准复印件、包装、标签、说明书）	质量标准、药品标签、说明书、包装的实物或复印件
	4	药品实物样品	药品实物样品
	5	出厂检验报告书或省、市药检所质量检测合格报告单复印件	加盖“已抽样”的进口药品通关单或进口药品检验报告书复印件
	6	国家的药品价格批准证明文件复印件或省级物价部门的登记证明资料	物价批准证明文件复印件
	7	注册商标批准证明文件复印件（新品）	
	8	非处方药品审核登记证复印件	
	9	新药证书复印件（新药）	
	10	中药保护品种证书复印件（中药保护品种）	
	补充 1	药品批发和零售连锁企业购进首营品种需进行药品内在质量检验，如无内在质检能力的，应向供货单位索要该批号药品的质量检验报告书，或送县以上药品检验所检验	
	补充 2	进口麻醉药品、精神药品还应提供进口准许证复印件，进口中药材应提供进口药材批件复印件，进口分装药品需提供药品补充注册批件复印件	
	补充 3	生物、血液制品需索取生物制品批签发合格证、进口生物制品检验报告书复印件	

3. 首营品种审核的程序

根据 GSP 要求，药品经营企业对合格供货方拟供的首营品种应当建立审核程序。

（1）采购员索取材料

药品采购人员根据拟购的首营品种情况，向供货单位索取加盖供货单位原印章的首营品种证明文件材料，并对材料进行初步审核。

（2）填写首营品种审批表

采购员将资料收集齐后，填写首营品种审批表，进行合法性审核审批。首营品种审批表见表 4-2-4。

表 4－2－4　首营品种审批表

编号：　　填报部门：　　填报人：　　填报日期：　年　月　日

<table>
<tr><td rowspan="13">基本情况</td><td>通用名称</td><td colspan="2"></td><td>商品名称</td><td></td></tr>
<tr><td>英文名或汉语拼音</td><td colspan="2"></td><td>规格</td><td></td></tr>
<tr><td>剂型</td><td colspan="2"></td><td>单位</td><td></td></tr>
<tr><td>中包装</td><td colspan="2"></td><td>装箱规格</td><td></td></tr>
<tr><td>批准文号</td><td colspan="2"></td><td>质量标准</td><td></td></tr>
<tr><td>生产企业</td><td colspan="2"></td><td>详细地址</td><td></td></tr>
<tr><td>药品上市许可持有人</td><td colspan="2"></td><td>注册地址</td><td></td></tr>
<tr><td>营业执照号</td><td colspan="2"></td><td>执照有效期</td><td></td></tr>
<tr><td>生产（经营）许可证号</td><td colspan="2"></td><td>证书有效期</td><td></td></tr>
<tr><td>产品批号</td><td colspan="2"></td><td>产品有效期</td><td></td></tr>
<tr><td>出厂检验报告书号</td><td colspan="2"></td><td>检验报告书号</td><td></td></tr>
<tr><td>（首批）检验结论</td><td colspan="2">合格□不合格□</td><td>储存条件</td><td></td></tr>
<tr><td colspan="3">药品性状、质量、用途、疗效等情况</td><td colspan="2"></td></tr>
<tr><td>价格情况</td><td>零售价（单位）</td><td colspan="2"></td><td>批发价</td><td></td></tr>
<tr><td></td><td>供价</td><td colspan="2"></td><td>终审供价</td><td></td></tr>
<tr><td>药品属性</td><td colspan="5">化学原料药及其制剂 □　中药材 □　中药饮片 □　中成药 □　中西成药 □
抗生素原料药及其制剂 □　生化药品 □　特殊管理药品 □　血清、疫苗、血液制品 □
诊断药品 □　其他□</td></tr>
<tr><td>药品分类</td><td colspan="5">非处方药：OTC 乙 □　OTC 甲 □　处方药：RX □</td></tr>
<tr><td>所附资料</td><td colspan="5">药品生产许可证或经营许可证和营业执照复印件 □　药品生产批件及附件 □
样品及同批号出厂检验报告书 □　非处方药审核登记证书 □　物价单 □　商品名批复件 □
其他补充资料 □</td></tr>
<tr><td rowspan="2">供货方业务员情况</td><td>姓名</td><td colspan="2"></td><td>身份证号</td><td></td></tr>
<tr><td>联系电话</td><td colspan="2"></td><td>授权情况</td><td></td></tr>
<tr><td rowspan="2">采购员申请原因</td><td colspan="5"></td></tr>
<tr><td colspan="5">签字：　年　月　日</td></tr>
<tr><td rowspan="2">业务部门意见</td><td colspan="5"></td></tr>
<tr><td colspan="5">负责人：　年　月　日</td></tr>
</table>

续表

质量管理部门意见	
	质量管理负责人：　　　　年　月　日
物价部门意见	
	负责人：　　　　年　月　日
质量负责人审批意见	□ 同意进货 □ 不同意进货
	签名：　　　　年　月　日

注：首营品种档案应及时更新，保证合法资质持续有效。

（3）合法性审核审批

采购员填写完首营品种审批表后，经本部门采购主管加具意见后，附上述有关资料，依次送质量管理部负责人审核和企业质量负责人审批。质量管理部负责人主要审核资质、质量信誉、所购进药品是否超出供货单位的生产或经营范围。如果需要对该品种生产企业进行实地考察，质量管理部需会同采购部门共同进行。资料审查或实地考察结束后，质量管理部负责人在首营品种审批表上签署“资料齐全，符合要求”的审核意见。企业质量负责人根据质量管理部门的具体意见进行最后审核把关，并在首营品种审批表上签署“同意购进”意见后，转质量管理部。

（4）计算机系统输入药品信息

审核审批通过后的首营品种，质量管理部在计算机系统内输入药品信息，并更新维护有关内容。

（5）建立药品质量档案

质量管理部门将首营品种审批表、首营品种资料等交质量管理员存档，建立药品质量档案。若该药品出现信息变更，如到期换证，需要重新向供货单位索要相关资质，审核完成后，存入药品质量档案。药品质量档案表见表 4－2－5。

表 4－2－5　　　　**药品质量档案表**

编号：　　　　　　建档日期：　年　月　日

药品通用名称			商品名称			
汉语拼音或外文名			剂型		品种类别	
规格		有效期		质量标准		
批准文号				储存条件		

续表

生产企业				详细地址		
药品生产许可证号		许可期限至		营业执照号		
药品上市许可持有人				注册地址		
首营企业审核表号		审核日期		实地考察人员		
首营品种审批表号		审批日期		首批进货日期		
生产企业联系电话		传真		E－mail		
建档原因及目的						
外观质量检查情况						
包装、标签和说明书情况						
临床疗效情况						
用户反馈情况						
质量查询情况						
质量标准变更情况						
抽检化验情况						
库存质量考察情况						
进货日期	产品批号	进货数量	质量状况	原因分析	处理措施	备注

三、供货单位销售人员的合法资格审核

为保证供货单位销售人员身份的真实可靠，企业应当确认、核实供货单位销售人员身份的真实性，防止假冒身份、挂靠经营、超委托权限从事违法销售活动等行为的发生。法人授权委托书有效期要有时限要求，一般为一年。

1. 销售人员身份证复印件

销售人员身份证复印件必须加盖供货单位公章原印章。必须与本人进行核对，确认其真实性。

2. 销售人员的法人授权委托书

授权委托书必须提供原件，并加盖供货单位公章原印章。必须载明被授权人姓名、身份证号，以及授权销售的品种、地域和期限。

（1）供货单位是药品经营企业的，其法人授权委托书授权销售的品种可为“授权销售我公司合法经营的品种”。

（2）供货单位是药品生产企业的，如果对销售人员给予的是全部生产品种的委托，法人授权委托书授权销售的品种可以表述为“我公司合法生产的品种”，并将该企业合法生产

的品种目录作为附件；不是全部委托或其他情况的，均须在授权委托书中详细列明授权委托销售的品种，要列出具体的品种名称、剂型和规格。

3. 供货单位及供货品种相关资料

供货单位及供货品种相关资料指的是首营企业和首营品种需要提交的资料。

4. 销售人员资料核实内容

（1）授权书和身份证复印件是否加盖供货企业公章。

（2）授权书内容是否全面。

（3）授权书委托人姓名、身份证号与身份证内容是否一致。

（4）授权书法定代表人签字（盖章）是否与备案的签字一致。

（5）授权书是否注明委托期限。

（6）对销售人员授权进行业务活动的时间必须在委托时间内，所销售药品应当与委托品种和委托区域一致，必要时应当电话进行核实，并有记录。

（7）供货单位企业名称变更、药品生产或经营许可证换证、企业法定代表人变更等，应重新提交销售人员授权书。

（8）实行药品销售人员网上备案登记的区域，登录供货单位所在地药品监督管理局网站，核实企业销售人员备案情况。

审核通过后，应建立销售人员档案，并归档管理；供货方变更销售人员时，需要按照规范要求重新提交销售人员相关资料，并经过审核、批准、建档，否则需停止采购等业务活动。

任务实施

【材料准备】

工具：计算机。

材料：药品生产企业资质和药品经营企业资质各 1 套；法人授权委托书；质量保证协议；首营企业审批表、首营品种审批表；首营品种目录表、首营品种资料范本。

设备：实训场地、药店管理系统、医药企业虚拟仿真系统。

人员：学生分为 4 组，每组设采购员、采购部负责人、验收员、供应商等 4 个角色，相互配合完成任务。

【实施步骤】

步骤一：采购员索取首营企业、首营品种资料

采购员索取首营企业、首营品种和销售员的资料，对照资料目录及要求检查资料。

步骤二：首营企业、首营品种审批

1. 对照发放的企业样本资料如实填写首营企业审批表、首营品种审批表（电子版）。

2. 相关责任人审核签字。

3. 提交审批表。

步骤三：企业信息、药品信息建立（在计算机软件系统中操作）

建立企业基本信息包括往来单位信息，在药品字典中建立药品信息。

步骤四：建立合格供货方档案、建立药品质量档案

将首营企业审批表、首营企业资料、药品销售人员资料及质量保证协议等有关资料存档。

【操作要点及注意事项】

1. 首营企业审批表、首营品种审批表应按照发放的样本资料如实填写，尤其要注意证件执照、质量保证协议书、法人授权委托书的有效期。
2. 注意基本信息录入的准确性。
3. 首营品种为重点养护品种。

任务测评

评价方式包括自我评价、组内评价、组间评价、教师评价，并据此设计了学生自评表（表 4－2－6）、组内评价表（表 4－2－7）、组间互评表（表 4－2－8）、教师考核评价表（表 4－2－9）。其中自我评价、组内评价、组间评价采用线上填写学习通问卷的形式进行，教师评价包含过程评价、结果评价，采用纸质评价表。各评价方式占本任务百分比分解如图 1－1－1 所示。

表 4－2－6　　学生自评表

学习任务名称：＿＿＿＿＿＿　姓名：＿＿＿＿＿＿　学号：＿＿＿＿＿＿

序号	学习过程	评价内容	评价标准			得分
			符合(分)	部分符合(分)	不符合(分)	
1	课前探究	能够主动完成学习通作业	8～10	5～7	0～4	
2	明确任务	能够绘制正确的采购流程图	8～10	5～7	0～4	
3	制定方案	能够参与小组讨论，提出合理建议，积极参与小组汇报工作	8～10	5～7	0～4	
4	任务实施	能够完成首营企业、首营品种审核任务	8～10	5～7	0～4	
5		能够索取首营审核材料	8～10	5～7	0～4	
6		能够完成首营审批程序	8～10	5～7	0～4	
7		能够建立合格供货方档案、建立药品质量档案	8～10	5～7	0～4	
8		能够按照 GSP 的要求，完成清场和消杀	8～10	5～7	0～4	
9	竞赛提升	能够积极参加课中竞赛并获奖	8～10	5～7	0～4	
10	总结点评	能够客观公正做好自我评价	8～10	5～7	0～4	
合计						

表 4-2-7　　**组内评价表**

学习任务名称：________　组别：________　被评价者姓名：________

序号	学习过程	评价内容	评价标准			得分
			符合(分)	部分符合(分)	不符合(分)	
1	课堂参与合作学习的态度	能够尊重同伴、独立思考，承担并完成岗位职责	8~10	5~7	0~4	
2	获得和提供信息技能	能够查阅规范、工作页解决疑问	8~10	5~7	0~4	
3		在展示汇报时够积极参与，踊跃表达	8~10	5~7	0~4	
4	帮助和支持技能	在小组讨论时能积极思考，诚恳提问	8~10	5~7	0~4	
5		在讨论过程中能尊重他人，耐心倾听	8~10	5~7	0~4	
6	组织引导技能	能够帮助、督促其他成员参与小组活动，相互勉励，阻止讨论偏离主题	8~10	5~7	0~4	
7	质量控制技能	能够合作完成首营企业审核程序	8~10	5~7	0~4	
8		能够合作完成首营品种审核程序	8~10	5~7	0~4	
9	评议的技能	能够对其他组审核完成情况进行专业评价	8~10	5~7	0~4	
10		在展示作品时，能姿态端正，思路清晰	8~10	5~7	0~4	
合计						

表 4-2-8　　**组间互评表**

学习任务名称：________　组别：________　被评价者姓名：________

序号	评价内容	评价标准			得分
		符合(分)	部分符合(分)	不符合(分)	
1	该小组制定方案科学、高效、合理	16~20	10~15	0~9	
2	该小组进行方案汇报时，使用普通话，思路清晰，条理性强	16~20	10~15	0~9	
3	该小组任务完成过程中遵循 GSP 规范，样品选取合理	16~20	10~15	0~9	
4	该小组能够合理评价其他小组	16~20	10~15	0~9	
5	该小组完成首营企业、首营品种审核	16~20	10~15	0~9	
合计					
评价小组组长签名					

表 4-2-9　　**教师考核评价表**

学习任务名称：________　学生：________　学号：________

序号	考核要求	评价标准			得分
		符合(分)	部分符合(分)	不符合(分)	
1	完成首营企业、首营品种审批流程	16~20	10~15	0~9	

续表

序号	考核要求	评价标准			得分
		符合(分)	部分符合(分)	不符合(分)	
2	索取首营审核资料完整、全面	16～20	10～15	0～9	
3	在系统中建立企业信息、药品信息准确	16～20	10～15	0～9	
4	完整建立合格供货方档案、药品质量档案	16～20	10～15	0～9	
5	记录规范	16～20	10～15	0～9	
合计					

课堂练习

1. 负责首营企业和首营品种的质量审核的组织机构是（　　）。

A. 业务进货部门　　B. 质量管理部门

C. 财务部门　　D. 企业经理办公室

2. 首营品种是指（　　）的药品。

A. 中国境内首次上市销售

B. 本企业首次从药品生产企业采购

C. 本企业首次从药品经营企业采购

D. 本企业首次采购

任务三　采购合同管理

学习目标

1. 能说出药品采购合同的主要内容和形式。
2. 能签订采购合同。
3. 掌握药品采购合同的内容与文本格式。

任务引入

自新冠肺炎疫情暴发以来，连花清瘟胶囊、清肺败毒颗粒等药品因疗效明确，市场需求量急剧增加。小明为某药品经营企业采购员，根据采购计划，现需要与供应商签订采购合同，请帮助小明完成本次任务。

【任务分析】

完成本次任务需要做到：

1. 明确药品采购合同签订的程序。
2. 确定合同品种及数量。
3. 签订书面合同。
4. 做好合同管理。

相关知识

采购合同是企业与供应商经过双方谈判协商一致而签订的供需关系的法律性文件，合同双方都应遵守和履行，是双方联系的共同语言基础。签订合同的双方都有各自的经济目的，采购合同是经济合同，双方受有关法律的保护，并承担相应责任。药品采购合同是药品经营过程中明确供需双方权责的重要形式之一。

一、药品采购合同的形式

药品经营企业在药品采购过程中，根据采购业务的不同情况，会出现不同的合同形式，采购合同的形式可分为书面形式和口头形式。

书面形式合同包括企业与药品供应商共同协商并签订的年度购销协议和标准书面合同，或以书信、传真、电子邮件等形式订立的合同。企业会与存在常年购销关系的供应商签订年度购销协议，执行年度购销协议的日常采购业务，发生之前根据业务需要，也会签订标准书面合同。

口头形式是指当事人面对面地谈话或者以电话交谈等方式达成的协议。口头订立合同的特点是直接、简便、快速，数额较小。

二、采购合同的评审流程

企业对所拟定的采购合同，都应建立合同档案，凡有关合同履行、变更和解除的往来文书、电话记录、传真均需归档。采购合同的评审流程如图 4－3－1 所示。

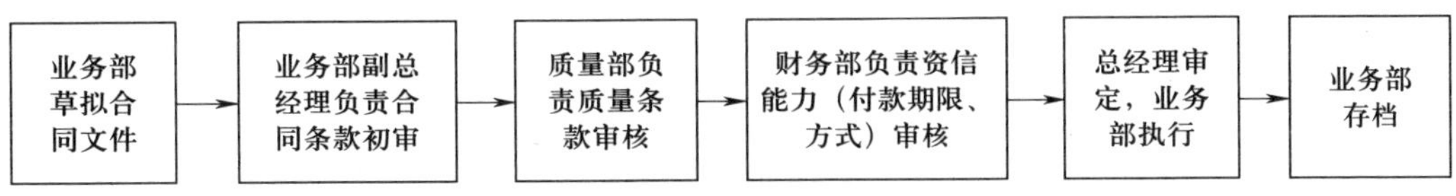

图 4－3－1　采购合同的审批流程

三、订立合同的原则

1. 法人原则

合同签订人应该是法定代表人，或者是法定代表人授权委托的代理人，授权书应明确规定授权范围，否则签订的合同在法律上是无效的。

2. 合法原则

签订合同必须遵守国家的法律和行政法规，包括一切与订立经济合同有关的法律、规范性文件及地方性法规，这是签订合同时最基本的要求。合同双方只有遵循这一原则，签订的合同才能得到国家的认可和具有法律效力，供需双方的利益才能受到保护。

3. 公平原则

签订合同时，合同双方之间要根据公平原则确定双方的权利和义务、风险的合理分配、违约责任。

4. 诚实信用原则

合同双方在签订合同的全过程中，都要诚实、讲信用，不得有欺诈或其他违背诚实信用的行为。

5. 平等互利原则

平等是指签订合同的双方当事人的法律地位平等，互利是指签订合同的双方当事人在经济活动中都有利益可得，彼此权利义务相平衡。

四、订立合同的程序

签订合同的程序是指合同当事人对合同的内容进行协商，达成共识，并签署书面协议的过程。一般有以下几个环节，如图 4－3－2 所示。

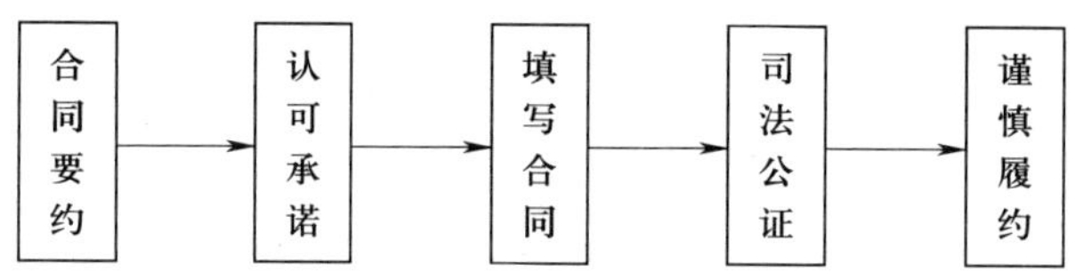

图 4－3－2　订立合同的程序

1. 合同要约

订约提议是指当事人一方向对方提出的订立合同的要求或建议，也称要约。订约提议应提出订立合同所必须具备的主要条款和希望对方答复的期限等，以供对方考虑是否订立合同。提议人在答复期限内不得拒绝承诺。

2. 认可承诺

承诺是指受约人完全接受订立合同的提议。受约人对部分合同条款或附加条件不同意，则不是承诺，这时就需要进一步协商。

接受提议是指提议被对方接受，双方对合同的主要内容表示同意，经过双方签署书面契约，合同即可成立，也称承诺。承诺不能附带任何条件，如果附带其他条件，应认为是拒绝要约，而提出新的要约。新的要约提出后，原要约人变成新的受约人，而原承诺人成了新的要约人。

3. 填写合同

合同双方必须认真、仔细填写合同文本。

4. 司法公证

必要时，报请见证机关见证，或报请公证机关公证。法律规定部分经济合同应获得主管部门的批准或有关部门的签证。对没有法律规定必须签证的合同，双方可以协商决定是否见证或公证。

5. 谨慎履约

合同双方必须谨慎、严格履行签约手续。

五、药品采购合同的内容

企业采购合同的条款构成了采购合同的内容，为避免不必要的纠纷，条款应当力求具体明确，便于执行。合同应具备以下主要条款。

1. 药品的品种、规格和数量

药品的品种、规格、数量应具体，数量应按国家统一的计量单位标出，必要时，可附上药品品种、规格、数量明细表。

2. 药品的质量和包装

合同中应规定药品所应符合的国家质量标准；无国家质量标准的应由双方协商凭样订（交）货；对药品的退、换货，应写明具体条款；对药品包装的办法，使用的包装材料，包装式样、规格、体积、重量、标志及包装物的处理等，均应有详细规定。

3. 药品的价格和结算方式

合同中对药品的价格要作具体的规定，规定作价的办法和变价处理等，以及规定结算方式和结算程序。

4. 交（提）货期限（日期）、地点和发送方式

交（提）货期限（日期）、地点要按照有关规定，并考虑双方的实际情况、药品特点和交通运输条件等。同时，应明确药品的发送方式是送货、代运，还是自提。

5. 药品验收办法

合同中要具体规定验收药品数量、质量的办法。

6. 违约责任

合同一方不履行合同，必将影响另一方经济活动的进行，因此违约方应负违约责任，赔偿对方因其违约行为而造成的损失。在签订合同时，应明确规定，供应方有以下三种情况时应付违约金或赔偿金：

（1）不按合同规定的药品数量、品种、规格供应药品。

（2）不按合同中规定的药品质量标准交货。

（3）逾期发送药品。

购买方有逾期结算货款、逾期提货或临时更改到货地点等行为，应付违约金或赔偿金。

7. 合同的变更和解除条件

合同中应规定，在何种情况下可变更或解除合同，何种情况下不可变更或解除合同，通

过何种程序变更或解除合同等。

此外，采购合同可视实际情况增加若干具体的补充规定，使签订的合同更切实际，行之有效。

六、药品采购合同的文本格式

药品采购合同

合同编号：______________________

甲方（需方）：__________________　　签订地点：______________________

乙方（供方）：__________________　　签订时间：________年____月____日

甲乙双方本着平等自愿、诚实信用的原则，根据《中华人民共和国民法典》等法律、法规规定，经双方协商一致，就有关事项达成如下具体协议。

第一条　药品品种、数量、价格

采购药品品种和数量：甲方向乙方所采购的药品品种、剂型、规格、数量、价格等详见附药品采购清单，合计：品种为________个，签约金额为__________（单位，人民币元），大写____________，含增值税，税率：____%。

第二条　质量标准

1. 乙方交付的药品质量必须符合法定质量标准要求，每批药品均附有该药品生产企业同批次的出厂药品合格检验报告和合格证。

2. 进口药品应提供相应批次的进口药品注册证和口岸药检所的进口药品检验报告书复印件，并加盖供货方质量管理部门公章。

3. 生物制品须提供该批药品的批签发证明材料复印件并加盖供货方质量管理部门公章。

第三条　质量保证

乙方须向甲方提供以下材料，并保证其真实性和有效性：

1. 营业执照、药品生产或经营许可证、药品批准文件、产品质量标准、产品质量检验报告书、组织机构代码证、销售地物价部门批准的价格批文、法人委托书、被委托人身份证等有效复印件并加盖供货单位原印章。

2. 质量保证协议原件并加盖供货方原印章。

第四条　药品有效期

乙方所提供药品的有效期不得少于 12 个月，特殊品种双方另行协商。

第五条　包装标准

1. 乙方提供的全部药品均应按国家规定的标准保护措施进行包装，包装方式必须符合药品的理化性质和运输要求。在每件包装上，必须注明品名、规格、生产厂家或产地、内包装数量、重量、生产日期、批号、有效期、调出单位，并附有质量合格的标志。

2. 每一个包装箱内应附有一份详细装箱数量单和该药品生产企业同批号的出厂药品批次检验记录或合格证。如为拼装箱件，箱内应按前述要求附有各种药品数量单和药品质量证明材料复印件，并加盖配送企业公章。

3. 标签和说明书：药品的标签和说明书均应符合国家有关规定，印刷清晰。

4. 特殊要求：______________________。

第六条　配送服务

1. 交货日期：________________________________ 。

2. 交货地点：________________________________ 。

3. 交货方式：①乙方送货□；②甲方自提□；③其他方式_________。

4. 运输方式：①公路运输□；②铁路运输□；③其他方式_________。

第七条　验收方式

乙方送达甲方指定地点后的当日，双方现场进行数量和外观验收。

第八条　付款方式

1. 结算时间

代销：①实销实结□；②其他方式_________ 。

购销：①现款□；②货到____ 天结算□；③批结□；④其他方式___________ 。

2. 支付方式

①支票□；②汇款□；③承兑汇票□；④电汇□；⑤其他方式___________ 。

3. 发票

乙方应向甲方提供____ %的增值税发票。

第九条　双方的权利义务

1. 甲方须在合同规定的时间内，按实际入库的药品数量及时结算货款；并在货物验收入库后________日内结清货款。

2. 甲方在接收药品时，应于当日对药品进行验收入库，对乙方提供的不符合合同约定的品种、数量、质量要求的药品，甲方有权拒绝接受。

3. 甲方有证据证明乙方交付的药品不符合质量标准（以省、省辖市药监部门的检验结果为准）或延期交货等不按合同约定交货时，可以书面通知乙方终止该药品的供货。

4. 乙方必须按照合同约定的药品品种、数量、质量要求和期限配送药品。

5. 乙方应保证甲方在使用所购药品时，不存在该药品专利权、商标权或保护期等知识产权方面的争议，如产生争议由乙方自行处理和承担责任。

6. 乙方应对验收时发现的破损、有效期少于 12 个月或不符合特殊约定期限的药品及其他不合格包装药品及时进行更换。

7. 乙方供应药品在医院使用过程中，因受举报、抽检等出现质量问题，属生产经营企业责任的，被药品监督管理部门处罚的后果由乙方负责。

第十条　违约责任

1. 乙方提供的药品不符合合同约定质量、期限等要求，给甲方造成损失的乙方应当赔偿损失。

2. 乙方不履行本合同或未按合同约定的时间、地点配送药品或提供伴随服务，甲方可要求乙方支付违约金。乙方每延误____日，违约金为迟交药品货款的____%，直至交货或提供服务为止，但违约金最高不超过迟交药品货款的____%；乙方在支付违约金后，甲方要求继续履行合同义务的，乙方还应当履行应尽义务。违约金不足以弥补甲方损失的，乙方应另行赔偿损失。

3. 甲方未在合同约定的期限内向乙方支付货款的，乙方可要求甲方支付违约金。甲方每延误____日，违约金为未支付货款的____%，直至甲方支付应付货款为止，但违约金最高不超过迟交药品货款的____%；当甲方未支付货款金额达到本合同约定金额的____时，乙方可以书面形式通知甲方终止合同。

第十一条 不可抗力

1. 买卖双方或一方因不可抗力而导致合同实施延误或不能履行合同义务，不应该承担误期赔偿或终止合同的责任。

2. 不可抗力，是指那些卖方无法控制、不可预见的事件，但不包括卖方的违约或疏忽。这些事件包括但不限于：战争、严重火灾、洪水、台风、地震及其他双方商定的事件。

3. 在不可抗力事件发生后，买卖双方或一方应尽快以书面形式将不可抗力的情况和原因通知对方。除买方另行要求外，卖方应尽实际可能继续履行合同义务，以及寻求采取合理的方案履行不受不可抗力影响的其他事项。不可抗力事件影响消除后，双方可通过协商在合理的时间内达成进一步履行合同的协议。

第十二条 合同有效及修改

1. 本合同自双方签字盖章之日起生效。合同有效期自__年__月__日至__年__月__日。

2. 本合同的所有附件是本合同不可分割的一部分。

3. 合同履行期满后，双方继续合作的可续签合同，有修改或补充的部分须以书面形式进行协商，并经双方签字盖章后生效。

第十三条 纠纷仲裁

因合同引起的或与本合同有关的任何争议，由双方当事人协商解决；也可以向有关部门申请调解。协商或调解不成，可向人民法院起诉。

第十四条 本协议一式______份，甲方______份，乙方______份，本合同未尽事宜由甲、乙双方另行议定并签订补充协议。补充协议与本合同具有同等法律效力。补充协议不得违背本合同的实质性内容，与本合同不一致的一律以本合同为准。

第十五条 其他约定事项______________________。

甲方（盖章）	乙方（盖章）
单位名称：______________	单位名称：______________
单位地址：______________	单位地址：______________
法定代表人（负责人）：__________	法定代表人（负责人）：__________
签约代表：______________	签约代表：______________
联系电话：______________	联系电话：______________
传　　真：______________	传　　真：______________
邮政编码：______________	邮政编码：______________
开户银行：______________	开户银行：______________
账　　号：______________	账　　号：______________
税　　号：______________	税　　号：______________

七、药品采购合同的管理

药品经营企业要加强合同管理，建立合同档案。药品采购合同的管理应当做好以下几个方面的工作。

1. 加强对公司采购合同签订的管理

一是要对签订合同的准备工作加强管理，在签订合同之前，应当认真研究市场需要和货源情况，掌握企业的经营情况、库存情况与合同对方单位的情况，依据企业的购销任务收集各方面的信息，为签订合同、确定合同条款提供信息依据。二是要对签订合同过程加强管理，在签订合同时，要根据有关的合同法规的要求，严格审查，使签订的合同合理合法。

2. 建立合同管理机构和管理制度

合同的履行企业应当设置专门机构或专职人员负责合同管理；建立合同登记、汇报检查制度，统一保管合同、统一监督和检查合同的执行情况，以便及时发现问题，采取措施，处理违约，提出索赔，解决纠纷，保证合同的履行。同时，可以加强与合同另一方的联系，密切双方的协作，以利于合同的实现。

3. 处理好合同纠纷

当企业的经济合同发生纠纷时，双方当事人可协商解决。协商不成时，企业可以向有关部门申请调解或仲裁，也可以直接向法院起诉。

4. 信守合同，树立良好企业形象

合同的履行情况，不仅关系到企业经营活动的顺利进行，而且也关系到企业的声誉和形象。因此，加强合同管理，有利于树立良好的企业形象。

任务实施

【材料准备】

工具：计算机。

材料：纸质版采购合同、笔。

设备：实训场地、药店管理系统、医药企业虚拟仿真系统。

人员准备：学生分为4组，每组负责一个品种的药品采购合同签订，组员相互配合完成任务。

【实施步骤】

步骤一：确定采购合同品种及数量

各组根据药品的采购计划、通过验收药品入库的品种和数量，确定本次采购合同的品种及数量。合同数量为计划数量的1.1倍，价格为原进价的9.5折。

步骤二：签订书面合同

根据提供的纸质版合同，填写本次采购的品种信息，合同数量为计划数量的1.1倍，价格为原进价的9.5折。

1. 药品品名、规格、单位、剂型，根据采购计划制订。
2. 采购数量和价格。
3. 产地，若对产地没有要求，写不限。
4. 交货日期、方式、地点，可以自行决定。
5. 结算方式，从支票、汇票、电汇、承兑汇票中任选。
6. 付款时间，可以自行决定。
7. 违约责任，执行质量保证协议。

8. 质量条款要求，符合质量标准和有关质量要求、药品附产品合格证、包装符合规定和质量要求，按双方另行签订的质量保证协议执行。

9. 供方和需方信息，需方为学生所在的公司，供方为教师提供的信息。

步骤三：合同管理

签订完合同后，建立合同档案，并将与合同有关的记录全部归档。

【操作要点及注意事项】

1. 合同项目的完整性。

（1）商品基本信息完整，药品的品名、规格、单位必须写清楚。

（2）合同条款填写完整。

2. 如果合同表格中有空行，需要用蛇形符号标记结束。

3. 金额要有大小写，合计金额要顶头写，注意大写数字的准确性。

4. 合同中存在“其他”处或者空格处无内容的，应写上“无”或者划掉。

5. 合同的填写形式应保证严谨性，不能随意划掉或者涂改。

6. 合同条款要准确。

（1）品名、规格、价格、数量按照谈判要求签订。

（2）合同质量条款、结算方式、供方和需方信息等符合要求。

7. 合同的语言要求标准、简明，法律或技术用语应规范、准确，避免使用诸如“约”“左右”“最快”“尽可能”等模糊用语，而是要求以准确的时间或数额表达，如××天以内等。

8. 印章盖双方合同专用印章。

9. 每个人要记住自己负责的品种所签订的合同数量，汇合起来以便与采购员进行对接。

任务测评

评价方式包括自我评价、组内评价、组间评价、教师评价，并据此设计了学生自评表（表4－3－1）、组内评价表（表4－3－2）、组间互评表（表4－3－3）、教师考核评价表（表4－3－4）。其中自我评价、组内评价、组间评价采用线上填写学习通问卷的形式进行，教师评价包含过程评价、结果评价，采用纸质评价表。各评价方式占本任务百分比分解如图1－1－1所示。

表4－3－1　学生自评表

学习任务名称：________　姓名：________　学号：________

序号	学习过程	评价内容	评价标准			得分
			符合（分）	部分符合（分）	不符合（分）	
1	课前探究	能够主动完成学习通作业	8～10	5～7	0～4	
2	明确任务	能够明确采购合同签订流程	8～10	5～7	0～4	

续表

序号	学习过程	评价内容	评价标准			得分
			符合(分)	部分符合(分)	不符合(分)	
3	制定方案	能够参与小组讨论，提出合理建议，积极参与小组汇报工作	8~10	5~7	0~4	
4	任务实施	能够明确采购合同品种及数量	8~10	5~7	0~4	
5		能够签订书面采购合同	8~10	5~7	0~4	
6		签订的合同项目完整	8~10	5~7	0~4	
7		能够完成合同管理	8~10	5~7	0~4	
8		能够按照 GSP 的要求，完成清场和消杀	8~10	5~7	0~4	
9	竞赛提升	能够积极参加课中竞赛并获奖	8~10	5~7	0~4	
10	总结点评	能够客观公正做好自我评价	8~10	5~7	0~4	
合计						

表 4-3-2　　组内评价表

学习任务名称：________　组别：________　被评价者姓名：________

序号	学习过程	评价内容	评价标准			得分
			符合(分)	部分符合(分)	不符合(分)	
1	课堂参与合作学习的态度	能够尊重同伴、独立思考，承担并完成岗位职责	8~10	5~7	0~4	
2	获得和提供信息技能	能够查阅规范、工作页解决疑问	8~10	5~7	0~4	
3		在展示汇报时能够积极参与，踊跃表达	8~10	5~7	0~4	
4	帮助和支持技能	在小组讨论时能积极思考，诚恳提问	8~10	5~7	0~4	
5		在讨论过程中能尊重他人，耐心倾听	8~10	5~7	0~4	
6	组织引导技能	能够帮助、督促其他成员参与小组活动，相互勉励，阻止讨论偏离主题	8~10	5~7	0~4	
7	质量控制技能	能够合作完成药品采购合同签订项目	8~10	5~7	0~4	
8		能够完成合同编号管理	8~10	5~7	0~4	
9	评议的技能	能够对其他组采购完成情况进行专业评价	8~10	5~7	0~4	
10		在展示作品时，能姿态端正，思路清晰	8~10	5~7	0~4	
合计						

表4-3-3 组间互评表

学习任务名称：________ 组别：________ 被评价者姓名：________

序号	评价内容	评价标准			得分
		符合(分)	部分符合(分)	不符合(分)	
1	该小组制定方案科学、高效、合理	16~20	10~15	0~9	
2	该小组进行方案汇报时，使用普通话，思路清晰，条理性强	16~20	10~15	0~9	
3	该小组任务完成过程中遵循GSP规范，样品选取合理	16~20	10~15	0~9	
4	该小组能够合理评价其他小组	16~20	10~15	0~9	
5	该小组完成药品采购合同签订任务	16~20	10~15	0~9	
合计					
评价小组组长签名					

表4-3-4 教师考核评价表

学习任务名称：________ 学生：________ 学号：________

序号	考核要求	评价标准			得分
		符合(分)	部分符合(分)	不符合(分)	
1	明确采购合同品种及数量、金额	16~20	10~15	0~9	
2	合同商品信息完整	16~20	10~15	0~9	
3	合同条款填写完整	16~20	10~15	0~9	
4	合同填写严谨	16~20	10~15	0~9	
5	记录规范	16~20	10~15	0~9	
合计					

想一想

1. 大家来讨论：根据以上药品采购合同样例，请同学们分组讨论药品采购过程中要注意哪些问题？

2. 请梳理本次课程的知识内容，绘制思维导图。

课堂练习

1. (多选) 药品采购合同签订要遵循（　　）原则。

A. 法人　　B. 合法　　C. 公平

D. 诚实信用　　E. 平等互利

2. （多选）药品采购合同形式有（　　）。

A. 口头形式　　B. 书面形式　　C. 招标采购

D. 直接采购　　E. 政府采购

任务四　发票、采购记录及进货情况质量评审

学习目标

1. 能说出发票管理的内容。
2. 知道采购应索要发票，并理解其重要性。
3. 知道采购记录的内容，会填写购进记录。
4. 能说出进货质量评审的程序、目的及评审内容。

任务引入

自新冠肺炎疫情暴发以来，连花清瘟胶囊、清肺败毒颗粒等药品因疗效明确，而市场需求量急剧增加。小明为某药品经营企业采购员，现已完成药品采购收货入库，需完成采购转账付款，建立购进记录，进行进货质量评审，请帮助小明完成本次任务。

【任务分析】

完成本次任务需要做到：

1. 完成发票索取。
2. 完成采购记录建立。
3. 完成进货质量评审。

相关知识

一、发票管理

1. 药品采购发票内容

根据《中华人民共和国发票管理办法》明确规定，发票，是指在购销商品、提供或接受服务以及从事其他经营活动中，所开具和收取的收付款凭证。发票是会计核算的原始依

据，也是审计机关、税务机关执法检查的重要依据，是国家监督经济活动、维护经济秩序、保护国家财产安全的重要手段。

药品采购过程中，索取发票是为了强化药品生产、流通过程的管理，防止挂靠经营、走票和经销假劣药品违法活动的发生，保障药品质量安全。《药品经营质量管理规范》规定，采购药品时，企业应当向供货单位索取发票。发票应当列明药品的通用名称、规格、单位、数量、单价、金额等；不能全部列明的，应当附销售货物或者提供应税劳务清单，并加盖供货单位发票专用章原印章、注明税票号码。发票上的购、销单位名称及金额、品名应当与付款流向及金额、品名一致，并与财务账目内容相对应。发票按有关规定保存 5 年。

按照《关于规范药品购销活动中票据管理有关问题的通知》要求，药品生产、批发企业销售药品，必须开具增值税专用发票或者增值税普通发票（以下统称税票），税票上应列明销售药品的名称、规格、单位、数量、金额等，如果不能全部列明所购进药品上述详细内容，应附销售货物或者提供应税劳务清单，并加盖企业财务专用章或发票专用章和注明税票号码。所销售的药品还应附销售出库单，包括通用名称、剂型、规格、批号、有效期、生产厂商、购货单位、出库数量、销售日期、出库日期和销售金额等内容，税票（包括清单）与销售出库单的相关内容应对应，金额应相符。对税票不符合国家有关规定及本通知要求，或者票、货内容不相符的，不得验收入库。

开具发票的单位和个人应当按照税务机关的规定存放和保管发票，不得擅自损毁，已经开具的发票存根联和发票登记簿应当保存 5 年，保存期满，报经税务机关查验后销毁。

【知识链接】

发　票

发票可分为普通发票和增值税专用发票。普通发票主要由营业税纳税人和增值税小规模纳税人使用，增值税一般纳税人在不能开具专用发票的情况下也可开具普通发票。普通发票由行业发票和专用发票组成。前者适用于某个行业和经营业务，如商业零售统一发票、商业批发统一发票、工业企业产品销售统一发票等；后者仅适用于某一经营项目，如广告费用结算发票、商品房销售发票等。普通发票的基本联次为三联：第一联为存根联，开票方留存备查用；第二联为发票联，收执方作为付款或收款原始凭证；第三联为记账联，开票方作为记账原始凭证。个人发票一般泛指普通发票。增值税专用发票是我国实施新税制的产物，是国家税务部门根据增值税征收管理需要而设定的，专用于纳税人销售或者提供增值税应税项目的一种发票。专用发票既具有普通发票所具有的内涵，同时还具有比普通发票更特殊的作用。它不仅是记载商品销售额和增值税税额的财务收支凭证，而且是兼记销货方纳税义务和购货方进项税额的合法证明，是购货方据以抵扣税款的法定凭证，对增值税的计算起着关键性作用。

2. 发票管理的主要内容

（1）凡销售商品、产品，提供劳务服务及从事其他业务活动的单位和个人，在取得收入时，均应向付款方如实开具发票，并加盖印章。向消费者个人零售小额商品可不开具发票，如果消费者索要发票，不得拒开。所有单位和个体工商户，在购买商品、产品和接受劳务服务付出款项时，均应向收款方索取发票。

（2）需用发票的单位和个人应向税务机关购买。购买时须按规定提出购票申请，提供税务登记证明或其他有关证件，税务机关审核后，办理购票手续。

（3）发票一律由税务机关统一设计式样，指定印刷厂印制，并套印县（市）以上税务机关发票监制章。用票单位如因业务特殊需要，经税务机关批准可自行设计发票式样，到指定印刷厂按规定印制，并套印县（市）以上税务机关发票监制章。任何单位和个人未经税务机关批准，均不得印制、出售发票，也不得涂改、撕毁、转让（包括转让性代开）、伪造、销毁和拆本使用发票。严禁伪造发票。

（4）发票只限于用票单位和个人使用，不得转让和借用；也不得带到本省、自治区、直辖市以外填开。税务机关有权对使用单位和个人的发票进行查验。

（5）税务机关、印制发票单位以及一切使用发票的单位和个体工商户，都须建立必要的发票印、领、用、存管理制度，严格审批审核手续。

（6）税务机关对于各种违反发票管理制度的行为，除没收其非法所得，责令其限期纠正外，可根据实际情况分别给予批评教育、罚款、吊销税务登记证、收缴发票和其他税务管理证件等处理；骗税、偷税、抗税的，还应按《中华人民共和国税收征收管理法》中有关规定处理。

【知识链接】

“走票”

“走票”是自然人在没有药品经营许可证和营业执照的情况下，通过从非法渠道购入药品，再从合法的药品经营单位购发票的办法，使药品经营合法化的过程。“走票”行为严重扰乱了市场秩序，其验收、储存和运输的条件均无法保证药品的质量，所以要严格管理，防止此类现象的发生。“走票”行为的直接表现就是票据上的购、销单位名称和金额与付款流向和金额不符。

二、采购记录管理

采购记录是采购部门工作的一个真实记录，企业对所有采购药品必须建立完整的记录，以便企业自身和药品监督管理部门对企业采购的药品进行追踪溯源。

1. 采购记录应由负责采购的业务部门进行记录，采购记录应当包括药品的通用名称、剂型、规格、生产厂商、供货单位、数量、价格、购货日期等内容，采购中药材、中药饮片的还应当标明产地。药品采购记录见表 4－4－1。

2. 采购记录应当根据企业计算机系统中的采购计划自动生成，由计算机系统进行管理和记录，计算机系统应有权限限定。采购记录生成后任何人不得随意修改，如确实需要修改，应按有关规定执行。

3. 修改采购记录时，应有规定的办法和相应的权限，应保存修改前后的原始数据，并注明修改原因，以保证数据的真实性和可追溯性。

4. 采购记录应按日备份，至少保存 5 年。

表 4-4-1　药品采购记录表

购货日期	品名	规格型号	剂型规格	生产厂商	药品上市许可人	供货单位	数量	单价	备注

三、进货情况质量评审

《药品经营质量管理规范》第七十一条规定，企业应当定期对药品采购的整体情况进行综合质量评审，建立药品质量评审和供货单位质量档案，并进行动态跟踪管理。企业对药品采购情况进行定期的综合质量评审，建立药品质量评审档案和供货单位质量档案，有利于保证供货渠道的优质高效。

1. 建立药品采购的质量评审机制

（1）定期评审。企业应当定期对采购药品全过程质量情况进行综合评审，回顾性地对所采购的药品在经济效益和风险方面进行评估，为采购决策提供依据。定期评审一般 1 年进行 1 次。

（2）动态评审。对供货单位信誉、购进药品的质量、投诉的处理、售后服务等方面进行质量评审，及时发现采购环节存在的质量问题。动态评审一般 3 个月进行 1 次。

2. 质量评审的组织

企业应当成立由质量管理部、采购部、销售部、储运部等共同组成的评审小组，应该制定相应的管理制度，落实责任，制订评审计划，确定评审标准，按规定开展评审工作。

3. 质量评审的内容

质量评审的内容应全面、详细，能有效地对供货单位的信誉和所提供药品的质量作出正确评价。如质量信誉可以根据供货单位的以下条件进行评价。

（1）供货企业的法定资格和质量保证能力。如供货企业生产（经营）许可证、营业执照及变更情况；质量体系认证和运行情况；合同及质量保证协议的完善性和承诺性；变更信息资料提供的及时性；《药品经营质量管理规范》标准要求的其他材料。

（2）供货品种的合法性和质量可靠性。包括提供品种的法定批准文号和质量标准；供货品种批次、药品入库的验收合格率（外观、包装、标签说明书等方面）；在库储存养护期间药品质量的稳定性；销后退回、顾客投诉情况；监督检查及监督抽样不合格药品情况等。

（3）供货企业配送能力和质量信誉。供货合同、质量保证协议的执行情况；供货能力（到货品种的准确率）及配送能力（到货的及时性）。

（4）服务质量。沟通的及时性、售后服务质量的完善性、投诉处理的快捷性和妥善性、质量查询等方面的配合性、价格的合理性及其他相关情况。

（5）供货单位销售人员的合法资格。包括验证明确授权时间和授权范围的法人签署的授权委托书原件的真实性；本人的身份证复印件情况；到期及时变更及其他情况。

4. 质量评审的结果

质量评审应有评审记录、评审报告，对下一年度确定供货单位的建议、采购工作的改进办法等。企业应当建立供货单位退出机制，根据评审结果，停止从质量不可靠和质量信誉不良的企业采购药品，保证采购药品质量的安全可靠。

想一想

影响质量评审的因素有哪些？请简要谈谈进行质量评审的意义。

任务实施

【材料准备】

工具：计算机。

材料：防疫药品一批、笔、纸、《药品经营质量管理规范》（2016 版）、发票一套、采购记录一套。

设备：实训场地、医药企业虚拟仿真系统。

【实施步骤】

步骤一：采购员索取发票

1. 采购员与供应商联系，索取本次采购入库药品的发票。

2. 审核供应商提供的发票，发票应当列明药品的通用名称、规格、单位、数量、单价、金额等；不能全部列明的，应当附销售货物或者提供应税劳务清单，并加盖供货单位发票专用章原印章、注明税票号码。

步骤二：建立药品采购记录

对采购的药品建立采购记录，填写采购记录表。

步骤三：进货情况质量评审

填写进货情况质量评审表，建立药品质量评审档案。

【操作要点及注意事项】

1. 发票审核注意票、货、账的一致性。

2. 进货情况质量评审包含供货企业的法定资格和质量保证能力、供货品种的合法性和质量可靠性、供货企业配送能力和质量信誉、服务质量、供货单位销售人员的合法资格等方面。

任务测评

评价方式包括自我评价、组内评价、组间评价、教师评价，并据此设计了学生自评表

（表 4－4－2）、组内评价表（表 4－4－3）、组间互评表（表 4－4－4）、教师考核评价表（表 4－4－5）。其中自我评价、组内评价、组间评价采用线上填写学习通问卷的形式进行，教师评价包含过程评价、结果评价，采用纸质评价表。各评价方式占本任务百分比分解如图 1－1－1 所示。

表 4－4－2　　学生自评表

学习任务名称：________　姓名：________　学号：________

序号	学习过程	评价内容	评价标准			得分
			符合（分）	部分符合（分）	不符合（分）	
1	课前探究	能够主动完成学习通作业	8～10	5～7	0～4	
2	明确任务	能够绘制正确的工作流程图	8～10	5～7	0～4	
3	制定方案	能够参与小组讨论，提出合理建议，积极参与小组汇报工作	8～10	5～7	0～4	
4	任务实施	能够完成采购发票索取	8～10	5～7	0～4	
5		能够完成发票合法性审核	8～10	5～7	0～4	
6		能够完成采购记录表填写	8～10	5～7	0～4	
7		能够完成进货质量评审	8～10	5～7	0～4	
8		能够按照 GSP 的要求，完成清场和消杀	8～10	5～7	0～4	
9	竞赛提升	能积极参加课中竞赛并获奖	8～10	5～7	0～4	
10	总结点评	能够客观公正做好自我评价	8～10	5～7	0～4	
合计						

表 4－4－3　　组内评价表

学习任务名称：________　组别：________　被评价者姓名：________

序号	学习过程	评价内容	评价标准			得分
			符合（分）	部分符合（分）	不符合（分）	
1	课堂参与合作学习的态度	能够尊重同伴、独立思考，承担并完成岗位职责	8～10	5～7	0～4	
2	获得和提供信息技能	能够查阅规范、工作页解决疑问	8～10	5～7	0～4	
3		在展示汇报时能够积极参与，踊跃表达	8～10	5～7	0～4	
4	帮助和支持技能	在小组讨论时能积极思考，诚恳提问	8～10	5～7	0～4	
5		在讨论过程中能尊重他人，耐心倾听	8～10	5～7	0～4	
6	组织引导技能	能够帮助、督促其他成员参与小组活动，相互勉励，阻止讨论偏离主题	8～10	5～7	0～4	

续表

序号	学习过程	评价内容	评价标准			得分
			符合(分)	部分符合(分)	不符合(分)	
7	质量控制技能	能够合作完成药品采购发票索取任务	8~10	5~7	0~4	
8		能够合作完成采购记录、进货质量评审表的填写	8~10	5~7	0~4	
9	评议的技能	能够对其他组质量判断结果进行专业评价	8~10	5~7	0~4	
10		在展示作品时，能姿态端正，思路清晰	8~10	5~7	0~4	
合计						

表 4-4-4　　**组间互评表**

学习任务名称：__________　组别：__________　被评价者姓名：__________

序号	评价内容	评价标准			得分
		符合(分)	部分符合(分)	不符合(分)	
1	该小组制定方案科学、高效、合理	16~20	10~15	0~9	
2	该小组进行方案汇报时，使用普通话，思路清晰，条理性强	16~20	10~15	0~9	
3	该小组任务完成过程中遵循 GSP 规范，样品选取合理	16~20	10~15	0~9	
4	该小组能够合理评价其他小组	16~20	10~15	0~9	
5	该小组完成药品采购发票审核	16~20	10~15	0~9	
合计					
评价小组组长签名					

表 4-4-5　　**教师考核评价表**

学习任务名称：__________　学生：__________　学号：__________

序号	考核要求	评价标准			得分
		符合(分)	部分符合(分)	不符合(分)	
1	采购发票信息完整	16~20	10~15	0~9	
2	发票合法性审核无误	16~20	10~15	0~9	
3	药品采购记录填写规范、完整	16~20	10~15	0~9	
4	购进情况质量评审表填写清晰	16~20	10~15	0~9	
5	记录规范	16~20	10~15	0~9	
合计					

想一想

1. 大家来讨论：王某某，男，49 岁，大学本科学历，是某药品经营企业采购部经理。他在负责采购管理工作期间，利用其药品采购审批权限，为相关公司医药代表谋取利益，于 2009 年 10 月至 2010 年，先后多次收受药品回扣共计 11 000 元人民币及 1 600 美元。2011 年 1 月 2 日王某某因涉嫌受贿罪被所在区人民检察院立案侦查，同日被依法刑事拘留，2011 年 1 月 17 日被依法逮捕。2011 年 4 月 5 日，人民检察院指控王某某犯受贿罪，并向人民法院提起公诉，法院经审理后以受贿罪判处王某某有期徒刑一年六个月，缓刑一年六个月。

请阅读以上材料，试分析上述案件特点及作案原因，并谈谈由此对自己的警示，试从客观原因及自我建设方面谈谈如何采取相应措施防止此类事件的发生。

2. 请梳理本次课程的知识内容，绘制思维导图。

课堂练习

1. 采购记录应按（　　）备份，至少保存 5 年。

A. 日　　B. 周　　C. 月　　D. 季度

2. （多选）药品采购记录应当包括的项目是（　　）。

A. 价格　　B. 剂型　　C. 生产厂商

D. 数量　　E. 购货日期

课题五

GSP 对药品收货与验收的管理

任务一　药品收货与验收的基本要求与程序

学习目标

1. 能说出收货和验收的依据和方式。
2. 能按程序进行收货和验收。
3. 能按照要求设立待验区域并配备相应的设施设备。

任务引入

为帮助抗击新冠肺炎疫情，某药品经营企业采购防疫药品一批，准备送往抗疫前线，现药品已到货，你作为收货员，请完成本次到货药品的收货任务。

【任务分析】

完成本次任务需要做到：

1. 明确药品收货的流程。
2. 完成票据核对。
3. 完成票据与实物核对。
4. 完成运输方式和运输条件的检查。
5. 完成药品的分区放置。

相关知识

药品的收货与验收是流通管理过程中重要的环节，是药品通过采购后进入经营的第一道程序。通过收货与验收可以核实供货渠道的合法性和到货药品的正确性，有效杜绝假药或者来自非法渠道的供货。收货与验收的质量和效率直接影响到药品流动的通畅性，同时也关系到患者能否安全用药。提高药品验收工作水平是保证药品质量、做好药品质量管理工作的一个重要环节。

一、药品收货与验收的概念

药品收货是指药品经营企业对到货药品，通过检验票据，对货源和实物进行检查和核对，并将符合要求的药品按照其特性放入相应待验区的过程。具体流程包括票据之间核对，票据与实物核对，运输方式和运输条件的检查及放入待验区等。

药品验收是指验收人员依据国家药典标准、相关法律法规和有关规定、企业验收标准对采购药品的质量状况进行检查的过程，包括查验检验报告、抽样、查验药品质量状况、记录等。

实际上，药品收货是对货源和到货药品实物的查验过程，药品经营企业在接收供货企业提供的药品时，应当根据法定标准、质量保证协议（或者质量协议）和合同规定的质量条款，逐一确认接收药品是否符合规定，并留有记录。药品验收则是对药品实物质量状况检查的过程，是防止错误接收假药、劣药进入药品仓库，杜绝未经批准供货企业的药品、不合格药品进入流通领域的有效保证。

【知识链接】

《药品经营质量管理规范》第七十三条规定：药品到货时，收货人员应当核实运输方式是否符合要求，并对照随货同行单（票）和采购记录核对药品，做到票、账、货相符。

二、收货与验收的程序

1. 收货的程序

在药品到货时，收货人应核实运输方式是否符合规定，并核对相关票据及包装情况。在冷藏冷冻药品到货时，如不符合相应温度，应当拒收。仓库应设置待验区，符合要求的药品应放入相应待验区域，通知验收。药品收货流程如图 5 - 1 - 1 所示。

（1）运输工具检查

检查运输工具是否密闭，如发现运输工具内有雨淋、霉变、腐蚀、污染等可能影响到药品质量的现象，及时通知采购部门并报质量管理部处理。

（2）运输时限检查

根据运输单据所载明的启运日期，检查在途运输时间长度是否符合协议约定的在途时限，对不符合约定时限的，报质量管理部处理。

（3）运输状况检查

供方委托运输药品的，企业采购部门要提前向供货单位索要委托运输的承运单位、承运方式、启运时间等信息，并将上述信息提前通知收货人员；收货人员在药品到货后，要逐一

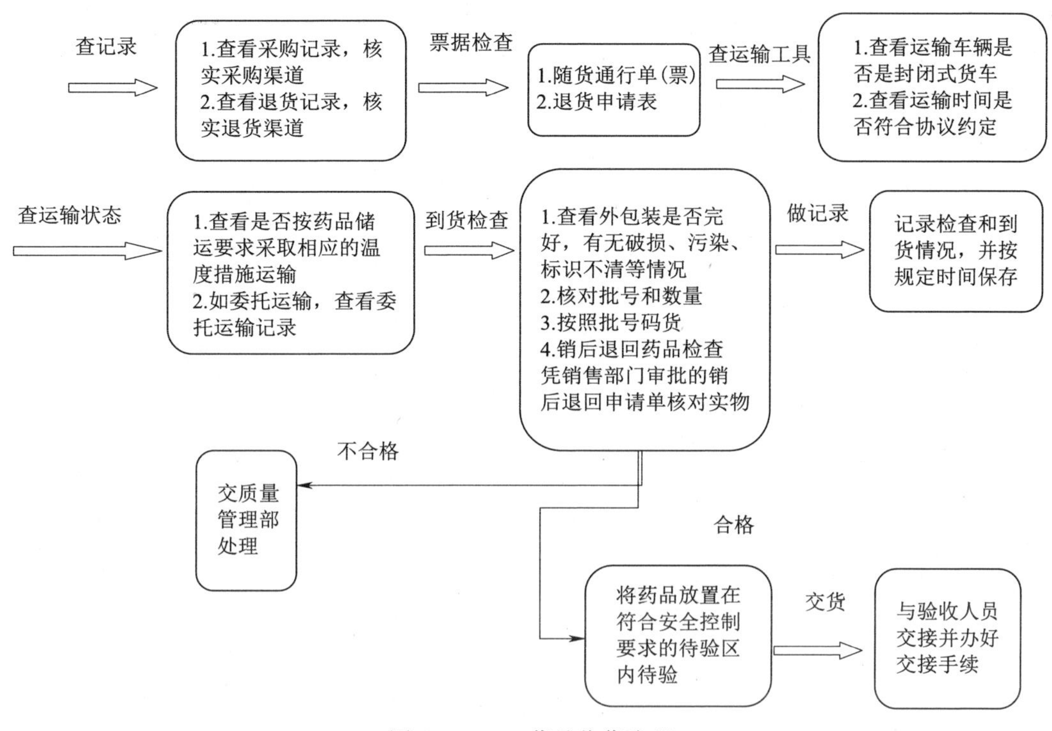

图 5－1－1　药品收货流程

核对上述内容，内容不一致的，通知采购部门，并报质量管理部处理。

冷链运输的冷藏冷冻药品到货时，收货人员应查验冷藏车、车载冷藏箱或保温箱的温度状况，核查并留存运输过程和到货时的温度记录；记录由送货人、司机及接货单位人员共同签字，一式两份；对未采用规定的冷藏设备运输或运输温度不符合要求的药品，应当拒收，同时对药品进行控制管理，做好记录并报质量管理部处理。

（4）运输票据检查

药品到货时，收货人员应当查验随货同行单（票）以及相关的药品采购记录。对以下情况拒收：

1）无随货同行单（票）或无采购记录；

2）随货同行单（票）记载的供货单位、上市许可持有人、生产厂家、药品的通用名称、剂型、规格、批号、数量，收货单位、收货地址、发货日期等内容，与采购记录以及本企业实际情况不符的。

对于拒收的药品，验收员应填写药品拒收报告单，并报业务部与质量管理部处理。药品拒收报告单见表 5－1－1。

（5）票据、药品核对

1）随货同行单（票）与药品实物核对。随货同行单（票）中记载的药品信息（通用名称、剂型、规格、批号、数量、生产厂商、药品上市许可人等内容）与药品实物不符的，应当拒收，并通知采购部门进行处理。

表 5-1-1　　药品拒收报告单

通用名称		商品名称		供货单位	
剂型		规格		数量	
生产企业		批号		有效期至	
拒收原因	验收员：　　年　　月　　日				
业务部意见	负责人：　　年　　月　　日				
质量管理部意见	负责人：　　年　　月　　日				

2）随货同行单（票）或到货药品与采购记录核对。随货同行单（票）内容中，除数量以外的其他内容与采购记录、药品实物不符的，由采购部门负责与供货单位核实，经供货单位确认并提供正确的随货同行单（票）后，方可收货。随货同行单（票）与采购记录、药品实物数量不符的，由采购部门负责与供货单位核实，经供货单位确认后，应当由采购部门确定并调整采购数量后，方可收货。供货单位对随货同行单（票）与采购记录、药品实物不符的内容，不予确认的，应当拒收，存在异常情况的，报质量管理部处理。

（6）药品包装检查

收货人员应当拆除药品的运输防护包装，检查药品外包装是否完好，对出现破损、污染、标识不清等情况的药品，应当拒收。

（7）销后退货药品的收货

收货人员要依据销售部门确认的退货凭证或通知对销后退回药品进行核对，确认为本企业销售的药品后，方可收货并放置于符合药品储存条件的待验场所。

对销后退回的冷藏、冷冻药品，根据退货方提供的温度控制说明文件和售出期间温度控制的相关数据，确认符合规定条件的，方可收货；对于不能提供文件数据，或温度控制不符合规定的，应当拒收，做好记录并报质量管理部处理。

（8）通知验收

收货人员将核对无标识的药品放置于符合待验药品储存温度要求的待验区域内（冷藏、冷冻药品应当在冷库内待验），并在随货同行单（票）上签字后，移交验收人员。

2. 验收的程序

验收人员根据随货同行单（票）（验收通知单），严格按照规定验收标准验收。《药品经营质量管理规范》第七十六条至第八十二条对药品的验收作了详细规定。其中包括对药品的验收应按照药品批号查验同批号的检验报告书，对每次到货的药品要进行逐批抽样验收，对特殊管理的药品设置验收专库或专区，做好验收记录，同时还要求企业针对验收合格药品建立库存记录，对符合第六十九条规定进行药品直调的，可委托购货单位进行药品验收。

验收完成后，验收人员需在入库通知单上注明验收结论并签章；通知仓库保管人员办理入库交接手续。仓库保管人员对药品进行核实后，同验收人员办理入库手续；根据验收结论，确定药品的储存位置，放置状态标志，建立库存记录。药品验收流程如图 5－1－2 所示。验收人员根据药品验收实际情况，做好质量验收记录，验收记录单见表 5－1－2。

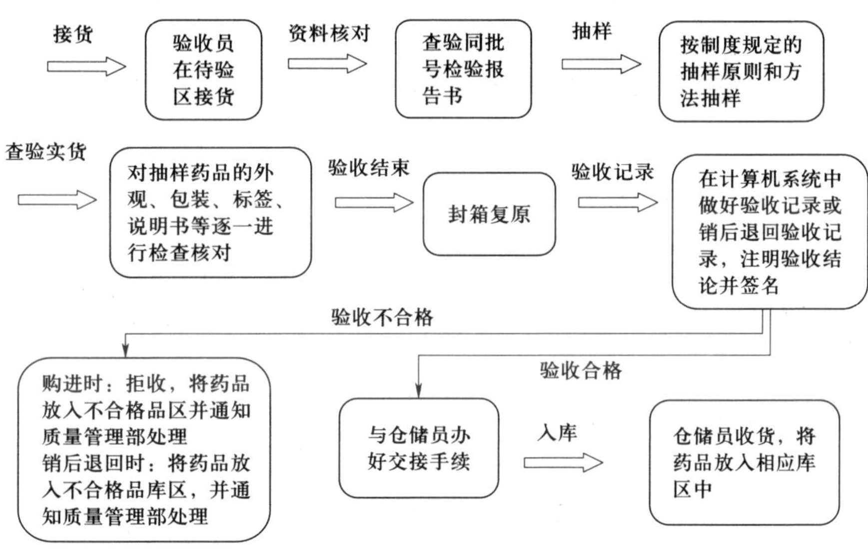

图 5－1－2　药品验收流程

表 5－1－2　　**验收记录单**

序号	品名	剂型	规格	批号	有效期	生产厂商	供货单位	到货日期	验收日期	备注

在药品经营企业中，收货与验收程序并不是孤立的，而是常常会涉及采购部、供应商、收货部三个部门以及采购员、供应商、验收员和上架员等相关工作人员，在整个收货与验收的程序中，相关工作人员应注意：

（1）收货人员首先确认供应商是否按约定时间送货，在确认书面采购订单后进入系统查看订单，尤其应注意订单是否有效。收货时检查运输方式是否按规定进行，如需低温保存的药品是否按冷链物流方式运输。供应商应把相关单（票）据随货附送，收货人员核对商品基本信息，无误后对商品进行验收入库。如单货不符、药品存在质量问题应拒收。无法验收入库的商品，必须在货物的左上角粘贴“未入库”标签，并将货物移至未入库区域，以确保药品的合法性。

（2）验收员按照药品经营质量管理规范相关法规进行实物验收，主要针对药品的质量进行检查。按照《药品经营质量管理规范》要求的内容做好验收记录和库存记录。验收不合格的药品还应当注明不合格事项及处置措施。

（3）验收录人员根据验收记录单在系统内生成并打印验收入库单，系统自动产生入库单号。验收药品应根据法规进行详细记录，以备检查。

（4）验收录人员将随货同行的质量检验报告扫描入系统后，以 PDF 格式保存上传。质量检验报告与验收入库单匹配后应妥善保管。

（5）上架员核对整货托盘中的实物信息与数量。

（6）货物验收入库后，上架员按转储单上指定的仓位号上架。

三、待验区域及设施设备

企业应当根据不同类别和特性的药品，明确待验药品的验收时限。待验药品要在规定时限内验收，验收合格的药品，应当及时入库，验收中发现的问题应当尽快处理，防止对药品质量造成影响。

1. 对药品待验区域及验收药品的设施设备的要求

（1）待验区域有明显标识，并与其他区域有效隔离。

（2）待验区域符合待验药品的储存温度要求。

（3）设置特殊管理的药品专用待验区域，并符合安全控制要求。

（4）保持验收设施设备清洁，不得污染药品。

2. 对验收环境及设施设备的要求

（1）验收环境：

1）必须要有与经营业务相适应的专门验收场所和符合卫生条件的检查室。

2）验收养护室应环境洁净，地面、墙壁平整光滑，面积按大型企业 50 m^2、中型企业 40 m^2、小型企业 20 m^2 分别安排。

（2）设施设备：

1）应具有温湿度调控设施，以防潮控温。

2）光线充足并配备符合规定要求的照明设备。

3）具有防尘、防虫、防污染设施和必要的消毒设施，防止任何可以对药品造成的污染，确保药品质量。

4）应配置千分之一天平、量具、白瓷盘、澄明度检测仪、标准比色液等，企业经营中药材、中药饮片的还应配置水分测定仪、紫外荧光灯、解剖镜或显微镜等。

任务实施

【材料准备】

工具：计算机系统、测温仪器。

材料：到货验收药品一批、笔、纸、《药品经营质量管理规范》（2016 版）、随货同行单（票）、药品检验报告书、备案印章。

设备：实训场地、医药企业虚拟仿真系统。

【实施步骤】

步骤一：票据检查

1. 客户名称：是否为本企业。

2. 检查随货同行单（票）项目是否完整齐全、清晰可辨。随货同行单（票）应包含供货单位、药品的通用名称、生产厂商、剂型、规格、批号、数量、收货单位、收货地址、发货日期等内容。随货同行单（票）见表 5－1－3。

3. 印章检查：是否盖有供货单位药品出库专用章原印章，如单据不合格，不得验收并通知采购部门处理。

4. 如果为委托运输，需要索取委托运输证明文件。

表 5－1－3　随货同行单样表

×××国药号药材有限公司

随货同行单（票）

NO.

销售单：第 1 页/共 1 页　　销售日期：2022 年 5 月 25 日　　含税金额：

购货单位：×××国药号药材有限公司　　出库日期：2022 年 5 月 25 日　　无税金额：

商品编码	通用名称/规格/剂型/产地/药品上市许可人	生产厂家	批号	单位	数量	无税单价 含税单价	无税金额 含税金额	零售价	有效期

大写金额：	无税小写：	含税小写：	收货地址：

开票员：　　发货员：　　复核员：　　收货人：　　货物清点无误签字（盖章）：

送货方式：　　运输方式：　　送货员：　　启运时间：　　签字日期：

步骤二：票据核对

1. 收货员从计算机软件系统中调出采购部到货通知（或者纸质版到货通知单）。

2. 把随货同行单（票）与到货通知单进行核对：供应商、品名、规格、数量。核对一致的收货，不一致的拒收。

步骤三：运输工具与运输状态检查

1. 检查车厢是否封闭。

2. 记录到货温度，冷藏药品需要提供一份自动监测的温度记录，收货员要进验证，并保留温度记录。

3. 将药品放置于符合温度要求的场所（冷藏药品立刻送冷库收货区）。

步骤四：核对药品和随货同行单（票）内容

1. 核对 6 个项目：品名、规格、生产企业、数量、批号、有效期至。

2. 距失效期不到 6 个月的药品应拒收，与随货同行单（票）内容不一致的药品应拒收。

3. 主要检查药品外包装是否破损。

4. 在随货同行单（票）上签字，把拒收的药品标明拒收，签好字后给供应方配送员一联，收货员自己留下一联。

步骤五：药品分区放置

根据药品特性，放置在相应环境的待验区域。

步骤六：填写收货记录，与验收员交接

填写收货记录，通知验收员验收，把已经签字的随货同行单（票）、药品检验报告书一起交给验收员。

【操作要点和注意事项】

1. 根据到货通知、来货单、实货和卡片，如实收货。

2. 应记录具体的到货温度。

3. 数量不符可以暂拒收，放置于退货区。

任务测评

评价方式包括自我评价、组内评价、组间评价、教师评价，并据此设计了学生自评表（表 5－1－4）、组内评价表（表 5－1－5）、组间互评表（表 5－1－6）、教师考核评价表（表 5－1－7）。其中自我评价、组内评价、组间评价采用线上填写学习通问卷的形式进行，教师评价包含过程评价、结果评价，采用纸质评价表。各评价方式占本任务百分比分解如图 1－1－1 所示。

表 5－1－4　　学生自评表

学习任务名称：＿＿＿＿＿＿　姓名：＿＿＿＿＿＿　学号：＿＿＿＿＿＿

序号	学习过程	评价内容	评价标准			得分
			符合（分）	部分符合（分）	不符合（分）	
1	课前探究	能够主动完成学习通作业	8～10	5～7	0～4	
2	明确任务	能够绘制正确的工作流程图	8～10	5～7	0～4	
3	制定方案	能够参与小组讨论，提出合理建议，积极参与小组汇报工作	8～10	5～7	0～4	

续表

序号	学习过程	评价内容	评价标准			得分
			符合（分）	部分符合（分）	不符合（分）	
4	任务实施	能够完成票据检查、核对	8~10	5~7	0~4	
5		能够完成运输工具、运输状态检查	8~10	5~7	0~4	
6		能够完成药品、随货同行单（票）核对	8~10	5~7	0~4	
7		能够完成收货记录填写，与验收员交接	8~10	5~7	0~4	
8		能够按照 GSP 的要求，完成清场和消杀	8~10	5~7	0~4	
9	竞赛提升	能够积极参加课中竞赛并获奖	8~10	5~7	0~4	
10	总结点评	能够客观公正做好自我评价	8~10	5~7	0~4	
合计						

表 5-1-5　　**组内评价表**

学习任务名称：＿＿＿＿＿＿　组别：＿＿＿＿＿＿　被评价者姓名：＿＿＿＿＿＿

序号	学习过程	评价内容	评价标准			得分
			符合（分）	部分符合（分）	不符合（分）	
1	课堂参与合作学习的态度	能够尊重同伴、独立思考，承担并完成岗位职责	8~10	5~7	0~4	
2	获得和提供信息技能	能够查阅规范、工作页解决疑问	8~10	5~7	0~4	
3		在展示汇报时能够积极参与，踊跃表达	8~10	5~7	0~4	
4	帮助和支持技能	在小组讨论时能积极思考，诚恳提问	8~10	5~7	0~4	
5		在讨论过程中能尊重他人，耐心倾听	8~10	5~7	0~4	
6	组织引导技能	能够帮助、督促其他成员参与小组活动，相互勉励，阻止讨论偏离主题	8~10	5~7	0~4	
7	质量控制技能	能够合作完成药品收货流程	8~10	5~7	0~4	
8		能够合作完成票据、运输工具、药品检查	8~10	5~7	0~4	
9	评议的技能	能够对其他组质量判断结果进行专业评价	8~10	5~7	0~4	
10		在展示作品时，能姿态端正，思路清晰	8~10	5~7	0~4	
合计						

表 5-1-6　　　　组间互评表

学习任务名称：__________　组别：__________　被评价者姓名：__________

序号	评价内容	评价标准			得分
		符合(分)	部分符合(分)	不符合(分)	
1	该小组制定方案科学、高效、合理	16～20	10～15	0～9	
2	该小组进行方案汇报时，使用普通话，思路清晰，条理性强	16～20	10～15	0～9	
3	该小组任务完成过程中遵循 GSP 规范，样品选取合理	16～20	10～15	0～9	
4	该小组能够合理评价其他小组	16～20	10～15	0～9	
5	该小组完成药品收货项目	16～20	10～15	0～9	
合计					
评价小组组长签名					

表 5-1-7　　　　教师考核评价表

学习任务名称：__________　学生：__________　学号：__________

序号	考核要求	评价标准			得分
		符合(分)	部分符合(分)	不符合(分)	
1	票据检查、核对完整无误	16～20	10～15	0～9	
2	运输工具、运输状态检查符合要求	16～20	10～15	0～9	
3	药品核对、随货通行单（票）核对无误	16～20	10～15	0～9	
4	收货记录填写完整	16～20	10～15	0～9	
5	药品分区放置正确	16～20	10～15	0～9	
合计					

想一想

1. 大家来讨论：2016 年版《药品经营质量管理规范》增加了收货环节的管理，当药品到货时，收货人员应当做哪些工作？请归纳总结收货环节流程。

2. 请梳理本次课程的知识内容，绘制思维导图。

课堂练习

1. 收货人员要依据销售部门确认的（　　）或通知对销后退回药品进行核对，确认为本企业销售的药品后，方可收货并放置于符合药品储存条件的专用待验场所。

A. 发票　　　　B. 采购单

C. 随货同行单（票）　　　　D. 退货凭证

2. 中型药品经营企业验收养护室的面积应是（　　）m^2。

A. 30　　B. 50　　C. 40　　D. 20

任务二　验收的主要内容

学习目标

1. 能够完成药品外观质量验收检查。
2. 能够按照要求检查药品包装质量。
3. 能够按照要求检查药品标签、说明书。
4. 能够掌握中药材和进口药品、中药饮片、销后退回药品的验收方法。

任务引入

在抗击新冠肺炎疫情过程中，中医药参与治疗，成为此次应对疫情“中国方案”的亮点。在此背景下，国家药品监督管理局发布通知，要持续加强疫情防控用中药饮片、中成药监管，做好技术指导等服务，支持中医药在常态化疫情防控中继续发挥重要作用，保障疫情防控大局。

为帮助抗击疫情，药品经营企业采购防疫中药饮片及中成药送往抗疫前线，现药品已到货，你作为验收员，请对照随货同行单（票），完成本次到货药品的检查项目。

【任务分析】

完成本次任务需要做到：

1. 完成药品外观质量检查。
2. 完成药品包装质量检查。
3. 完成药品包装标签和说明书检查。
4. 完成药品产品合格证与合格证明文件检查。

相关知识

药品验收是药品经营过程中的关键环节，《药品管理法》第五十六条规定，药品经营企业购进药品，应当建立并执行进货检查验收制度，验明药品合格证明和其他标识；不符合规定要求的，不得购进和销售。根据此规定，药品检查验收的具体内容包括：外观质量检查，包装检查，查验产品合格证与合格证明文件，进口药品、特殊管理药品、中药材和中药饮片的验收等。

一、观质量检查

对购进药品及销后退回药品进行质量检查验收时，除检查包装、标签、说明书及有关证明文件外，应对质量有怀疑或性质不稳定的药品应进行外观质量抽查，检查时，以《中国药典》附录规定的制剂性状为基本依据，同时注意制剂变质的有关性状。对内在质量有怀疑时，应送县级以上药品检验机构检验确定。

对药品的外观质量进行检查验收时，应根据验收养护室所配备的设施设备条件及企业实际管理的需要，确定质量检查项目，一般应对澄明度、装量差异、片重差异等项目进行检查。药品的外观质量检查验收项目内容汇总见表 5－2－1。

表 5－2－1　　药品的外观质量检查验收项目内容汇总表

剂型	类型	外观质量检查项目
片剂	压制片（素片）（含脏器、蛋白质制剂）	性状（色泽）、明显暗斑（中草药除外）、麻面、黑点、色点、碎片、松片、霉变飞边、结晶析出、吸潮溶化、虫蛀、异嗅、其他
	包衣片（糖衣片、薄膜衣片、肠溶衣片）	性状（色泽）、花片、黑点、斑点、粘连、裂片、爆裂、掉皮、脱壳、霉变、瘪片（异形片、凹凸不平）、片芯变色变软、其他
胶囊剂	硬胶囊剂	性状（色泽）、褪色、变色、破裂、漏粉、霉变、异嗅、内容物无结块、其他
	软胶囊剂	性状、胶丸大小均匀、光亮、粘连（振摇即散不算）、破裂、漏油、异嗅、畸形丸、霉变、其他
滴丸剂		性状、胶丸大小均匀、光亮、粘连、粘瓶（振摇即散不算）、破裂、漏油、异嗅、畸形丸、霉变、其他
注射剂	注射用粉针	性状（色泽）、澄清度、粘瓶、吸潮、结块、溶化、色点、色块、黑点、白块、纤维、玻璃屑、封口漏气、铝盖松动、其他
	冻干型粉针	性状（色泽）、粘瓶、溶化、萎缩、铝盖松动、其他
	水针剂	性状（色泽）、霉变、白点、白块、纤维、玻璃屑、色点、结晶析出、瓶盖松动、裂纹、其他
滴眼剂	溶液型滴眼剂	性状（色泽）、浑浊、沉淀、结晶析出、霉变、裂瓶、漏药、白点、白块、纤维、色点、色块、其他
	混悬型滴眼剂	性状（色泽）、霉变、色点、色块、结块、漏药、胶塞、瓶盖松动、颗粒细度、滴管长度、其他
散剂	散剂	性状（色泽、混合均匀）、溶解、结块、溶化、异物、破漏、霉变、虫蛀、其他
	含结晶水药物的散剂	性状（色泽、混合均匀）、风化、潮解、异物、异嗅、破漏、霉变、其他
颗粒剂（冲剂）		性状（色泽）、结块、潮解、颗粒均匀、异物、异嗅、霉变、软化、破漏、虫蛀、其他

续表

剂型	类型	外观质量检查项目
酊水剂	酊剂	性状（色泽）、澄清度、结晶析出、异物、浑浊、沉淀、渗漏、其他
	口服溶液剂	性状（色泽）、澄清度、结晶析出、沉淀、异物、异嗅、酸败、渗漏、霉变、其他
	口服混悬剂	性状（色泽）、酸败、结块、异物、异嗅、颗粒细微下沉缓慢、渗漏、霉变、其他
	口服乳剂	性状（色泽）、异物、异嗅、分层、渗漏、霉变、其他
糖浆剂		性状、澄清度、浑浊、沉淀、结晶析出、异物、异嗅、酸败、产氧、渗漏、霉变、其他
流浸膏剂		参照酊剂
软膏剂	油脂性基质	性状、异物、异嗅、酸败、霉变、漏药、其他
	乳剂型基质	性状、异物、异嗅、酸败、分层、霉变、漏药、其他
眼膏剂		与软膏剂检查一致外，涂于皮肤上无刺激性，无金属异物
气雾剂		性状、异物、漏气、破漏、喷嘴（揿压费力、喷不出或连续喷）
栓剂		性状、霉变、酸败、干裂、软化、变形、走油出汗、其他
膜剂		完整光洁、色泽均匀、厚度一致、受潮、霉变、气泡、压痕均匀易撕开、其他
丸剂	蜜丸、水蜜丸浓缩丸	性状、圆整均匀、大小蜜丸应细腻滋润、软硬适中、异物、皱皮、其他
	水丸、糊丸	性状、大小均匀、光圆平整、粗糙纹、异物、其他
橡胶膏剂		性状、药物涂布均匀、透油（透背）、老化、失粘、其他

练一练

现有如下图几种剂型的药品，请同学们讨论应如何对其进行外观质量检查？

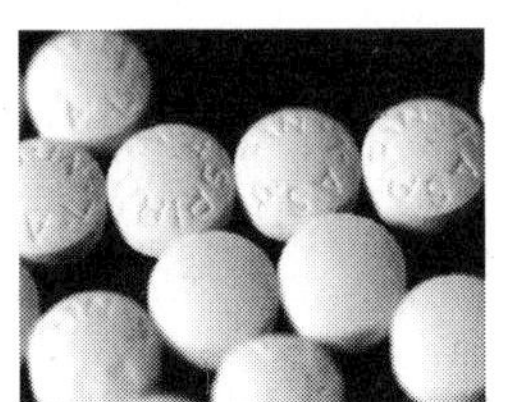

二、包装检查

1. 包装质量检查

（1）外包装检查内容：包装箱是否牢固、干燥；封签、封条有无破损；包装箱有无渗液、污损及破损。外包装上应清晰注明药品名称、规格、产品批号、生产日期、有效期、储藏条件、包装、批准文号及运输注意事项或其他标记，如特殊管理药品、外用药品、非处方药标识等，有关特定储运标志的包装印刷应清晰标明，危险药品必须符合危险药品包装标志要求。

（2）内包装检查内容：容器应用合理、清洁、干燥、无破损；封口严密；包装印字清晰，瓶签粘贴牢固。

2. 包装标签和说明书检查

药品包装必须按照规定印有或者粘有标签，不得夹带其他任何介绍或者宣传产品、企业的文字、音像及其他资料。

（1）药品的标签是指药品包装上印有或者贴有的内容，分为内标签和外标签。药品内标签指直接接触药品包装的标签，外标签指内标签以外的其他包装上的标签。

（2）药品生产企业生产供上市销售的最小包装必须附有说明书。

（3）药品的标签应当以说明书为依据，其内容不得超出说明书的范围，不得印有暗示疗效、误导使用和不适当宣传产品的文字和标识。

（4）药品说明书和标签中的文字应当清晰易辨，标识应当清楚醒目。不得有印字脱落或者粘贴不牢等现象，不得以粘贴、剪切、涂改等方式进行修改或者补充。

非处方药包装上有椭圆形的 OTC 标识，甲类是红底白字，乙类是绿底白字；外用药品的包装上有红底白字“外”字的四方形专用标识，无警示语。

非处方药包装和说明书必须使用非处方药专有标识，药品说明书和大包装可以单色印刷，但需在专有标识下方标示“甲类”或“乙类”字样。非处方药专有标识必须标示在药品标签、说明书和每个基本销售单元包装的右上角。

麻醉药品、精神药品、医疗用毒性药品、放射性药品的标签，必须印有规定的标志。

蛋白同化制剂和肽类激素及含兴奋剂类成分的药品应标明“运动员慎用”警示语。

（5）药品生产企业可以在药品说明书或者标签上加注警示语。

（6）药品说明书核准日期或修订日期应当在说明书中醒目标示。

（7）药品的内标签应当包含药品通用名称、适应证或者功能主治、规格、用法用量、生产日期、产品批号、有效期、生产企业等内容。

对注射剂瓶、滴眼剂瓶等因标签尺寸限制无法全部标明上述内容的，至少应当标注药品通用名称、规格、产品批号、有效期等内容；中药蜜丸蜡壳至少注明药品通用名称。

（8）药品外标签应当注明药品通用名称、成分、性状、适应证或者功能主治、规格、用法用量、不良反应、禁忌、注意事项、储藏条件、生产日期、产品批号、有效期、批准文号、上市许可持有人、生产企业等内容。适应证或者功能主治、用法用量、不良反应、禁忌、注意事项不能全部注明的，应当标明主要内容并注明“详见说明书”字样。

（9）原料药的标签应当注明药品名称、储藏条件、生产日期、产品批号、有效期、执行标准、批准文号、上市许可持有人、生产企业，同时还需注明包装数量以及运输注意事项等必要内容。

（10）化学药品与生物制品说明书应当列有以下内容：药品名称（通用名称、商品名称、英文名称、汉语拼音）、成分［活性成分的化学名称、分子式、分子量、化学结构式（复方制剂可列出其组分名称）］、性状、适应证、规格、用法用量、不良反应、禁忌、注意事项、孕妇及哺乳期妇女用药、儿童用药、老年用药、药物相互作用、临床试验、药理毒理、药代动力学、储藏条件、包装、有效期、执行标准、批准文号、上市许可持有人、生产企业（企业名称、生产地址、邮政编码、电话和传真）。

（11）中药说明书应当列有以下内容：药品名称（通用名称、汉语拼音）、成分、性状、功能主治、规格、用法用量、不良反应、禁忌、注意事项、药物相互作用、储藏条件、包装、有效期、执行标准、批准文号、说明书修订日期、上市许可持有人、生产企业（企业名称、生产地址、邮政编码、电话和传真）。

三、查验产品合格证与合格证明文件

药品的每个整件包装中，应有产品合格证。合格证是产品装箱清验后检验合格的证明，一般应包括品名、规格（含量及包装）批号、生产日期、化验单号、包装日期、质检员和操作人工号或签名，并加盖质量管理部门的专用印章。

每批购进药品应附有合格证明文件，验收药品应当按照药品批号逐批查验药品合格证明文件。

1. 供货单位为生产企业的，合格证明文件为生产企业药品检验报告书原件。

2. 供货单位为批发企业的，合格证明文件为生产企业药品检验报告书复印件并加盖供货单位质量管理专用章原印章。

3. 实施批签发管理的生物制品，合格证明文件为加盖供货单位质量管理专用章原印章的生物制品批签发合格证复印件。

4. 检验报告书的传递和保存可以采用电子数据形式，但应当保证其合法性和有效性。

四、进口药品的验收

进口药品的包装、标签应当以中文注明品名、主要成分以及注册证号，并有中文说明书。

验收进口药品应当有加盖供货单位质量管理专用章原印章的相关证明文件：

1. 进口药品注册证或医药产品注册证。

2. 进口麻醉药品和精神药品应当有进口准许证。

3. 进口药材应当有进口药材批件。

4. 进口药品检验报告书或注明“已抽样”字样的进口药品通关单。

5. 进口国家规定的实行批签发管理的生物制品，必须有批签发证明文件和进口药品检验报告书。

值得注意的是，验收进口药品时，应对照实物收取上述证明文件，检查品名、规格、批号、生产厂商等内容的一致性。

五、特殊管理药品的验收

特殊管理药品的验收流程一般包括单独分区存放、建立独立的台账登记、记录相关的验收信息。

1. 特殊管理药品的验收一般使用双人验收方式，并由专职人员进行，两人必须同时在场，并在相关记录上签字。

2. 特殊管理药品须具备清晰的验收依据，并以此来规定相应的法定质量标准和合同规定的质量条款。

3. 验收特殊管理药品的方法以及范围应当有明确规定。

4. 特殊管理药品的验收场所和时限应有特别规定。

六、中药材和中药饮片的验收

1. 外包装的验收

中药材、中药饮片应有外包装，并附有质量合格标志。包装或容器应当与药品性质相适应，并符合药品质量要求。

中药材包装上应标明品名、规格、产地、发货日期、供货单位、收购日期等。中药饮片每件包装上应标明品名、产地、生产企业、生产日期等；其标签必须注明品名、包装规格、产地、生产企业、产品批号、生产日期。

实施批准文号管理的中药材和中药饮片，在包装上应标明批准文号。

【知识链接】

道地药材：是指传统中药材中具有特定的品种、特定的产区或通过特定的生产技术和加工方法所生产的中药材。道地药材已被中医临床证明其质量优于种内其他产地的药材。作为特定环境的产物，道地药材与特定环境密不可分，其生长环境在其形成中具有重要意义。

2. 干湿度的验收

中药材安全含水量应在10% ~15%，菌藻类中药饮片安全含水量应在5% ~10%，其余应在7% ~13%。

3. 杂质的验收

中药材的杂质应控制在2% ~3%，根、根茎、藤木类、花类、叶类及动物、矿物类、菌类中药含药屑、杂质不超过2%，果实、种子类、树脂类、全草类含药屑、杂质不超过3%。

4. 中药饮片片型的验收

中药饮片的各种片型应符合规定，厚薄均匀、整齐，表面光洁，无连刀片、斧头片，异型片不得超过10%。中药饮片厚度要求具体见表5－2－2。

表5－2－2　中药饮片厚度要求

片型要求	
片	极薄片：0.5 mm以下（鹿茸片） 薄片：1~2 mm（半夏、槟榔） 厚片：2~4 mm（大黄、泽泻、山药、白术）

续表

片型要求	
段	长 10 ~ 15 mm（全草类）
块	8 ~ 12 mm 方块（何首乌、附子、葛根、茯苓）
丝及类丝	宽 2 ~ 3 mm 叶类丝：宽 5 ~ 10 mm

对一些不宜切制的中药应根据调剂和医疗上的需要，粉碎成颗粒或粉末，粉碎后的颗粒应均匀无尘，粉末应符合《中国药典》要求。对中药材、中药饮片在验收中发现虫蛀、发霉、泛油、变色、气味散失、潮解溶化、腐烂等现象为质量检验不合格。

5. 验收时须注意事项

（1）饮片名称要规范，按国家标准标明通用名称，同时标明原药材的用药部位，如根、茎、叶、花、果实、动物、矿物等；原产地的生产企业标志要齐全，在标签上要标明中药饮片的原产地、生产企业、企业地址及联系电话，属于总经销的可同时注明经营公司、分销企业；对特殊的中药饮片，在标签的规定部位，均要有一条与底边平行的、不褪色的、有文字标志的标识，表示需要特殊管理；要明确标明是饮片还是药材；药品净重通常以千克（kg）表示，特殊药品以克（g）表示；标明适用范围和防治对象、成人一般用药量和使用方法、不良反应、注意事项等；根据中药饮片的类别和所含的有效成分，在标签上标明该药品的生产日期、批号、有效期以及保管条件。

（2）验收人员应当负责对中药材样品的更新和养护，防止样品出现质量变异。收集的样品放入中药样品室（柜）前，应当由质量管理人员进行确认。对直接收购的地产中药材，应当将实物与储存在中药样品室（柜）中的样品进行对照，起到质量检查的作用。

（3）判为不合格的几种情况：

1）包装袋为半透明或黑色的塑料袋，不署任何标识或只在袋口标示是某某饮片，袋内无合格证，属于“三无”产品。

2）包装袋只标示饮片经营企业名称，袋内有合格证，标明该品名称和质量，但没有原产地、生产企业、产品批号、生产日期，实施批准文号管理的饮片没有注明批准文号。

3）需要特殊管理饮片，如毒麻、贵细饮片，没有任何标识；对需要特殊煎制的饮片没有使用说明、适用症和注意事项，缺乏科学提示。

4）名称随意更改，经营企业随意简化，或难字用同音异字替代，一种饮片有多种叫法，不标明药材的原产地。

七、冷藏、冷冻药品的验收

1. 验收应在冷藏环境下进行，验收合格的药品，应迅速将其转到该药品说明书中所规定的储藏环境中。

2. 对退回的药品，接收人应视同收货，严格按冷藏、冷冻药品收货要求进行操作，并做好记录，必要时送检验部门检验。

3. 冷藏药品的收发货及验收记录应当至少保存 5 年。

八、销后退回药品的验收

对销后退回的药品，无论何种退货原因，均应按规定的程序逐批验收，并开箱抽样检查；整件包装完好的药品应当加倍抽样检查，无完好外包装的药品应当抽样检查至最小包装，必要时送药品检验机构检验。鉴于销后退回药品物流过程的特殊情况，为有效地发现非正常原因引起的意外质量问题，对销后退回药品的质量验收，应在具体操作中有针对性地进行检查验收，建立专门的销后退回药品验收记录，记录包括退货单位、退货日期、通用名称、规格、批准文号、批号、上市许可持有人、生产企业（或产地）、有效期、数量、验收日期、退货原因、验收结果和验收人员等内容。

任务实施

【材料准备】

工具：温湿度仪、干湿度测量仪、天平。

材料：防疫中药饮片或中成药一批、笔、纸、《药品经营质量管理规范》（2016 版）、随货同行单（票）、检查报告书、验收记录表。

设备：实训场地、药店管理系统、医药企业虚拟仿真系统。

【实施步骤】

步骤一：验收员接货

验收员接过收货员交接的随货同行单（票）和同批号药品检验报告书，到待验区进行验收。

步骤二：验收药品的质量

1. 单据与实货核对。首先清点大件数量，然后根据随货同行单（票）逐一核对品名、规格、数量、生产批号、有效期至、生产企业、批准文号等。

2. 外观质量检查。核对到货药品的外观质量，包括清洁度、有无水迹、霉变及其他污染情况。

3. 包装质量检查。检查包装是否破损，若有异样包装应单独存放，查明原因。

4. 标签和说明书检查。查看标签是否完整。

5. 产品合格证与合格证明文件检查。查看产品是否附有质量合格的标志。

步骤三：正确填写验收记录

根据药品检查的内容填写验收记录，验收记录表见表 5－2－3 和表 5－2－4。

表 5-2-3　　药品验收记录表

到货日期	供货单位	通用名称	商品名称	剂型	规格	数量	上市许可持有人	生产企业	生产日期	生产批号	有效期至	批准文号	到货数量	验收合格数量	验收结果	验收人	验收日期	备注

表 5-2-4　　中药饮片验收记录表

药品名称	规格	批号	产地	生产日期	生产企业	供货企业	质量状况	批准文号	到货数量	验收合格数量	验收结论	验收日期	验收人	备注

【操作要点及注意事项】

1. 检查中药饮片是否符合炮制规范的要求，不同类型的中药饮片有不同的质量要求。
2. 实施文号管理的中药饮片是否标明批准文号。
3. 对于毒麻、贵细中药材须双人逐包逐件进行验收。

任务测评

评价方式包括自我评价、组内评价、组间评价、教师评价，并据此设计了学生自评表（表5-2-5）、组内评价表（表5-2-6）、组间互评表（表5-2-7）、教师考核评价表（表5-2-8）。其中自我评价、组内评价、组间评价采用线上填写学习通问卷的形式进行，教师评价包含过程评价、结果评价，采用纸质评价表。各评价方式占本任务百分比分解如图1-1-1所示。

表 5-2-5　　学生自评表

学习任务名称：________　姓名：________　学号：________

序号	学习过程	评价内容	评价标准			得分
			符合(分)	部分符合(分)	不符合(分)	
1	课前探究	能够主动完成学习通作业	8~10	5~7	0~4	
2	明确任务	能够绘制正确的工作流程图	8~10	5~7	0~4	
3	制定方案	能够参与小组讨论，提出合理建议，积极参与小组汇报工作	8~10	5~7	0~4	
4	任务实施	能够完成外观质量检查	8~10	5~7	0~4	
5		能够完成包装质量检查	8~10	5~7	0~4	
6		能够完成包装标签和说明书检查	8~10	5~7	0~4	
7		能够完成产品合格证与合格证明文件检查	8~10	5~7	0~4	
8		能够按照 GSP 的要求，完成清场和消杀	8~10	5~7	0~4	
9	竞赛提升	能够积极参加课中竞赛并获奖	8~10	5~7	0~4	
10	总结点评	能够客观公正做好自我评价	8~10	5~7	0~4	
合计						

表 5-2-6　　组内评价表

学习任务名称：________　组别：________　被评价者姓名：________

序号	学习过程	评价内容	评价标准			得分
			符合(分)	部分符合(分)	不符合(分)	
1	课堂参与合作学习的态度	能够尊重同伴、独立思考，承担并完成岗位职责	8~10	5~7	0~4	
2	获得和提供信息技能	能够查阅规范、工作页解决疑问	8~10	5~7	0~4	
3		在展示汇报时能够积极参与，踊跃表达	8~10	5~7	0~4	
4	帮助和支持技能	在小组讨论时能积极思考，诚恳提问	8~10	5~7	0~4	
5		在讨论过程中能尊重他人，耐心倾听	8~10	5~7	0~4	
6	组织引导技能	能够帮助、督促其他成员参与小组活动，相互勉励，阻止讨论偏离主题	8~10	5~7	0~4	
7	质量控制技能	能够合作完成药品质量检查项目	8~10	5~7	0~4	
8		能够合作完成合格证明文件有效性判断	8~10	5~7	0~4	
9	评议的技能	能够对其他组质量判断结果进行专业评价	8~10	5~7	0~4	
10		在展示作品时，能姿态端正，思路清晰	8~10	5~7	0~4	
合计						

表 5-2-7　　组间互评表

学习任务名称：________　组别：________　被评价者姓名：________

序号	评价内容	评价标准			得分
		符合(分)	部分符合(分)	不符合(分)	
1	该小组制定方案科学、高效、合理	16~20	10~15	0~9	
2	该小组进行方案汇报时，使用普通话，思路清晰，条理性强	16~20	10~15	0~9	
3	该小组任务完成过程中遵循 GSP 规范，样品选取合理	16~20	10~15	0~9	
4	该小组能够合理评价其他小组	16~20	10~15	0~9	
5	该小组完成药品质量检查项目	16~20	10~15	0~9	
合计					
评价小组组长签名					

表 5-2-8　　教师考核评价表

学习任务名称：________　学生：________　学号：________

序号	考核要求	评价标准			得分
		符合(分)	部分符合(分)	不符合(分)	
1	核查合格证明文件，程序完整	16~20	10~15	0~9	
2	对到货的药品进行逐批逐盒检查，程序完整	16~20	10~15	0~9	
3	包装质量检查符合要求	16~20	10~15	0~9	
4	标签和说明书检查无误	16~20	10~15	0~9	
5	记录规范	16~20	10~15	0~9	
合计					

想一想

1. 大家来讨论：国家药品监督管理局要求持续加强疫情防控用中药饮片、中成药监管，做好技术指导等服务，支持中医药在常态化疫情防控中继续发挥重要作用，保障疫情防控大局，对此你有何感想？

2. 请梳理本次课程的知识内容，绘制思维导图。

课堂练习

1. 非处方药品的包装标签和说明书必须印有规定的知识，乙类非处方药品的标识为（　　）。

A. 红底白字　　B. 绿底白字

C. 白底红字　　D. 白底绿字

2. （多选）验收药品质量时应检查（　　）。

A. 化验原始记录　　B. 药品标签

C. 药品外包装　　D. 药品批准文号

E. 药品合格证

任务三　验收方法

学习目标

1. 能按照抽样的原则与方法抽样。
2. 能按照程序完成药品验收记录及不合格药品的处理。
3. 了解验收注意事项。
4. 能进行药品质量档案与药品质量信息管理。

任务引入

为帮助抗击新冠肺炎疫情，药品经营企业采购防疫药品送往抗疫前线，现药品已到货，验收员在上一任务中已完成到货药品的检查项目，请根据药品验收的流程，完成本次到货药品的验收任务。

【任务分析】

完成本次任务需要做到：

1. 完成验收样品的抽样。
2. 完成样品的质量判断，填写验收记录表。
3. 完成不合格药品的处理。
4. 完成药品质量档案建立。

相关知识

一、抽样原则与方法

1. 抽样原则

企业应当按照验收规定，对每次到货药品进行逐批抽样验收，抽取的样品应当具有代表性，对于不符合验收标准的，不得入库，并报质量管理部门处理。

2. 抽样数量

(1) 抽取件数

对同一批号药品整件数量在 2 件及以下的，应当全部抽样检查；整件数量在 2 件以上 50 件以下的，至少抽样检查 3 件；整件数量在 50 件以上的，每增加 50 件，至少增加抽样检查 1 件，不足 50 件的，按 50 件计。

(2) 抽取最小包装数

每件整包装中从上、中、下不同部位抽取至少 3 个最小包装样品验收；对存在封口不牢、标签污损、有明显重量差异或外观异常等情况的药品，至少再增加 1 倍抽样数量，进行再检查。

(3) 非整件药品的抽样

到货的非整件药品要逐箱检查，对同一批号的药品，至少随机抽取 1 个最小包装进行检查。

3. 抽样步骤与方法

(1) 抽样步骤

按验收批次的药品实物总件数计算应抽取件数。

(2) 抽样方法

整件药品样品：按照堆垛情况，分别从每垛的前上、侧中、后下位置随机抽取。最小包装样品抽取：从每整件上、中、下不同位置进行随机抽取；如果生产企业有特殊质量控制要求或者打开最小包装可能对药品质量有影响的，可不打开最小包装；外包装以及封签完整的原料药、实施批签发管理的生物制品，可不开箱检查；开启最小包装时，应在验收专用场所（验收养护室）内进行。抽样验收完毕后，应将被抽取的药品包装复原，封箱并标记；开启后包装不能复原的，不能再作正常药品销售。

二、验收结果判定

当药品验收完成后，相关验收人员应根据流程要求，明确给出药品是否符合规定的判定。

1. 合格

凡判定验收合格的药品，可直接完成后续合格认定手续。

2. 不合格

凡判定为不合格或判定有疑问时，应报质量管理部门确定。

3. 可直接判定为不合格药品的情况

(1) 未经药品监督管理部门批准的药品，无批准文号（除另有规定的药品）。

(2) 整件包装中无出厂检验合格证的药品。

(3) 标签、说明书的内容不符合药品监督管理部门批准范围，标志不符合规定、没有规定标志的药品。

(4) 购自非法药品市场或生产企业不合法的药品。

（5）性状外观与合格品有明显差异的药品。

（6）内外包装有明显破损、封口不严的药品。

（7）对于需要特殊运输控制的药品，供货单位不能提供监控数据证明运输控制符合规定的药品。

三、验收不合格药品的处理

对验收不合格或验收过程中有质量疑问的药品，验收员应填写药品质量复查通知单，报质量管理部门进行复查。经质量管理部门确认合格的，封箱复原药品，由验收人员与仓储部门办理入库交接手续；经质量管理部门确认不合格的，封箱复原药品，填写质量验收拒收报告单，见表 5－3－1。对于不合格的药品，应当尽快处理，查明原因。

表 5－3－1　　质量验收拒收报告单

药品通用名称		药品名称		供货企业	
剂型		规格		数量	
生产企业		产品批号		有效期至	
生产日期		批次码		检验报告号	
拒收原因	验收人员：　日期：				
业务部门意见	负责人：　日期：				
质量管理部门意见	负责人：　日期：				

1. 药品包装、标签、说明书等内容不符合药品监督管理部门标准的，将药品移入不合格药品区，不能退货，需上报药品监督管理部门进行处理。

2. 药品的相关合格证明文件不全或内容与到货药品不符，包装的封条损坏、最小包装的封口不严，包装有破损、污染或渗液，包装及标签印字不清晰，标签粘贴不牢固，药品外观性状不符合要求等情况，属于供货方质量违约责任，将药品移入退货区，办理拒收退货手续。

3. 随货同行单（票）中的数量与到实物数量不一致的，通知采购人员协调，可暂放待验区，待采购人员联系供应商后处理。

质量管理部门负责对不合格药品的处理情况进行定期汇总和分析，统计并分析出现不合格药品的原因，找出质量管理工作中存在的缺陷，改进和完善质量管理控制过程，有效地杜绝类似问题的再次发生。同时应全面分析、评审购进药品的质量状况，调整、优化药品购进渠道及品种结构，为药品采购提供可靠的决策依据。

四、验收记录

验收记录的内容应真实、准确、完整、可追溯。验收人员应根据质量验收的实际情况，将验收药品的质量状况记录下来，并按规定作出明确的验收结论。

1. 验收记录包括药品的通用名称、剂型、规格、批准文号、批号、生产日期、有效期至、上市许可持有人、生产企业、到货数量、验收合格数量、验收结果、验收人员姓名和验收日期等内容。

2. 中药材验收记录包括品名、产地、供货单位、到货数量、验收合格数量等内容，实施批准文号管理的中药材，还要记录批准文号。中药饮片验收记录包括品名、规格、批号、产地、生产日期、生产企业、供货企业、到货数量、验收合格数量等内容，实施批准文号管理的中药饮片还要记录批准文号。

3. 建立专门的销后退回药品验收记录，记录包括退货单位、退货日期、通用名称、规格、批准文号、批号、上市许可持有人、生产企业（或产地）、有效期、数量、验收日期、退货原因、验收结果和验收人员等内容。

4. 冷藏、冷冻药品运输过程中的温度记录应作为验收记录保存。

5. 购货单位应在计算机系统中建立专门的直调药品验收记录，并在验收当日将验收记录相关信息传递给直调企业。

6. 验收不合格的药品，需注明不合格事项及处置措施。

7. 验收人员验收确认，录入验收数据后，计算机系统将会自动生成药品验收记录表。验收记录表见表 5－2－3。

8. 验收记录应至少保存 5 年。

9. 注意事项：

（1）药品批号必须如实记录。不能打“√”“×”或填“有”“无”。因为，依批号能明确该批药品的生产日期，同一药品因生产批次和包装批次不同可有不同的批号，批号也是追踪有质量问题药品的主要依据。

（2）品名和供货单位不要用简称。

（3）有效期为药品有效的截止期，而购进记录中的有效期是药监部门核准的药品有效期。如果包装上没有药品有效的截止期，应根据有效期换算成其有效截止期，如至××年××月××日。

（4）企业没有必要按针、片、水、粉分剂型各建一本记录，这样记录本数量多且打破了验收时间顺序，不便于跟踪追查质量状况。

（5）不得用铅笔填写记录，记录应字迹清楚、内容真实完整，能反映当时实际检查情况。

（6）不得撕毁或任意涂改记录；确实需要更改时，应划去后在旁边重写，并使原记录清晰可见，在改动处签名或盖本人图章。

（7）签名要签全名，不得代签或只写姓氏。

（8）按表格内容填写齐全，不得空格漏项；如无内容一律用“—”表示。

五、药品质量档案与药品质量信息管理

1. 药品质量档案

建立药品质量档案是在对药品质量信息、资料进行收集、汇总、分析的基础上，为药品质量管理工作提供可靠的裁决、处理依据的有效形式。药品质量档案从广义上讲，是指质量活动中形成的所有原始记录、票据凭证、传递文件等信息资料；从狭义上讲，是指按品种建立的以该药品质量信息为主要内容的档案资料，其内容应包括药品的质量标准、合法性证明文件、质量状态记录等。

质量管理部负责药品质量档案的建立及管理工作，确定并调整药品质量档案的品种目录，一般建档范围应包括：首营品种、主营品种、除首营品种之外的其他新经营品种、发生过质量问题的品种、药品监督管理部门重点监控的品种、药品质量不稳定的品种、消费者投诉较集中的品种、其他有必要建立质量档案的品种。

2. 药品质量信息管理

企业应建立以质量管理部为中心，各相关部门、门店为网络单元的信息反馈、传递、分析及处理的完整质量信息网络体系，由质量管理部负责网络的正常运行和维护，及时收集企业内外环境的质量信息并汇总分析后，将信息反馈、传递至执行部门。

药品质量信息报表应按季填写并上报主管领导，对异常、突发的重大质量问题要以书面形式及时向主管负责人及有关部门反馈，确保质量问题的及时畅通传递和准确有效地发挥作用。

任务实施

【材料准备】

工具：温湿度仪、干湿度测量仪、天平。

材料：防疫药品一批、笔、纸、《药品经营质量管理规范》（2016 版）、随货同行单（票）、检查报告书、验收记录表。

设备：实训场地、药店管理系统、医药企业虚拟仿真系统。

【实施步骤】

步骤一：验收员抽样

根据药品检查的情况，按照抽样原则，抽选具有代表性样品，进行质量判断。

步骤二：填写验收记录表

1. 对药品的包装质量、产品合格证、标签说明书、外观形状进行检查，判断待验药品的质量。

2. 验收类型分为一般药品验收和特殊管理药品验收，根据药品特性进行验收记录。

3. 如果是多批次的药品入库，需要分批填写。

4. 如果在验收时发现不合格产品，确认为拒收，则如实填写“合格数量”和“拒收数量”。

5. 填写验收结论，验收员签字。

步骤三：验收结果的处理

合格：验收员通知保管员入库，把随货通行单（票）交给保管员。

不合格：根据不同情况进行拒收处理，并填写拒收报告单。

步骤四：建立药品档案

根据药品的特性，填写药品档案记录表。

【操作要点及注意事项】

1. 验收时对购进药品抽样检查，对销后退回药品逐批验收。

2. 药品的质量检查验收包括：药品外观性状检查和药品包装、标签、说明书及标识的检查。

3. 验收合格和不合格均需要填写验收记录。

任务测评

评价方式包括自我评价、组内评价、组间评价、教师评价，并据此设计了学生自评表（表5－3－2）、组内评价表（表5－3－3）、组间互评表（表5－3－4）、教师考核评价表（表5－3－5）。其中自我评价、组内评价、组间评价采用线上填写学习通问卷的形式进行，教师评价包含过程评价、结果评价，采用纸质评价表。各评价方式占本任务百分比分解如图1－1－1 所示。

表5－3－2　　学生自评表

学习任务名称：__________　姓名：__________　学号：__________

序号	学习过程	评价内容	评价标准			得分
			符合(分)	部分符合(分)	不符合(分)	
1	课前探究	能够主动完成学习通作业	8～10	5～7	0～4	
2	明确任务	能够绘制正确的工作流程图	8～10	5～7	0～4	
3	制定方案	能够参与小组讨论，提出合理建议，积极参与小组汇报工作	8～10	5～7	0～4	
4	任务实施	能够抽选代表性样品	8～10	5～7	0～4	
5		能够完成药品质量检查	8～10	5～7	0～4	
6		能够完成验收结果判断及处理	8～10	5～7	0～4	
7		能够完成验收记录填写	8～10	5～7	0～4	
8		能够按照 GSP 的要求，完成清场和消杀	8～10	5～7	0～4	
9	竞赛提升	能够积极参加课中竞赛并获奖	8～10	5～7	0～4	
10	总结点评	能够客观公正做好自我评价	8～10	5～7	0～4	
合计						

表 5-3-3　　组内评价表

学习任务名称：＿＿＿＿＿＿　组别：＿＿＿＿＿＿　被评价者姓名：＿＿＿＿＿＿

序号	学习过程	评价内容	评价标准			得分
			符合(分)	部分符合(分)	不符合(分)	
1	课堂参与合作学习的态度	能够尊重同伴、独立思考，承担并完成岗位职责	8~10	5~7	0~4	
2	获得和提供信息技能	能够查阅规范、工作页解决疑问	8~10	5~7	0~4	
3		在展示汇报时能够积极参与，踊跃表达	8~10	5~7	0~4	
4	帮助和支持技能	在小组讨论时能积极思考，诚恳提问	8~10	5~7	0~4	
5		在讨论过程中能尊重他人，耐心倾听	8~10	5~7	0~4	
6	组织引导技能	能够帮助、督促其他成员参与小组活动，相互勉励，阻止讨论偏离主题	8~10	5~7	0~4	
7	质量控制技能	能够合作完成药品抽样项目	8~10	5~7	0~4	
8		能够合作完成药品验收项目	8~10	5~7	0~4	
9	评议的技能	能够对其他组质量判断结果进行专业评价	8~10	5~7	0~4	
10		在展示作品时，能姿态端正，思路清晰	8~10	5~7	0~4	
合计						

表 5-3-4　　组间互评表

学习任务名称：＿＿＿＿＿＿　组别：＿＿＿＿＿＿　被评价者姓名：＿＿＿＿＿＿

序号	评价内容	评价标准			得分
		符合(分)	部分符合(分)	不符合(分)	
1	该小组制定方案科学、高效、合理	16~20	10~15	0~9	
2	该小组进行方案汇报时，使用普通话，思路清晰，条理性强	16~20	10~15	0~9	
3	该小组任务完成过程中遵循 GSP 规范，样品选取合理	16~20	10~15	0~9	
4	该小组能够合理评价其他小组	16~20	10~15	0~9	
5	该小组完成药品验收项目	16~20	10~15	0~9	
合计					
评价小组组长签名					

表5-3-5　　教师考核评价表

学习任务名称：＿＿＿＿＿＿＿＿　学生：＿＿＿＿＿＿＿＿　学号：＿＿＿＿＿＿＿＿

序号	考核要求	评价标准			得分
		符合(分)	部分符合(分)	不符合(分)	
1	抽样数量正确，样品具有代表性	16～20	10～15	0～9	
2	药品质量检查验收无误	16～20	10～15	0～9	
3	药品验收结果判断准确，验收记录字迹清晰	16～20	10～15	0～9	
4	药品质量档案填写无误	16～20	10～15	0～9	
5	记录规范	16～20	10～15	0～9	
合计					

想一想

1. 大家来讨论：青岛某医药科技有限公司某中医诊所购进药品时未建立购进验收记录，构成了购进药品未建立购进验收记录的违法行为。根据《山东省药品使用条例》第三十七条第一款第一项的规定，对当事人作出罚款人民币伍仟元整（¥5 000.00）的处罚。作为验收员，请你谈一谈建立验收记录的意义。

2. 请梳理本次课程的知识内容，绘制思维导图。

课堂练习

1. 验收员应该作出拒收处理的情况是（　　）。

①销售凭证上无供应商单位名称

②销售凭证上无药品批号

③实到药品批号与销售凭证上的批号不符

④处方药包装上无规定标志

A. ①②④　　B. ①②③　　C. ①②③④　　D. ①②

2. （多选）药品入库时，验收不合格的药品应（　　）。

A. 注明不合格事项　　B. 注明处置措施

C. 注明来源　　D. 随意放置

E. 放置在合格库（区）

3. （多选）中药饮片验收记录包括（　　）。

A. 品名、规格、批号

B. 产地、生产日期

C. 到货数量、验收合格数量

D. 生产企业、供货企业

E. 实施批准文号管理的中药饮片还要记录批准文号

模块三

GSP 对药品储存养护管理

课题六

GSP 对药品储存养护设施、设备的管理

任务一　仓库环境和仓库分区分类

学习目标

1. 能说出药库的环境要求。
2. 能说出药品仓库的分类。
3. 能说出药品仓库库区布局的基本要求。

任务引入

2021 年，广西壮族自治区药监局发布了一则行政处罚决定书：某医药公司非法设置有非企业药品经营许可证许可核准的库房且未安装有温湿度监测及调控设备，存在有药品未按药品区域划分存放药品等行为，违反《药品经营质量管理规范》，依据《中华人民共和国药品管理法》第一百二十六条的规定，现责令当事人改正上述违法行为，并作出行政处罚。

1. 请谈谈你对该案例的看法，查找 GSP 关于储存养护设施设备管理有关条款。

2. 现有一家拟开办的药品批发企业，请为该企业合理规划公司仓库地址并设计仓库布局，保证企业正常运营。

【任务分析】

完成本次任务需要做到：

1. 完成仓库的设计、布局、建造。
2. 能列举出药品仓库的分类。

相关知识

药品经营企业仓库环境的选择与仓库分区分类是药品储存与养护的基础，GSP 第四十三条至第四十六条规定了药品经营企业仓库环境和仓库分区分类要求。

一、仓库整体环境的选择

药品经营企业仓库是企业开展药品经营活动的重要场所，企业仓库的合理选址与规划是开展药品经营行为、保证药品经营行为合法性、满足企业市场布局与经营需求、提高药品经营企业整体水平的重要基础与保障。《药品经营质量管理规范》规定企业应当具有与其经营范围、经营规模相适应的经营场所和库房，并且仓库所在区域与管理应当符合药品质量管理要求。

1. 仓库选址要求

（1）药品零售药房可采取委托配送，不设立储存仓库。

（2）药品批发企业应当有与其经营规模相适应的仓库。按仓库面积大小可分为大型仓库、中型仓库和小型仓库。仓库面积（建筑面积）应当达到下列规定要求：大型仓库内所有房屋总面积不得低于 1 500 m^2，中型仓库内所有房屋总面积不得低于 1 000 m^2，小型仓库内所有房屋总面积不得低于 500 m^2。

（3）交通方便，运输通畅，能保证运输时效。仓库周边无污水、有害气体、大量粉尘等污染源。

（4）药品批发企业的药品采购仓库应建设在大中城市及药品生产比较集中的地区，以便就近采购。

（5）药品生产企业的原料库、半成品库、成品库的设置应符合《药品生产质量管理规范》要求，应与生产过程相衔接，尽量减少储运过程中的污染。

（6）中药材采购仓库通常设置在中药材生产基地或药材集散地等便于大量集中收购和调运的地点。

（7）要考虑经济区域和药品的合理流向。

（8）药品仓库应选择地质坚固，土壤干燥、平坦，地势较高的位置，仓库不应建在地质松软或地质构造不稳定地段。

（9）选址应考虑地下水位和汛期洪水等情况，避免出现水淹、潮湿。

（10）化学危险品仓库应远离居住区，单独设立。

（11）能保证用水、用电。

2. 仓库建筑与安全要求

（1）仓库主体应当采用无毒无污染、保温隔热、坚固光滑、发尘量少、不易黏附灰尘及吸湿性小的材料。

（2）库区地面应硬化或绿化，无缝隙、不起尘、平整无杂草、无积水。

（3）库房内墙壁、顶棚和地面光洁、平整，门窗结构严密，尽量减少窗户的数量和面积，保证仓库环境的气密性。

（4）仓库内具有适宜药品分类保管和符合药品储存要求的库房。仓库各区域间应当分开一定距离或有隔离措施，装卸作业场所应有顶棚，确保装卸作业过程中不受雨雪、风沙等环境因素影响。

（5）特殊管理药品仓库应当采用砖混或钢混结构的建筑，不得设明窗，要安装钢制防盗门、监控系统等安全措施。

（6）放射性药品仓库应当具有防辐射功能。

（7）具有符合规定的消防与安全设施。

二、仓库的分类与库区的合理布局

1. 仓库分区管理

药品经营企业仓库应实施分区管理，使现场管理标准化。药品储存作业与工作区域划分明确，便于各部门职能分工，保证药品质量，防止药品质量安全事故。一般按职能不同分为储存作业区、辅助作业区、行政办公区、生活区。《药品经营质量管理规范》明确规定：药品储存作业区、辅助作业区应当与办公区和生活区分开一定距离或者有隔离措施，避免物料混杂和人员随意流动，导致药品质量污染。

（1）储存作业区

储存作业区是仓库的主体部分，是仓库工作的主要业务场所。储存作业区应当与企业仓库业务要求相一致，承担收货验收、储存养护、出入库等工作，包括库房（药品库、非药品库）、收货验收场所、保管员与养护员工作室等。储存作业区要求能保证药品的储存作业安全与收发货迅速，满足仓库合理运用的要求。储存作业区的功能区布置应当与仓库作业顺序相一致，保证各个环节作业紧密衔接，作业流程顺畅迅速。

（2）辅助作业区

辅助作业区是辅助药品仓储的作业场所，为储存保管业务服务。辅助作业区应当靠近储存作业区设立，以便于辅助工作，但同时要求与储存作业区有一定间隔或设置隔离措施。主要包括验收办公室、质检室、养护室、分装室及包装物料存放场所等。

（3）行政办公区

行政办公区是仓库的行政管理机构场所，包括警卫室，人事、财务、计算机系统等管理办公室。行政办公区要求与储存作业区隔离，设置有隔离设施并且有单独出入口，减少办公人员来往，避免对仓库作业造成影响与干扰，保证药品作业的安全并便于药品作业管理。

（4）生活区

生活区包括宿舍、食堂、厕所、汽车车库等。

办公与生活区域人员不得干扰储存作业区工作，不得有共用的出入通道，杜绝人流、物流的交叉。

2. 药品仓库的分类

企业仓库库区是对企业经营的药品及非药品进行储存养护的管理工作场所，库房应当合理放置、安全储存药品。由于药品经营企业商品种类的多样性，不同类型药品与非药品储存管理要求存在差异，因此仓库应当有适宜其经营范围的相应库房或区域。根据 GSP 有关规定与企业经营管理要求，将药品仓库进行以下分类。

（1）按 GSP 管理要求分类

1）根据 GSP 分类管理原则，药品与非药品（不具备药品生产批准文号的商品）、外用药与其他药品分开存放，拆除外包装的零货药品集中存放，中药材和中药饮片分库存放，特殊管理药品根据管理要求分库存放。根据企业经营规模与经营范围可分为：化学药品库（区）、中成药药品库（区）、外用药品库（区）、零货药品库（区）、中药材库、中药饮片库、生物制品库、制剂辅料库、医疗器械库（区）、保健品库（区）、化学原料药品库、医疗用毒性药品库、麻醉药品库、放射性药品库、危险品库等。

2）根据药品质量状态分为待验区（库）、待处理品库（区）、合格品库（区）、不合格品库（区）、发货库（区）、退货库（区）。

GSP 规定药品仓库需根据药品不同的质量状态实行色标管理，三色标牌以底色为准，其标准为：合格品库（区）、发货库（区）为绿色；待验库（区）、待处理品库（区）、退货库（区）为黄色；不合格品库（区）为红色。

根据企业经营规模可以选择分区或者分库进行药品储存管理。如果企业规模较大、库房数量充足，可以采用分库管理；如果企业经营规模较小、库房数量有限，可以采用色标分区管理，要求划分区域有明显隔离，色标标识清晰。

3）根据药品温湿度管理要求分为常温库、阴凉库、冷库。常温库温度要求 10～30 ℃；阴凉库温度要求不超过 20 ℃；冷库温度要求控制在 2～10 ℃。三种库房的相对湿度控制在 35%～75%。企业应当按包装标示的温度要求储存药品，包装上没有标示具体温度的，按照《中国药典》规定的储藏要求进行储存。对于有特殊温湿度储存要求的药品，如部分生物制品、易吸湿受潮的中药材与中药饮片等，应设置相应库房温湿度条件，配备相应设施设备，保证药品储存质量。

4）按照特殊管理药品要求分为医疗用毒性药品库、麻醉药品库、第一类精神药品库、第二类精神药品库、放射性药品库和危险品库；麻醉药品可与第一类精神药品在同一库内分区储存。中药材、中药饮片设立专用库房，分库存放。

练一练

结合 GSP 管理要求，（　　）和（　　）可以存放于同一货架。

A. 布洛芬缓释片　阿托伐他定片　　B. 脑白金　藿香正气水

C. 红霉素眼膏　头孢克肟胶囊　　D. 板蓝根（中药）　板蓝根颗粒

（2）按照仓库建筑结构分类

1）平面仓库：多为单层或双层仓库，在货物储存过程中直接在仓库地面进行区域划分，将药品堆码于普通货架或托盘上，结构较简单，高层空间利用率较低，库存利用率相对较低。仓库储存作业多为人工或半自动，设施设备配置相对简单，前期建设成本低于立体仓库。

2）高层货架立体仓库：简称高架仓库，采用几层或十几层甚至几十层货架储存货物，单位的存储量远超平面仓库。可以通过手动、自动或半自动的操作转移货物，有效提高企业仓库的高层空间利用率、单位面积储存量，通过计算机网络管理提升企业管理效率，实现智能仓储，使仓储工作可以更合理、有效且最经济的流动，是医药企业现代化的标志。

3. 仓库总平面布局要求

企业仓库是企业商品的储、进、销、存的主要工作区域，能集中反映企业商品物资的活动状况。仓库的转运效率、仓库的储存能力直接影响企业的运作，仓库的建设能直接体现企业的硬实力，合理建设规划仓库对药品质量安全、企业经营效益、企业物流合理化等都有着深远的影响。合理的仓库布局，应当遵守以下要求：

（1）保障药品储存安全

药品仓库需符合 GSP 有关规定，严格实行仓库分区管理，具有符合规定要求的设施设备。

（2）满足仓库作业合理性、流畅性、安全性

仓库布置应当以主要库房为中心，对各区域合理布置，在保证仓库作业安全的前提下使作业路线更加高效合理，减少库内运输距离，减少通道占用面积，增加仓库面积利用率。

（3）作业流程无重复、拥堵情况

为有效完成仓库作业，作业流程应保证单一物流方向，货物的收货、验收、储存养护、出库复核等环节应适应仓储作业流程，按一个方向流动，避免出现作业混乱、拥堵的现象。

（4）满足消防安全规定

保证仓库内有配套消防安全措施，疏散通道、消防通道无拥堵、占道，保证畅通，危险品按规定要求储存。

（5）有效利用仓库设施设备

考虑仓库作业中使用的设施设备，如运输车、叉车、吊车、药品自动化分拣系统等设备的特征，适应每一种设备的使用需求，考虑最经济的运输方式。

（6）考虑企业发展、仓库后续扩容

仓库设计布局需将目前需要与长久规划相结合，尽可能避免仓库扩容对仓库正常作业产生影响。

【知识链接】

高层货架立体仓库相比于平面仓库，需要消耗仓库大量地面用于药品高层货架与运输设备的通道建设。高架仓库的通道面积消耗比平面仓库高出 3 ~4 倍，并且由于高架仓库的工作实现了自动化与半自动化，所以功能区的占地面积也要高于平面仓库用以配备相应设施设备。因此建设高架仓库要求库房至少达到 7 米以上高度，以提高高架仓库对纵向空间利用率，若纵向空间太小，就弥补不了储存公摊消耗。建设高架仓库时，企业应当结合本企业经营实力，考虑高架仓库前期建设消耗，合理设计建设仓库空间。

任务实施

【材料准备】

工具：尺子，计算器。

材料：笔和纸、《药品经营质量管理规范》（2016 版）。

设备：药店管理系统、医药企业虚拟仿真系统。

【实施步骤】

步骤一：确定相适应库房

根据企业经营信息讨论设计合适的仓库工作区。

拟经营范围（不含危险化学品）：化学制剂、抗生素制剂、中成药、中药材、中药饮片、生物制品（含胰岛素）。

步骤二：确定库房功能

1. 根据《药品经营质量管理规范》要求和企业经营范围，确定每个库房功能，如常温库、阴凉库、冷库等。

2. 对库房进行合理分区，按照药品分区管理要求分为待验区、合格品区、不合格品区、退货区、发货区、待处理区并标识相应色标。

3. 制作仓库平面设计图，对仓库工作区和库房位置进行合理布局。

步骤三：绘制仓库平面图

小组绘制仓库的平面图。

【操作要点及注意事项】

1. 仓库建设考虑企业拟经营范围，合理设计库房。

2. 库房设计应当符合药品储存作业要求，能有效方便地完成仓库作业。

3. 库房分区合理准确，色标标识正确。

4. 库房功能齐全，符合规范要求且设计美观。

任务测评

评价方式包括自我评价、组内评价、组间评价、教师评价，并据此设计了学生自评表（表 6－1－1）、组内评价表（表 6－1－2）、组间互评表（表 6－1－3）、教师考核评价表（表 6－1－4）。其中自我评价、组内评价、组间评价采用线上填写学习通问卷的形式进行，教师评价包含过程评价、结果评价，采用纸质评价表。各评价方式占本任务百分比分解如图 1－1－1 所示。

表 6－1－1　学生自评表

学习任务名称：＿＿＿＿＿＿＿＿　姓名：＿＿＿＿＿＿＿＿　学号：＿＿＿＿＿＿＿＿

序号	学习过程	评价内容	评价标准			得分
			符合(分)	部分符合(分)	不符合(分)	
1	课前探究	能够主动完成学习通作业	8～10	5～7	0～4	
2	明确任务	能够绘制正确的药品经营企业仓库平面图	8～10	5～7	0～4	
3	制定方案	能够参与小组讨论，提出合理建议，积极参与小组汇报工作	8～10	5～7	0～4	

续表

序号	学习过程	评价内容	评价标准			得分
			符合（分）	部分符合（分）	不符合（分）	
4	任务实施	能够认真学习 GSP 对药品经营企业仓库设置要求与原则	8～10	5～7	0～4	
5		能够熟练掌握 GSP 对药品经营企业仓库分类管理要求	8～10	5～7	0～4	
6		能够合理设计药品经营企业仓库功能	8～10	5～7	0～4	
7		能够合理设计药品经营企业仓库平面布局	8～10	5～7	0～4	
8		能够正确汇报药品经营企业仓库整体环境的选择要求	8～10	5～7	0～4	
9	竞赛提升	能够积极参加课中竞赛并获奖	8～10	5～7	0～4	
10	总结点评	能够客观公正做好自我评价	8～10	5～7	0～4	
合计						

表 6－1－2　组内评价表

学习任务名称：＿＿＿＿＿＿＿＿　组别：＿＿＿＿＿＿＿＿　被评价者姓名：＿＿＿＿＿＿

序号	学习过程	评价内容	评价标准			得分
			符合（分）	部分符合（分）	不符合（分）	
1	课堂参与合作学习的态度	能够尊重同伴、独立思考，积极参与组内讨论，合作完成任务	8～10	5～7	0～4	
2	获得和提供信息技能	能够查阅规范、工作页解决疑问	8～10	5～7	0～4	
3		在展示汇报时能够积极参与，踊跃表达	8～10	5～7	0～4	
4	帮助和支持技能	在小组讨论时能积极思考，诚恳提问	8～10	5～7	0～4	
5		在讨论过程中能尊重他人，耐心倾听	8～10	5～7	0～4	
6	组织引导技能	能够帮助、督促其他成员参与小组活动，相互勉励，阻止讨论偏离主题	8～10	5～7	0～4	
7	学习总结技能	能够认真学习 GSP 对药品企业仓库环境选择与分区分类要求	8～10	5～7	0～4	
8		能够掌握 GSP 对药品经营企业仓库分类管理要求	8～10	5～7	0～4	
9	评议的技能	能够对其他组汇报结果进行专业评价	8～10	5～7	0～4	
10		在展示作品时，能姿态端正，思路清晰	8～10	5～7	0～4	
合计						

表 6-1-3 **组间互评表**

学习任务名称：________ 组别：________ 被评价者姓名：________

序号	评价内容	评价标准			得分
		符合(分)	部分符合(分)	不符合(分)	
1	该小组制定方案科学、高效、合理	16~20	10~15	0~9	
2	该小组进行设计方案展示时，使用普通话，思路清晰，条理性强	16~20	10~15	0~9	
3	该小组任务完成过程中遵循 GSP 规范，库房分区设计合理，并正确标识色标	16~20	10~15	0~9	
4	该小组设计方案具有可实施性，作业流程设计合理	16~20	10~15	0~9	
5	该小组能够合理评价其他小组	16~20	10~15	0~9	
合计					
评价小组组长签名					

表 6-1-4 **教师考核评价表**

学习任务名称：________ 学生：________ 学号：________

序号	考核要求	评价标准			得分
		符合(分)	部分符合(分)	不符合(分)	
1	设计图整洁美观完整	16~20	10~15	0~9	
2	仓库布局与分区符合 GSP 规定，并标识相应色标	16~20	10~15	0~9	
3	能保障药品作业安全，流程合理	16~20	10~15	0~9	
4	满足消防安全需求	16~20	10~15	0~9	
5	布局符合企业经营需求	16~20	10~15	0~9	
合计					

想一想

《药品经营质量管理规范》(2016 版) 第四十五条规定：药品储存作业区、辅助作业区应当与办公区和生活区分开一定距离或有隔离措施。怎样才算分开一定距离？什么是有效隔离？

课堂练习

一、选择题

1. 库区实施色标管理，以下说法正确的是（　　）。

A. 退货库（区）为黄色　　B. 发货区为黄色

C. 合格品库（区）为红色　　D. 待处理区（库）为绿色

2. 药品储存养护要求药品仓库常温区的温度控制在（　　）。

A. <20 ℃　　B. 0 ~ 30 ℃　　C. 25 ℃左右　　D. 10 ~ 30 ℃

二、判断题

1. 特殊管理药品仓库建设为保证通风防潮，可设置明窗。（　　）

2. 辅助作业区应当靠近储存作业区设立，不必隔离。（　　）

任务二　设施设备的分类和配置原则

学习目标

1. 能指出设施设备的对应类别。
2. 能说出仓库的配置原则及养护要点。

任务引入

2019 年 6 月 29 日，我国首部疫苗管理法出台，将分散在有关法律和行政法规中的规定，集合、整合成一部法律，进一步完善了疫苗管理制度。该法全面贯彻落实“四个最严”的要求，对疫苗实施了全过程、全环节、全方位的监管，并且加大对疫苗违法行为的惩处力度，对构成犯罪的行为依法从重追究刑事责任。

近年来，在疫苗领域发生的如长春长生疫苗事件等问题，引起了国家与广大民众的高度重视，除疫苗生产销售环节应当严格把控外，疫苗的流通储运管理同样受到疫苗储存和运输管理规范的严格要求，其明确规定从事疫苗经营活动的药品企业，仓库应当配有相适应的设施设备，做到实时监测、记录温度，以保证疫苗的质量。

1. 结合所学知识，药品企业从事疫苗经营活动应当配备哪些设施设备?

2. 本企业拟建设药品仓库，请按照法律法规有关规定，根据拟经营的药品经营范围，列出企业仓库应当配备的设施设备。

【任务分析】

完成本次任务需要做到：

1. 指出设施设备的对应类别。
2. 能说出药品仓储设施设备的配置要求。
3. 能写出设施设备维护与管理的规定。

相关知识

药品仓储设施设备的管理与配置是药品经营企业仓库管理的重要内容，GSP 第四十七条至第五十二条规定了药品批发企业设施设备配置要求；第一百四十三条至第一百五十一条规定了药品零售企业设施设备配置的要求。

一、设施设备的分类

仓储设施设备是指能满足企业为储藏和保管物品所需要的技术装置和工具，药品企业仓库主要的仓储设施设备如下。

1. 装卸搬运设施设备

企业仓库用来搬移、装卸、升降、辅助药品运输的机械设备，按有无动力可分为两类：

（1）动力式装卸搬运机具。大部分装卸搬运机具属于此类，包括各式平面传送装置、垂直传送装置、运货卡车、起重机、叉车、穿梭车、悬挂小车、堆码机、提升机等。

（2）人力式装卸搬运机具。包括手推车、手动升降平台、手车、手动叉车等一些小型机具。

2. 保管设备

（1）苫垫用品。能够起到防护自然因素对药品产生的影响，包括苫布（油布、塑料布等）、苫席、枕木、码架、地台板、垫木、石墩等。

（2）存货用具。包括各类型货架、橱柜、货台、中药饮片储存箱等，冷藏药品还需配备如电冰箱、冷藏箱或冰柜（图 6－2－1）。麻醉药品、精神药品还需配备专用保险柜（图 6－2－2）。

图 6－2－1　冰柜

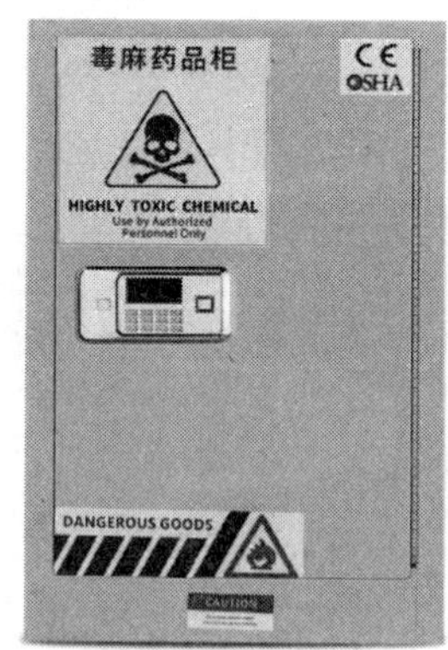

图 6－2－2　保险柜

3. 计量设备

计量设备用于商品进出库的计量、点数及在库盘点等工作。

（1）质量称量设备。包括台秤、天平、电子秤及自动称量装置等。

（2）个数计量设备。包括自动计数器、自动计数显示设备等。

（3）长度计量设备。包括卷尺、直尺、检尺器及长度自动剂量仪等。

4. 验收养护检验设备

验收养护检验设备是指在商品进入仓库验收和在库内养护工作中，用于检验以及防止商品变质、失效的设施设备。包括有温度计、湿度检测仪、空调、制冷机、除湿机、加湿器、温湿度控制仪、分析天平、测潮仪、烘干箱、风幕、空气调节器、商品质量化验仪等。

5. 通风保暖照明设备

根据商品保管和储存作业要求配置，包括有照明灯、取暖装置、各式电扇等。

6. 消防安全设备

消防安全设备是仓库必不可少的设备，包括有报警器、消防栓、应急照明灯、警示牌、消防通道、安全出口指示灯、水枪、防火卷帘、消防水源、喷淋系统等。

7. 软件设备

软件设备包括用于管理药品出入库、保管养护质量管理制度，药品储存养护、出库复核质量程序文件及相关管理记录，凭证、台账，企业仓储、运输配送、采购、出入库记录的计算机软件等。

8. 劳动防护用具

保障仓库作业人员人身安全的设施设备，包括安全帽、防毒面具、防护服、护目镜、口罩、胶鞋、绝缘手套和袖套等。

9. 其他用途的设备和工具

包括电脑、打印机、开箱器、小型打包机、封装机、电工刀、剪刀等。

二、设施设备配置要求与原则

为保障药品仓库储存、运输安全，要求药品仓库不得存放与储存作业无关用品，库房应当配备以下设施设备确保药品质量安全，且储存、运输设施设备应当由专人负责定期检查、清洁和维护，并建立记录和档案。

1. 药品与地面隔离设施

GSP 规定储存药品按规定与库房内墙、顶、温度调控设备及管道等设施间距不小于 30 cm，与地面间距不小于 10 cm，每垛间距不得小于 5 cm，需采用相关工具或者设备进行隔离，包括有塑料托盘、木制托盘、货架等（见图 6－2－3）。

练一练

储存的药品应当与仓库内空调保持至少（　　）cm 距离。

A. 10　　B. 20　　C. 30　　D. 40

2. 药品六防设施

《药品经营质量管理规范》规定储存药品应当按照要求采取避光、遮光、通风、防潮、防虫、防鼠等措施。

（1）避光。避光指避免阳光的直射，仓库安装的窗户可以采用磨砂玻璃、有色玻璃等，

图 6－2－3　药品与地面隔离设施

药品货架应当远离窗户等阳光直射区域。

（2）遮光。为避免阳光的照射，企业仓库内窗户应当加装窗帘、百叶窗、遮光膜等。

（3）通风。促进空气流通的设备，包括柜式风机、空气净化器、空调、换气扇等。

（4）防潮。可以有效避免仓库内高湿度影响药品质量的设施设备，包括除湿机、防潮柜、空调、干燥剂等。为防止墙面、地面积水或潮湿还需采用隔离设备包括地垫、货架、窗帘等。

（5）防虫。可以避免药品特别是中药材、中药饮片受虫害的设施，包括紫外线灭蚊灯、灭蝇灯、纱窗等。

（6）防鼠。防鼠设施包括捕鼠夹、挡鼠板等。为保证药品质量安全，不得使用灭鼠药、以食物为诱饵的捕鼠笼。

3. 有效调控温湿度及室内外空气交换的设备

库房内配置有空调系统、加湿器、除湿机等设备。

4. 自动监测、记录库房温湿度的设备

依据《药品经营质量管理规范》附录 3《温湿度自动监测》要求，库房内应配备有温湿度自动检测系统，系统应当由管理主机、测点终端、不间断电源和管理软件等组成，24 小时连续、自动监测库房内温湿度实时状况，就地及指定地点声光报警，并对超出范围温湿度进行有效调控。

（1）温湿度监测记录与报警管理

温湿度自动监测系统通过管理主机实时显示和监测各监测点的温湿度状况，至少每隔 1 分钟更新一次测点数据，至少每 30 分钟自动记录一次温湿度实际数值，当温湿度值超出规定范围时，系统应当至少每隔 2 分钟记录一次温湿度实际数值。并且当温湿度监测数值超出规定范围或达到临界值时，除声光报警外，同时需要采取短信通信的方式，至少向 3 名指定人员发送报警信息；发生供电中断情况时，至少向 3 名指定人员发送报警信息。

（2）测点终端布置原则

1）每个独立的药品库房或仓间至少安装 2 个测点终端，并均匀分布。测点终端应当牢固安装在经过确认的合理位置，避免储运作业及人员活动对监测设备造成影响或损坏，其安装位置不得随意变动。

平面仓库面积在 300 m^2 以下的，至少安装 2 个测点终端；300 m^2 以上的，每增加 300 m^2 至少增加 1 个测点终端，不足 300 m^2 的按 300 m^2 计算。

2）因制冷设备的运行使冷气流下沉，地面温度普遍低于上层空间温度，因此平面仓库测点终端安装的位置不得低于药品货架或药品堆码垛高度的 2/3，保证对药品温度监测的准确性。

3）高架仓库或全自动立体仓库的货架层高度为 4.5 ~ 8 m 的，仓库面积在 300 m^2 以下的，至少安装 4 个测点终端，300 m^2 以上的，每增加 300 m^2 至少增加 2 个测点终端，并均匀分布在货架上、下位置；货架层高度在 8 m 以上的，仓库面积在 300 m^2 以上的，至少安装 6 个测点终端，300 m^2 以上的，每增加 300 m^2 至少增加 3 个测点终端，并均匀分布在货架的上、中、下位置；不足 300 m^2 的按 300 m^2 计算。

高架仓库或全自动立体仓库上层测点终端安装的位置，不得低于最上层货架存放药品的最高位置。

（3）温湿度监测数据与处理

测点终端采集的数据通过网络自动传送到管理主机，进行处理和记录，并采用可靠的方式进行数据保存，确保数据不丢失和不被改动。系统各测点终端采集的监测数据应当真实、完整、准确、有效。对记录的数据不可更改，不可删除，不得反向导入数据，不允许对用户开放温湿度的测定值修正、调整功能。

企业应当对监测的数据采用安全可靠的方式按日备份，备份的数据应当存放在安全场所，要求异地存放，记录与凭证应当至少保存 5 年，疫苗、特殊管理药品的记录与凭证按规定保存。

【知识链接】

根据《药品经营质量管理规范》附录 3，企业经营冷藏冷冻药品仓库温湿度测点终端安装要求如下：

1. 储存冷藏、冷冻药品仓库测点终端的安装数量，须符合测点终端布置的各项要求，其安装数量按每 100 平方米面积计算。

2. 每台独立的冷藏、冷冻药品运输车辆或车厢，安装的测点终端数量不得少于 2 个。车厢容积超过 20 立方米的，每增加 20 立方米至少增加 1 个测点终端，不足 20 立方米的按 20 立方米计算。

3. 每台冷藏箱或保温箱应当至少配置一个测点终端。

5. 符合储存作业要求的照明设备

仓库照明设备应当符合药品储存作业要求和安全用电要求。为保证仓库内亮度以标识及商品标识的识别度，仓库内应明亮无阴暗区，灯光无阴影死角。危险品库应当安装防爆灯。

6. 仓库工作专用场所配置要求

（1）用于零货拣选、拼箱发货操作及复核的作业区域和设备

零货药品应当储存于仓库专用零货区，拆零药品拣选工作区与药品储存作业区隔离。拣选工作按设备分为自动化设备拣选，如A型架、自动发药机等；自动化设备辅助拣选，如运货小车辅助、数字亮灯辅助、语音辅助等；人工拣选。零货区应有适宜的药品拼箱发货包装物料，并有便于零货复核区域及复核使用的周转箱、运输箱、封口胶、标签、条码采集器等设备。

（2）包装物料的存放场所

瓦楞纸箱、泡沫箱、胶带、电工刀、未使用地垫等包装物料应当储存于仓库专用区域或库房，可标识“包装材料区（库）”，如图6－2－4所示。

图6－2－4　包装物料存放场所

（3）验收、发货、退货的专用场所

药品验收、发货与退货作业应当根据药品储存要求与管理规定在仓库专用区域或库房进行。

（4）不合格药品专用存放场所

在库检查工作中发现的不合格药品应转移至指定专用区域或库房存放，并挂有明显标识。

7. 药品经营企业运输工具

运输药品不得采取敞开式运输方式，应当采用封闭式货物运输工具进行运输，以防止药品在运输过程中受到污染、雨淋、阳光直射、被盗等。运输药品使用的封闭式运输车辆一般指符合《中华人民共和国道路运输管理条例》有关规定的厢式货车、集装箱货车、普通封闭式货车等。

8. 有特殊要求药品配置与设施设备

（1）经营特殊管理药品要求

经营特殊管理药品的企业应具有符合国家规定的储存设施设备，包括金属防盗门、保险柜、监控设备、联网公安报警系统自动报警设备、防辐射装置等。

（2）经营药材、中药饮片要求

药材、中药饮片类药品由于质量特殊性，易发生虫蛀、霉变、受潮、泛油、风化等质量

变异，并且导致环境污染，因此《药品经营质量管理规范》规定药材、中药饮片必须专库储存，并根据药品质量特性配备相适应设施设备。

（3）经营冷藏、冷冻药品要求

企业经营冷藏、冷冻药品的，应当按照《药品经营质量管理规范》的要求，在收货、验收、储存、养护、出库、运输等环节，根据药品包装标示的储藏要求，采用经过验证确认的设施设备、技术方法和操作规程，对冷藏、冷冻药品储存过程中的温湿度状况、运输过程中的温度状况，进行实时自动监测和控制，保证药品储运环境的温湿度控制在规定范围内。具体内容包括：

1）企业配备与其经营规模和品种相适应、符合国家标准的冷库。储存疫苗的应当配备两个以上独立冷库。

2）冷库具有自动调节温湿度功能，具有温湿度监测、显示、记录调控、报警的设备，设置有温湿度上下限，并具有远程及就地实时报警功能，可通过计算机读取和存储所记录的监测数据。

3）配备电力保障措施，制冷机组有备用发电机组或双回路供电系统，避免出现突然断电导致温湿度异常影响药品质量。

4）冷库应有标识明显、划分合理的收货验收、储存、包装材料预冷、装箱发货、待处理药品存放等区域。

5）企业应当有专门运输冷藏、冷冻药品的冷藏车辆，其配置符合国家相关标准要求；冷藏车厢具有防水、密闭、耐腐蚀等性能，车厢内部留有保证气流充分循环的空间。冷藏车如图 6－2－5 所示。

图 6－2－5 冷链药品运输车

6）冷藏车应当配备有温湿度记录仪与 GPS 定位系统，记录不同时间段、不同地点温湿度值，温湿度超限自动报警，保证冷链药品运输过程中的温湿度控制。

7）冷藏箱、保温箱具有良好的保温性能；冷藏箱具有自动调控温度的功能，保温箱配备蓄冷剂以及与药品隔离的装置。

8）冷藏、冷冻药品的储存、运输设施设备配置温湿度自动监测系统，可实时采集、显示、记录、传送储存过程中的温湿度数据和运输过程中的温度数据。

三、设施设备维护与管理

为保证企业用于仓库正常作业的相关设施设备能正常运行，保障药品质量安全，企业应对仪器设备进行科学管理。按照国家有关规定，企业应对计量器具、温湿度监测设备等定期进行校准或者检定；对冷库、储运温湿度监测系统以及冷藏运输等设施设备进行使用前验证、定期验证及停用时间超过规定时限的验证，由专业人员定期对设施设备进行检查、校准、清洁与维护并建立设备档案与记录。

企业设施设备需逐台进行登记，建立设备管理台账（见表 6－2－1）。设备管理部门将企业设施设备逐台建立设备档案袋，设备档案资料包括出厂检验合格证、设备使用说明书、安装基础图、保修凭证、设备开箱检查验收单、设备使用记录、设备检修记录单、设备事故报告单等。

设施设备需建立运行维护使用记录，记录信息需保证真实有效和及时。设施设备运行维护使用记录见表 6－2－2。

表 6－2－1　　设施设备管理台账

序号	编号	名称	型号	制造商	销售单位	检定部门	启用日期	使用地点	管理人	备注

表 6－2－2　　设施设备运行维护使用记录

设备名称		设备编号		使用地点		
记录日期	使用目的	启用时间	停止时间	运转效果	操作人	备注

任务实施

【材料准备】

工具：尺子，计算器。

材料：拟经营企业经营范围、企业仓库平面设计图；笔和纸、《药品经营质量管理规范》（2016 版）。

拟经营企业经营范围（不包含危险化学品）：化学药制剂、抗生素制剂、中成药、中药材、中药饮片、生物制品（含胰岛素）。

设备：药店管理系统、医药企业虚拟仿真系统。

【实施步骤】

步骤一：根据拟经营企业经营范围，确定仓库设施设备配置要求。

步骤二：填写企业设施设备情况表（见表 6－2－3）。

表 6－2－3　企业设施设备情况表

<table>
<tr><td rowspan="2">营业场所及辅助办公用房</td><td colspan="2">营业用房面积</td><td colspan="2">办公用房面积</td><td colspan="2">辅助作业用房面积</td><td>备注</td></tr>
<tr><td colspan="2">m^2</td><td colspan="2">m^2</td><td colspan="2">m^2</td><td></td></tr>
<tr><td rowspan="3">储存作业仓库</td><td colspan="6">仓库面积</td><td>备注</td></tr>
<tr><td>仓库总面积</td><td>常温库</td><td>阴凉库</td><td>冷藏库</td><td>特殊药品库</td><td>其他</td><td rowspan="2"></td></tr>
<tr><td>m^2</td><td>m^2</td><td>m^2</td><td>m^2</td><td>m^2</td><td>m^2</td></tr>
<tr><td rowspan="2">验收、养护室</td><td>面积</td><td colspan="5">仪器设备</td><td>备注</td></tr>
<tr><td>m^2</td><td colspan="5"></td><td></td></tr>
<tr><td rowspan="3">其他</td><td>运输车辆及设备</td><td colspan="3">车型及数量：</td><td colspan="3">符合药品特性要求设备：</td></tr>
<tr><td>配货场所</td><td colspan="3"></td><td colspan="3"></td></tr>
<tr><td>仓库中其他设施设备</td><td colspan="3"></td><td colspan="3"></td></tr>
</table>

【操作要点及注意事项】

1. 表格根据企业设施设备的实际情况填写，若无栏目中所设项目，应注明“无此项”。
2. 仓库内需要配备的设施设备要齐全，满足储存、运输要求。

任务测评

评价方式包括自我评价、组内评价、组间评价、教师评价，并据此设计了学生自评表（表 6－2－4）、组内评价表（表 6－2－5）、小组互评表（表 6－2－6）、教师考核评价表（表 6－2－7）。其中自我评价、组内评价、组间评价采用线上填写学习通问卷的形式进行，教师评价包含过程评价、结果评价，采用纸质评价表。各评价方式占本任务百分比分解如图 1－1－1 所示。

表 6－2－4　　学生自评表

学习任务名称：________　姓名：________　学号：________

序号	学习过程	评价内容	评价标准			得分
			符合(分)	部分符合(分)	不符合(分)	
1	课前探究	能够主动完成学习通作业	8～10	5～7	0～4	
2	明确任务	能够绘制正确的药品经营企业仓库平面图	8～10	5～7	0～4	
3	制定方案	能够参与小组讨论，提出合理建议，积极参与小组汇报工作	8～10	5～7	0～4	
4	任务实施	能够认真学习 GSP 对药品经营企业仓库设置要求与原则	8～10	5～7	0～4	
5		能够熟练掌握 GSP 对药品经营企业仓库分类管理要求	8～10	5～7	0～4	
6		能够合理设计药品经营企业仓库功能	8～10	5～7	0～4	
7		能够合理设计药品经营企业仓库平面布局	8～10	5～7	0～4	
8		能够正确汇报药品经营企业仓库整体环境的选择要求	8～10	5～7	0～4	
9	竞赛提升	能够积极参加课中竞赛并获奖	8～10	5～7	0～4	
10	总结点评	能够客观公正做好自我评价	8～10	5～7	0～4	
合计						

表 6－2－5　　组内评价表

学习任务名称：________　组别：________　被评价者姓名：________

序号	学习过程	评价内容	评价标准			得分
			符合(分)	部分符合(分)	不符合(分)	
1	课堂参与合作学习的态度	能够尊重同伴、独立思考，积极参与组内讨论，合作完成任务	8～10	5～7	0～4	
2	获得和提供信息技能	能够查阅规范、工作页解决疑问	8～10	5～7	0～4	
3		在展示汇报时能够积极参与，踊跃表达	8～10	5～7	0～4	
4	帮助和支持技能	在小组讨论时能积极思考，诚恳提问	8～10	5～7	0～4	
5		在讨论过程中能尊重他人，耐心倾听	8～10	5～7	0～4	
6	组织引导技能	能够帮助、督促其他成员参与小组活动，相互勉励，阻止讨论偏离主题	8～10	5～7	0～4	

续表

序号	学习过程	评价内容	评价标准			得分
			符合(分)	部分符合(分)	不符合(分)	
7	学习总结技能	能够认真学习 GSP 对药品企业仓库环境选择与分区分类要求	8～10	5～7	0～4	
8		能够掌握 GSP 对药品经营企业仓库分类管理要求	8～10	5～7	0～4	
9	评议的技能	能够对其他组汇报结果进行专业评价	8～10	5～7	0～4	
10		在展示作品时，能姿态端正，思路清晰	8～10	5～7	0～4	
合计						

表 6－2－6　　**组间互评表**

学习任务名称：________　组别：________　被评价者姓名：________

序号	评价内容	评价标准			得分
		符合(分)	部分符合(分)	不符合(分)	
1	该小组制定方案科学、高效、合理	16～20	10～15	0～9	
2	该小组进行设计方案展示时，使用普通话，思路清晰，条理性强	16～20	10～15	0～9	
3	该小组任务完成过程中遵循 GSP 规范，库房分区设计合理，并正确标识色标	16～20	10～15	0～9	
4	该小组设计方案具有可实施性，作业流程合理	16～20	10～15	0～9	
5	该小组能够合理评价其他小组	16～20	10～15	0～9	
合计					
评价小组组长签名					

表 6－2－7　　**教师考核评价表**

学习任务名称：________　学生：________　学号：________

序号	考核要求	评价标准			得分
		符合(分)	部分符合(分)	不符合(分)	
1	设计图整洁美观完整	16～20	10～15	0～9	
2	仓库布局与分区符合 GSP 规定，并标识相应色标	16～20	10～15	0～9	
3	能保障药品作业安全，流程合理	16～20	10～15	0～9	
4	满足消防安全需求	16～20	10～15	0～9	
5	布局符合企业经营需求	16～20	10～15	0～9	
合计					

想一想

大家来讨论：结合本次课知识，并根据《药品经营质量管理规范》有关规定，若开办一家零售药房门店，需要配备有哪些设施设备？

课堂练习

1. 药品经营企业平面仓库面积为 725 m^2，至少需安装（　　）个温度测点终端。

A. 2　　B. 3　　C. 4　　D. 5

2. 药品企业仓库储存作业区不可以存放的设施设备是（　　）。

A. 空调　　B. 微波炉　　C. 电冰箱　　D. 电风扇

3. 仓库内药品摆放应当与地面、墙壁、屋顶、管道设施等之间有相应的间距或隔离措施，其中与地面间距应不小于（　　）cm。

A. 40　　B. 30　　C. 20　　D. 10

4. 企业应当按照国家有关规定，对计量器具、温湿度监测设备等定期进行（　　）。

A. 维护　　B. 检查　　C. 校准或检定　　D. 保养

课题七

GSP 对药品储存、养护的管理

任务一　GSP 对储存养护的要求

学习目标

1. 能说出 GSP 对药品批发和零售连锁企业储存养护的要求。
2. 能说出 GSP 对药品零售企业陈列与储存的要求。

任务引入

某医药公司新购进一批药品，你作为该公司负责药品的储存、养护工作的仓库保管员、养护员，应熟悉 GSP 对药品批发企业和零售连锁企业储存养护的要求以及对药品零售企业陈列与储存的要求。

【任务分析】

完成本次任务需要做到：

1. 熟悉 GSP 对药品批发和零售连锁企业储存养护的要求。
2. 熟悉 GSP 对药品零售企业陈列与储存的要求。

相关知识

《药品经营质量管理规范》第二章第十节规定了药品批发和零售连锁企业对药品的储存与养护的要求；第三章第六节规定了药品零售企业对药品陈列与储存的要求。

一、GSP 对药品批发和零售连锁企业储存养护的要求

企业应当根据药品的质量特性对药品进行合理储存，并符合以下要求：

①按包装标示的温度要求储存药品，包装上没有标示具体温度的，按照《中国药典》规定的储藏要求进行储存；

②储存药品相对湿度为 35% ~75%；

③在人工作业的库房储存药品，按质量状态实行色标管理，合格药品为绿色，不合格药品为红色，待确定药品为黄色；

④储存药品应当按照要求采取避光、遮光、通风、防潮、防虫、防鼠等措施；

⑤搬运和堆码药品应当严格按照外包装标示要求规范操作，堆码高度符合包装图示要求，避免损坏药品包装；

⑥药品按批号堆码，不同批号的药品不得混垛，垛间距不小于 5 cm，与库房内墙、顶、温度调控设备及管道等设施间距不小于 30 cm，与地面间距不小于 10 cm；

⑦药品与非药品、外用药与其他药品分开存放，中药材和中药饮片分库存放；

⑧特殊管理的药品应当按照国家有关规定储存；

⑨拆除外包装的零货药品应当集中存放；

⑩储存药品的货架、托盘等设施设备应当保持清洁，无破损和杂物堆放；

⑪未经批准的人员不得进入储存作业区，储存作业区内的人员不得有影响药品质量和安全的行为；

⑫药品储存作业区内不得存放与储存管理无关的物品。

养护人员应当根据库房条件、外部环境、药品质量特性等对药品进行养护，主要内容是：

①指导和督促储存人员对药品进行合理储存与作业；

②检查并改善储存条件、防护措施、卫生环境；

③对库房温湿度进行有效监测、调控；

④按照养护计划对库存药品的外观、包装等质量状况进行检查，并建立养护记录；

⑤对储存条件有特殊要求的或者有效期较短的品种应当进行重点养护；

⑥发现有问题的药品应当及时在计算机系统中锁定和记录，并通知质量管理部门处理；

⑦对中药材和中药饮片应当按其特性采取有效方法进行养护并记录，所采取的养护方法不得对药品造成污染；

⑧定期汇总、分析养护信息。

企业应当采用计算机系统对库存药品的有效期进行自动跟踪和控制，采取近效期预警及超过有效期自动锁定等措施，防止过期药品销售。

药品因破损而导致液体、气体、粉末泄漏时，应当迅速采取安全处理措施，防止对储存环境和其他药品造成污染。

对质量可疑的药品应当立即采取停售措施，并在计算机系统中锁定，同时报告质量管理部门确认。对存在质量问题的药品应当采取以下措施：

①存放于标志明显的专用场所，并有效隔离，不得销售；

②怀疑为假药的，及时报告药品监督管理部门；

③属于特殊管理的药品，按照国家有关规定处理；

④不合格药品的处理过程应当有完整的手续和记录；

⑤对不合格药品应当查明并分析原因，及时采取预防措施。

企业应当对库存药品定期盘点，做到账、货相符。

二、GSP 对药品零售企业陈列与储存的要求

企业应当对营业场所温度进行监测和调控，以使营业场所的温度符合常温要求。企业应当定期进行卫生检查，保持环境整洁。存放、陈列药品的设备应当保持清洁卫生，不得放置与销售活动无关的物品，并采取防虫、防鼠等措施，防止污染药品。

药品的陈列应当符合以下要求：

①按剂型、用途以及储存要求分类陈列，并设置醒目标志，类别标签字迹清晰、放置准确；

②药品放置于货架（柜），摆放整齐有序，避免阳光直射；

③处方药、非处方药分区陈列，并有处方药、非处方药专用标识；

④处方药不得采用开架自选的方式陈列和销售；

⑤外用药与其他药品分开摆放；

⑥拆零销售的药品集中存放于拆零专柜或者专区；

⑦第二类精神药品、毒性中药品种和罂粟壳不得陈列；

⑧冷藏药品放置在冷藏设备中，按规定对温度进行监测和记录，并保证存放温度符合要求；

⑨中药饮片柜斗谱的书写应当正名正字，装斗前应当复核，防止错斗、串斗，应当定期清斗，防止饮片生虫、发霉、变质，不同批号的饮片装斗前应当清斗并记录；

⑩经营非药品应当设置专区，与药品区域明显隔离，并有醒目标志。

企业应当定期对陈列、存放的药品进行检查，重点检查拆零药品和易变质、近效期、摆放时间较长的药品以及中药饮片。发现有质量疑问的药品应当及时撤柜，停止销售，由质量管理人员确认和处理，并保留相关记录。企业应当对药品的有效期进行跟踪管理，防止近效期药品售出后可能发生的过期使用。企业设置库房的，库房的药品储存与养护管理应当符合药品批发企业仓库的相关规定。

任务实施

【材料准备】

材料：笔和纸、《药品经营质量管理规范》（2016 版）。

【实施步骤】

步骤一：学习材料

1. 学习《药品经营质量管理规范》第二章第十节药品批发和零售连锁企业对药品储存与养护的要求。

2. 学习《药品经营质量管理规范》第三章第六节药品零售企业对药品陈列与储存的要求。

步骤二：梳理要点

1. 梳理 GSP 对药品批发企业和零售连锁企业储存养护的要求。

2. 梳理 GSP 对药品零售企业陈列与储存的要求。

步骤三：学习汇报

结合学习内容，汇报 GSP 对药品批发企业和零售连锁企业储存养护的要求、GSP 对药品零售企业陈列与储存的要求。

任务测评

评价方式包括自我评价、组内评价、组间评价、教师评价，并据此设计了学生自评表（表 7－1－1）、组内评价表（表 7－1－2）、组间互评表（表 7－1－3）、教师考核评价表（表 7－1－4）。其中自我评价、组内评价、组间评价采用线上填写学习通问卷的形式进行，教师评价包含过程评价、结果评价，采用纸质评价表。各评价方式占本任务百分比分解如图 1－1－1 所示。

表 7－1－1　　学生自评表

学习任务名称：________________　姓名：________________　学号：________________

序号	学习过程	评价内容	评价标准			得分
			符合（分）	部分符合（分）	不符合（分）	
1	课前探究	能够主动完成学习通作业	8～10	5～7	0～4	
2	明确任务	能够绘制正确的工作流程图	8～10	5～7	0～4	
3	制定方案	能够参与小组讨论，提出合理建议，积极参与小组汇报工作	8～10	5～7	0～4	
4	任务实施	能够认真学习 GSP 对药品储存与养护相关要求	8～10	5～7	0～4	
5		能够正确梳理 GSP 对药品批发和零售连锁企业储存养护的要点	8～10	5～7	0～4	
6		能够正确梳理 GSP 对药品零售企业陈列与储存的要点	8～10	5～7	0～4	
7		能够正确汇报 GSP 对药品批发和零售连锁企业储存养护的要求	8～10	5～7	0～4	
8		能够正确汇报 GSP 对药品零售企业陈列与储存的要求	8～10	5～7	0～4	
9	竞赛提升	能够积极参加课中竞赛并获奖	8～10	5～7	0～4	
10	总结点评	能够客观公正做好自我评价	8～10	5～7	0～4	
合计						

表 7－1－2　　组内评价表

学习任务名称：＿＿＿＿＿＿　组别：＿＿＿＿＿＿　被评价者姓名：＿＿＿＿＿＿

序号	学习过程	评价内容	评价标准			得分
			符合（分）	部分符合（分）	不符合（分）	
1	课堂参与合作学习的态度	能够尊重同伴、独立思考，承担并完成岗位职责	8～10	5～7	0～4	
2	获得和提供信息技能	能够查阅规范、工作页解决疑问	8～10	5～7	0～4	
3		在展示汇报时能够积极参与，踊跃表达	8～10	5～7	0～4	
4	帮助和支持技能	在小组讨论时能积极思考，诚恳提问	8～10	5～7	0～4	
5		在讨论过程中能尊重他人，耐心倾听	8～10	5～7	0～4	
6	组织引导技能	能够帮助、督促其他成员参与小组活动，相互勉励，阻止讨论偏离主题	8～10	5～7	0～4	
7	学习总结技能	能够认真学习 GSP 对药品储存与养护相关要求	8～10	5～7	0～4	
8		能够梳理 GSP 对药品储存与养护的要点	8～10	5～7	0～4	
9	评议的技能	能够对其他组汇报结果进行专业评价	8～10	5～7	0～4	
10		在展示作品时，能姿态端正，思路清晰	8～10	5～7	0～4	
合计						

表 7－1－3　　组间互评表

学习任务名称：＿＿＿＿＿＿　组别：＿＿＿＿＿＿　被评价者姓名：＿＿＿＿＿＿

序号	评价内容	评价标准			得分
		符合（分）	部分符合（分）	不符合（分）	
1	该小组制定方案科学、高效、合理	16～20	10～15	0～9	
2	该小组进行方案汇报时，使用普通话，思路清晰，条理性强	16～20	10～15	0～9	
3	该小组任务完成过程中遵循 GSP 规范	16～20	10～15	0～9	
4	该小组能够合理评价其他小组	16～20	10～15	0～9	
5	该小组完成学习材料汇报	16～20	10～15	0～9	
合计					
评价小组组长签名					

表 7－1－4　　教师考核评价表

学习任务名称：＿＿＿＿＿＿　学生：＿＿＿＿＿＿　学号：＿＿＿＿＿＿

序号	考核要求	评价标准			得分
		符合(分)	部分符合(分)	不符合(分)	
1	查找出 GSP 药品储存与养护相关的条款	16～20	10～15	0～9	
2	正确梳理 GSP 对药品批发和零售连锁企业储存养护的要求	16～20	10～15	0～9	
3	正确梳理 GSP 对药品零售企业陈列与储存的要求	16～20	10～15	0～9	
4	准确汇报 GSP 对药品批发和零售连锁企业储存养护的要求	16～20	10～15	0～9	
5	准确汇报 GSP 对药品零售企业陈列与储存的要求	16～20	10～15	0～9	
合计					

想一想

1. 你对药品的储存有哪些认识？
2. 请梳理本次课程的知识内容，绘制思维导图。

课堂练习

1.《药品经营质量管理规范》规定了储存环境中药品相对湿度范围是（　　）。

A. 35%～75%　B. 45%～75%　C. 35%～65%　D. 45%～65%

2. 药品堆垛与库房内的温度调控设备的间距应不小于（　　）cm。

A. 5　B. 10　C. 30　D. 40

任务二　药品的储存实务

学习目标

1. 能说出药品储存和陈列的色标管理，熟练运用温湿度调控措施。
2. 能说出 GSP 对药品储存和养护的要求；能将药品分类储存，会使用药品堆垛的“六距”。
3. 掌握中药材、中药饮片养护技术，针对不同质量特性中药采取适宜的养护。
4. 能说出药品效期管理方法，以及特殊管理药品的储存要求。

任务引入

某医药公司新购进一批药品，你作为该公司负责药品的储存工作的仓库保管员，请按照 GSP 的要求对库存药品进行储存。

【任务分析】

完成本次任务需要做到：

1. 完成色标管理。
2. 完成药品温、湿度条件管理。
3. 完成药品分类储存。
4. 完成药品堆垛。
5. 完成药品的效期管理。

相关知识

药品作为一种特殊商品，在储存过程中由于受到内外因素的影响，随时可能出现质量问题，因此药品储存是流通过程中控制药品质量不可缺少的重要环节之一。应当根据药品的质量特性对药品进行合理储存，确保储存的条件，保证药品质量。

一、色标管理与温、湿度条件管理

1. 色标管理

为杜绝库存药品的存放差错，防止出现混淆或误发等情况，在人工作业的库房中，需要对处于不同质量状态的药品进行明显的色标管理，色标应当醒目清晰。

（1）绿色标识。合格药品区（库）、拆零区（库）、待发药品区（库）用绿色色标标识。

（2）红色标识。不合格药品区（库），破损、过期、质量异常等药品，必须放置于红色色标标识的区域。

（3）黄色标识。待确定药品区（库），待验、退货、有质量疑问、质量不明确等状态待确定的药品，应放置于黄色色标标识的区域。

2. 温、湿度条件管理

《中国药典》明确规定冷处储藏温度为 2 ~ 10 ℃，阴凉处指不超过 20 ℃，常温条件指 10 ~ 30 ℃。

保管员应按药品包装标示的温度要求储存药品，包装上没有标示具体温度的，按照《中国药典》规定的储藏要求进行储存。药品经营企业各类药品储存库均应保持恒温，各库房的相对湿度均应保持在 35% ~75%。

企业所设的冷库、阴凉库及常温库所要求的温度范围，应以保证药品质量、符合药品规定的储存条件为原则，进行科学合理的设定，即所经营药品标明应存放于何种温湿度下，企业就应当设置相应温湿度范围的库房。如经营标识标明储存条件为 15 ~ 25 ℃的药品，企业就应当设置 15 ~ 25 ℃恒温库。

对于标识有两种以上不同温湿度储存条件的药品，一般应存放于相对低温的环境中，如某药品标识的储存条件为 20 ℃以下有效期 3 年、20～30 ℃有效期 1 年，应将该药品存放于阴凉库中。

二、药品分类储存与堆垛管理

1. 药品分类储存管理

为防止药品污染、差错、混淆，药品分类储存要求如下（不同种药品的外包装标识见图 7－2－1）：

（1）药品与非药品分开存放，药品与保健品、医疗器械等分开存放，库房严禁存放员工生活日用品、食品等物品。

（2）外用药单独存放，与其他药品分库或分区储存。零售药店外用药不能与其他药品同一层货架摆放，防止污染其他药品，应将其放在最底层，有条件可以设立专柜（区）。

（3）中药材和中药饮片应分库存放，对直接收购地产中药材应当设置中药样品室（柜），合理控制温湿度条件。对于易虫蛀、霉变、泛油、变色的品种，应放置于密封、干燥、凉爽、洁净的库房；对于销售量较少且易变色、挥发及融化的品种，应配备避光、避热的储存设备，如冰箱、冷柜。

（4）拆零药品由于在储存过程中容易遗漏，造成混乱，同一品种、同批号的拆零药品需集中储放，放置于零货区，并有明显标识。零售药店须有拆零专柜或专区，并保留原包装。

（5）零售药店处方药、非处方药分区存放，并有处方药和非处方药明显标识、警示语、忠告语。处方药存放在封闭的柜台内，不得开架自选，必须凭执业医师处方，并经执业药师审核后方可进行调配销售。非药品区如食品、保健品等设专门销售区摆放，与药品区要有明显隔离，须有醒目标识，以免消费者混淆。

（6）容易串味、性质相互影响的药品应分开存放。品名、外包装相似、容易混淆的药品需分开存放。

麻醉药品

精神药品

外用药品

甲类非处方药品

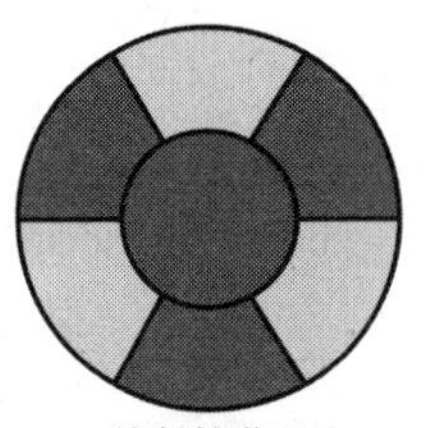
放射性药品

毒性药品

乙类非处方药品

图 7－2－1　药品标识

【知识链接】

部分化学药常见剂型的外观及储藏要求：

1. 片剂：外观应完整光洁，色泽均匀，具有适宜的硬度和耐磨性，防止包装、运输过程中发生磨损。除另有规定外，非包衣片应符合片剂脆碎度检查法的要求。片剂应注意储藏环境的温度和湿度，除另有规定外，片剂应密封储藏。

2. 胶囊剂：应整洁，不得有黏结、变形、渗漏或囊壳破裂现象，并应无异味。除另有规定外，胶囊剂应密封储存，其存放环境温度不高于 30 ℃，湿度应适宜，防止受潮、发霉、变质。

3. 糖浆剂：除另有规定外，液体应是澄清的状态。在储存期间不得有发霉、酸败、产生气体或其他变质现象。

4. 颗粒剂：应干燥，粒径大小均匀，色泽一致，无吸潮、结块、潮解等现象。除另有规定外，颗粒剂应密封，置干燥处储存，防止受潮。

5. 口服溶液剂、混悬剂、乳剂：不得有发霉、酸败、变色、异味、异物、产生气体或其他变质现象，应密封，置阴凉处储藏。

2. 药品堆垛管理

（1）药品堆垛距离

GSP 将堆垛操作中的间距整合成“六距”（垛间距、地距，墙、顶、温度调控设备、管道等固定设施距），并对这些间距进行强制要求（见图 7－2－2），其根本目的在于给储存的药品创造一个安全、稳定的环境，降低各种使药品受损或质量变化的风险。

垛间距是指货垛与货垛之间的距离。垛间距应不小于 5 cm。留垛间距是为了便于通风、检查商品以及分批管理监控。

（2）药品堆垛要求

在搬运和堆垛等作业中均应严格按药品外包装图示标志的要求搬运存放，规范操作，怕压药品应控制堆放高度，不得倒置，要轻拿轻放，严禁摔撞。药品按品种、规格、批号、生产日期及效期远近依次或分开堆垛。

常见的外箱储运标识分为方向类、防雨防晒类、易碎轻放类及限制类，具体标识见表 7－2－1。

表 7－2－1　　药品外包装标识

分类	药品外包装标识
方向	 向上　　向上
防雨防晒	

续表

分类	药品外包装标识
易碎轻放	易碎；（无文字）；勿压 易碎；（无文字）；请勿踩压；勿踩
限制	堆码重量极限；N 堆码层数极限；“最大……千克”；（无文字）

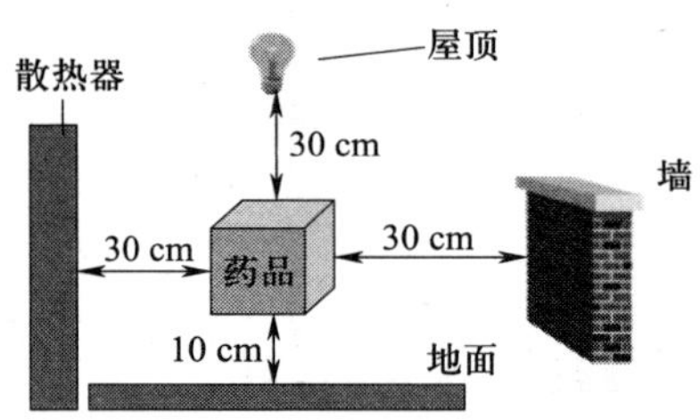

图 7－2－2　药品堆垛间距

3. 药品堆垛的原则

（1）安全

堆垛时，要保证人身、药品和设备三方面的安全。要根据包装的坚固程度和形状，以及药品性质的要求、仓库设备等条件进行操作，要轻拿轻放，防止药品及包装受损，要做到“三不倒置”，即轻重不倒置、软硬不倒置、标志不倒置；要留足“六距”；要保持“三条线”，即上下垂直成线，左右、前后成线，使货垛稳固、整齐、美观。严禁超重，保证库房建筑安全。

（2）方便

堆垛要保持药品出库和检查盘点等作业方便，要保持通道畅通，不能有阻塞现象。垛位编号要利于及时找到货物；要垛垛分清，尽量避免货垛之间相互占用货位；要垛垛成活，无“死垛”，使每垛药品有利于出库、盘点、养护等作业。

（3）节约

药品堆垛必须在安全的前提下，尽量做到“三个用足”，即面积用足、高度用足、荷重定额用足，充分发挥仓库使用效能，尽量节约仓容量。

三、货架储存管理

1. 货架储存要求

货架应背靠背地成双行排列，并与主通道垂直，单行货架可以靠防火墙放置，同时还要考虑药品的发放情况，如周转快的药品架应放在发运区附近，周转慢的药品架放在库内较远的地区。货架标志应放在各行货架面向通道的两端，并标明各行货架编号及存放物资的种类。

货架内物品应按货位编号的位置存放，并留一定数量的空位，以便在储存新品种时使用。

架存药品的数量取决于药品的品种、规格尺寸以及发放的要求，没有必要拆开过多的原箱药品置于架上。为了便于补充，零散药品的识别标志都应放在货架格的开口处，以便识别。某些不易辨认的药品，在格内可保留一个标志齐全的样品，以助于识别。为便于在货架高层取货，可设计制作一个带有固定小梯子的取货车，能接近所有的货架格取货或进行其他作业。

2. 货架布置方式

常见的货架布置方式有竖式、横式、V 式、斜主干道式等，见表 7－2－2。

表 7－2－2　　货架布局类型及特点

货架布局类型	布局图	特点
竖式	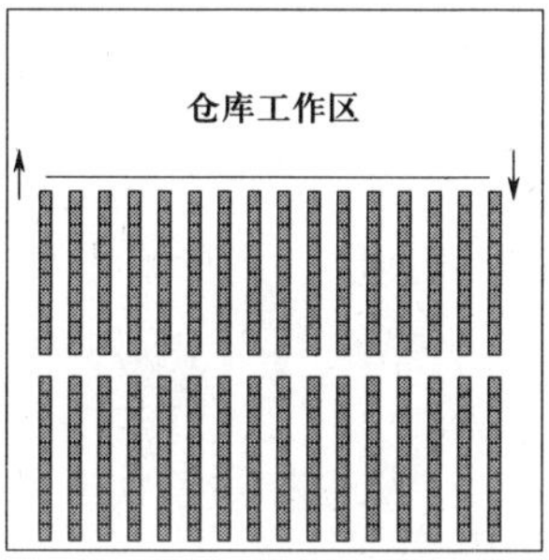 仓库工作区	货架长边平行或垂直于墙面，可最大限度利用仓库空间
横式	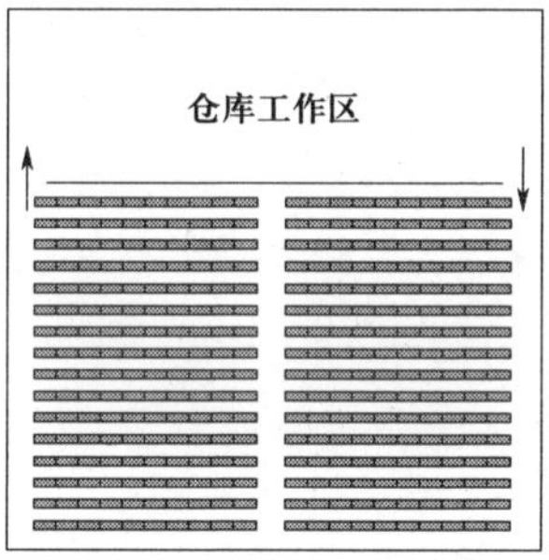 仓库工作区	
V 式	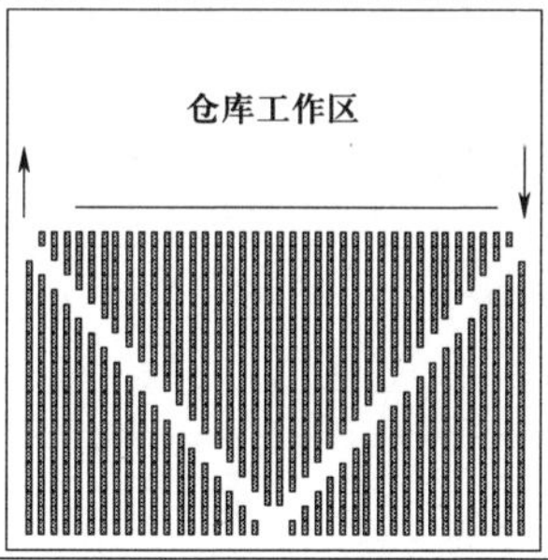 仓库工作区	在仓库利用面积损失不大的情况下，调整仓库货架布局以提高拣货效率，是竖式和横式布局的综合利用和变形
斜主干道式	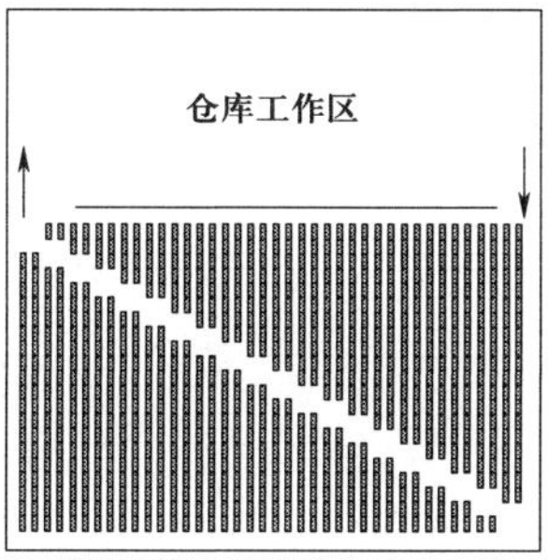 仓库工作区	

四、中药材、 中药饮片储存

中药材和中药饮片应分库存放；中药饮片应当设立专用库房储存。中药存储的基本要求包括分类储存、合理堆放、实行色标管理、严抓“八防”措施等四个方面。

中药分类储存就是把入库的中药按不同性质特点进行分类储存，把性质相似、变化相同的中药品种归为一类，或者将需要特殊保管的中药，根据性质进行分类，选择合适的储存场所，采取针对性较强的保管措施，使储存更加安全可靠。中药仓库的分类储存包括动物药、植物药、矿物药分类储存；植物药中又根据不同入药部位可进一步细分，如花类、全草类分类存放，新鲜药、干燥药、盐腌类等分类储存，贵细药、易燃药、毒性药等分类储存；中药饮片仓库可根据炮制方法再进一步细分，如切制类、加工类、炮制类等。

中药堆码是指仓库中中药堆垛的形式和方法。合理的中药堆码既有利于仓库员工、中药设备和建筑的安全，还可以扩大库容，便于收货、出库和养护作业。中药仓库的合理堆放要做到三个方面：一是分类储存，设置标识；二是利用空间，保证安全；三是利于发放，方便操作。

中药仓库同样要实行色标管理，中药仓库的色标管理同一般药品仓库的色标管理一致。

要严抓“八防”措施。中药库房的“八防”指的是防尘、防潮、防霉、防污染、防虫、防鸟、防暑、防火。对于火硝、硫黄、樟脑、海金沙、干漆等十分易燃中药，储存中要特别注意其安全。对于这些药材应按以下原则储存保管：一是要单独存放于阴凉干燥处，禁止在高温库房或阳光直射的地方储存；二是要远离火源；三是要隔绝电源，防止雷电袭击造成火灾；四是要严禁重压和摩擦；五是要在包装上加注“易燃易爆”的字样。药品经营企业可根据仓库实际采取切实有效的“八防”措施，保证药品质量。

五、药品的效期管理与特殊管理药品的储存

1. 药品的效期管理

药品的有效期是药品质量的基本属性之一，药品的性质和剂型不同，有效期时限也不一致。《药品管理法》规定，药品的有效期最长不能超过 5 年。药品效期管理是保障药品质量、安全及减少或避免社会资源浪费的重要环节。

（1）药品有效期的概念

药品有效期是指药品在规定的储存条件下能保持其质量的期限，药品的有效期从生产日期开始算起。

近效期药品是指药品有效期为 5 年的药品，其有效期距失效期小于或等于 1 年半的药品；药品有效期大于或等于 2 年、小于 5 年的药品，其有效期距离失效期只有 1 年的药品。

（2）药品效期表示方法

药品标签中的有效期应当按照年、月、日的顺序标注，年份用四位数字表示，月、日用两位数表示。其具体标注格式为“有效期至××××年××月”或者“有效期至××××

年××月××日”；也可以用数字和其他符号表示为“有效期至××××.××.”或者“有效期至××××/××/××”等。

预防用生物制品有效期的标注按照国家药品监督管理局批准的注册标准执行，治疗用生物制品有效期的标注自分装日期计算，其他药品有效期的标注自生产日期计算。

有效期若标注到日，应当为起算日期对应年月日的前一天；若标注到月，应当为起算月份对应年月的前一月的最后一天。例如：有效期至 2026 年 6 月，则表示该药品可使用到 2026 年 5 月 31 日。

（3）药品效期管理措施

1）采购管理。合理的、科学的采购计划是防止药品过期失效的首要环节、关键环节。采购部门要掌握客户销售动态，并根据上一年或上一期药品销售情况，做好本期乃至下期药品需求预测，确定合理采购计划。对有效期短或季节性药品，少进勤进，以免积压过期。同时，充分发挥计算机在近效期药品管理上的作用，用计算机设定每一种药品的适当库存量，通过计算机预警为制订采购计划提供参考。

2）入库管理。在药品入库验收时，除检查药品的一般项目外，需特别注意药品的有效期。对已超过 1/2 有效期的药品谨慎入库；对已经在 6 个月内的近效期药品，原则上不得入库（有特殊需求的除外）。在药品上架摆放过程中，同种药品按有效期远近次序分开摆放。

3）储存管理。根据药品的有效期相对集中存放，按效期远近依次堆码，不同批号的药品不得混垛，存放在货位上近效期药品应有近效期标志或标牌。

4）出库管理。在药品出库时，严格按照“先产先出、近期先出、按批号发货”的原则开单、发放药品。

5）近效期预警。在计算机系统设置“近效期预警及超效期停销”功能，对确定了预警期限的药品，计算机系统对药品的有效期进行自动跟踪和监控。对达到近效期的药品，系统能及时预警或自动锁定停销；对超过有效期的药品系统能自动锁定，停止销售。

6）近效期催销。养护员在计算机系统中按月汇总，生成近效期药品预警表，分别报告给企业负责人、质量管理部、采购部、销售部。销售部门按近效期药品预警表所列品种内容，及时采取有效方式组织促销；采购部门按近效期药品预警表所列品种内容，及时采取有效方式组织与厂家进行退换货，以避免药品过期造成损失。

2. 特殊管理药品的储存

（1）麻醉药品、第一类精神药品应当设立专库，实行双人双锁管理，有防盗、防火、监控设施及报警系统，并与公安部门报警系统联网。

（2）第二类精神药品在库房中设立独立的专库或者专柜，可在麻醉药品、第一类精神药品专库中设立专区，专柜应当使用保险柜，专人管理。

（3）医疗用毒性药品和药品类易制毒化学品，可在麻醉药品、第一类精神药品中设立专区存放。

（4）放射性药品设置专库或专柜存放，须采取有效的安全、防护措施。

（5）蛋白同化制剂（胰岛素除外）、肽类激素应设立专区存放。

（6）零售企业第二类精神药品、毒性中药品种和罂粟壳不得陈列，可以用空包装盒代替。

（7）特殊管理药品应专账记录，特殊管理的药品的记录及凭证应按相关规定保存。

任务实施

【材料准备】

工具：温湿度记录表。

材料：一盒阿司匹林泡腾片、一盒维生素 C 片、测试卡、笔和纸。

设备：一间模拟药品仓库（或实训场地），内置多组药品货架。

【实施步骤】

步骤一：确定实训任务

教师向学生布置实训任务，以 4 ~ 10 人为一个小组，结合两种化学药品（阿司匹林泡腾片，维生素 C 片）的仓储保管条件进行合作研讨。

步骤二：分组实训

学生进入药品库房，检查药品的仓储条件、药库色标管理，储存的“六距”，记录温湿度，解答分类储存的原则、储存过程中质量变化规律。

步骤三：实训汇报

每组派代表进行汇报，内容包括：药品的仓储条件、药库色标管理，储存的“六距”是否合理，药品分类储存的原则，储存过程中质量变化规律，并由其他各组同学评价实际效果，最后教师讲评。

【操作要点及注意事项】

1. 根据药品的特点确定药品仓储条件。

2. 结合药品的理化性质把握药品在储存过程中质量变化规律。

任务测评

评价方式包括自我评价、组内评价、组间评价、教师评价，并据此设计了学生自评表（表 7 – 2 – 3）、组内评价表（表 7 – 2 – 4）、组间互评表（表 7 – 2 – 5）、教师考核评价表（表 7 – 2 – 6）。其中自我评价、组内评价、组间评价采用线上填写学习通问卷的形式进行，教师评价包含过程评价、结果评价，采用纸质评价表。各评价方式占本任务百分比分解如图 1 – 1 – 1 所示。

表 7 – 2 – 3　　学生自评表

学习任务名称：__________　姓名：__________　学号：__________

序号	学习过程	评价内容	评价标准			得分
			符合（分）	部分符合（分）	不符合（分）	
1	课前探究	能够主动完成学习通作业	8 ~ 10	5 ~ 7	0 ~ 4	

续表

序号	学习过程	评价内容	评价标准			得分
			符合(分)	部分符合(分)	不符合(分)	
2	明确任务	能够绘制正确的工作流程图	8~10	5~7	0~4	
3	制定方案	能够参与小组讨论，提出合理建议，积极参与小组汇报工作	8~10	5~7	0~4	
4	任务实施	能够完成色标管理	8~10	5~7	0~4	
5		能够完成药品温、湿度条件管理	8~10	5~7	0~4	
6		能够完成药品分类储存	8~10	5~7	0~4	
7		能够完成药品堆垛	8~10	5~7	0~4	
8		能够掌握储存过程中质量变化规律	8~10	5~7	0~4	
9	竞赛提升	能够积极参加课中竞赛并获奖	8~10	5~7	0~4	
10	总结点评	能够客观公正做好自我评价	8~10	5~7	0~4	
合计						

表 7-2-4　　　　组内评价表

学习任务名称：＿＿＿＿＿＿　组别：＿＿＿＿＿＿　被评价者姓名：＿＿＿＿＿＿

序号	学习过程	评价内容	评价标准			得分
			符合(分)	部分符合(分)	不符合(分)	
1	课堂参与合作学习的态度	能够尊重同伴、独立思考，承担并完成岗位职责	8~10	5~7	0~4	
2	获得和提供信息技能	能够查阅规范、工作页解决疑问	8~10	5~7	0~4	
3		在展示汇报时能够积极参与，踊跃表达	8~10	5~7	0~4	
4	帮助和支持技能	在小组讨论时能积极思考，诚恳提问	8~10	5~7	0~4	
5		在讨论过程中能尊重他人，耐心倾听	8~10	5~7	0~4	
6	组织引导技能	能够帮助、督促其他成员参与小组活动，相互勉励，阻止讨论偏离主题	8~10	5~7	0~4	
7	质量控制技能	能够合作完成对在库药品合理储存	8~10	5~7	0~4	
8		能够对不同剂型药品储存的质量进行控制	8~10	5~7	0~4	
9	评议的技能	能够对其他组质量判断结果进行专业评价	8~10	5~7	0~4	
10		在展示作品时，能姿态端正，思路清晰	8~10	5~7	0~4	
合计						

表7-2-5　组间互评表

学习任务名称：____________　组别：____________　被评价者姓名：____________

序号	评价内容	评价标准			得分
		符合(分)	部分符合(分)	不符合(分)	
1	该小组制定方案科学、高效、合理	16~20	10~15	0~9	
2	该小组进行方案汇报时，使用普通话，思路清晰，条理性强	16~20	10~15	0~9	
3	该小组任务完成过程中遵循GSP规范	16~20	10~15	0~9	
4	该小组能够合理评价其他小组	16~20	10~15	0~9	
5	该小组完成药品在库储存项目	16~20	10~15	0~9	
合计					
评价小组组长签名					

表7-2-6　教师考核评价表

学习任务名称：____________　学生：____________　学号：____________

序号	考核要求	评价标准			得分
		符合(分)	部分符合(分)	不符合(分)	
1	药库色标正确	16~20	10~15	0~9	
2	药品储存的“六距”合理	16~20	10~15	0~9	
3	药品的储存温湿度条件合理	16~20	10~15	0~9	
4	储存过程中质量变化规律正确	16~20	10~15	0~9	
5	记录规范	16~20	10~15	0~9	
合计					

想一想

1. 如何根据不同剂型药品（如注射剂，软膏剂）的特点进行分类储存？
2. 请梳理本次课程的知识内容，绘制思维导图。

课堂练习

1. 当企业收到一批销售退回药品时，收货员应把药品放置于（　　），通知验收员验货。

A. 红色标识的不合格区　　B. 黄色标识的待验区

C. 绿色标识的发货区　　D. 红色标识的退货区

2. 某药品有效期至2025年6月，则表示该药品可以使用到2025年（　　）。

A. 5月31日　　B. 6月1日

C. 6月30日　　D. 7月31日

任务三　药品养护实务

学习目标

1. 能完成药品养护档案的填写和养护信息的反馈。
2. 能说出不同剂型药品的养护要点，运用药品养护措施对药品进行养护。
3. 能判断重点养护的药品类型。

任务引入

假设你是某医药公司的仓库养护员，负责药品的养护工作，请按照 GSP 的要求对库存药品进行养护。

【任务分析】

完成本次任务需要做到：

1. 完成不同剂型药品的养护。
2. 完成药品养护档案的填写及养护信息的反馈。

相关知识

一、药品养护记录与养护档案

1. 养护记录

药品养护员负责对养护中药品的质量状况在计算机系统中进行准确的记录。常规养护品种在计算机系统生成“普通药品质量养护记录”；重点养护品种在计算机系统生成“重点药品质量养护记录”。在养护检查过程中发现有问题的药品应当及时在计算机系统中锁定和记录，并通知质量管理部门处理。

养护记录的内容包括：检查日期、品名（通用名）、规格、单位、库存数量、上市许可持有人、生产企业、生产批号、有效期、质量情况、养护措施和处理意见等（见表 7－3－1）。要求边检查、边整改，发现问题，及时处理。一般企业要求按季度对检查情况进行综合整理，写出质量汇总分析报告，作为分析质量变化的依据和资料。同时，还要结合检查工作，不断总结经验，提高在库药品的保管养护工作水平。

表 7-3-1 药品养护检查记录

序号	检查日期	药品名称	规格	生产批号	有效期至	库存数量	上市许可持有人	生产企业	储存地点	质量情况	养护措施	处理意见	备注

2. 药品养护档案

药品养护档案是记录药品养护信息的档案资料。药品养护档案是在一定的经营周期内，对药品储存质量的稳定性进行连续观察与监控，总结养护经验，改进养护方法，积累技术资料的管理手段。其内容包括药品基本信息、观察周期内对药品储存质量的养护记录、养护分析、有关问题的处理情况等。药品养护档案的品种应根据业务经营活动的变化及时调整，一般应按年度调整确定。

二、药品的养护措施

1. 避光措施

对光敏感的药品在养护过程中应采取相应的避光措施。药品在库储存期间应尽量置于阴暗处，对门、窗、灯具等可采取相应的措施进行遮光，特别是一些大包装药品，在分发之后剩余部分药品应及时遮光密闭，防止漏光造成药品氧化分解、变质失效。

2. 降温措施

（1）通风降温。当库内温度高于库外时，可开启门窗通风降温。在夏季对于不易吸潮的药品可进行夜间通风。应注意通风要结合湿度一起考虑，因为药品往往怕热也怕潮，只要库外温度和相对湿度都低于库内，就可以通风降温。装配有排风扇等通风设备的仓库，可启用通风设备进行通风降温（危险品库除外）。

（2）设备降温。当采用自然通风方式仍然无法降温时，可通过空调、冷风机组等设备降温方式进行降温。

3. 保温措施

一般可采用统一供暖、空调等方法，提高库内温度，保证药品安全过冬。统一供暖时应注意暖气管、暖气片离药品间隔一定距离，并防止漏水情况。一些特别怕冻的药物在严寒季节也可存放在保温箱内。

4. 降湿措施

（1）通风降湿。通风降湿要注意室外空气的相对湿度，正确掌握通风时机，一般应是库外天气晴朗、空气干燥时，才能打开门窗进行通风，使地面水分、库内潮气散发出去。

（2）密封防潮。密封防潮是阻止外界空气中的潮气入侵库内。一般可采取措施将门窗封严，必要时，对数量不多的药品可密封垛堆货架或货箱。

（3）人工吸潮。吸潮是利用物理或化学方法，将库内潮湿空气中的部分水分除去，以降低空气湿度。目前，吸潮的主要方法是吸潮剂吸潮和机械吸潮。

【知识链接】

生石灰吸潮：生石灰吸湿性强，吸潮速度快。使用时把生石灰捣成10 cm以下的小块存于竹篓或木箱中，不能装满，木箱不能放在垛底，也不能离药品太近。

氯化钙吸潮：氯化钙吸湿性强，效果明显。使用时将它放在竹筛上，下接瓦盆等容器，吸湿后的氯化钙会逐渐稀释成液态，可反复使用。

硅胶吸潮：硅胶具有良好的吸湿性，吸湿后仍为固体，不潮、不溶、不污药品，烘干后可重复使用，无腐蚀性，性能稳定，可长期使用，但价格较贵，一般用于高级贵重药品的吸湿。

机械吸潮：利用制冷装置，将潮湿空气冷却到露点温度以下，使水汽凝结成水滴排出，再将冷却干燥的空气送入库内。机械吸潮具有吸湿率高、效果显著、成本低、操作简便、无污染的优点。

5. 升湿措施

升湿一般采用向库内地面洒水或使用喷雾设备喷水、库内设置盛水容器等方法。

6. 防鼠措施

堵塞库内一切可能窜入鼠害的通道；库内无人时，应随时关好库门、库窗（通风时例外），特别是夜间；加强库内灭鼠，可采用电猫、鼠夹、鼠笼等工具；加强库外鼠害防治，仓库四周应保持整洁，不要乱堆乱放杂物，同时要定期在仓库四周附近投放灭鼠药，以消灭害源。

7. 防火措施

在库内四周墙上适当的地方要挂有消防用具和灭火器，并建立严格的防火岗位责任制。对有关人员进行防火安全教育，进行防火器材使用的培训，使这些人员能非常熟练地使用防火器材。库内外应有防火标记或警示牌，应定期检查消防栓，危险药品库应严格按危险药品有关管理方法进行管理。

8. 中药材及中药饮片的养护

中药饮片柜斗应当定期清理，防止饮片生虫、发霉、变质；不同批号的饮片装斗前应当清斗并记录；企业应当定期对陈列、存放的药品进行检查，重点检查拆零药品和易变质、近效期、摆放时间较长的药品以及中药饮片。

中药在库储存期间，由于受到外界环境因素的影响，随时都可能出现各种质量变异现象。因此，必须定期进行在库检查，以便采取相应的防护措施，保证中药质量。养护人员应根据在库中药的性质特点，结合季节气候、储存环境、储存时间等因素，制订检查计划和养护工作计划，并按计划进行养护检查。入库前，严格检查中药的含水量、变质情况等，若发现含水量超标、发霉、虫蛀等现象，不得入库或经适当处理后方能入库。中药入库后要定期检查，并根据气候情况对特殊品种进行不定期的检查。发现问题，应及时处理并记录。根据检查的频次一般可分为经常性检查、不定期检查和定期检查三种。检查的内容根据中药的特性可分为一般中药检查和重点中药检查。重点中药主要指易发生质量变异的中药。检查后，要做好养护记录并建立养护档案。

按照不同品种养护要求和季节的变化，在养护过程中采取有针对性的合理措施。为防止霉变腐败，可采取晾晒、通风、干燥、吸湿、熏蒸、盐渍及冷藏等方法；为防止虫害，可采取曝晒、加热、冷藏、药物熏蒸等方法；为防止药性的挥发，可采取密封、降温等方法；为防止变色、泛油，可采取避光、降温等方法。

随着现代科学技术的不断发展，在药品养护中对新技术、新方法的应用也日益广泛，主要有降氧、远红外干燥、微波灭虫、电离辐射等方法。

三、养护工作的具体实施

药品养护工作具体包括药品储存指导、仓库的温湿度管理、设备管理、卫生管理、药品检查处理、效期管理、安全管理等内容。

1. 药品储存的合理性

药品养护员在日常管理过程中，对在库药品的分类储存、货垛码放、垛位间距、色标管理等工作内容进行巡查，及时纠正发现的问题，确保药品按规定的要求合理储存。

（1）是否按照药品的储存管理要求分库或分区，标识是否明显。

（2）药品储存的温湿度是否符合要求。

（3）药品是否按批号堆码，不同批号药品有无混垛，“六距”是否符合规定。

（4）药品是否有倒置。

（5）储存运输人员放置药品是否轻拿轻放。

（6）在药品零售门店，药品必须按照包装标示的温度进行分类陈列，对有不同温度要求的药品应陈列在相应温度环境下；药品放置于货架（柜），摆放整齐有序，避免阳光直射。

2. 药品仓储条件的监测与控制

（1）仓库的温湿度管理

1）温湿度条件：相对湿度应保持在 35% ~75%；常温库 10 ~30 ℃、阴凉库 20 ℃以内、冷库 2 ~10 ℃。

2）温湿度调控：若温湿度超标，立即进行调控。每天上、下午定时对库房温度和湿度进行观察，发现库房温度、湿度接近临界值或超出规定范围时，应及时排查原因，采取相应措施，使库房温湿度保持在正常范围内，并予以记录。

3）复查、记录：采取调控措施后，距第一次记录时间 2 小时后，复查一次，并做好记录，同时注明记录的时间。

4）药品批发企业还要对冷库、储运温湿度监测系统以及冷藏运输等设施设备进行使用前验证、定期验证及停用时间超过规定时限的验证，并形成报告，应当根据验证确定的参数及条件，正确、合理使用相关设施设备。

（2）仓库设施设备管理

1）对设备登记、编号，建立设备管理台账。重点养护设备如空调等，建立设备档案。

2）重点养护设备专人负责管理、操作（使用），并每天登记养护设备运行（使用）记录。记录的内容应包括记录日期、工作起止时间、运行（使用）情况、操作人等。

3）养护工作所用的各种检验仪器设备、计量工具须有计量检定部门的有效检定合格证。计量器具应每年联系计量部门检定。

4）定期对消防器材进行检查、更换，防止失效。消防通道保持畅通，消火栓、消防门、灭火器以及其他消防器材等要安全使用并定期维护保养。

5）照明设施应按安全用电的要求进行维护，不能存在安全隐患。

6）防鼠、防虫网，蚊蝇诱灭器等设施需经常检查，有问题及时维修更换。

（3）卫生管理

1）卫生管理指规范库区物品卫生与环境卫生，保持仓库作业环境、办公环境的整齐整洁。

2）开展仓库的 5S 管理。5S 管理指整理、整顿、清扫、清洁、素养五个项目。

3）卫生管理范围包括仓库园区、月台、待验区、退货验收区、退货区、不合格品区、合格品区、复核区、发货区、办公生活区、设施设备、门窗、走廊、楼梯、卫生间、停车棚、停车场卫生以及个人卫生等。其中，需要重点关注卫生死角、纸皮垃圾清理、工具归位、货架商品、作业台面等。

3. 库存药品质量的检查

（1）养护计划

药品经营企业依据药品的性质及其变化规律、市场流转情况、药品质量动态，并结合季节气候、储存环境和时间长短等因素，将库存药品分为常规养护品种和重点养护品种两种类型。每年年底，养护员根据本年度养护工作分析，确定重点养护品种和常规养护品种，制订下一年度养护计划。计算机管理系统根据库存产品流转情况，自动做出常规品种每个月的养护计划。

（2）重点养护品种

重点养护品种一般包括：主营品种、首营品种、质量不稳定药品、有特殊储存要求的品种、储存时间较长的品种、近期内发生过质量问题的品种及药监部门重点监控的品种等。重点养护的具体品种应由养护员按年度制订及调整，报质量管理部门审核后实施。

（3）检查时间和方法

药品质量检查的时间和方法，大致可分为以下四种。

1）“三三四”检查。每个季度的第一个月检查 30%，第二个月检查 30%，第三个月检查 40%，使库存药品每个季度能全面检查一次。药品入库储存后，计算机系统根据入库时间自动生成每个月的养护品种。常规养护品种采用“三三四”检查方法。

2）按月检查。每个月选择需要养护的品种，在计算机系统中录入养护的起始日期和结束日期，在“重点药品质量养护记录”中录入养护员、养护重点、备注等信息。重点养护品种应按月检查。

3）定期检查。一般上、下半年对库存药品逐堆、逐垛各进行一次全面检查，特别对受热易变质、吸潮易引湿、遇冷易冻结的药品要加强检查。对近效期药品、重点养护的品种、麻醉药品、精神药品、医疗用毒性药品、放射性药品等特殊管理的药品，要重点进行检查。

4）随机检查。一般是在汛期、雨季、霉季、高温、严寒或者发现有药品质量变质苗头的时候，临时组织力量进行全面或局部的检查。

（4）药品检查内容

药品检查的内容包括：药品有无倒置现象，外观性状是否正常，包装有无损坏等。在检查中，要加强对质量不够稳定、出厂较久的药品，以及包装容易损坏和规定有效期的药品的查看和检验。

对陈列的药品进行检查时，要对拆零药品和易变质、近效期、存放时间较长的药品以及中药饮片进行重点检查。

4. 养护中发现质量问题的处理

药品养护中发现的问题一般包括技术操作、设施设备、药品质量等方面的内容，养护员应对发现的问题进行认真分析，及时上报质量管理部核实、处理，按照质量管理部的要求采取措施，对质量管理过程实施改进，从而有效地控制药品储存质量。

养护员在养护过程中发现药品质量问题时，应当及时在计算机系统中锁定和记录，并悬挂醒目的黄色标牌，暂停发货，上报质量管理部进行处理。

5. 药品盘点

药品盘点是企业为掌握药品库存与自身资产状况，合理进行资产管理的一种有效方法。企业应当对库存药品定期盘点，做到账、货相符。

（1）盘点内容

1）盘点范围。药品盘点包含合格品库（区）、待验库（区）、不合格品库（区）的全部库存，并分别记录盘点的情况。

2）盘点内容。盘点应当做到账、货相符，保证计算机系统库存中药品品名、剂型、规格、生产企业、批号、数量等信息与在库实物相符，与实物票据相符，保证药品来源可追溯。当盘点发现信息不符时，应当及时锁定药品，查明原因，采取有效措施进行纠正或调查，并及时保留处理记录。

（2）盘点方式

1）地毯式盘点。将所有库房内药品根据其摆放位置进行逐一清点，并与计算机系统库存信息逐一核对，做到没有遗漏。这种盘点方法耗时长、成本高，需要在彻底清点数量、核对账目时才采取此种方法。

2）动碰货盘点。在规定的时间内，对发生过销售、退货、采购的药品进行针对性的核对盘点。该种盘点方法效率高、针对性强，但不够全面，容易出现遗漏。

3）对账式盘点。根据计算机系统中账目信息与药品实物进行逐一核对。这种盘点方法操作性强，相对全面，但无法有效控制账目外的商品信息。

任务实施

【材料准备】

工具：温湿度记录表。

材料：一盒阿司匹林泡腾片、一盒维生素 C 片、测试卡、笔和纸。

设备：一间模拟药品仓库（或实训场地），内置多组药品货架，通风良好。

【实施步骤】

步骤一：确定实训任务

教师向学生布置实训任务，以 4 ~6 人为一个小组，结合两种化学药品（阿司匹林泡腾片，维生素 C 片）的剂型、理化性质等特点，合作研讨药品的在库养护。

步骤二：分组实训

学生进入到药品库房，说明重点养护品种、在库检查方法、检查内容及要求、在库养护方法。

步骤三：实训汇报

每组派代表进行汇报，内容包括：在库检查方法、检查内容及要求，由其他各组同学评价实际效果，最后教师讲评。

【操作要点及注意事项】

结合药品剂型及理化性质特点进行药品养护。

任务测评

评价方式包括自我评价、组内评价、组间评价、教师评价，并据此设计了学生自评表（表 7 –3 –2）、组内评价表（表 7 –3 –3）、组间互评表（表 7 –3 –4）、教师考核评价表（表 7 –3 –5）。其中自我评价、组内评价、组间评价采用线上填写学习通问卷的形式进行，教师评价包含过程评价、结果评价，采用纸质评价表。各评价方式占本任务百分比分解如图 1 –1 –1 所示。

表 7 –3 –2　　学生自评表

学习任务名称：＿＿＿＿＿＿　姓名：＿＿＿＿＿＿　学号：＿＿＿＿＿＿

序号	学习过程	评价内容	评价标准			得分
			符合(分)	部分符合(分)	不符合(分)	
1	课前探究	能够主动完成学习通作业	8 ~10	5 ~7	0 ~4	
2	明确任务	能够绘制正确的工作流程图	8 ~10	5 ~7	0 ~4	
3	制定方案	能够参与小组讨论，提出合理建议，积极参与小组汇报工作	8 ~10	5 ~7	0 ~4	

续表

序号	学习过程	评价内容	评价标准			得分
			符合(分)	部分符合(分)	不符合(分)	
4	任务实施	能够确定重点养护品种	8～10	5～7	0～4	
5		能够明确在库检查方法	8～10	5～7	0～4	
6		能够明确在库检查内容	8～10	5～7	0～4	
7		能够明确在库检查要求	8～10	5～7	0～4	
8		能够明确养护方法	8～10	5～7	0～4	
9	竞赛提升	能够积极参加课中竞赛并获奖	8～10	5～7	0～4	
10	总结点评	能够客观公正做好自我评价	8～10	5～7	0～4	
合计						

表 7－3－3　　组内评价表

学习任务名称：＿＿＿＿＿＿　组别：＿＿＿＿＿＿　被评价者姓名：＿＿＿＿＿＿

序号	学习过程	评价内容	评价标准			得分
			符合(分)	部分符合(分)	不符合(分)	
1	课堂参与合作学习的态度	能够尊重同伴、独立思考，承担并完成岗位职责	8～10	5～7	0～4	
2	获得和提供信息技能	能够查阅规范、工作页解决疑问	8～10	5～7	0～4	
3		在展示汇报时能够积极参与，踊跃表达	8～10	5～7	0～4	
4	帮助和支持技能	在小组讨论时能积极思考，诚恳提问	8～10	5～7	0～4	
5		在讨论过程中能尊重他人，耐心倾听	8～10	5～7	0～4	
6	组织引导技能	能够帮助、督促其他成员参与小组活动，相互勉励，阻止讨论偏离主题	8～10	5～7	0～4	
7	质量控制技能	能够合作完成药品养护	8～10	5～7	0～4	
8		能够对不同剂型药品采取不同养护方法	8～10	5～7	0～4	
9	评议的技能	能够对其他组质量判断结果进行专业评价	8～10	5～7	0～4	
10		在展示作品时，能姿态端正，思路清晰	8～10	5～7	0～4	
合计						

表 7－3－4　　组间互评表

学习任务名称：＿＿＿＿＿＿　组别：＿＿＿＿＿＿　被评价者姓名：＿＿＿＿＿＿

序号	评价内容	评价标准			得分
		符合（分）	部分符合（分）	不符合（分）	
1	该小组制定方案科学、高效、合理	16～20	10～15	0～9	
2	该小组进行方案汇报时，使用普通话，思路清晰，条理性强	16～20	10～15	0～9	
3	该小组任务完成过程中遵循 GSP 规范	16～20	10～15	0～9	
4	该小组能够合理评价其他小组	16～20	10～15	0～9	
5	该小组完成药品养护	16～20	10～15	0～9	
合计					
评价小组组长签名					

表 7－3－5　　教师考核评价表

学习任务名称：＿＿＿＿＿＿　学生：＿＿＿＿＿＿　学号：＿＿＿＿＿＿

序号	考核要求	评价标准			得分
		符合（分）	部分符合（分）	不符合（分）	
1	确定重点养护品种	16～20	10～15	0～9	
2	明确在库检查方法	16～20	10～15	0～9	
3	明确在库检查内容	16～20	10～15	0～9	
4	明确在库检查要求	16～20	10～15	0～9	
5	确定合理养护方法	16～20	10～15	0～9	
合计					

想一想

1. 大家来讨论：某医药公司仓库养护员在做药品养护记录时监测到药品常温库温度为 32 ℃，湿度为 79%，当时仓库外正在下雨，养护员采取通风降温除湿措施，请分析该养护员的做法是否正确？为什么？请问该如何对药品库房的温湿度进行调控？

2. 请梳理本次课程的知识内容，绘制思维导图。

课堂练习

1. 在汛期、霉季、雨季或发现药品有质量变化苗头时，临时组织力量进行全面或局部的检查为（　　）。

A. “三三四”检查　　B. 定期检查

C. 突击检查　　D. 随机检查

2. （多选）重点养护品种一般包括（　　）。

A. 主营品种

B. 首营品种

C. 质量不稳定、有特殊储存要求的品种

D. 储存时间较长的品种

E. 近期内发生过质量问题的品种

课题八

GSP 对药品校准、验证的管理

任务一　校准与验证的组织

学习目标

1. 能说出有关验证的概念及相关术语。
2. 能说出验证对象及组织部门。
3. 能说出 GSP 对校准与验证的要求。

2016 年山东非法经营疫苗案震惊全国，25 种儿童和成人接种的二类疫苗未经严格冷链存储和运输，销往全国 24 个省市，失温疫苗存在可能失效或给使用者造成严重不良后果的潜在风险，媒体对事件的持续报道，使民众都对冷链运输有了新的认识高度。

2021 年新冠疫苗大量接种期间，国家建立了全国疫苗电子追溯协同平台，实现疫苗来源可查、去向可追，全程可追溯，定时监测、记录新冠病毒疫苗在储存、运输过程中的温度，确保储运安全。企业储存、配送疫苗所用的设施设备、温度自动监测系统等均需验证合格，排除安全隐患，保障人民群众疫苗接种安全。

想一想

通过上述两个案例，你对冷链储存、运输有哪些想法？

短短几年时间里，我国药品冷链管理有哪些显著变化？

近年来，随着我国冷藏药品需求迅速增长，国家开始高度重视医药冷链物流发展，一直积极制定相关规范、标准。除了加强对冷链药品运输过程监管，还对药品经营企业的冷链设备验证和校准也提出了明确要求，确保冷藏、冷冻药品在储存、运输过程中的质量安全。

任务引入

某小型药品批发经营企业，根据《药品经营质量管理规范》及其附录的规定，对储存药品的冷库内温湿度进行严格的控制，定期对冷库运行进行验证。该冷库是按照 GSP 要求设计制造和安装的，已经实际使用 5 年，冷库占地面积 40 m^2，为整体组装结构，墙体是中间充填隔热树脂的彩钢板，冷库温度为 2 ~ 10 ℃，湿度为 35% ~75%。开展冷库定期验证，我们需要做好哪些准备工作呢？

【任务分析】

完成本次任务需要做到：

1. 能说出验证的定义。
2. GSP 对校准与验证还有哪些要求？
3. 验证的对象和组织部门分别是什么？

相关知识

按照《药品经营质量管理规范》要求，企业应当对冷库、冷藏车、冷藏箱、保温箱以及温湿度自动监测系统等设施设备进行定期验证，确保冷藏、冷冻药品在储存、运输过程中的质量安全，那什么是验证呢？

一、认识验证

1. 验证、校准、检定的概念

验证是指为证明任何设备设施、操作规程（或方法）、监测系统能够达到预期结果的一系列活动，即对质量控制的关键设施设备或系统的性能、参数及使用方法进行系列实验、测试，以确定其适宜的操作标准、条件和方法，确认其使用效果。

校准是在规定条件下，为确定计量器具示值误差的一组操作。

检定是为评定计量器具计量特性，确定其是否符合法定要求所进行的全部工作。

2. 验证的对象

GSP 附录中要求，对冷库、冷藏车、冷藏箱、保温箱以及温湿度自动监测系统（以下简称监测系统）等进行验证，确认相关设施、设备及监测系统能够符合规定的设计标准和要求，并能安全、有效地正常运行和使用，确保冷藏、冷冻药品在储存、运输过程中的质量安全。

3. 验证项目分类

根据 GSP 要求，企业应当对冷库、储运温湿度监测系统以及冷藏运输等设施设备进行使用前验证、专项验证（有因验证）、定期验证及停用时间超过规定时限的验证。

（1）使用前验证。相关设施设备及系统在新投入使用前或改造后需进行使用前验证，对设计或预定的关键参数、条件及性能进行确认，确定实际的关键参数及性能是否符合设计或规定的使用条件。

新建或改造后的设施设备经过空载及满载验证且验证合格后方可投入使用。空载是指冷库或冷藏车内未放置任何货物的情况；满载是指库房储存药品的数量达到理论最大容量的 70% 以上。

使用前验证主要是进行设计确认、安装确认、运行确认和性能确认等工作，从不同方面来判定验证对象是否满足既定要求或标准。比如性能确认时，我们可以模拟冷藏车、冷藏箱、保温箱实际的使用情况，进行动态条件下实际运输过程中数据的采集监测，以判断其能否满足使用要求。如设施设备在既定条件下符合储存、运输冷藏药品要求，便可投入使用。

（2）专项验证（有因验证）。专项验证是指设施设备及系统改变、超出设定的条件或用途，或设备出现严重运行异常或故障时，针对所调整或改变的情况进行的验证，使其性能及参数符合设定的标准。

（3）定期验证。定期验证是指根据相关设施设备及系统的具体情况，定期进行的验证，确认处于正常使用及运行的相关设施设备及系统的参数漂移、设备损耗、异常变化趋势等情况。定期验证间隔时间不应超过 1 年。

（4）停用时间超过规定时限的验证。企业应当根据相关设施设备和系统的设计参数以及通过验证确认的使用条件，分别确定各类设施设备及系统最大的停用时间限度。超过规定的最大停用时限后需重新投入使用时，使用前应当重新进行验证。如验证合格的设施设备，停用超过 3 个月，因环境、规格材料、装载方式、装载量等影响因素发生变化，或因设备维修后部分参数发生变更均应该再验证，基于风险评估结果来确保再验证的合理性。

4. 验证的组织及职责

为了更好地完成验证工作，企业必须成立专门的验证小组。验证小组的主要职责是：

（1）负责验证方案的起草、审核与报批。

（2）负责按批准的验证方案组织、协调各项验证工作，并组织实施验证工作。

（3）负责验证数据的收集、整理、汇总，并对各项验证结果进行分析与评价。

（4）负责组织、协调完成各项因验证而出现的变更工作。

（5）负责验证报告的起草、审核与报批。

验证小组中企业质量负责人担任小组长，负责验证工作的监督、指导、协调与审批；质量管理部负责组织仓储、运输等部门共同实施验证工作。验证人员及职责分工见表 8－1－1。企业应当按照质量管理体系文件的规定，按年度制订验证计划，根据计划确定的范围、日程、项目实施验证工作。

表 8－1－1　验证人员及职责分工

姓名	小组分工	所在部门	职务	责任
	组长		质量负责人	负责验证工作的监督、指导、协调；负责验证方案、验证报告的审批
	副组长	质量管理部	质量管理负责人	负责验证方案、报告的起草；负责组织、实施验证全过程
	组员	质量管理部	质量管理员	负责验证布点或数据采集，以及验证报告数据的出具
	组员	仓储部 运输部	养护员/运输员	参与和协助验证过程的各项工作，对验证程序和结果进行确认

二、验证的要求

按 GSP 要求企业应当按照国家有关规定，对计量器具、温湿度监测设备等定期进行校准或者验证。

药品经营企业按国家计量法相关规定，对属于国家强制检定的计量器具依法强制检定，如称量器具等；对于属于国家非强制检定的计量器具，如温度传感器等应当定期进行校准。为保证测量结果准确，企业对测点终端每年至少进行一次校准，对系统设备应当进行定期检查、维修、保养，并建立档案。

GSP 验证时使用的温湿度传感器应当经法定计量机构校准（计量机构资质认定证书见图 8－1－1），校准证书复印件应当作为验证报告的必要附件（校准证书见图 8－1－2）。验证使用的温度传感器应当适用被验证设备的测量范围，其温度测量的最大允许误差为 ±0.5 ℃。

企业应当根据验证确定的参数及条件，正确、合理使用相关设施设备及监测系统。未经验证的设施、设备及监测系统不得用于药品冷藏、冷冻储运。

冷库、冷藏车、冷藏箱、保温箱及温湿度自动监测系统要进行定期验证，以确认其符合要求，定期验证间隔时间不超过 1 年。

练一练

1. 企业（　　）负责验证工作的监督、指导、协调与审批，质量管理部门负责组织仓

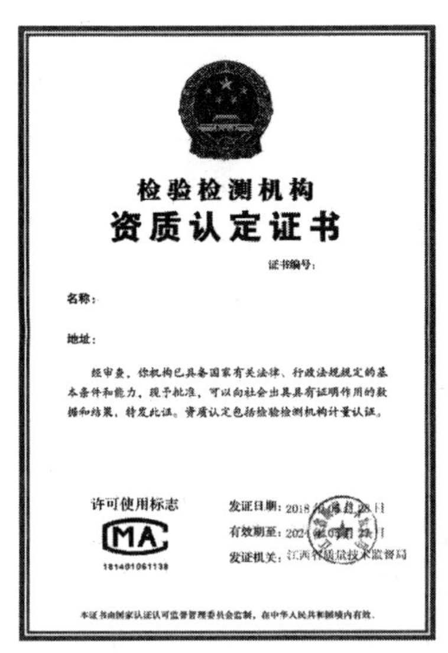

检验检测机构
资质认定证书

证书编号：

名称：

地址：

经审查，你机构已具备国家有关法律、行政法规规定的基本条件和能力，现予批准，可以向社会出具具有证明作用的数据和结果，特发此证。资质认定包括检验检测机构计量认证。

许可使用标志

发证日期：

有效期至：

发证机关：江西省质量技术监督局

本证书由国家认证认可监督管理委员会监制，在中华人民共和国境内有效。

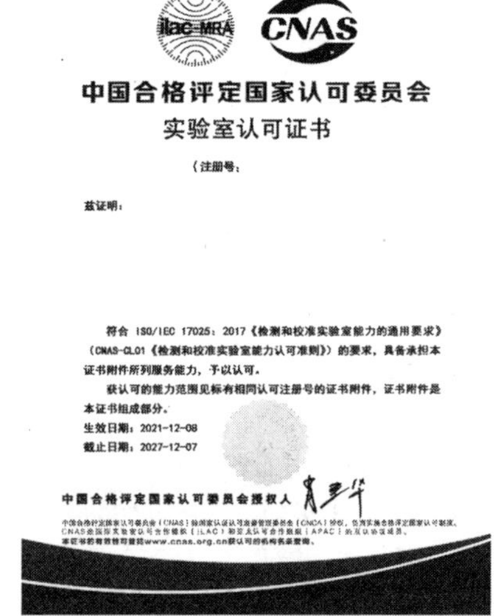

中国合格评定国家认可委员会
实验室认可证书

（注册号：

兹证明：

符合 ISO/IEC 17025：2017《检测和校准实验室能力的通用要求》（CNAS-CL01《检测和校准实验室能力认可准则》）的要求，具备承担本证书附件所列服务能力，予以认可。

获认可的能力范围见标有相同认可注册号的证书附件，证书附件是本证书组成部分。

生效日期：2021-12-08

截止日期：2027-12-07

中国合格评定国家认可委员会授权人

图 8－1－1　计量机构资质认定证书

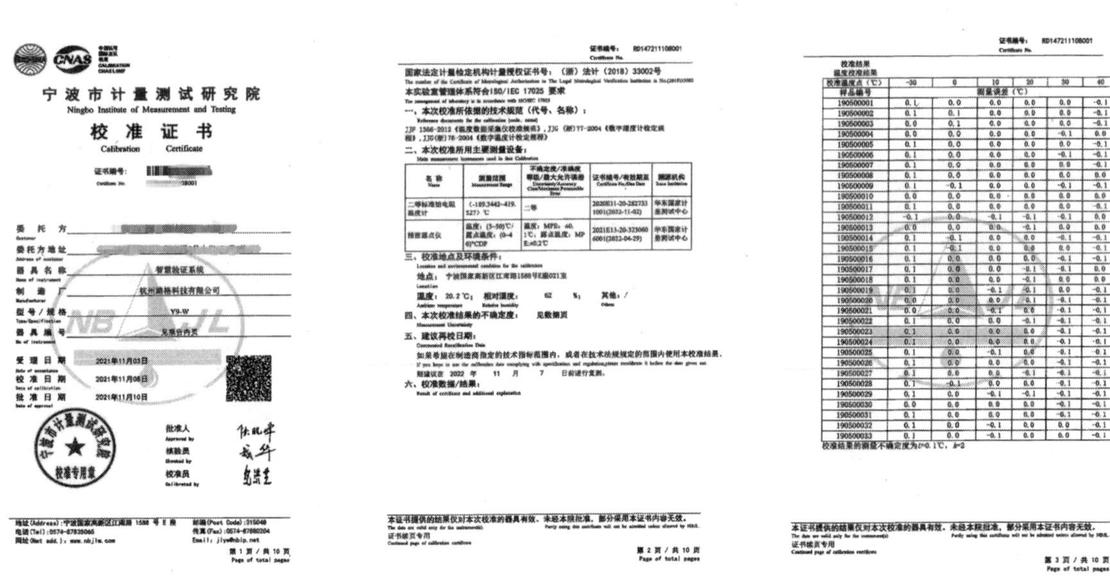

宁波市计量测试研究院
Ningbo Institute of Measurement and Testing

校准证书
Calibration Certificate

证书编号：

委托方

委托方地址

器具名称　智能验证系统

制造厂　杭州　科技有限公司

型号/规格

器具编号　见附件内页

受理日期　2021年11月03日

校准日期　2021年11月08日

批准日期　2021年11月10日

批准人

核验员

校准员

第 1 页 / 共 10 页

证书编号：RD147211108001

国家法定计量检定机构计量授权证书号：（浙）法计（2018）33002号

本实验室管理体系符合 ISO/IEC 17025 要求

一、本次校准所依据的技术规范（代号、名称）：

二、本次校准所用主要测量设备：

三、校准地点及环境条件：

地点：

温度：20.2 ℃；　相对湿度：62 %；　其他：/

四、本次校准结果的不确定度：见数据页

五、建议再校日期：

如果委托方在制造商指定的技术指标范围内，或者在技术法规规定的范围内使用本校准结果，则建议在 2022 年 11 月 7 日前进行复测。

六、校准数据/结果：

本证书提供的结果仅对本次校准的器具有效，未经本院批准，部分采用本证书内容无效。

第 2 页 / 共 10 页

证书编号：RD147211108001

校准结果

温度校准结果

校准温度点（℃）	-30	0	10	20	30	40
样品编号	测量误差（℃）					
190500001	0.1	0.0	0.0	0.0	0.0	-0.1
190500002	0.1	0.1	0.0	0.0	0.0	-0.1
190500003	0.0	0.1	0.0	0.0	0.0	-0.1
190500004	0.0	0.0	0.0	0.0	-0.1	0.0
190500005	0.1	0.0	0.0	0.0	0.0	-0.1
190500006	0.1	0.0	0.0	0.0	-0.1	-0.1
190500007	0.1	0.0	0.0	0.0	0.0	-0.1
190500008	0.1	0.0	0.0	0.0	0.0	0.0
190500009	0.1	-0.1	0.0	0.0	-0.1	-0.1
190500010	0.0	0.0	0.0	0.0	0.0	0.0
190500011	0.1	0.0	0.0	0.0	0.0	-0.1
190500012	-0.1	0.0	-0.1	-0.1	-0.1	0.0
190500013	0.0	0.0	0.0	-0.1	0.0	0.0
190500014	0.1	-0.1	0.0	0.0	-0.1	-0.1
190500015	0.1	-0.1	0.0	0.0	0.0	-0.1
190500016	0.1	0.0	0.0	0.0	-0.1	-0.1
190500017	0.1	0.0	0.0	-0.1	-0.1	0.0
190500018	0.1	0.0	0.0	-0.1	0.0	0.0
190500019	0.1	0.0	-0.1	-0.1	0.0	-0.1
190500020	0.0	0.0	0.0	-0.1	-0.1	-0.1
190500021	0.0	0.0	-0.1	0.0	-0.1	-0.1
190500022	0.1	0.0	0.0	-0.1	-0.1	-0.1
190500023	0.1	0.0	0.0	0.0	-0.1	-0.1
190500024	0.1	0.0	0.0	0.0	-0.1	-0.1
190500025	0.1	0.0	-0.1	0.0	-0.1	-0.1
190500026	0.1	0.0	0.0	0.0	-0.1	-0.1
190500027	0.1	0.0	0.0	-0.1	-0.1	-0.1
190500028	0.1	-0.1	0.0	0.0	-0.1	-0.1
190500029	0.1	0.0	-0.1	-0.1	-0.1	-0.1
190500030	0.0	0.0	0.0	0.0	-0.1	-0.1
190500031	0.1	0.0	0.0	0.0	-0.1	-0.1
190500032	0.1	0.0	-0.1	0.0	0.0	-0.1
190500033	0.1	0.0	-0.1	0.0	0.0	-0.1

校准结果的测量不确定度为 U=0.1℃，k=2

本证书提供的结果仅对本次校准的器具有效，未经本院批准，部分采用本证书内容无效。

证书续页专用

第 3 页 / 共 10 页

图 8－1－2　校准证书

储、运输等部门共同实施验证工作。

A. 质量负责人　　B. 财务总监

C. 人力资源部负责人　　D. 董事长

2. （多选）冷链验证的对象包括（　　）。

A. 冷库　　B. 冷藏车

C. 冷藏箱　　D. 保温箱及温湿度自动监测系统

E. 冰箱、冰柜

3.（多选）冷库、储运温湿度监测系统以及冷链运输等设施设备进行验证的类型有（　　）。

A. 使用前验证
B. 定期验证
C. 使用后的验证
D. 停用时间超过规定时间的验证
E. 使用中验证

任务实施

【材料准备】

工具：温湿度验证系统、《药品经营质量管理规范》（2016 版）。

材料：笔和纸、校准证书、检验检测机构资质认定证书、验证报告书。

设备：实训场地、药店管理系统、医药企业虚拟仿真系统、待验证仪器。

【实施步骤】

步骤一：明确验证的定义、验证的对象和验证的目的

查阅教学资料，理解验证的定义，明确验证目的、对象。

步骤二：明确验证项目的分类及要求

查阅《药品经营质量管理规范》及相关规定，说出 GSP 对校准及验证的要求；认真查阅相关验证报告，并重点理解验证种类、依据和要求。

步骤三：判断本次验证用的系统及设备是否符合要求

参与验证的记录仪器设备是否具有校准证书；本次验证所选用的记录仪器的最大允许误差是否符合验证要求。

步骤四：明确验证的组织部门，成立验证小组

成立验证小组，明确小组人员分工，做好验证的培训工作。

【操作要点及注意事项】

1. 初步学习验证内容，可在掌握基本知识的前提下，查阅企业的验证计划、验证报告书等资料，熟悉其构成，加深对已学内容的理解。

2. 成立验证小组，做好分工，为后续验证工作提前做好准备。

任务测评

评价方式包括自我评价、组内评价、组间评价、教师评价，并据此设计了学生自评表（表 8－1－2）、组内评价表（表 8－1－3）、组间互评表（表 8－1－4）、教师考核评价表（表 8－1－5）。其中自我评价、组内评价、组间评价采用线上填写学习通问卷的形式进行，教师评价包含过程评价、结果评价，采用纸质评价表。各评价方式占本任务百分比分解如图 1－1－1 所示。

表 8－1－2　　学生自评表

学习任务名称：＿＿＿＿＿＿　姓名：＿＿＿＿＿＿　学号：＿＿＿＿＿＿

序号	学习过程	评价内容	评价标准			得分
			符合(分)	部分符合(分)	不符合(分)	
1	课前探究	能够主动完成学习通作业	8～10	5～7	0～4	
2	明确任务	能够阅读 GSP 中关于药品验证的相关条款	8～10	5～7	0～4	
3	制定方案	能够参与小组讨论，提出合理建议，积极参与小组汇报工作	8～10	5～7	0～4	
4	任务实施	能够说出验证的概念	8～10	5～7	0～4	
5		能够明确验证的目的和对象	8～10	5～7	0～4	
6		能够明确验证的依据和 GSP 对校准验证的标准要求	8～10	5～7	0～4	
7		能够判断用于验证的仪器设备是否符合要求	8～10	5～7	0～4	
8		能模拟组建验证小组，并分工明确	8～10	5～7	0～4	
9	竞赛提升	能够积极参加课中竞赛并获奖	8～10	5～7	0～4	
10	总结点评	能够客观公正做好自我评价	8～10	5～7	0～4	
合计						

表 8－1－3　　组内评价表

学习任务名称：＿＿＿＿＿＿　组别：＿＿＿＿＿＿　被评价者姓名：＿＿＿＿＿＿

序号	学习过程	评价内容	评价标准			得分
			符合(分)	部分符合(分)	不符合(分)	
1	课堂参与合作学习的态度	能够尊重同伴、独立思考，承担并完成岗位职责	8～10	5～7	0～4	
2	获得和提供信息技能	能够查阅规范、工作页解决疑问	8～10	5～7	0～4	
3		在展示汇报时能够积极参与，踊跃表达	8～10	5～7	0～4	
4	帮助和支持技能	在小组讨论时能积极思考，诚恳提问	8～10	5～7	0～4	
5		在讨论过程中能尊重他人，耐心倾听	8～10	5～7	0～4	
6	组织引导技能	能够帮助、督促其他成员参与小组活动，相互勉励，阻止讨论偏离主题	8～10	5～7	0～4	
7	质量控制技能	能够正确判断用于验证的仪器设备是否选择正确，是否符合验证要求	8～10	5～7	0～4	
8		能够合作建立模拟验证小组，并分工明确	8～10	5～7	0～4	

续表

序号	学习过程	评价内容	评价标准			得分
			符合(分)	部分符合(分)	不符合(分)	
9	评议的技能	能够对其他组质量判断结果进行专业评价	8~10	5~7	0~4	
10		在展示学习成果，能姿态端正，思路清晰	8~10	5~7	0~4	
合计						

表8-1-4　　组间互评表

学习任务名称：__________　组别：__________　被评价者姓名：__________

序号	评价内容	评价标准			得分
		符合(分)	部分符合(分)	不符合(分)	
1	该小组制定方案科学、高效、合理	16~20	10~15	0~9	
2	该小组进行方案汇报时，语言流畅，思路清晰，条理性强	16~20	10~15	0~9	
3	该小组任务完成过程中认真严谨，完成验证设备的查验、小组建设与分工工作	16~20	10~15	0~9	
4	该小组能够合理评价其他小组	16~20	10~15	0~9	
5	该小组完成校准与验证组织工作的学习	16~20	10~15	0~9	
合计					
评价小组组长签名					

表8-1-5　　教师考核评价表

学习任务名称：__________　学生：__________　学号：__________

序号	考核要求	评价标准			得分
		符合(分)	部分符合(分)	不符合(分)	
1	能够说出验证的概念及相关术语	16~20	10~15	0~9	
2	能理解验证的目的，明确验证的对象	16~20	10~15	0~9	
3	能明确验证的依据和GSP对校准验证的标准要求	16~20	10~15	0~9	
4	能够检验出用于验证的仪器设备是否符合要求	16~20	10~15	0~9	
5	能模拟组建验证小组并分工明确	16~20	10~15	0~9	
合计					

想一想

1. 大家来讨论：企业质量负责人的职责是什么？质量管理部门负责哪个部分的验证工

作？如何建立一个高效的验证组织？

2. 请梳理本次课程的知识内容，绘制思维导图。

课堂练习

1. 企业应当按照国家有关规定，对计量器具、温湿度监测设备等定期进行（　　）。

A. 维护　　B. 检查

C. 校准或检定　　D. 保养

2. 定期验证每年至少（　　）。

A. 一次　　B. 两次

C. 三次　　D. 根据企业实际情况确定

任务二　校准与验证的内容

学习目标

1. 能理解什么是验证控制文件。
2. 能理解验证文件体系内容。
3. 能说出验证流程、验证测点的分布。
4. 能完成连续验证时间的测定。

任务引入

某药品经营企业新购置一辆冷藏车，尺寸为 4 m×2 m×2 m。按照《药品经营质量管理规范》的要求，企业需要组织相关人员按法规及审批的冷藏车验证方案进行验证。请问在冷藏车验证工作中，应如何进行布点并完成全部验证工作？

【任务分析】

完成本次任务需要做到：

1. 明确验证流程。
2. 完成验证布点。
3. 确定连续验证的时间。
4. 正确收集整理验证相关记录。

相关知识

一、验证控制文件种类与项目

《药品经营质量管理规范》《药品流通监督管理办法》《药品冷链物流运作规范》（GB/T 28842—2021）、《医药产品冷链物流温控设施设备验证性能确认技术规范》等法规和标准是实施验证的指导性文件，也是完成验证、确立各种标准的客观证据。企业应当根据相关验证管理制度在验证实施过程中，建立并形成验证控制文件。文件内容包括验证方案、标准、报告、评价、偏差处理和预防措施等。验证控制文件应当归入药品质量管理档案，并按规定保存。

1. 验证文件的种类

验证控制文件一共分两大类：一类是制度规范文件，例如：企业冷链验证管理规范、企业冷链人员培训管理制度、冷链计量器具校准规范、冷链温度偏差处理规定等。另一类是有关方案流程、文件记录的文件，例如：企业年度验证计划、冷藏车验证测试方案和报告、冷库验证测试方案报告、冷藏箱验证测试方案报告，验证偏差整改方案、报告等。

验证控制文件的内容包括但不限于验证计划、验证方案、验证标准、验证记录、验证报告、评价偏差调查和处理、纠正和预防措施等。

（1）验证计划

按照质量管理体系文件中与验证管理相关的规定，企业根据业务经营模式和规模，以及使用的相关设施设备和系统的具体情况按年度制订验证计划。验证计划明确冷链设备验证时间、验证对象、验证执行人，界定验证标准和程度，执行部门和质量管理部门负责人复核、评价，企业质量负责人审批。验证组织应严格按计划确定的范围、时间项目开展实施工作。

（2）验证方案

验证方案的起草涉及检查及试验方案的过程。因此，它是实施验证的工作依据，也是重要的技术标准。实施验证活动以前必须制定好相应的验证方案，验证的每个阶段都应有各自的验证方案。验证方案根据每一项认证工作的具体内容及要求分别制定，包括验证的实施人员、对象、目标、测试项目、验证设备及监测系统描述、测点布置、时间控制、数据采集要求，以及实施验证的相关基础条件。验证方案需经企业质量负责人审核并批准后，方可实施。

（3）验证记录

记录各项目监测点的数据。其中验证过程记录需要对现场进行拍照并记录在验证报告里。验证过程中采用专业软件采集的数据可以电子形式保存。企业应确保所有记录的连续、真实、完整、有效、无篡改、可追溯，并按规定保存。

（4）验证报告

验证完成后需出具验证报告，包括验证实施人员、验证过程中采集的数据汇总、各测试项目数据分析图表、验证现场实景照片、各测试项目结果分析、验证结果总体评价等。验证报告由企业质量负责人审核和批准。

（5）偏差调查和处理

在验证过程中，根据验证数据分析，对设施、设备运行或使用中可能存在的不符合要求的状况、监测系统参数设定不合理情况等偏差，进行调整和纠正处理，使相关设施设备及监测系统能符合规定的要求。

（6）纠正和预防措施

根据验证结果对可能存在的影响药品质量安全的风险，制定有效的预防措施，有效防止各种影响药品质量安全因素所造成的风险。

企业需根据以上验证结果制定实施验证的标准和验证操作程序（SOP）。

【知识链接】

医药冷链物流：是指采用专用设施设备，使冷藏药品在流通过程中温度始终控制在规定范围内的物流过程。

温度记录仪：用于连续采集、存储、处理所处环境温度的电子装置。

2. 冷链验证项目

企业在制定验证方案时，应当根据验证的内容及目的，确定相应的验证项目。

（1）冷库验证项目

1）验证目的：主要目的有掌握温度分布情况，明确制冷机组的控制线盒报警线，掌握冷库开门时间和断电保温时间，测试冷库报警系统等。

2）验证内容：

①温度分布特性的测试与分析，确定适宜药品存放的安全位置及区域。

②温控设备运行参数及使用状况测试。

③监测系统配置的测点终端参数及安装位置确认。

④根据操作实际状况测定开门作业对库房温度分布及药品储存的影响。

⑤确定设备故障或外部供电中断的状况下，库房保温性能及变化趋势。

⑥对本地区的高温或低温等极端外部环境条件，分别进行保温效果评估。

⑦在新建库房初次使用前或改造后重新使用前进行空载及满载验证。

⑧年度定期验证时进行满载验证。满载条件为库容率高于80%。

3）合格判定：

①库房空调系统在既定运行条件下，空载和满载温度分布测试条件下库房温度应控制在规定范围内。

②确定冷点和热点并在冷、热点设置日常监测温度传感器。

③企业应当按照国家有关规定，对温度记录仪定期进行校准或者检定，其最大允许误差应当符合以下要求：测量范围在0～40℃，温度的最大允许误差为±0.5℃；测量范围在−25～0℃，温度的最大允许误差为±1.0℃。

④温度传感器与验证用温度记录仪的差值应在±1℃以内（冷库差值应在±2℃以内）。

⑤确定导致任一测点超温的最短开门时间。

⑥确定设备故障或外部供电中断情况下的保温时限。

⑦冬季和夏季极端温度条件下仓储设施均可保证温度控制符合既定要求。

⑧温度偏差、均匀度、波动度应不高于 ±3 ℃。

（2）冷藏车验证项目

1）验证目的：主要目的是依据制冷机稳定性及记录的冷藏车温度控制数值确认有代表性的监控点，掌握提前预冷时间，熟练掌握装卸货开门时间及操作方法，明确应急预案准备时间，确定车内货物的码放方式等。

2）验证测试内容：

①车厢内温度分布特性的测试与分析，确定适宜药品存放的安全位置及区域。

②温控设施运行参数及使用状况测试。

③监测系统配置的测点终端参数及安装位置确认。

④开门作业对车厢温度分布及变化的影响。

⑤确定设备故障或外部供电中断的状况下，车厢保温性能及变化趋势分析。

⑥在本地区高温或低温等极端外部环境条件下，分别进行保温效果评估。

⑦在冷藏车初次使用前或改造后重新使用前，进行空载及满载验证。

⑧年度定期验证时，进行满载验证。

⑨运输路径及运输最长时限验证。

⑩冷藏车制冷机组、发动机组运行情况，系统的运行可靠性和相关报警验证等。

3）合格判定：应证明车辆满足相应药品的运输温度要求。

①车辆空调系统在既定运行条件下，空载和满载温度分布测试结果证明车厢内温度控制在规定范围内。

②确定冷点和热点并在冷、热点设置日常监测温度传感器。

③企业应当按照国家有关规定，对温度记录仪定期进行校准或者检定，其最大允许误差应当符合以下要求：测量范围在 0～40 ℃时，温度的最大允许误差为 ±0.5 ℃；测量范围在 −25～0 ℃时，温度的最大允许误差为 ±1.0 ℃。

④温度传感器与验证用温度记录仪的差值应在 ±1 ℃以内（冷冻运输差值应在 ±2 ℃以内）。

⑤确定导致任一测点超温的最短开门时间。

⑥确定空调设备故障情况下的保温时限。

⑦冬季和夏季极端温度条件下均可保证温度控制符合既定标准。

⑧温度偏差、均匀度、波动度应不高于 ±3 ℃。

（3）冷藏箱或保温箱验证项目

1）验证目的：主要目的为检查保温箱运行情况，在常温下使用标准冰排的保温性能，得到有效参数，确保公司冷藏药品在运输过程中的温度符合冷藏药品的储存要求，保证冷藏药品在运输过程中的质量安全。

2）验证内容：

①箱内温度分布特性的测试与分析，分析箱体内温度变化及趋势。

②蓄冷剂配备使用的条件测试。

③温度自动监测设备放置位置确认。

④开箱作业对箱内温度分布及变化的影响。

⑤高温或低温等极端外部环境条件下的保温效果评估。

⑥运输最长时限验证。

3）合格判定：

①测试条件下的冷藏箱或保温箱内部各监测点温度，均符合设定标准。

②蓄冷剂配备使用条件符合相应标准操作规程的要求。

③温度自动监测设备放置位置应确保设备采集温度尽可能接近药品的温度。

④确定开箱作业导致箱内温度超标的最短时间。

⑤高温或低温等极端外部环境条件下箱内保温时限均可满足最长运输时间要求。

⑥保温时限满足最长运输时间需求。

（4）温湿度监测系统的验证项目

在药品储运过程，温湿度监测系统能显示药品的储运温湿度，准确反应药品储藏条件是否符合要求，确保药品储运安全。

1）验证目的：验证温湿度监测系统的相关设施、设备及系统能够符合 GSP 及附录和相关法规的设计标准和要求，并能安全有效地正常运行和使用，确保药品在储存、运输过程中的质量。

2）验证内容：

①采集、传送、记录数据以及报警功能的确认。

②监测设备的测量范围和准确度确认。

③测点终端安装数量及位置确认。

④监测系统与温度调控设施无联动状态的独立安全运行性能确认。

⑤系统在断电、计算机关机状态下的应急性能确认。

⑥防止用户修改、删除、反向导入数据等功能确认。

值得注意的是温湿度验证使用的传感器应当经过校准或检定，校准或检定报告书复印件应当作为验证报告的必要附件。

3）合格判定：

①系统应至少每隔 1 分钟更新一次测点温湿度数据；数据传送及时、完整；记录内容包括温度值、湿度值、日期、时间、测点位置、库区或运输工具类别等；在药品储存过程中至少每隔 30 分钟自动记录一次实时温湿度数据，在运输过程中至少每隔 5 分钟自动记录一次实时温度数据。当监测的温湿度值超出规定范围时，系统应当至少每隔 2 分钟记录一次实时温湿度数据；当监测的温湿度值达到设定的临界值或者超出规定范围，系统应当能够实现就地和在指定地点进行声光报警，同时采用短信通信的方式，向至少 3 名指定人员发出报警信

息。当发生供电中断的情况时，系统应当采用短信通信的方式，向至少 3 名指定人员发出报警信息。

②测量范围在 0 ~ 40 ℃时，温度的最大允许误差为 ±0.5 ℃；测量范围在 −25 ~ 0 ℃时，温度的最大允许误差为 ±1.0 ℃。应当按照国家有关规定，对传感器定期进行校准或者检定。

（5）冰箱、冷柜验证项目

1）冷柜存储空间温度的偏差、均匀度和波动度确认（温度分布测试）。

2）温度传感器的准确度测试。

3）冬季、夏季极端环境温度条件下的温度保障能力确认。

4）温控设施运行参数及使用状况测试。

5）温度监测系统配置的温度监测点安装位置确认。

6）开门作业对冷柜温度分布的影响。

7）确定设备故障或外部供电中断的状况下冷柜保温性能及变化趋势。

8）冷柜使用前或停用再重启使用前应进行空载及满载性能确认，定期验证时应进行满载性能确认。满载条件为柜容率高于 70%。

9）在冷柜各项参数及使用条件符合规定的要求并达到运行稳定后，数据有效持续采集时间不应少于 48 小时。

10）性能确认数据采集的间隔时间不应大于 5 分钟。

3. 验证步骤

各项目的验证应按以下过程开展工作：

（1）验证负责人确定验证方案、验证时间及操作流程。

（2）提前通知相关部门协调待验证对象。

（3）准备验证工具。

（4）验证负责人在验证时间内根据验证流程进行项目验证。

（5）验证过程中的相关数据在完成验证后应即时读取，保存数据。

（6）完成验证报告后标示验证标记。

二、验证流程

1. 冷链验证流程

冷链验证流程如图 8 −2 −1 所示。

2. 冷链物流设施验证步骤

冷链物流设施验证步骤依次为：计划、组织和人员、方案、方案批准、实施准备、实施验证、验证记录、验证报告、验证结果应用。

（1）计划

验证是一个细致而又繁杂的工作，验证实施前要明确实施计划。计划内容包括：冷链设备验证时间、验证对象、验证执行人、界定验证标准和程度，执行部门和质量管理部门负责人复核、评价，企业质量负责人审核、年度验证计划表见表 8 −2 −1。

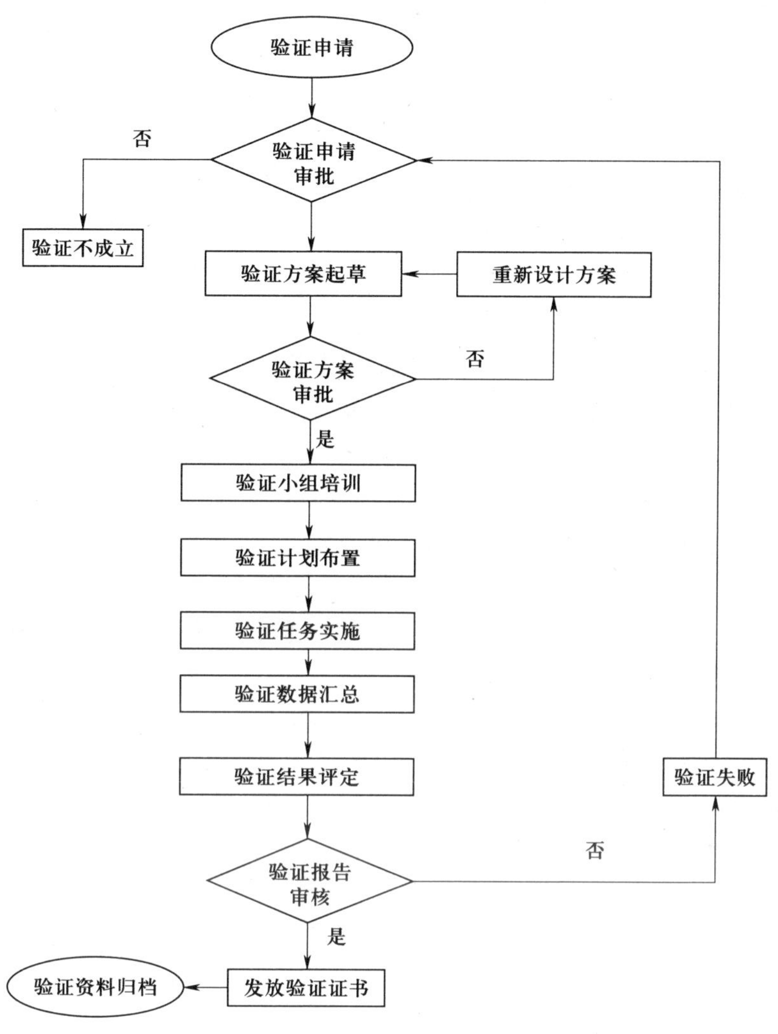

图 8－2－1　冷链验证流程

表 8－2－1　年度验证计划表

<table>
<tr><td>验证范围</td><td colspan="3">冷库、冷藏运输设施设备、储运温湿度监测系统</td></tr>
<tr><td rowspan="2">验证项目</td><td colspan="2">日程安排</td><td rowspan="2">负责人</td></tr>
<tr><td>验证方案完成时间</td><td>验证完成时间</td></tr>
<tr><td>冷库空载验证</td><td></td><td></td><td></td></tr>
<tr><td>冷库满载验证</td><td></td><td></td><td></td></tr>
<tr><td>冷藏车空载验证</td><td></td><td></td><td></td></tr>
<tr><td>冷藏车满载验证</td><td></td><td></td><td></td></tr>
<tr><td>冷藏箱满载验证</td><td></td><td></td><td></td></tr>
<tr><td>温湿度监测系统验证</td><td></td><td></td><td></td></tr>
</table>

（2）组织和人员

组织项目验证组成员应做好验证前培训，明确职责及分工，其人员和职责如前所述。

（3）验证方案

验证方案一般包括：

1）验证的概述：主要阐明验证目的、验证对象的简介、验证的依据等。

2）验证的内容：包括验证的组织分工及培训、验证的范围、验证条件、验证工具、测试方法、验证实施（内容、项目、测试结果可接受标准、测点布置、时间控制、数据采集等）。

3）验证结论：测试数据结果、执行操作人员签名（记录关键项目应有复核）、偏差说明及解决方法、确定再验证情况（设备维修、更换后，设备停用后）、验证成果评估及结论。

（4）方案批准

验证方案必须经质量负责人审批后方可实施。

（5）实施准备

验证工作实施前要对相关人员进行培训，并做好验证准备工作，包括设备（系统）的准备、测试仪器的准备及相关文件、记录表格的准备等。

（6）实施验证

实施验证过程中，所有部门人员应按验证计划和验证方案实施验证工作，将已校准的测试终端按要求做好布点，注意布点位置及数量，调试好测试仪器，按计划确定的测试时间开展测试，按规定间隔时间采集数据。

（7）验证记录

验证记录主要包括监测系统生成或读取的验证检测数据、操作人员、操作日期和各项工作的具体操作时间。验证记录应客观、准确，应有执行者签名、日期，关键项目应有复核。企业应确保所有验证数据的连续、真实、完整、有效、无篡改、可追溯，并按规定保存。

（8）验证报告

验证报告是按照验证方案实施验证后，将详细验证过程及数据记录下来，完成阶段性以及最终评价和结论的文件。验证报告的内容包括：验证概述、验证系统及设备的描述、验证的组织与职责、验证的类型、验证项目、验证布点、验证实施过程的描述、验证方案有无变更、验证过程中采集的数据汇总、各测试项目数据分析图表、各测试项目结果分析、偏差分析与解决方法、验证结论等。将验证结果与可接受标准进行比较、分析，最后得出该系统（方法）是否满足预先所设定的标准，验证对象是否有效、可行的结论。

（9）验证结果应用

验证结束后，根据验证结果开展以下工作：

1）设定监控条件，制作冷链操作规程。

2）根据冷库和冷藏车内温度分布状况参数，确定药品摆放位置，使药品在储存、运输过程中得到符合法定温度条件的保证。

3）指导日常温度监控位置设置，确保设施、设备在经验证合格的条件下发挥效能。

4）在验证过程中，根据验证数据分析，对设施设备运行或使用中可能存在的不符合要求的状况、监测系统参数设定的不合理情况等偏差，进行调整和纠正处理，使相关设施设备及监测系统能够符合规定的要求。

5）根据相关设施设备和监测系统的设计参数以及通过验证确认的使用条件，分别确定最大的停用时间限度；超过最大停用时限的，在重新启用前，要评估风险并重新进行验证。

企业根据验证确定的参数及条件，正确、合理地使用相关设施设备，未经验证的设施设备及系统等不能用于药品冷藏、冷冻、储运、管理。验证的结果应用于质量管理体系文件相关内容的制定及修订。企业委托储存、运输、冷藏或冷冻药品的，一定要按照 GSP 的相关规定，对受委托方进行质量体系审核，索取承运单位的运输资质文件、运输设施设备和监测系统证明及验证文件、承运人资质证明、运输过程温度控制及监测等相关资料。对受托方冷藏、冷冻设施、设备、系统不符合要求的以及未经过验证的，不得委托储存及运输。企业可委托具备相应能力的第三方机构实施验证工作，但验证过程应当符合 GSP 及其附录要求。

三、验证布点方案

企业应按照 GSP 及相关附录要求，根据验证的对象及项目的具体情况，合理布局验证监测点。

1. 在验证对象内一次性同步布点，确保测点数据的同步、有效。

2. 在各类设备中应当进行均匀性布点，特殊项目及特殊位置专门布点；温控仓库特殊区域包括空调回风位置，温度传感器安装位置，门、窗、灯等位置，应布设温度监测点。

3. 每个库房中均匀性布点数量不得少于 9 个，库间各角及中心位置均应当布置监测点，每两个监测点的水平面间距不得大于 5 m，垂直间距不得超过 2 m。

4. 库房每个作业出入口及风机至少布置 5 个监测点，库房中每组货架或建筑（包括房柱）的风向死角位置至少应当布置 3 个监测点；仓库内放置于空调系统温度控制传感器位置的验证用温度记录仪应尽可能靠近传感器以获得客观的数据。温度监测点均应铺设在货位上或货物可能存放的位置；监测点的位置（如出风口、死角等）应覆盖相应的区域边界和中点（如送风夹角的两边和中线）。

5. 每个冷藏车厢体内均匀性布点总数量不得少于 9 个，每增加 20 m^3 增加 9 个监测点，不足 20 m^3 的按 20 m^3 计算；布点均匀分布，通常根据车辆的长度和有效容积分 2 层或 3 层布置。

6. 每个冷藏箱或保温箱的测点数量不得少于 5 个。在进行冷藏箱或保温箱模拟性确认时，分别位于模拟药品上、下、相邻两侧、几何中心等位置（除几何中心外，温度记录仪应放置于各面中心位置）。实际应用时放置温度记录仪的位置均应放置测试记录仪。

7. 绘制监测点分布示意图，标明各监测点序号，并注明每个序号对应的测试用温度记录仪编号。以冷库验证布点为例，冷库布点位置和数量，如图 8－2－2 所示。

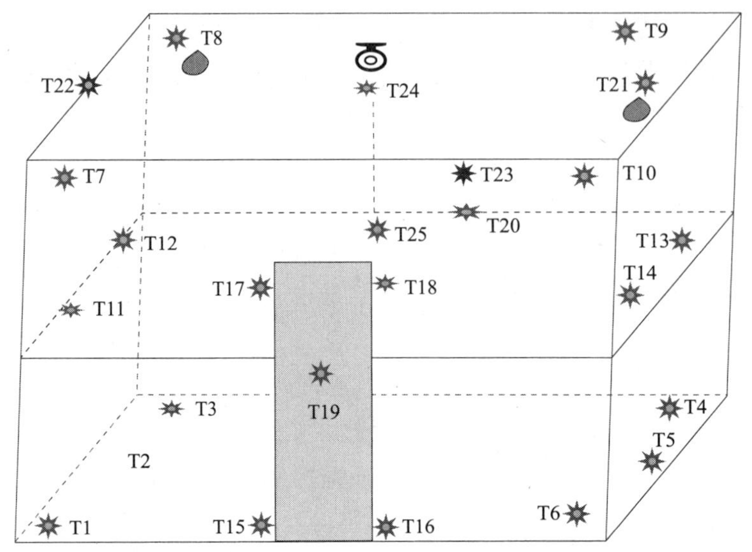

图 8-2-2　冷库验证点位布置图

四、连续验证时间的确定

根据 GSP 附录 5 第八条要求，企业应当在验证标准中确定适宜的持续验证时间，以保证验证数据的充分、有效、连续。各项目验证持续时间要求如下：

1. 在库房各项参数及使用条件符合规定的要求，并达到运行平衡后，数据连续采集时间不得少于 48 小时。

2. 在冷藏车达到规定的温度并运行稳定后，数据有效持续采集时间不得少于 5 小时，或根据车辆最长运输时间确定。

3. 冷藏箱或保温箱经过预热或预冷至规定温度并满载装箱后，按照最长的配送时间连续采集数据。

4. 验证数据采集的间隔时间不得大于 5 分钟。

验证数据应科学可靠，验证规定与实际操作相结合，每个验证周期应当至少做两次极端外部环境的（高温和极寒）保温及使用效果验证，每次验证应做 3 次连续测试，如不能获得稳定连续的合格数据，应重新调整验证方案，进行再验证。对验证偏差数据应进行分析和评估，所有偏差必须得到有效处理，出现偏差时（与可接受标准不符），必须找出偏差产生的原因并及时解决。

练一练

冷藏箱的验证项目都有哪些？其验证布点的要求有哪些？

想一想

1. 请梳理本次课程的知识内容，绘制思维导图。

2. 大家来讨论：

我们学习了关于验证的相关知识，想一想，验证方案和验证报告都有哪些内容？你能结合实际验证工作，给企业起草一份冷库的验证方案吗？现场验证结束后，你能草拟一份验证报告吗？

验证工作涉及的部门很多，工作量也比较大，同学们别慌，我们先看一个案例，结合你参与验证企业的实际情况，也做一份验证方案吧，期待你有丰硕的学习成果！

案例　　某医药公司冷库验证方案（满载）

文件编号：

起草人（签字） 职务：项目经理 起草时间：2022 年 6 月 8 日	审定人（签字） 职务：质量负责人 审定日期：2022 年 6 月 9 日	批准人（签字） 职务：质量负责人 批准日期：2022 年 6 月 9 日

一、概述

1. 验证对象：冷库

（1）冷库基本情况

1）冷库长 ×m，宽 ×m，高 ×m，总计 × ×m^3。

2）冷库内风机安装在门对面墙上，距离地面约 2.18 m 的高度。温控系统的温度探头在风机下方回风口位置，距地面高度 2.18 m。

3）制冷机参数设定为 3 ~7 ℃。

4）库房投入使用年限：新改造未使用。

5）验证类型：使用前满载验证。

（2）验证用记录仪情况见表 8 –2 –2。

表 8 –2 –2　　× ×企业验证用记录仪基本情况表

设备名称	长期数据记录仪	规格型号	PDEI
生产厂商	某电子技术有限公司	校准情况	符合要求

2. 验证依据和标准

《药品经营质量管理规范》及附录 5《验证管理》：

× × × ×有限公司设备设施验证管理制度、冷藏药品管理制度、冷藏药品运输管理制度、冷藏药品运输应急预案等。

3. 验证目的

（1）温度分布特性的测试与分析，确定适宜药品存放的安全位置及区域。

（2）温控设备运行参数及使用状况测试。

（3）开门作业对库房温度分布及药品储存的影响。

（4）分析在设备故障或外部供电中断状况下，库房保温性能及变化趋势。

4. 验证小组及职责

（1）验证小组成员。验证小组成员基本信息，见表 8－2－3。

表 8－2－3　　验证小组成员基本信息表

工作人员姓名	所在部门	职务	验证小组内分工
	质管部	部长	验证小组组长
	储运部	冷库保管员	验证前准备工作、验证操作实施
	××××有限公司	项目经理	验证实施操作、报告分析

（2）验证小组职责

1）负责验证方案的起草、审核与报批。负责按批准的验证方案组织、协调各项验证工作，并组织实施验证工作。

2）负责验证数据的收集、整理、汇总，并对各项验证结果进行分析与评价。

3）负责组织、协调完成各项因验证而出现的变更工作。

4）负责验证报告的起草，并出具验证结果评定及结论。

5. 验证实施的必要条件

（1）系统文件：压缩机系统安装完好，能正常运行；温湿度自动监测系统正常运行。

（2）文件要求：压缩机标准操作规程，温湿度自动监测系统标准操作规程。

（3）仪表校准：验证用温湿度记录仪应经过校准。

（4）监测点安装：按 GSP 附录 5《验证管理》要求设计验证布点方案。

（5）人员培训：参加验证人员应该经过验证方案的培训工作。

二、验证内容

1. 验证前条件的确认

（1）系统条件确认。

1）压缩机运行情况。

2）长期数据记录仪运行情况。

（2）文件要求及技术资料检查。

1）压缩机标准操作规程。

2）温湿度自动监测系统标准操作规程。

（3）仪表校准确认。验证用记录仪校验情况，见表 8－2－4。

表 8－2－4　　验证用记录仪校验情况表

仪器名称	长期数据记录仪 PDEI	生产单位	某电子设备有限公司
校准单位	某市计量检定测试院	校准日期	2021 年 11 月 14 日 2022 年 2 月 26 日

续表

出厂编号	校准情况	出厂编号	标准情况
A13－118	已校准	A13－115	已校准
A14－085	已校准	A13－103	已校准

（4）温湿度监测点安装位置检查。

1）监测点分布平面图（图 8－2－3）。

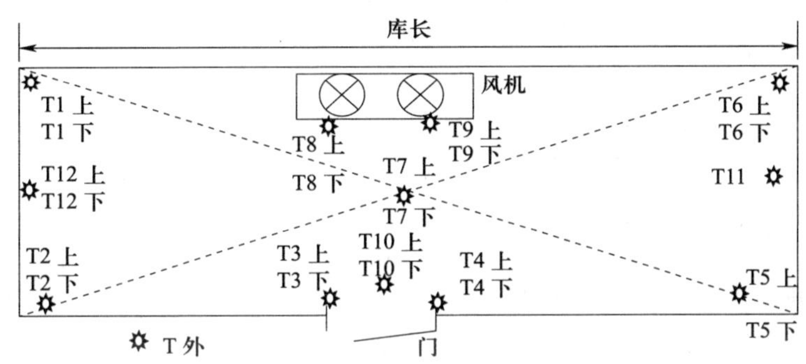

图 8－2－3　监测点分布平面图

2）监测点分布说明：

①监测点分上、下两层布点，上层距地面 180 cm，下层距地面 12 cm。

②1#、2#、5#、6#监测点分别位于冷库四角，位于货垛的后面，距墙 30 cm。

③3#、4#监测点分别位于门的左右两侧，距墙 80 cm；10#监测点位于门的正前方 200 cm 处。

④8#、9#监测点分别位于风机前 100 cm 的位置。

⑤7#监测点位置为库房两条对角线的中心点。

⑥11#（一个监测点）、12#监测点分别位于 5#和 6#监测点的中间位置、1#和 2#监测点中间位置，货垛的后面。

⑦冷库门外放记录仪一台，测试冷库外实时温度。

⑧共计 24 台记录仪。

3）各监测点对应的记录仪编号情况表（表 8－2－5）。

表 8－2－5　　记录仪编号情况表

序号	记录仪出厂编号	安装位置	序号	记录仪出厂编号	安装位置
1	A13－118	1#上	5	A13－110	3#上
2	A14－085	1#下	6	A14－025	3#下
3	A13－104	2#上	7	A13－109	4#上
4	A14－093	2#下	8	A14－087	4#下

续表

序号	记录仪出厂编号	安装位置	序号	记录仪出厂编号	安装位置
9	A13-117	5#上	17	A13-113	9#上
10	A14-088	5#下	18	A14-081	9#下
11	A13-106	6#上	19	A13-107	10#上
12	A13-105	6#下	20	A14-084	10#下
13	A13-115	7#上	21	A13-111	11#
14	A13-103	7#下	22	A13-108	12#上
15	A13-114	8#上	23	A13-112	12#下
16	A14-082	8#下	24	A13-116	冷库外

2. 验证操作规程

（1）按照验证监测点分布图，进行布点。

（2）设置记录仪记录间隔时间为 5 分钟。

（3）启动记录仪开始记录。

（4）关闭冷库门，启动制冷机，设置制冷机制冷下限温度为 3 ℃，上限为 7 ℃，预冷至规定温度。

（5）将冷库内摆放 2/3 药品，填充至记录仪空隙，根据 GSP 附录 5《验证管理》要求进行摆放。

（6）冷库自动运行正常后，打开冷库门，10 分钟后，关闭冷库门。

（7）采集数据超过 48 小时后，断电至有测点超过 8 ℃。

（8）回收设备，导出数据，进行分析。

3. 满载时性能测试项目

（1）温控系统启动测试。按 GSP 附录 5《验证管理》要求布置验证记录仪监测点，见终端布置图；启动记录仪开始记录，按照制冷机标准操作规程，设定温控参数为 3 ~ 7 ℃；启动制冷机，记录启动时间；冷库预冷后将冷库内摆放 2/3 药品，测试制冷机能否在设定的参数内自动启停。

（2）开门测试。在制冷机自动启停后，打开库门，记录时间，10 分钟后关门。

（3）稳定性测试。冷库温度稳定后采集至少 48 小时的数据，分析温度分布特性，确定适宜药品存放的安全位置及区域。

（4）停机保温测试。到达规定的稳定性测试数据采集时间后，在冷库温度上升期间，切断冷库电源，记录时间，监测出现超过 8 ℃的测点的时间。

4. 验证过程记录表

验证过程记录表见表 8-2-6。

表 8－2－6　验证过程记录表

序号	操作内容	时间	备注
1	确认验证对象各项参数		
2	将冷库内摆放 2/3 药品		
3	依据验证点位安装要求安装测点		
4	确认测点安装位置合理并拍照		
5	关闭库门，确认设置的温度范围，验证开始		
6	温控系统达到设定温度		
7	开始开门作业		
8	结束开门作业		
9	开始断电作业		
10	结束验证作业		
11	拆除验证设备		

5. 验证方案的培训

验证开始前，验证小组成员接受验证方案培训，明确职责和分工，在验证过程中完成本职工作，并填写冷库满载验证报告（见表 8－2－7）。

表 8－2－7　冷库满载验证报告　文件编号：

参与验证人员签字：	
验证报告分析人（签字）	
验证报告批准人（签字）	

6. 验证过程记录分析

（1）验证现场实景照片。验证报告中应拍三张实景图，本文只展示一个（见图 8－2－4）。

（2）数据曲线图（略）。

（3）验证项目及内容的逐项分析。

1）温度分布特性的测试与分析，确定适宜药品存放的安全位置及区域。

图 8－2－4　验证现场实景照片

数据分析：从各监测点数据曲线图（见图 8－2－5）分析，稳定运行期间的极大值为 6.7 ℃，极小值为 2.6 ℃，各监测点趋势图一致。在稳定运行期间，同一时刻各温度点方差曲线处于 0～0.1 ℃，说明库内温度均匀一致。

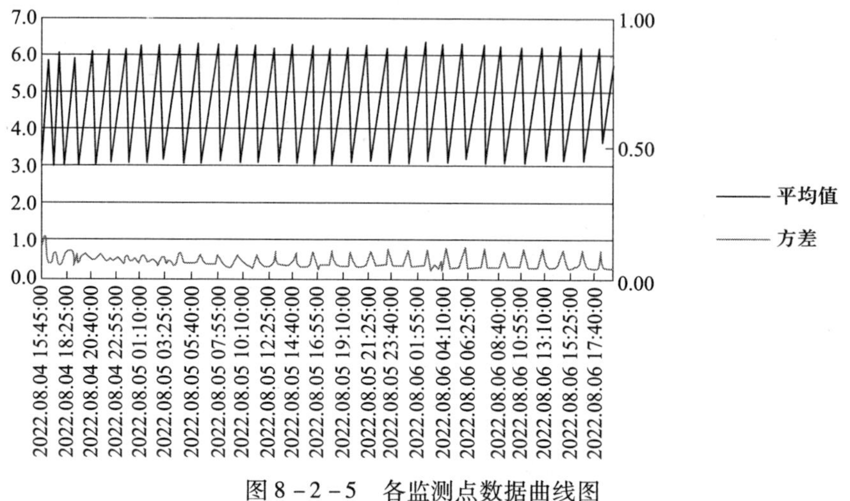

图 8－2－5　各监测点数据曲线图

结论：当前冷库温控环境下，控制各监测点在 2.6～6.7 ℃的范围，温度均衡性很好，除风机前 1 m 范围内不允许放置药品外，其他区域都是可放置药品的安全位置。

2）温控设施运行参数（图 8－2－6）及使用状况测试和确认。

数据分析：

①温控系统设定的运行参数为 3～7 ℃，配置的温度监测点安装在风机的回风口处，距地面 218 cm，温控系统正常运行期间，各测点温度在 2.6～6.7 ℃。

②当冷库外温度在 18.3 ℃左右时，冷库制冷机组在 8 小时（8 月 4 日 20：00—8 月 5 日 4：00）内启动 4 次，平均启动周期时间：98 分钟，平均 0.06 ℃/分钟。

③冷库制冷机组的制冷时间平均为 25 分钟，降温幅度平均为 3.1 ℃，平均制冷状态降温速率为 0.124 ℃/分钟。

④在冷库外温度为 17 ℃左右时，冷库预冷时间为 2 小时 3 分钟。

结论：温控系统测点安装位置合理，制冷机制冷性能优良。建议当前环境下，在冷库制冷机开机 123 分钟之后再进行冷库开门作业。

3）开门作业对库房温度分布的影响（图 8－2－7）。

数据分析：在冷库外温度为 18.6 ℃时，冷库开门 10 分钟（17：16—17：26），部分测点超出 8 ℃，随着制冷机启动，在 10 分钟内重新降至 8.0 ℃以下。

结论：当前环境下，开门会造成冷库内温度升高，建议每次开门作业时间尽量选择在冷库温度不高于 4 ℃时，且开门作业时间不超过 5 分钟。如进货量较多时，应分次进行，待制冷机制冷停止后，再次进行开门作业。

4）断电状况测试实验，确定设备故障或外部供电中断的状况下仓库保温情况及变化趋势分析（见图 8－2－8）。

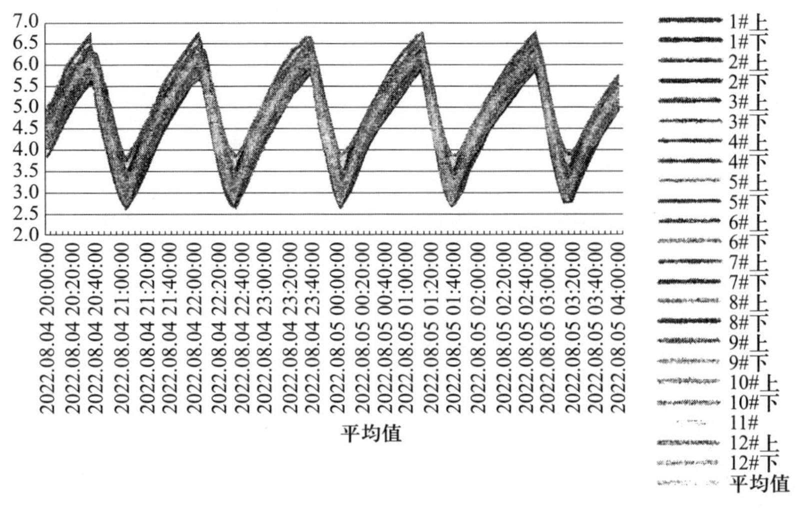

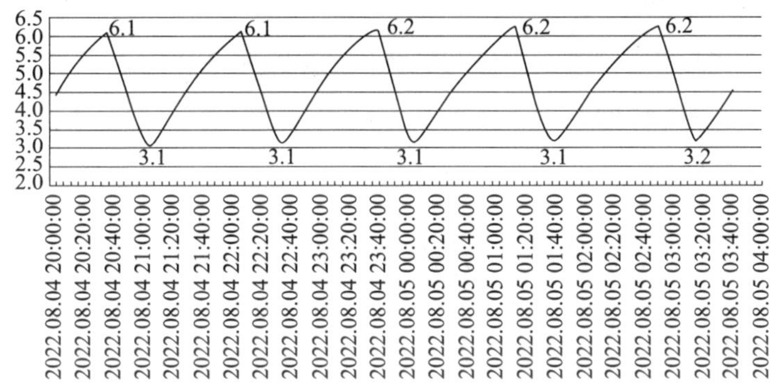

图 8－2－6　温控设施运行参数

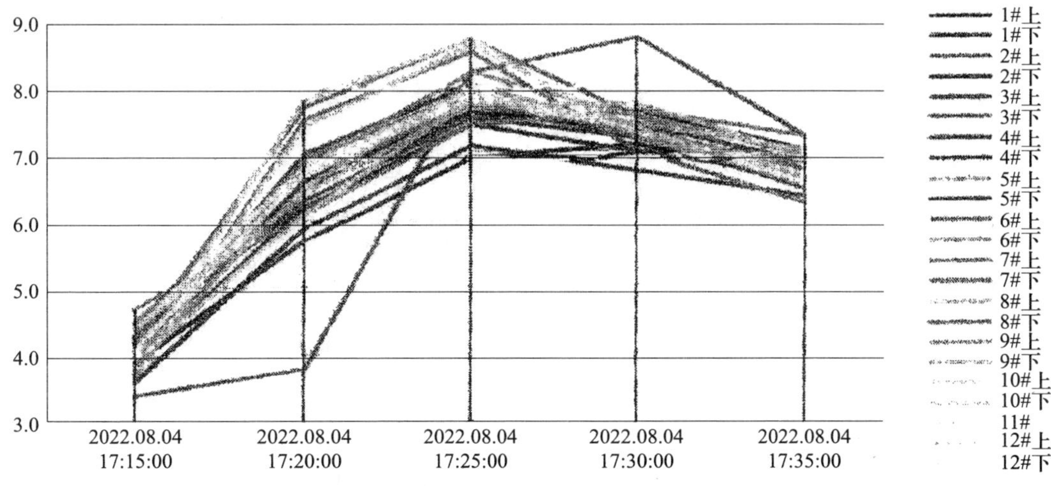

图 8－2－7　开门作业对库房温度的分布影响

数据分析：当冷库外温度为 17.7 ℃时，断电后，根据最先到达 8 ℃的 1#上测点的曲线

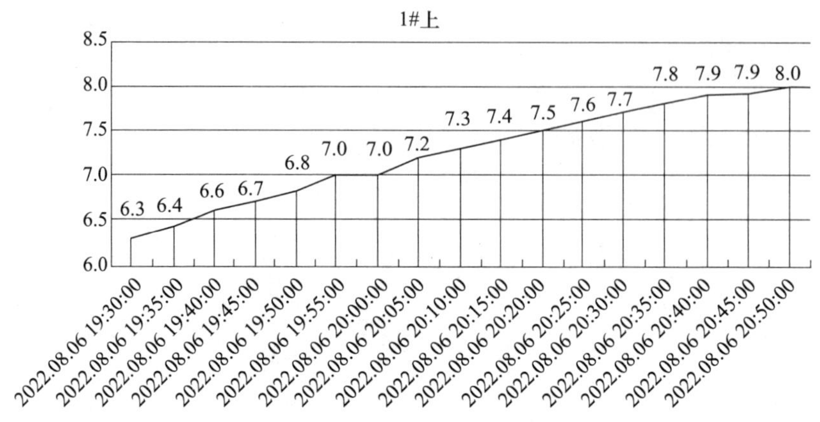

图8-2-8　断电状态测试实验

分析，从6.3~8.0℃，用时80分钟。

结论：冷库应考虑到温度高点停电的极端情况。针对此极端情况，首先加强对备用设施的维护和检查，在该库故障并短期内无法修复时，应在50分钟内及时启动备用设施。

7. 偏差及预防措施（略）

8. 结论

依据以上结果，可判定新改造的冷库温控系统在满载情况下能够符合储存冷藏药品的要求。

想一想

1. 冷库的验证内容有哪些?
2. 冷库验证方案包括哪些内容，同学们简要地说一说。

任务实施

【材料准备】

工具：温湿度仪，温湿度自动监测系统。

材料：《药品经营质量管理规范》（2016版）、验证过程记录表、拍照设备、胶带、笔和纸等。

设备：实训场地、模拟车厢、药店管理系统、医药企业虚拟仿真系统。

【实施步骤】

步骤一：确认验证对象，明确验证流程

先确认好验证对象，确认本次验证工作所执行的文件与标准；确认冷藏车运行状态；确认测试设备已经检定或校准。

步骤二：完成验证测试布点

根据GSP及附录和本次工作任务的要求明确布点方案，正确布点，并安装设备。

步骤三：确认测点安装位置并拍照片

检查布点数量和位置，确保符合验证要求；在拍照时要显示车牌，并能看清楚车内布点情况。

步骤四：确定连续验证时间，记录好检测数据

画出温湿度验证仪的布图，填写表 8－2－8、表 8－2－9。

表 8－2－8　　测试数据记录

项目	专项	布点数量	布局图编号
		专用验证测点	兼用验证测点
均匀性布点	—		
特殊项布点	作业出入口		
	风机出风口		
特殊位置专门布点	外部对比测点		
	温度监测点对比测点		
备注	专用验证测点：只做单一项目测试；兼用验证测点：用于两个或多个项目测试		

表 8－2－9　　冷藏车验证过程参数记录

冷藏车编号		地点	
均一性测试制冷系统温度控制点		启动温度： 停止温度：	
开门制冷系统温度控制点		启动温度： 停止温度：	
断电制冷系统温度控制点		启动温度： 停止温度：	
均一性测试报警系统设定点		上限温度值： 下限温度值：	
开门报警系统设定点		上限温度值： 下限温度值：	
断电报警系统设定点		上限温度值： 下限温度值：	
结果评价		均一性测试是否符合验证要求：是□　否□ 开门测试是否符合验证要求：是□　否□ 断电测试是否符合验证要求：是□　否□ 检查人：　年　月　日	
确认		确认人：　年　月　日	

步骤五：拆除验证设备，填写好验证记录，结束验证工作

【操作要点及注意事项】

1. 注意布点数量位置要准确，不要有遗漏。
2. 验证前要熟悉和理解验证文件，保证实施时心中有数。
3. 记录数据填写要真实、完整、准确。

任务测评

评价方式包括自我评价、组内评价、组间评价、教师评价，并据此设计了学生自评表（表8－2－10）、组内评价表（表8－2－11）、组间互评表（表8－2－12）、教师考核评价表（表8－2－13）。其中自我评价、组内评价、组间评价采用线上填写学习通问卷的形式进行，教师评价包含过程评价、结果评价，采用纸质评价表。各评价方式占本任务百分比分解如图1－1－1所示。

表8－2－10　　学生自评表

学习任务名称：＿＿＿＿＿＿　姓名：＿＿＿＿＿＿　学号：＿＿＿＿＿＿

序号	学习过程	评价内容	评价标准			得分
			符合（分）	部分符合（分）	不符合（分）	
1	课前探究	能够主动完成学习通作业	8～10	5～7	0～4	
2	明确任务	能够绘制正确的工作流程图	8～10	5～7	0～4	
3	制定方案	能够参与小组讨论，提出合理建议，积极参与小组汇报工作	8～10	5～7	0～4	
4	任务实施	能够正确说出验证流程	8～10	5～7	0～4	
5		能够正确完成监测布点工作	8～10	5～7	0～4	
6		能够确认测点安装位置并拍照片	8～10	5～7	0～4	
7		能够完成测试	8～10	5～7	0～4	
8		能填写验证记录表	8～10	5～7	0～4	
9	竞赛提升	能积极参加课中竞赛并获奖	8～10	5～7	0～4	
10	总结点评	能够客观公正做好自我评价	8～10	5～7	0～4	
合计						

表8－2－11　　组内评价表

学习任务名称：＿＿＿＿＿＿　组别：＿＿＿＿＿＿　被评价者姓名：＿＿＿＿＿＿

序号	学习过程	评价内容	评价标准			得分
			符合（分）	部分符合（分）	不符合（分）	
1	课堂参与合作学习的态度	能够尊重同伴、独立思考，承担并完成岗位职责	8～10	5～7	0～4	

续表

序号	学习过程	评价内容	评价标准			得分
			符合(分)	部分符合(分)	不符合(分)	
2	获得和提供信息技能	能够查阅规范、工作页解决疑问	8~10	5~7	0~4	
3		在展示汇报时能够积极参与，踊跃表达	8~10	5~7	0~4	
4	帮助和支持技能	在小组讨论时能积极思考，诚恳提问	8~10	5~7	0~4	
5		在讨论过程中能尊重他人，耐心倾听	8~10	5~7	0~4	
6	组织引导技能	能够帮助、督促其他成员参与小组活动，相互勉励，阻止讨论偏离主题	8~10	5~7	0~4	
7	质量控制技能	能够合作完成验证布点工作	8~10	5~7	0~4	
8		能够按要求合作完成确定各项验证时间，填写验证记录	8~10	5~7	0~4	
9	评议的技能	能够对其他组质量判断结果进行专业评价	8~10	5~7	0~4	
10		在展示作品时，能姿态端正，思路清晰	8~10	5~7	0~4	
合计						

表 8-2-12　　**组间互评表**

学习任务名称：＿＿＿＿＿＿　组别：＿＿＿＿＿＿　被评价者姓名：＿＿＿＿＿＿

序号	评价内容	评价标准			得分
		符合(分)	部分符合(分)	不符合(分)	
1	该小组制定方案科学、高效、合理	16~20	10~15	0~9	
2	该小组进行方案汇报时，使用普通话，思路清晰，条理性强	16~20	10~15	0~9	
3	该小组任务完成过程中遵循 GSP 规范，验证操作正确	16~20	10~15	0~9	
4	该小组能够合理评价其他小组	16~20	10~15	0~9	
5	该小组完成冷链药品验证工作	16~20	10~15	0~9	
合计					
评价小组组长签名					

表 8-2-13　　**教师考核评价表**

学习任务名称：＿＿＿＿＿＿　学生：＿＿＿＿＿＿　学号：＿＿＿＿＿＿

序号	考核要求	评价标准			得分
		符合(分)	部分符合(分)	不符合(分)	
1	验证流程清楚	16~20	10~15	0~9	

续表

序号	考核要求	评价标准			得分
		符合(分)	部分符合(分)	不符合(分)	
2	验证布点数量位置准确	16 ~ 20	10 ~ 15	0 ~ 9	
3	各验证项目连续验证时间掌握准确	16 ~ 20	10 ~ 15	0 ~ 9	
4	验证记录填写完整	16 ~ 20	10 ~ 15	0 ~ 9	
5	掌握验证各种控制文件及其主要内容	16 ~ 20	10 ~ 15	0 ~ 9	
合计					

想一想

1. 大家来讨论：你在本次验证过程中遇到了哪些问题，如何解决的？

2. 完成本次验证工作后，将验证文件归档，思考一下，我们都需要将哪些验证控制文件存档？

课堂练习

1. 验证数据采集的时间不得大于（　　）分钟。

A. 1　　B. 3　　C. 5　　D. 7

2. 按照冷库的验证布点原则，仓库出入口布点的数量不得少于（　　）个。

A. 3　　B. 5　　C. 7　　D. 9

3. 验证时选用的温湿度传感器应符合要求，当温度测量范围在 0 ~ 40 ℃时，其温度测量的最大允许误差为（　　）。

A. ±0.5 ℃　　B. ±1.0 ℃　　C. ±1.5 ℃　　D. ±2.0 ℃

4. 按照冷藏车的验证布点原则，每个车厢内均匀性布点总数量不得少于（　　）个。

A. 1　　B. 3　　C. 7　　D. 9

模块四

销售与售后管理

课题九

药品销售与广告宣传管理

任务一　药品销售管理

学习目标

1. 能够完成药品零售企业销售流程。
2. 能够完成药品批发企业销售流程。
3. 能够填写相关销售记录。
4. 能够制订药品销售计划书。

任务引入

炎炎夏日，骄阳似火。连年来，我国多地夏日开启“蒸笼”模式，热射病的发病率也居高不下。夏季高温环境下，减少室外劳动、体育锻炼和非必要的外出，能够有效减轻热射病的发生。为了预防中暑，户外工作人员通常选择去药店购买藿香正气水等一系列解暑药品。现一顾客进店欲购买藿香正气水，你作为药店营业员，请完成销售工作。

【任务分析】

完成本次任务需要做到：

1. 完成顾客接待。
2. 完成药品销售。
3. 填写销售记录及销售凭证。

相关知识

药品销售管理既是药品经营的最后环节，也是药品经营企业实现利润的环节，从此，药品将转入到消费者手中。这个环节是联系药品生产和消费的环节，药品质量的优劣将得到真正意义上的验证。

一、销售人员管理

药品批发企业从事药品销售工作的人员、药品零售企业和零售连锁企业门店的营业员必须经岗位培训考试合格，获得岗位合格证后方可上岗。

1. 药品销售人员的素质要求

（1）丰富的专业知识，如产品知识、医药学知识、心理学和社会学知识、管理学和营销学知识、经济学和市场学知识等。

（2）熟练的技能，包括技能技巧、销售技巧等。

（3）热情周到的服务态度等。

2. 药品销售人员工作规范

（1）做好市场预测，定期分析药品供求情况，根据市场需求组织货源。

（2）保持合理库存，按市场需求和必备药品目录备齐品种、备足货源。

（3）加强药品宣传。

（4）接待客户热情、诚恳、耐心、周到。

（5）掌握相关法律法规和方针政策，合法经营药品。

（6）认真贯彻价格政策，合理定调药品价格，划拨结算及时正确。

3. 药品销售人员质量职责

（1）严格执行证照审核制度，不得向证照不全、从事非法药品生产、经营单位销售药品。

（2）销售特殊药品必须依照有关规定办理，做到手续完备。

（3）销售药品时要正确介绍其性质、用途、注意事项等。

（4）严格执行“先产先销、近期先销”的原则，对长时间不动销、少动销或近效期的药品积极采取销售措施并及时反映汇报。

（5）接到药品质量问题的通知单后，要立即停止相关药品的销售，依据处理程序及时办理，严禁出售有质量问题的药品。

（6）及时上报有关药品不良反应的情况。

4. 营业员的素质

（1）具有一定的专业知识与服务技能，熟悉了解各类药品的药理作用、功效、规格、适应证及价格。

（2）认真执行国家有关法律法规，恪尽职守，爱岗敬业。

（3）注意观察、分析顾客心理，正确引导消费。

（4）规范服务和营业用语。

5. 营业员工作规范

（1）努力学习业务知识，掌握经营药品的品名、别名、规格、性能、用途、用法、价格及药品一般保管使用知识。

（2）接待顾客主动热情、耐心周到、有问必答，主动介绍药品用途和服用方法。

（3）严格执行供应政策和物价政策，药品明码标价，特殊药品专柜存放，药品做到先产先出、近期先出，确保质量。

（4）掌握销售规律及市场供应情况，合理调整库存，积极组织适销对路的品种，实事求是地宣传新品和介绍代用品。

（5）按规定搞好药品陈列，保持店内、外卫生。

（6）严格遵守企业规章制度，坚守岗位，站好柜台；工作时着统一工作服，保持整洁，佩戴上岗证。

（7）每次货到后及时收验、变价、记卡，发现问题及时联系查处。每月全面盘点一次，做到账货相符，对有问题的药品要查明原因及时报有关部门领导。

（8）及时做好各种报表，严格执行交接班手续，有关业务凭证妥善保管，不得丢失。

6. 营业员质量职责

（1）销售近效期药品应当向顾客告知有效期；销售中药饮片做到计量准确，并告知煎服方法及注意事项。

（2）把好所负责保管药品的质量关，对易破碎、受潮、霉变及近效期（6 个月）药品要加强检查，做到不合格药品不上柜、不出售。

（3）出售外用药品必须详细说明使用方法和注意事项，以免消费者滥用。

（4）做好药品质量管理工作，加强药品质量的养护，柜台的摆放位置应有利于“易变先出、先产先出、近期先出”。经常注意效期品种的销售和陈列状况，特殊情况随时报告。

（5）销售二类精神药品按《精神药品管理办法》执行。药品经营企业凭盖有医院公章的医生处方零售，每次限量供应，处方留存 2 年。

（6）发现药品不良反应情况应及时准确上报。

二、编制销售计划

药品经营企业要根据企业自身经营计划与市场变化信息，包括疫情、灾情、气象、突发事件等，综合考虑，及时做出药品需求预测，制订相应销售计划。根据销售计划，合理调整库存，优化品种结构，以适应市场变化需要，从而扩大销售，增加市场占有率。

1. 准备工作

（1）对目前销售市场状况进行调研，掌握所需资料，明确市场发展趋势。

（2）了解本企业状况。

2. 工作流程

（1）明确计划的目的

首先要明确销售计划所要达到的目的，即解决企业营销中存在的问题，企业根据不同的阶段需求，设计不同的销售计划：企业建立伊始，需要根据市场特点策划出一整套销售策略；企业发展壮大，原有的销售方案已经陈旧过时，需要设计新的销售方案；企业改革经营方向，需要相应地调整销售策略；企业原有的销售方案有严重的内在缺陷，不能再作为企业的销售方案；市场等环境发生变化，原有的销售方案已经不适应变化后的市场。

（2）分析营销环境

编制计划的依据：

1）市场。具体分析市场的规模和成长状况，可以以实物单位和金额体现，分析过去几年的总销售量以及在细分市场的销售量。分析顾客需求、购买行为等方面的趋势。

2）竞争。分析主要的竞争者，并逐项描述他们的规模、目标、市场份额、产品质量、营销策略和其他特征。

3）分销情况。列出在各个分销渠道上的销售数量资料和相对重要程度。

4）宏观环境。描述影响药品市场营销的宏观环境现状及主要趋势，对影响药品的不可控因素进行分析，如自然环境、政治法律环境、消费者的经济条件、科技因素、社会文化因素等。

（3）销售预估

常用的方法有：

1）销售人员评估。销售人员根据自己的经验和对市场的观察了解，提出未来的销售预估。

2）高层主管意见。各个部门的销售经理提出的销售评估。

3）趋势分析法。以现有的销售数字为基础，参考过去销售增减的金额或比率来推估未来的销售数字。

4）相对比较法。以现有的销售量，参考当地市场规模、潜力、竞争对手销售量及成长率等来推估未来的销售量。

（4）市场机会和问题分析

使用 SWOT（优势、劣势、机会、威胁）框架，识别主要的机会和威胁、优势和劣势，以及产品所面临的问题。销售计划是对市场机会的把握和策略运用，因此分析市场机会是制订销售计划的关键。

（5）确定销售目标

销售目标是公司所要实现的具体目标，即销售计划方案执行期间，要达到的经济效益目标。销售目标的建立应当把前一计划期的执行情况、对现状的分析结果结合起来。销售目标不能概念化，应尽量量化。总销售额确定后，应进一步细分销售任务，制定不同产品在不同时间阶段分区域、分部门的销售任务，销售任务应具体到每一位销售员。

（6）制定销售战略和方案

1）明确销售宗旨。

①确定产品。以强有力的广告宣传，拓展市场，为产品准确定位。突出产品特色，采取

差异化营销策略。确定产品的方法包括以下几个方面。一是产品定位：产品市场定位的关键是在客户心目中寻找一个空位，使产品迅速启动市场；二是产品质量：产品的作用、安全性、经济性等方面的突破有利于提高产品质量，拉开与竞争对手的距离；三是产品品牌：必须有强烈的创牌意识，使产品的品牌具有一定的知名度、美誉度，成为消费者心目中的知名品牌；四是产品包装：包装作为产品给消费者的第一印象，需要采取迎合消费者的包装策略；五是产品服务：主要体现在送货、销售服务等方面。计划中要注意产品服务方式、服务质量的改善和提高。

②确定客户。找到产品的主要消费群体，并以此作为产品的销售重点。具体包括：定位顾客的年龄段、消费水平、需求等，有针对性地推介药品。

③确定渠道。建立起点广、面宽的药品销售渠道，不断拓宽销售区域等。具体内容包括：目前的销售渠道是否满足计划的需要，应使用怎样的销售覆盖渠道最大限度地拓展产品的销售范围，在中间商（医药公司、药品批发公司等）和终端销售（医院、诊所、零售药店）的投入比例是否恰当，如何控制销售渠道（如串货、水货、价格竞争、断货、回款等），产品目前的商业布局是否合理，产品目前的医院分布是否合理，未来的销售渠道将会怎样变化。

2）制定具体的销售策略。市场营销组合（4P）策略：产品策略、价格策略、渠道策略、促销策略。

3）制定销售方案。具体方案要细致、周密、操作性强，必须就“应该做什么、谁来做、什么时候做、需要什么资源”等问题做出细致的计划。

（7）制作损益预测表

可根据将来情况作一个损益预测表。在预测表（表9－1－1）的收入栏中列出估计销售数量、平均价格；在支出栏中列出明细的生产成本、储运成本和各项营销费用。企业可以凭借经验进行费用预算，如差旅费用、市场宣传费用、通信交通日常费用、业务费用、奖金费用等。收支差额就是预计的盈利。损益预测表制定后，将成为安排生产、人员管理及市场营销的依据。

表9－1－1　企业预期的损益情况一览

支出		收入		收支差额
项目	金额	项目	金额	

（8）调整控制方案

在计划的最后一部分说明如何对计划的执行过程、进度进行管理。通常的做法是将目标、预算按月、季度分开，便于审查，及时发现偏差、纠正偏差，销售部分的控制部分，还包括对意外事件的应急预案等。

药品销售市场的发展是一个不断进化的过程，制订计划的过程也应如此。这个过程包括：预估、制订计划、执行计划、控制计划，在必要的时候调整计划，以实现公司、地区、区域的目标。

3. 结束工作

（1）销售计划制订后，可进行结果预测，如对利润率、销售增长率、市场份额、市场风险等进行预测。

（2）采取有力措施，按照预定计划执行，完成计划。

三、药品批发销售管理

1. 购货单位审核

药品批发企业销售药品，必须按照 GSP 要求审核购货单位的资质，制定能够符合法规要求的资质审核程序，确保药品销售流向的真实性和合法性。购货单位合法性指的是药品批发企业应依法将药品销售给合法的购货单位，严格审核购货单位的生产范围、经营范围或诊疗范围，并按相应范围销售药品，不得向证照不全的单位或个人销售药品。审核程序规定如下。

（1）由业务销售部门负责收集并审核客户合法资质证明，质量管理部门负责对审核情况进行指导和监督。

审核资料：药品经营（生产）许可证、营业执照、采购人员及提货人员的身份证复印件、签字样式、购货单位法定代表人授权书原件；各级医疗机构需提供《医疗机构执业许可证》；军队所属医疗机构需提供具有军队主管部门批准的对外服务证明，证明的复印件应加盖持证单位的公章原印章；药品生产企业、科研机构因科研需要购药的，应提供相关审核证明。

审核要点：①审核药品经营（生产）许可证与营业执照的合法性与有效性，证照复印件应加盖持证单位公章原印章；②审核购货方证照核准项目与其实际经营行为是否相符，药品批发企业不得将处方药销售给非药品经营企业（如超市、商店）和无处方药经营范围的药品经营企业。

（2）药品销售部门填写“首营企业审核表”，建立合法销售客户档案。

资料提交后，药品销售部门填写“首营企业审批表”，经销售主管签字，质量管理部审核资料的合法性并由质量管理部负责人签字后，由质量管理部建立合法销售客户档案。购货单位档案资料应注意有效性和连续性，若超过有效期而不更新的，暂停合格购货单位资格。

2. 销售流程

（1）业务员签订销售订单

业务员与客户沟通洽谈，签订销售合同。

（2）开票员开具药品销售单

开票员根据销售合同要求，在计算机销售管理系统中开具药品销售单。开票时要遵循近效期药品先出的原则，近效期 3 个月的药品原则不能开出；近效期 6 个月的药品应征求销售人员同意才能开出。药品销售单内容包括药品的通用名称、规格、剂型、批号、有效期至、药品上市许可持有人、生产企业、购货单位、销售数量、单价、金额、销售日期。

（3）保管员拣货

药品销售单在计算机系统中自动生成发货指令，保管员根据发货指令拣选药品，要确保货单一致。

（4）复核员复核

复核员对照出库复核记录中的复核项，对保管员拣好的药品进行逐一复核，并确认签字。

（5）开票员确认

出库复核任务完成后，开票员对药品销售单确认，计算机系统自动生成销售记录，并根据销售记录生成随货同行单（票）。

（6）财务人员开具销售发票

财务人员根据药品销售单如实开具销售发票，做到票、账、货、款一致。

（7）运输配送员发货配送

运输配送员根据随货同行单（票）发货配送，并在客户签收后，将签字的随货同行单（票）交回公司存档。

（8）业务员与购货方对账

业务员做好售后服务工作，定期与购货方核对账目，如果有问题，及时办理退换货手续，确保购销双方账账相符。

（9）业务员结算

业务员按照销售协议规定，定期结算应收货款。

【知识链接】

B2B 医药电商模式：是指医药企业间通过互联网进行产品、服务及信息的交换。近年来，我国医药电子商务方面取得了快速的发展，商家对商家的 B2B 模式已经成为当前医药电子商务的主要模式。而对于医药电子商务企业来说，要想在激烈的市场竞争中长久地生存下去，其中最关键的因素之一是必须构建经得起市场考验的商业模式。

3. 销售记录

药品销售是医药商品流通过程中的重要一环，按照 GSP 要求，药品批发企业应当做好药品销售记录。为便于质量跟踪，销售记录的填制必须字体规范、内容完整。同一商品的名称及计量单位必须统一，不得任意涂改，并建立记录的管理及复核制度，防止销售差错。记录内容应逐项填写，不得缺项，并按照有关要求年限保存备查。

销售记录应当包括药品的通用名称、规格、剂型、批号、有效期、上市许可持有人、生产企业、购货单位、销售数量、单价、金额、销售日期等内容（见表 9－1－2）。中药材销售记录应当包括品名、规格、产地、购货单位、销售数量、单价、金额、销售日期等内容；中药饮片销售记录应当包括品名、规格、批号、产地、生产企业、购货单位、销售数量、单价、金额、销售日期等内容。按规定进行药品直调的，应当建立专门的销售记录。销售记录保存不得少于5年。

表9－1－2　　药品销售记录

编号：　　　　　　业务员：

销售日期	通用名称	商品名称	剂型	规格	批号	有效期	数量	上市许可持有人	生产企业	购货企业	单价	金额合计	备注

4. 销后退回处理

销后退回的药品，由于流通环节中质量已经脱离本企业质量体系的监控，在外部运输储存环节中面临巨大的质量风险。因此，应当严格按照销售退回程序进行申请和审批，并在退回收货和验收环节严格按照收货验收流程操作。

（1）开票员查“销售记录”，确认销售药品的品种、批号、销售时间。

（2）销售员填写“销后退回药品申请单”。

（3）“销后退回药品申请单”依次经过销售主管审核、销售经理批准，并签字，其中一联由销售经理留存。

（4）开票员凭批准的“销后退回药品申请单”开具“销后退货单”，将一联“销后退回药品申请单”保留备案。

（5）收货员凭销售部的退货凭证收货，并将退货药品存放于退货药品库（区），进行收货检查，无误后填写收货记录，通知验收员进行验收，并作出明确的质量结论，验收合格的入合格品库，验收不合格的应及时上报质量管理部进行确认。

四、药品零售销售管理

1. 药品零售原则

（1）处方药的销售

按照GSP要求，处方药应经执业药师审核后方可调配，并填写处方药销售记录（表9－1－3）；对处方所列药品不得擅自更改或代用，对有配伍禁忌或超剂量（处方一般不得超过7日用量，急诊处方一般不得超过3日用量）的处方，应拒绝调配，但经处方医师更正或重新签字确认的，可以调配；处方调配后，应经核对复查后方可发药，发药时应认真核对患者姓名、性别等，并同时向顾客介绍用法用量、注意事项及可能引起的不良反应，对于其中特殊的用法特别要仔细解释。

处方审核、调配、核对人员应在处方上签字或盖章，并按照有关规定保存处方或其复印件。普通处方保存期限不低于1年，医疗用毒性药品、二类精神药品处方保存期限不低于2年，麻醉药品（仅限罂粟壳）处方保存期限不低于3年。处方保存期满后，经主要负责人批准、登记备案后，方可销毁。

销售近效期药品应向顾客告知有效期。

表 9－1－3　　处方药销售记录

编号：

购药日期	药品名称	规格	批号	数量	患者姓名	性别	年龄	联系方式	诊断结论	使用风险告知	审方人	配方人	复核人	备注

（2）非处方药的销售

非处方药是不需要凭执业医师或执业助理医师处方，消费者即可自行判断、购买和使用的药品。非处方药具有安全性高、疗效可靠、说明书通俗易懂、药品使用方便、质量稳定、易于储存的特点。

1）非处方药的分类。根据不同非处方药的安全性差异，可分为甲类非处方药和乙类非处方药两种。

①甲类非处方药：在执业药师或药师指导下购买和使用，可在医院药房、药店销售。

②乙类非处方药：相对于甲类而言安全性更高。乙类非处方药除可在医院药房、药店销售外，还可在所在地的省级药品监督管理部门或其授权的药品监督管理部门批准的超市、宾馆、百货商店等处销售。零售乙类非处方药的商业企业无须配备执业药师，但必须配备专职的、具有高中以上文化程度、经专业培训并考核合格的销售人员。

2）非处方药的零售管理。在零售药店，非处方药必须按 GSP 要求陈列于货架之上。非处方药不得采用有奖销售、附赠药品或礼品等销售方式。普通商业企业销售乙类非处方药时，应设立专门货架或专柜，并按规定摆放药品。

销售药品要严格遵守有关法律、法规和制度，正确介绍药品的性能、用途、禁忌及注意事项。药店营业员必须准确、如实介绍非处方药，介绍并解答顾客的问题，不得夸大药品的功效，不得隐瞒药品的不良反应。

（3）中药饮片的销售

中药饮片称量应按重量选用量程合适的戥秤，戥秤应经计量管理部门检定合格，做到计量准确。

调配中药饮片应遵守有关调剂规程，处方中需要先煎、后下、包煎、烊化、另煎、冲服及鲜药品种，应按剂单包并注明用法，每剂调配后应经复核人员复核无误后方可发给患者，并详细告知煎服方法及注意事项。提供中药饮片代煎服务的，应符合国家有关规定。

2. 药品销售流程

（1）售前准备

1）环境卫生。药品零售营业环境必须整洁、明亮、舒适，让顾客有温馨、清爽、健康的感受，为此应做好以下工作：

①清洁空气，调节温度。营业前需打开换气设备，使空气清新流动、温度适宜，保持药品在规定的温湿度环境下。

②打扫场地，整理台面。营业场所要保持干净卫生、整齐有序。因此售前应清洁地面和设施，清除杂物，确保无积尘、无污迹，物品放置有序，展柜美观漂亮，通道畅通无阻。

③调节灯光。检查营业场所的亮度，调节灯光亮度，使整体环境舒适、明亮。

2）销售物料。营业前的物资准备是整个销售工作的一个重要环节，有序的物资准备能保证营业时忙而不乱，提高效率，减少顾客等待时间，避免差错。营业前，营业员可根据操作需要，准备好或查验好售货工具和用品并按习惯放在固定适当的地方，以便售货时取用。

①计价收银用具。常用的计价收银用具有电子收银机、电子计算器、算盘以及珠笔、复写纸、发票等。对电子收银机必须常校检、检查。

②计量用具。常用的计量用具主要是指电子秤、戥称、尺、天平等度量衡器。对其不仅要正确使用，还必须注意依法使用。

③包装用具。常用的包装工具有纸、袋、盒、绳、夹、卫生药袋等。在进行包装时，要注意大小适宜，包扎牢靠，符合卫生标准。同时，还要注意环境保护。

④宣传材料。宣传材料在此是指与商品相关的广告、说明、介绍、图片、声像、软件等。在营业之前，应将其认真备齐，以供赠送或索取。

⑤零钱款。在顾客付款时，不允许要求对方自备零钱，更不准以任何借口拒找零钱。为此，应提前根据实际需要，备好零钱的具体品种，并确保数量充足。

3）商品清点。经过前一天的销售，货架、柜台陈列的商品会出现不丰满或缺档的现象，因此营业前的商品清点工作有助于帮助营业员掌握商品情况，在整个销售环节中起到十分重要的作用。

①整理补货。营业员可根据商品清点情况对缺货商品及时进行补货。如出现急缺或断货，要及时通知采购部门。同时在商品清点过程中，要认真检查商品质量，如发现破损、霉变、污染的商品，及时按 GSP 规定处理。

②整理标签。在商品清点的同时，可逐个检查标价签，做到货价相符、标签齐全、货签对位。对各种原因引起的商品变价要及时调整标价，标签要与商品的货号、品名、产地、规格、单位、单价相符。

（2）接待顾客

接待顾客操作流程如图 9－1－1 所示。

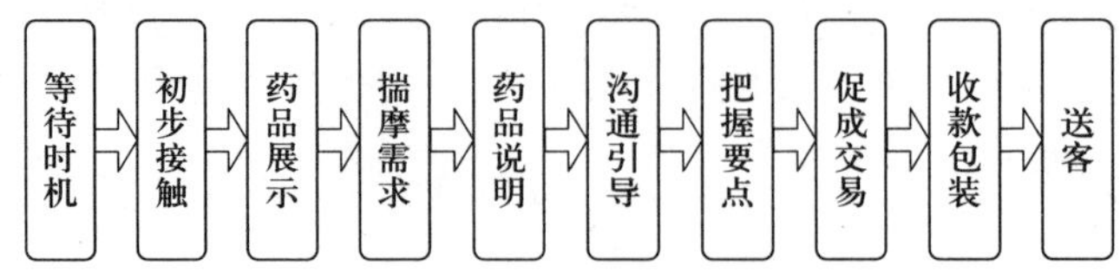

图 9－1－1　接待顾客操作流程

（3）销售结算

1）现金结算。对现金结算的客户应当面清点，开具收款收据，并及时将货款存入本单位指定账户。

2）转账结算。这是通过银行或网上支付平台将款项从付款单位账户划转到收款单位账户的货币收付行为。药品零售企业转账后，应及时查询客户到账情况，确认款项到账后作收款处理。

药品零售企业对每笔款项应及时跟踪其进账情况，每日盘点货款现金，核对账目，如有不符应及时查找原因。

（4）销售记录

将药品销售情况以一定的形式记录下来，既可作为财务核算的依据，同时也是GSP所规定的内容。药品零售企业销售药品时，计算机系统应与结算系统、开票系统对接，自动生成销售记录，自动拒绝国家专门管理药品的超规定数量销售。

销售记录内容应完整、真实、准确、记录及时、可追溯。销售记录应包括药品的通用名称、规格、剂型、批号、有效期、购货单位、销售数量、单价、金额、销售日期等内容。特殊管理的药品以及国家有专门管理要求的药品的销售记录还应有顾客的姓名、身份证号、联系电话等。

中药材销售记录应当包括品名、规格、产地、销售数量、单价、金额、销售日期等内容；中药饮片销售记录应当包括品名、规格、批号、产地、生产厂商、销售数量、单价、金额、销售日期等内容。

销售记录应至少保存5年。

【知识链接】

顾客接待技巧：①顾客来访时，销售人员语气亲切、自然，仪态端庄、大方，迎送顾客的过程中应保持微笑，与顾客有目光的交流，让顾客感受到尊重、被关注；②顾客进店后，结合实际情况适当地提起一些话题与顾客沟通，以了解顾客的真实需要；③销售人员工作时与顾客交谈的语气应亲切、自信，表情专注，认真聆听顾客的陈述，以明确顾客需求，适当点头示意或重复顾客的陈述以示明白顾客的意图；④无论顾客是否在本店内消费，顾客离店时，销售人员都应热情送客，表达出对顾客的尊敬。

任务实施

【材料准备】

工具：计算器。

材料：藿香正气水、藿香正气口服液、藿香正气胶囊、笔和纸、《药品经营质量管理规范》（2016版）、销售记录、白大褂。

设备：实训场地、药店管理系统、医药企业虚拟仿真系统。

【实施步骤】

步骤一：售前准备

调试实训场设备，规范陈列药品，穿着白大褂，整理仪容仪表，准备接待顾客。

步骤二：接待顾客

1. 接触顾客，了解顾客需求。
2. 根据顾客需求推荐药品，并向顾客说明药品的疗效，用语通俗易懂。

步骤三：结算

通过电子收银机进行结算，并将药品打包后礼貌送客。

步骤四：填写销售记录

根据销售情况填写销售记录（见表 9－1－4）。

表 9－1－4　　药品销售记录

销售日期	通用名称	商品名称	剂型	规格	批号	有效期	数量	上市许可持有人	生产企业	单价	金额合计	备注

【操作要点及注意事项】

1. 填写销售记录要完整、规范、真实。
2. 销售中药材或中药饮片必须注明产地。

任务测评

评价方式包括自我评价、组内评价、组间评价、教师评价，并据此设计了学生自评表（表 9－1－5）、组内评价表（表 9－1－6）、组间互评表（表 9－1－7）、教师考核评价表（表 9－1－8）。其中自我评价、组内评价、组间评价采用线上填写学习通问卷的形式进行，教师评价包含过程评价、结果评价，采用纸质评价表。各评价方式占本任务百分比分解如图 1－1－1 所示。

表 9－1－5　　学生自评表

学习任务名称：________　姓名：________　学号：________

序号	学习过程	评价内容	评价标准			得分
			符合（分）	部分符合（分）	不符合（分）	
1	课前探究	能够主动完成学习通作业	8～10	5～7	0～4	
2	明确任务	能够绘制正确的药品零售流程图	8～10	5～7	0～4	

续表

序号	学习过程	评价内容	评价标准			得分
			符合(分)	部分符合(分)	不符合(分)	
3	制定方案	能够参与小组讨论，提出合理建议，积极参与汇报工作	8~10	5~7	0~4	
4	任务实施	能够完成售前准备	8~10	5~7	0~4	
5		能够完成顾客接待	8~10	5~7	0~4	
6		能够完成药品介绍	8~10	5~7	0~4	
7		能够完成收银	8~10	5~7	0~4	
8		能够填写销售记录	8~10	5~7	0~4	
9	竞赛提升	能积极参加课中竞赛并获奖	8~10	5~7	0~4	
10	总结点评	能够客观公正做好自我评价	8~10	5~7	0~4	
合计						

表9-1-6　**组内评价表**

学习任务名称：________________　组别：________________　被评价者姓名：__________

序号	学习过程	评价内容	评价标准			得分
			符合(分)	部分符合(分)	不符合(分)	
1	课堂参与合作学习的态度	能够尊重同伴、独立思考，承担并完成岗位职责	8~10	5~7	0~4	
2	获得和提供信息技能	能够查阅规范、工作页解决疑问	8~10	5~7	0~4	
3		在展示汇报时能够积极参与，踊跃表达	8~10	5~7	0~4	
4	帮助和支持技能	在小组讨论时能积极思考，诚恳提问	8~10	5~7	0~4	
5		在讨论过程中能尊重他人，耐心倾听	8~10	5~7	0~4	
6	组织引导技能	能够帮助、督促其他成员参与小组活动，相互勉励，阻止讨论偏离主题	8~10	5~7	0~4	
7	药品销售技能	能够合作完成药品零售过程	8~10	5~7	0~4	
8		能够合作完成销售记录填写	8~10	5~7	0~4	
9	评议的技能	能够对其他组质量判断结果进行专业评价	8~10	5~7	0~4	
10		在展示作品时，能姿态端正，思路清晰	8~10	5~7	0~4	
合计						

表 9-1-7　　组间互评表

学习任务名称：＿＿＿＿＿＿　组别：＿＿＿＿＿＿　被评价者姓名：＿＿＿＿＿＿

序号	评价内容	评价标准			得分
		符合(分)	部分符合(分)	不符合(分)	
1	该小组制定方案科学、高效、合理	16~20	10~15	0~9	
2	该小组进行方案汇报时，使用普通话，思路清晰，条理性强	16~20	10~15	0~9	
3	该小组任务完成过程中遵循 GSP 规范，药品推荐合理	16~20	10~15	0~9	
4	该小组能够合理评价其他小组	16~20	10~15	0~9	
5	该小组完成药品销售	16~20	10~15	0~9	
合计					
评价小组组长签名					

表 9-1-8　　教师考核评价表

学习任务名称：＿＿＿＿＿＿　学生：＿＿＿＿＿＿　学号：＿＿＿＿＿＿

序号	考核要求	评价标准			得分
		符合(分)	部分符合(分)	不符合(分)	
1	完成药品销售，程序完整	16~20	10~15	0~9	
2	接待顾客礼貌大方，使用普通话	16~20	10~15	0~9	
3	药品介绍完整合理，不夸大疗效、不误导	16~20	10~15	0~9	
4	能对顾客所购药品完成收银结算	16~20	10~15	0~9	
5	销售记录填写规范	16~20	10~15	0~9	
合计					

想一想

1. 大家来讨论：药品流通过程是联系药品生产和消费的环节，药品质量的优劣将得到真正意义上的验证，但仍有一些人员为了利润铤而走险，违规销售处方药，对此你有何感想？

2. 请梳理本次课程的知识内容，绘制思维导图。

课堂练习

1. 药品经营企业销售记录的内容可以不包括（　　）。

A. 药品通用名、规格、剂型、批号、效期

B. 供货单位
C. 生产企业、购货单位
D. 销售数量、销售日期、单价、金额
2. 药品零售企业销售处方药时，以下说法不正确的是（　　）。
A. 处方必须由执业药师审核
B. 处方药登记销售记录表应至少保留5年
C. 处方药可以采用开架自选的销售方式
D. 药师不在岗时，暂停销售处方药并应挂牌“药师不在岗，暂停处方药销售”

任务二　药品拆零销售及特殊管理药品的销售

学习目标

1. 能够叙述药品拆零、特殊管理药品销售的相关管理要求。
2. 能够完成拆零药品的销售。
3. 能够完成特殊管理药品的销售。

任务引入

夏季炎热，人们吃生冷食品时容易吃进虫卵而患肠寄生虫病，虫卵经过2 ~3个月时间会发育成成虫。刚长成的寄生虫还很脆弱，容易驱出，所以，秋末冬初打虫效果最好。现一顾客因吃生腌海鲜，感觉不适，来到药店购买阿苯达唑驱虫，根据自身需求要求拆零销售，同时由于天气转凉，为了预防感冒，想购买新康泰克作为家中常备药。你作为药店营业员，请根据顾客需求完成本次销售。

【任务分析】

完成本次任务需要做到：
1. 完成顾客接待。
2. 完成药品拆零销售。
3. 完成特殊管理药品销售。
4. 填写销售记录。

相关知识

一、药品拆零销售

1. 药品拆零的情况

药品拆零是指零售药店在销售中，将最小销售单元拆开以便于销售，而且拆开的包装已不能完整反映药品的名称、规格、用法、用量、有效期等全部内容。通常情况下，药品拆零应主要根据药品最小包装单元的情况来决定。

药品的包装通常有大包装（或称外包装）、中包装、小包装。直接接触药品的叫最小包装，如瓶、复合膜袋、安瓿、铝塑泡罩板等。药品的最小包装单元一般是瓶、盒、袋等。药品的最小销售单元，是指最小包装中含有完整的药品标签和说明书的药品，包括两种不同的情况。第一种情况，如果销售的药品是以瓶、盒、袋为单位销售的，且包装上按规定印有或贴有标签并附有说明书的，应不属拆零；包装盒（袋）内按每次或每日剂量分包（袋）包装，且每小包（袋）印有或贴有使用说明，可以以小包（袋）为销售单元销售的，亦可不算拆零。第二种情况，即破坏以瓶、盒、袋包装，以片、粒、支为单位进行销售，此类情况，以片剂、胶囊最为多见，此种情况已不能完整反映药品的名称、规格、用法、用量、有效期等全部内容，必须按药品拆零进行管理。

2. 药品拆零的原则

药品拆零应在保证药品质量的前提下，为方便人民群众用药，方可拆零销售。一般情况下，无论是瓶装、铝塑泡罩板装、袋装的片剂、胶囊，在遵循以上原则的基础上是可以进行拆零销售的。而颗粒剂、液体制剂类，其最小包装是不允许破坏而拆零销售的。

丸剂、安瓿或塑料管装的口服液，在用量和最小包装的装量上，一般以 1 日至 3 日用量为多见，通常情况是以盒为单位销售，不会破坏其最小包装单元。

软膏类通常以支为单位，外部有纸盒包装，内附说明书。销售时也不存在破坏最小包装单元的情况，均以支为单位进行销售，不属拆零药品的范畴。

注射剂多数是以 5 ~ 10 支为计量单位，用瓦楞纸盒包装，内附说明书，如果以盒为单位销售，没有破坏其最小包装单元，则不属拆零。如果取其中几支销售，则应属拆零销售的范畴。

以支为单位的个别药品，外部用纸盒包装，内附说明书，此类情况一般是以支为单位进行销售的，不会破坏其最小包装单元，不属拆零销售范畴。

50 毫升以上的瓶装注射液，通常情况下没有中包装，而是以 15 ~ 20 瓶为单位用纸箱进行大包装，一般是以瓶为单位进行销售。此类情况，其标签上的内容符合《药品说明书和标签管理规定》，而且在包装箱内附有等量的药品说明书，能完整反映药品的名称、规格、用法、用量、有效期等全部内容，亦可不按拆零药品销售管理。

3. 药品拆零的质量管理

（1）必须设立药品拆零销售专柜，将拆零药品集中存放，并由经过专门培训的人员管理。备好销售必备的拆零工作台及工具，如药匙、包装袋等，并保持清洁卫生，防止交叉污染。

药品零售企业应建立拆零药品管理制度、操作规程及岗位职责。拆零销售人员要进行岗前培训，内容包括相关法规、药品拆零管理制度、药品拆零程序、药品拆零销售记录及相关销售知识，要有培训记录和档案。

（2）破坏最小包装单元的拆零药品应集中存放于药品拆零专柜，保留最小包装单元的包装，至销售完为止。

（3）在药品拆零销售时，应使用洁净、卫生的包装，包装上写明药品名称、批号、规格、数量、用法、用量、有效期以及药店名称等内容，并向顾客提供药品说明书原件或者复印件。

（4）拆零销售期间，保留原包装和说明书。

（5）拆零药品应做好拆零销售记录（见表9－2－1），一般包括：拆零起止日期、药品的通用名称、规格、批号、有效期、销售数量、销售日期、上市许可持有人、生产企业、分拆及复核人员等。

表9－2－1　　拆零销售记录

<table>
<tr><td>原装药品名称</td><td></td><td>规格</td><td colspan="2"></td><td colspan="2">包装</td><td></td><td colspan="2">上市许可持有人</td><td></td><td>生产企业</td><td></td></tr>
<tr><td>计量单位</td><td></td><td colspan="2">生产日期</td><td colspan="4"></td><td>批号</td><td colspan="2"></td><td>有效期至</td><td></td></tr>
<tr><td>销售日期</td><td>总量</td><td colspan="2">拆零数量</td><td colspan="2">拆零末数</td><td colspan="2">拆零人</td><td>复核人</td><td colspan="4">注意事项</td></tr>
<tr><td></td><td></td><td colspan="2"></td><td colspan="2"></td><td colspan="2"></td><td></td><td colspan="4" rowspan="10">1. 拆零药品以最小单位为计算单位，如片、粒；
2. 拆零药品原包装在拆零药品销售完前必须保存；
3. 拆零药品销完后，才能补充相同产品；
4. 药品销售应有负责人；
5. 应认真向顾客交代销售拆零药品注意事项，拆零包装袋内容应填写完整；
6. 拆零药品销售完后，原包装标签贴于此处</td></tr>
<tr><td></td><td></td><td colspan="2"></td><td colspan="2"></td><td colspan="2"></td><td></td></tr>
<tr><td></td><td></td><td colspan="2"></td><td colspan="2"></td><td colspan="2"></td><td></td></tr>
<tr><td></td><td></td><td colspan="2"></td><td colspan="2"></td><td colspan="2"></td><td></td></tr>
<tr><td></td><td></td><td colspan="2"></td><td colspan="2"></td><td colspan="2"></td><td></td></tr>
<tr><td></td><td></td><td colspan="2"></td><td colspan="2"></td><td colspan="2"></td><td></td></tr>
<tr><td></td><td></td><td colspan="2"></td><td colspan="2"></td><td colspan="2"></td><td></td></tr>
<tr><td></td><td></td><td colspan="2"></td><td colspan="2"></td><td colspan="2"></td><td></td></tr>
<tr><td></td><td></td><td colspan="2"></td><td colspan="2"></td><td colspan="2"></td><td></td></tr>
<tr><td></td><td></td><td colspan="2"></td><td colspan="2"></td><td colspan="2"></td><td></td></tr>
</table>

练一练

以下剂型哪些一般不拆零销售，哪些可以拆零销售？

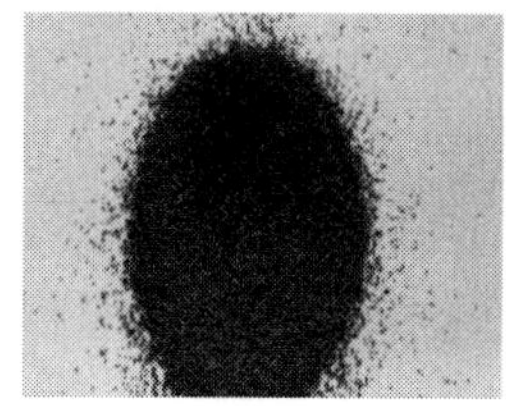

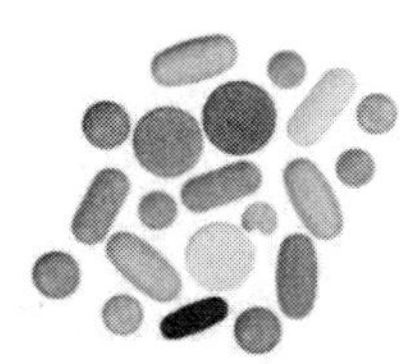

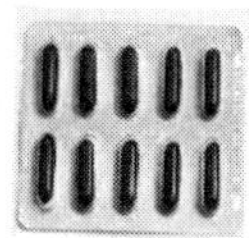

（6）建立养护检查制度，防止拆零药品因光线、空气、湿度、温度等引起药品变质。对拆零药品至少应每半个月检查一次，并做好检查记录。如有变质现象发生，立即撤柜，按相关管理程序予以处理。

二、特殊管理药品的销售

狭义的特殊管理药品是指麻醉药品、精神药品、毒性药品、放射性药品，特殊管理药品的经营活动必须符合国家有关规定，不得使用现金结算，并保证药品的合法、安全、合理使用，防止其流入非法渠道。

药品经营企业要建立特殊管理药品的管理制度，对于特殊管理药品的验收要实行双人验收制度。特殊管理药品的包装、标签或说明书上必须印有规定的标识和警示说明。特殊管理药品的储存要专库或专柜存放、双人双锁保管、专账记录、账物相符。此外，特殊管理药品的购进、销售和运输流程按国家对特殊管理药品的有关规定办理。

1. 药品批发企业销售特殊管理药品要求

（1）麻醉药品、精神药品销售管理

国家对麻醉药品和精神药品实行定点经营制度和政府定价制度。药品经营企业不得经营麻醉药品和第一类精神药品原料药，但是，供医疗、科学研究、教学使用的小包装上述药品可以由国务院药品监督管理部门规定的药品批发企业经营。销售麻醉药品、第一类精神药品的企业应建立购货方档案。医疗机构的供药档案应包括“麻醉药品和第一类精神药品购用印鉴卡”，药品批发企业应当将药品送至医疗机构，医疗机构不得自行提货。麻醉药品目录中的罂粟壳只能用于中药饮片和中成药的生产以及医疗配方使用。

（2）医疗用毒性药品销售管理

毒性药品的收购、经营由各级药品监督管理部门指定的药品经营企业负责。药品经营企业依法取得医疗用毒性药品经营资格后方可经营，并按规定销售给具有合法资质的单位。教学和科研单位需要医疗用毒性药品的，必须凭药品监督管理部门批准的证明文件限量供应。

（3）放射性药品销售管理

放射性药品的生产、经营单位和医疗单位凭省、自治区、直辖市卫生行政部门发给的放射性药品生产企业许可证、放射性药品经营企业许可证，医疗单位凭省、自治区、直辖市公安、环保和卫生行政部门联合发给的放射性药品使用许可证申请办理订货。

2. 药品零售企业销售特殊管理药品要求

药品零售企业不得经营蛋白同化制剂、除胰岛素外的其他肽类激素、疫苗、麻醉药品和第一类精神药品等。医疗用毒性药品、第二类精神药品、按兴奋剂管理的药品（其他列入兴奋剂目录的药品单方制剂，一律按处方药销售；对含兴奋剂药品复方制剂，按处方药和非处方药分类管理制度执行）、含麻醉药品的复方口服溶液等，必须凭处方销售，并将处方保存 2 年备查。禁止超量或无处方销售第二类精神药品，不得向未成年人销售第二类精神药品。

含麻黄碱类复方制剂、复方甘草片和复方地芬诺酯片、含可待因复方口服溶液一次销售不得超过 2 个最小包装，并登记购买者的姓名和身份证号码；单位剂量麻黄碱类药物含量大于 30 mg（不含 30 mg）的含麻黄碱类复方制剂，必须凭处方销售。药品零售企业发现超过正常医疗需求，大量、多次购买含麻黄碱类复方制剂的，应当立向当地食品药品监督管理部门和公安机关报告。

药品零售企业或零售连锁企业的门店，必须建立特殊管理药品的购进、储存、保管和销售的制度；配备特殊管理药品的保管设备，配置存放药品的专柜以及保管用设备、工具等；对特殊管理药品应实行双人验收制度；销售特殊管理的药品，应严格按照国家有关规定，凭盖有正规医疗单位公章和医生签章的处方限量供应，销售及复核人员均应在处方上签字或盖章；对于特殊管理药品的陈列和储存要按国家有关规定办理。

【知识链接】

常见的感冒药基本上都含有伪麻黄碱的成分，而麻黄碱是合成苯丙胺类毒品，也就是制作冰毒的最主要原料，易引起精神兴奋、失眠、震颤等症状。如果不法分子大量购买含有伪麻黄碱的感冒药，就可能提炼出来制造毒品。

任务实施

【材料准备】

工具：计算器。

材料：新康泰克片、阿苯达唑等药品，笔和纸、《药品经营质量管理规范》（2016 版）、销售记录、白大褂。

设备：实训场地、药店管理系统、医药企业虚拟仿真系统。

【实施步骤】

步骤一：售前准备

调试实训场地设备，规范陈列药品，穿着白大褂，整理仪容仪表，准备接待顾客。

步骤二：接待顾客

1. 接触顾客，了解顾客需求。
2. 根据顾客需求推荐药品，并向顾客说明药品的疗效，用语通俗易懂。
3. 根据顾客需求进行阿苯达唑拆零销售。
4. 登记购买者身份信息后方可销售新康泰克片。

步骤三：结算

通过电子收银机进行结算，并将药品打包后礼貌送客。

步骤四：填写销售记录

根据销售情况填写药品拆零销售记录和含麻黄碱类复方制剂销售记录，见表 9 – 2 – 1 和表 9 – 2 – 2。

表 9-2-2　　含麻黄碱类复方制剂销售记录

<table>
<tr><td rowspan="2">药品名称</td><td rowspan="2" colspan="2"></td><td rowspan="2">规格</td><td rowspan="2"></td><td rowspan="2">购进数量</td><td rowspan="2"></td><td>生产企业</td><td></td><td>批号</td><td></td></tr>
<tr><td>供货单位</td><td></td><td>有效期</td><td></td></tr>
<tr><td>销售日期</td><td>销售数量</td><td colspan="2">购买人姓名</td><td colspan="3">身份证号</td><td>购买人住址</td><td>处方医师</td><td>药师签名</td><td>备注</td></tr>
<tr><td></td><td></td><td colspan="2"></td><td colspan="3"></td><td></td><td></td><td></td><td></td></tr>
<tr><td></td><td></td><td colspan="2"></td><td colspan="3"></td><td></td><td></td><td></td><td></td></tr>
<tr><td></td><td></td><td colspan="2"></td><td colspan="3"></td><td></td><td></td><td></td><td></td></tr>
<tr><td></td><td></td><td colspan="2"></td><td colspan="3"></td><td></td><td></td><td></td><td></td></tr>
</table>

【操作要点及注意事项】

1. 拆零销售记录要完整、规范，药品拆零后存放于拆零专柜，不得与其他药品混放。
2. 必须按照规定销售特殊管理药品。

任务测评

评价方式包括自我评价、组内评价、组间评价、教师评价，并据此设计了学生自评表（表 9-2-3）、组内评价表（表 9-2-4）、组间互评表（表 9-2-5）、教师考核评价表（表 9-2-6）。其中自我评价、组内评价、组间评价采用线上填写学习通问卷的形式进行，教师评价包含过程评价、结果评价，采用纸质评价表。各评价方式占本任务百分比分解如图 1-1-1 所示。

表 9-2-3　　学生自评表

学习任务名称：__________　姓名：__________　学号：__________

<table>
<tr><td rowspan="2">序号</td><td rowspan="2">学习过程</td><td rowspan="2">评价内容</td><td colspan="3">评价标准</td><td rowspan="2">得分</td></tr>
<tr><td>符合(分)</td><td>部分符合(分)</td><td>不符合(分)</td></tr>
<tr><td>1</td><td>课前探究</td><td>能够主动完成学习通作业</td><td>8～10</td><td>5～7</td><td>0～4</td><td></td></tr>
<tr><td>2</td><td>明确任务</td><td>能够绘制正确的药品拆零销售流程图</td><td>8～10</td><td>5～7</td><td>0～4</td><td></td></tr>
<tr><td>3</td><td>制定方案</td><td>能够参与小组讨论，提出合理建议，积极参与小组汇报工作</td><td>8～10</td><td>5～7</td><td>0～4</td><td></td></tr>
<tr><td>4</td><td rowspan="5">任务实施</td><td>能够完成售前准备</td><td>8～10</td><td>5～7</td><td>0～4</td><td></td></tr>
<tr><td>5</td><td>能够完成顾客接待</td><td>8～10</td><td>5～7</td><td>0～4</td><td></td></tr>
<tr><td>6</td><td>能够完成拆零药品销售，并填写拆零销售记录</td><td>8～10</td><td>5～7</td><td>0～4</td><td></td></tr>
<tr><td>7</td><td>能够完成特殊管理药品销售，正确登记顾客信息</td><td>8～10</td><td>5～7</td><td>0～4</td><td></td></tr>
<tr><td>8</td><td>能够完成收银</td><td>8～10</td><td>5～7</td><td>0～4</td><td></td></tr>
</table>

续表

序号	学习过程	评价内容	评价标准			得分
			符合(分)	部分符合(分)	不符合(分)	
9	竞赛提升	能够积极参加课中竞赛并获奖	8~10	5~7	0~4	
10	总结点评	能够客观公正做好自我评价	8~10	5~7	0~4	
合计						

表 9-2-4　　组内评价表

学习任务名称：________　组别：________　被评价者姓名：________

序号	学习过程	评价内容	评价标准			得分
			符合(分)	部分符合(分)	不符合(分)	
1	课堂参与合作学习的态度	能够尊重同伴、独立思考，承担并完成岗位职责	8~10	5~7	0~4	
2	获得和提供信息技能	能够查阅规范、工作页解决疑问	8~10	5~7	0~4	
3		在展示汇报时能够积极参与，踊跃表达	8~10	5~7	0~4	
4	帮助和支持技能	在小组讨论时能积极思考，诚恳提问	8~10	5~7	0~4	
5		在讨论过程中能尊重他人，耐心倾听	8~10	5~7	0~4	
6	组织引导技能	能够帮助、督促其他成员参与小组活动，相互勉励，阻止讨论偏离主题	8~10	5~7	0~4	
7	药品销售技能	能够合作完成药品拆零销售过程	8~10	5~7	0~4	
8		能够合作完成特殊管理药品销售过程	8~10	5~7	0~4	
9	评议的技能	能够对其他组质量判断结果进行专业评价	8~10	5~7	0~4	
10		在展示作品时，能姿态端正，思路清晰	8~10	5~7	0~4	
合计						

表 9-2-5　　组间互评表

学习任务名称：________　组别：________　被评价者姓名：________

序号	评价内容	评价标准			得分
		符合(分)	部分符合(分)	不符合(分)	
1	该小组制定方案科学、高效、合理	16~20	10~15	0~9	
2	该小组进行方案汇报时，使用普通话，思路清晰，条理性强	16~20	10~15	0~9	

续表

序号	评价内容	评价标准			得分
		符合(分)	部分符合(分)	不符合(分)	
3	该小组任务完成过程中遵循 GSP 规范	16~20	10~15	0~9	
4	该小组能够合理评价其他小组	16~20	10~15	0~9	
5	该小组完成拆零药品和特殊管理药品销售	16~20	10~15	0~9	
合计					
评价小组组长签名					

表 9-2-6　　教师考核评价表

学习任务名称：____________　学生：____________　学号：____________

序号	考核要求	评价标准			得分
		符合(分)	部分符合(分)	不符合(分)	
1	完成拆零药品和特殊管理药品销售，程序完整、规范，符合要求	16~20	10~15	0~9	
2	礼貌大方接待顾客，使用普通话	16~20	10~15	0~9	
3	药品介绍完整合理，不夸大疗效、不误导	16~20	10~15	0~9	
4	能对顾客所购药品完成收银结算	16~20	10~15	0~9	
5	销售记录填写规范	16~20	10~15	0~9	
合计					

想一想

1. 大家来讨论：药店在销售药品时，多是整包、整盒、整袋销售，远远超过了需要的剂量，顾客一次购买的数量太多，使用不完就过期了。药品拆零销售，可以说是治理药品浪费的“良药”，但现实生活中拆零销售却难以实施，对此你有何感想?

2. 请梳理本次课程的知识内容，绘制思维导图。

课堂练习

1. 以下情况可以进行药品拆零销售的是（　　）。

A. 颗粒剂　　B. 口服液

C. 片剂　　D. 丸剂

2. 以下有关特殊管理药品销售不正确的是（　　）。

A. 零售药店不得销售精神药品

B. 特殊管理药品销售处方要保存 2 年

C. 药品零售企业或零售连锁企业的门店，必须建立特殊管理药品的购进、储存、保管

和销售的制度

D. 药品经营企业不得经营麻醉药品和第一类精神药品原料药

3. 含麻黄碱类复方制剂、复方甘草片和复方地芬诺酯片、含可待因复方口服溶液一次销售不得超过（　　）个最小包装。

A. 1　　B. 2　　C. 3　　D. 5

任务三　广告宣传管理

学习目标

1. 能够说出禁止发布广告的药品品种。
2. 能够叙述药品广告中禁止出现的用语和内容。
3. 能够叙述药品广告审查的相关规定。

任务引入

广告是一种信息传播活动，企业通过大众媒体向社会传播企业产品或劳务信息。广告作为营销的重要工具和手段，能引导消费，给消费者提供相关指导，同时有助于提高企业声誉，树立品牌形象。但是药品作为特殊的商品，设计广告时必须符合相关要求。藿香正气水作为祛暑剂是人们夏季中暑预防首选药。如果你是药店工作人员，为了提高药店销量，现请为其绘制一幅 POP 海报，要求：符合相关法律法规，可以加深顾客印象，促进消费。

【任务分析】

完成本次任务需要做到：

1. 明确药品特点。
2. 完成药品 POP 海报设计。
3. 完成 POP 海报制作。

相关知识

药品与人体健康密切相关，随着国民经济的发展、人民生活水平的提高，药品在各种商品中显示出特别重要的地位，而药品广告在商业广告中所占比重名列前茅，越来越引起社会各方面的关注。药品广告的社会效益是提供药品信息，指导广大消费者合理用药，促进医药卫生事业的健康发展。所以，药品广告必须真实可靠，绝不能欺骗消费者。加强药品广告与宣传的管理，对维护用药者的合法权益，保证身体健康，具有很重要的意义。

一、药品广告审查机关和审查依据

药品广告需经企业所在地省、自治区、直辖市人民政府药品监督管理部门审查批准，并取得药品广告批准文号，才能发布；未取得药品广告批准文号的，不得发布。

药品广告审查的依据是药品的作用和用途。药品对人体的作用是经过长期的临床实践和严谨的科学实验总结出来的，药品的作用效果由国家药品监督管理部门以书面形式载入药品的质量标准中。药品质量标准中的药品作用效果是药品广告内容的唯一依据，如果在临床使用中发现药品的作用发生变化，则要由药品监督管理部门修改质量标准才能认可，新发现的药品作用，未经药品监督管理部门批准，不能列入广告宣传范围。

二、审批程序

1. 发布药品广告的企业向省级药品监督管理部门提出申请，填写药品广告审查表。省级药品监督管理部门对药品广告审查表和药品广告内容进行审查，审查材料内容的真实性、合法性。审查内容包括：

（1）申请人及生产者的营业执照副本。

（2）药品生产许可证或者药品经营许可证副本。

（3）该药品的生产批准文件、质量标准、说明书、包装。

（4）该药品的商标注册证或其他由国家市场监督管理部门出具的证明商标注册的文件。

（5）有商品名的药品，必须提交国家药品监督管理部门批准的该商品名的批准材料。

（6）法律、法规规定的其他确认广告内容真实性的证明文件。

2. 对审查合格者，签发药品广告审查表，同时发给药品广告批准文号。

药品广告的有效期为一年，自审查批准之日起算。有效期满后继续发布的，应当在期满前两个月向原药品广告审查机关重新提出申请。药品广告的批准文号格式是：“×药广审（视、声、文）第××××××××××号”，其中“×”为各省、自治区、直辖市的简称；“视”代表电视、“声”代表广播、“文”代表报刊；“××××××××××”由10位数字组成，编号的前4位代表公元年号，第5、第6位代表月份，后4位代表广告批准序号。

药品广告的内容必须真实、准确、对公众负责，不允许有欺骗、夸大情况。药品广告必须以国家药品监督管理部门批准的药品说明书为准。在零售店堂内外进行药品广告宣传时，应符合国家有关药品广告的法律规定。所有店堂内外的药品灯箱广告均类似药品在大众媒体的广告，要依法进行审批。

处方药可以在国家卫生行政部门和药品监督管理部门共同指定的医学、药学专业刊物上介绍，但不得在大众传播媒介发布广告或者以其他方式进行以公众为对象的广告宣传。

三、禁止发布广告的药品品种

1. 麻醉药品、精神药品、医疗用毒性药品、放射性药品、戒毒药品以及国家药品监督管理部门认定的特殊管理的药品。

2. 治疗肿瘤、艾滋病药品，改善和治疗性功能障碍的药品，计划生育用药，防疫制品。

3. 国家药品监督管理部门或者省级药品监督管理部门明令停止或禁止生产、销售和使用的药品。

4. 医疗单位配制的制剂。

5. 未经注册的药品和国家药品监督管理部门批准试生产的药品。

四、药品广告中禁止出现的用语和内容

药品广告中不能有以下用语和内容。

1. 不科学地表示功效的断言或者保证，如“疗效最佳”“药到病除”“根治”“安全无副作用”等。

2. 药品广告不得贬低同类产品，不得与其他药品进行功效和安全性对比，不得进行药品使用前后情况的比较。

3. 药品广告中不得含有“最新技术”“最高科学”“最先进制法”“药之王”“国家级新药”等绝对化的语言和表示，不含有违反科学规律、明示或者暗示包治百病、适合所有症状的内容。

4. 药品广告中不得含有治愈率和有效率。

5. 药品广告不得含有该药品获奖内容。

6. 药品广告中不得含有利用国家机关、医药科研单位、学术机构或者专家学者、医师、患者的名义、形象作证明的内容。

7. 药品广告不得使用儿童的名义和形象，不得以儿童为广告诉求对象。

8. 不得直接或者间接怂恿任意、过量使用药品，不得含有“无效退款”“保险公司保险”等承诺。

9. 不得声称或者暗示服用某种药品能应付现代紧张生活节奏需要。

10. 药品的商品名称不得单独进行广告宣传。

11. 推荐给个人使用的药品，广告内容必须标明对患者的忠告性语言“请在医生指导下使用”。

12. 非药品广告不得有涉及药品的宣传。

【知识链接】

上海某中医门诊部发布违法广告案

当事人通过自有网站发布“减轻疼痛，消瘤抑瘤，延长生命”等含有表示功效、安全性的断言或者保证以及保证治愈率内容的广告，并且杜撰了5位患者缓解病痛的病例，虚构

获得了“诚信建设单位”等荣誉。当事人行为违反了《中华人民共和国广告法》第十六条第一款第（一）项、第（二）项、第二十八条第二款第（二）项、第（四）项的规定。依据《中华人民共和国广告法》第五十五条第一款、第五十八条第一款第（一）项的规定，2019 年 8 月，上海市徐汇区市场监督管理局作出处罚，责令停止发布违法广告，并罚款 50 万元。

任务实施

【材料准备】

工具：电脑，智能手机。

材料：藿香正气水等药品、彩笔和 POP 纸、《药品经营质量管理规范》（2016 版）。

设备：实训场地。

【实施步骤】

步骤一：了解产品

通过查阅资料，了解藿香正气水的作用、功效特点等相关知识。

步骤二：设计方案

小组根据资料及相关法律法规设计 POP 海报。

步骤三：制作 POP 海报

根据方案设计，用彩笔制作 POP 海报。

【操作要点及注意事项】

1. POP 海报内容要求吸引顾客，促进销售，但不得有禁止出现的用语和内容。
2. 设计 POP 海报时注意色彩搭配。

任务测评

评价方式包括自我评价、组内评价、组间评价、教师评价，并据此设计了学生自评表（表 9－3－1）、组内评价表（表 9－3－2）、组间互评表（表 9－3－3）、教师考核评价表（表 9－3－4）。其中自我评价、组内评价、组间评价采用线上填写学习通问卷的形式进行，教师评价包含过程评价、结果评价，采用纸质评价表。各评价方式占本任务百分比分解如图 1－1－1 所示。

表 9－3－1　　学生自评表

学习任务名称：__________　姓名：__________　学号：__________

序号	学习过程	评价内容	评价标准			得分
			符合（分）	部分符合（分）	不符合（分）	
1	课前探究	能够主动完成学习通作业	8～10	5～7	0～4	
2	明确任务	能够绘制正确的工作流程图	8～10	5～7	0～4	

续表

序号	学习过程	评价内容	评价标准			得分
			符合(分)	部分符合(分)	不符合(分)	
3	制定方案	能够参与小组讨论，提出合理建议，积极参与小组汇报工作	8~10	5~7	0~4	
4	任务实施	能够明确产品特点	8~10	5~7	0~4	
5		能够完成 POP 海报设计	8~10	5~7	0~4	
6		能够完成 POP 海报制作	8~10	5~7	0~4	
7	竞赛提升	能够积极参加课中竞赛并获奖	8~10	5~7	0~4	
8	总结点评	能够客观公正做好自我评价	8~10	5~7	0~4	
合计						

表 9-3-2　组内评价表

学习任务名称：________　组别：________　被评价者姓名：________

序号	学习过程	评价内容	评价标准			得分
			符合(分)	部分符合(分)	不符合(分)	
1	课堂参与合作学习的态度	能够尊重同伴、独立思考，承担并完成岗位职责	8~10	5~7	0~4	
2	获得和提供信息技能	能够查阅规范、工作页解决疑问	8~10	5~7	0~4	
3		在展示汇报时能够积极参与，踊跃表达	8~10	5~7	0~4	
4	帮助和支持技能	在小组讨论时能积极思考，诚恳提问	8~10	5~7	0~4	
5		在讨论过程中能尊重他人，耐心倾听	8~10	5~7	0~4	
6	组织引导技能	能够帮助、督促其他成员参与小组活动，相互勉励，阻止讨论偏离主题	8~10	5~7	0~4	
7	广告制作技能	能够合作完成 POP 海报设计	8~10	5~7	0~4	
8		能够合作完成 POP 海报制作	8~10	5~7	0~4	
9	评议的技能	能够对其他组质量判断结果进行专业评价	8~10	5~7	0~4	
10		在展示作品时，能姿态端正，思路清晰	8~10	5~7	0~4	
合计						

表 9－3－3 **组间互评表**

学习任务名称：____________ 组别：____________ 被评价者姓名：____________

序号	评价内容	评价标准			得分
		符合(分)	部分符合(分)	不符合(分)	
1	该小组制定方案科学、高效、合理	16～20	10～15	0～9	
2	该小组进行方案汇报时，使用普通话，思路清晰，条理性强	16～20	10～15	0～9	
3	该小组任务完成过程中遵循 GSP 规范	16～20	10～15	0～9	
4	该小组能够合理评价其他小组	16～20	10～15	0～9	
5	该小组完成 POP 海报设计与制作	16～20	10～15	0～9	
合计					
评价小组组长签名					

表 9－3－4 **教师考核评价表**

学习任务名称：____________ 学生：____________ 学号：____________

序号	考核要求	评价标准			得分
		符合(分)	部分符合(分)	不符合(分)	
1	完成 POP 海报设计，内容完整	16～20	10～15	0～9	
2	药品广告设计内容符合要求，未出现禁止性用语	16～20	10～15	0～9	
3	POP 海报制作色彩搭配合理	16～20	10～15	0～9	
4	POP 制作流程正确，具有实用性	16～20	10～15	0～9	
5	药品特点展示清晰	16～20	10～15	0～9	
合计					

想一想

1. 大家来讨论：在生活中你遇到过哪些虚假广告？有没有给你或者你的家人带来人身伤害或财产损失？你对药品不实的虚假广告持怎样的态度？

2. 请梳理本次课程的知识内容，绘制思维导图。

课堂练习

1. 以下药品广告中批准文号格式错误的是（　　）。

A. 豫药广审报第××××××××××号

B. 豫药广审视第××××××××××号

C. 豫药广审声第××××××××××号

D. 豫药广审文第××××××××××号

2. 禁止发布广告的药品品种为（　　）。

A. 非处方药　　B. 儿童用药

C. 感冒药　　D. 医疗机构制剂

3. 药品广告中不能出现的用语和内容为（　　）。

A. 药品疗效　　B. 生产企业

C. 商标　　D. 治愈率和有效率

课题十

药品出库与配送管理

任务一　药品的出库管理

学习目标

1. 能按照流程完成药品出库工作。
2. 能熟练操作各类药品出库拣货和复核工作。
3. 能填制相关表格。
4. 能完成直调药品出库，填写直调药品申请表。

任务引入

某药品批发企业根据销售记录，需要向某药店配送150盒××药业有限责任公司的牛黄蛇胆川贝滴丸和200盒××药业有限责任公司的穿心莲片。请根据销售订单，完成该订单药品的出库。

【任务分析】

完成本次任务需要做到：

1. 完成订单确认，审核出库凭证。
2. 根据出货凭证，核实备货。
3. 完成药品出库复核，填写出库记录和随货同行单（票）。
4. 编配包装，发货。

相关知识

出库环节管理得当与否，关系到储存和养护环节，也是对存储和养护工作的检验。

一、出库管理要求

1. 出库原则

药品经营企业要制定药品出库管理制度，即出库检查与复核的管理制度，制定科学合理的药品出库复核程序，明确相关人员的质量责任。对药品出库的原则、药品出库的质量检查与校对的内容、出库复核记录及其管理、相关人员的责任等都要明确下来。药品出库时，要着重规范以下几个方面：

（1）药品出库应遵循“先进先出”“近期先出”和按批号发货的原则。“先进先出”“近期先出”是为了保证药品在有效期内使用；按批号发货是为了保证出库药品有可追踪性，便于药品的质量追踪。

（2）药品出库时必须进行复核和质量检查。复核和质量检查时，应按发货或配送凭证对实物进行质量检查、数量等项目的核对，做到出库药品质量合格且货单相符。麻醉药品、第一类精神药品、医疗用毒性药品等特殊药品出库时应建立双人复核制度。

2. 文件要求

（1）药品出库复核应当建立记录，包括购货单位、药品通用名、剂型、规格、数量、批号、有效期、上市许可持有人、生产企业、出库日期、质量状况等内容。药品出库时必须进行复核和质量检查，填写药品出库复核记录，确保发运无误且过程可以追溯。复核和检查时，应按销售记录对实物进行质量检查和数量等项目的核对，做到出库药品质量合格且与销售记录相符。药品出库复核记录的栏目设置要详细、全面，便于追查所有药品的出库情况，出库复核记录应保存不少于 5 年。

（2）药品拼箱发货的代用包装箱（非原包装箱）应当有醒目的拼箱标志，这样既可以避免药品拼箱发生混乱，也可以确保所有药品都有迹可循。

（3）药品出库时，应当附加盖企业药品出库专用章原印章的随货同行单（票），保障物流活动做到票、账、货相符，以规范药品经营行为，维护药品市场秩序。

3. 人员要求

（1）一般药品需发货人、复核人两人签字，特殊管理药品需建立双人核对制度，需发货人、两个复核人三人签字，严格把好药品出库质量关，加强药品出库的复核管理。

（2）冷藏、冷冻药品的装箱、装车等作业，应当由专人负责并符合以下要求：车载冷藏箱或者保温箱在使用前应当达到相应的温度要求；应当在冷藏环境下完成冷藏、冷冻药品的装箱、封箱工作；装车前应当检查冷藏车辆的启动、运行状态，达到规定温度后方可装车；启运时应当做好运输记录，内容包括运输工具和启运时间等。从事特殊管理的药品和冷藏冷冻药品的储存、运输等工作的人员，应当接受相关法律法规和专业知识培训并经考核合格后方可上岗。

二、出库程序

企业应制定药品的出库管理制度，对药品的出库管理程序作出规定，明确相关人员的质量责任，保证出库药品的质量合格。

1. 审核药品出库凭证。药品出库以出库凭证（销售凭证）为依据，仓储发货人员应审核其品名、规格、包装与库存实物是否相符，库存数量是否充裕等情况，如有问题应及时向有关部门反应。

2. 根据出库凭证，核实备货。保管员根据出库凭证所列品种、规格、数量进行核对，经审核无误，从各个货位上拣出商品，加以集中。以下情况不得出库：

（1）药品包装出现破损、污染、封口不牢、衬垫不实、封条损坏等问题；

（2）包装内有异常响动或者液体渗漏；

（3）标签脱落、标签字迹模糊不清或者标识内容与实物不符；

（4）药品已超过有效期；

（5）怀疑质量变化、未经质量管理部门确认质量状况的药品；

（6）其他异常情况的药品。

3. 出库复核。复核内容：购货单位、药品通用名、剂型、规格、数量、批号、有效期、上市许可持有人、生产企业、出库日期、质量状况。

出库复核无误后，填写药品出库复核记录（见表 10－1－1），附带加盖企业药品出库专用章原印章的随货同行单（票）（见表 10－1－2）。

表 10－1－1　　出库复核记录

编号：

序号	出库日期	购货单位	通用名	商品名	剂型	规格	数量	批号	有效期	上市许可持有人	生产企业	保管员	质量状况	复核人	备注

表 10－1－2　　药品随货同行单（票）

购货单位：　　　　销售日期：　年　月　日　　含税金额：

　　　　　　　　　出库日期：　年　月　日　　无税金额：

通用名	规格	剂型	产地	单位	数量	单价	上市许可持有人	生产企业	批准文号	批号	有效期至	质量状况

续表

大写 金额		无税 小写		无税 小写		收货 地址	

开单：　　发货员：　　复核员：　　货品清点无误！签字（盖章）：
送货方式：　　运输方式：　　送货员：　　启运时间：　　签字日期：

4. 编配包装，发货。在装货过程中，要注意附带加盖企业药品出库专用章原印章的随货同行单（票），药品拼箱发货的代用包装箱应当有醒目的拼箱标志。购货单位自领药品，由保管人员根据凭证所列的药品，向领物人逐一点交。由企业负责运送的药品，要向押运人员交代清楚物资情况和物资送到后应办的手续；由企业外运输单位负责运送或托运的药品，仓库应向承运单位办理托运手续，并将托运药品的数量、质量、承运单位、启运时间和运输方式等通知收货单位，及时收回回执。在办理交接时，双方都应在凭证上签章，以明责任。点交完毕即给接货人员填发出门证。

【知识链接】

复核员质量控制

1. 认真核对药品包装和相关内容。复核员应按销售发货单对照实物，进行外观、包装质量检查，并对数量及销售发货单上各个项目逐一核对购货单位、品名、剂型、规格、数量、产品批号、有效期、销售日期、生产企业以及药品包装质量和标志。

2. 加盖质量合格印章。经核对无误，确认质量完好的药品，由复核员在销售发货单上盖“质量合格”印章，并在“复核员”项下签章后方可发货。凡质量和包装不合格的药品均不得发货，报质量管理部处理。

3. 做好出库复核记录。药品出库复核记录内容包括：购货单位、品名、剂型、规格、产品批号、有效期、生产厂商、数量、销售（出库）日期、质量状况和复核人员等项目。出库复核员要认真做好药品的出库复核记录，做到字迹清楚、项目齐全、内容准确，便于质量跟踪，并按规定签名保存备查。

三、直调药品管理

1. 直调药品定义

药品直调是指将已采购的药品不入本企业仓库，直接从供货单位发送到购货单位，并建立专门的采购记录，保证有效的质量跟踪和追溯。直调药品情形：发生灾情、疫情、突发事件或者临床紧急救治等特殊情况，以及其他符合国家有关规定的情形。

根据供货单位的不同分为厂家直调和商商直调。厂家直调指企业从药品生产厂家购进药品后直接发运至销售客户的经营形式，商商直调指企业从药品经营企业购进药品后直接发运至销售客户的经营形式。

【知识链接】

GSP 中的有关规定

第六十九条　发生灾情、疫情、突发事件或者临床紧急救治等特殊情况，以及其他符合国家有关规定的情形，企业可采用直调方式购销药品，将已采购的药品不入本企业仓库，直接从供货单位发送到购货单位，并建立专门的采购记录，保证有效的质量跟踪和追溯。

2. 药品直调流程

（1）业务员根据销售需要，拟定供货企业后提出直调申请，填写直调申请表（表 10－1－3）。

表 10－1－3　　直调药品申请表

申请直调原因		申请人	
供货方		是否进行资质审核	是（　）否（　）
收货方		是否进行资质审核	是（　）否（　）
申请部门经理		质管部意见	
质量负责人	同意（　）不同意（　） 签字：	总经理	同意（　）不同意（　） 签字：
拟直调品种信息			
序号	品名	规格	厂牌

申请人：　　　　　　　　　　申请日期：

（2）业务经理审核发货申请单，了解该客户是否存在串货等违规情况（供货单位必须是经本公司确认的合格供货方），审核无误后签字，并转交质量管理部门审核。

（3）质量管理部门审核通过后报质量负责人审批。

（4）采购人员根据审批后的直调申请表进行采购。

（5）业务员在系统中的药品直调申请表里输入药品采购、销售信息，内容包括药品名称、规格、数量、销售金额、供应商名称、客户名称等，同时将药品直调申请表通过电子邮件或传真方式发送给生产厂家（供应商）。

（6）出库。药品出库时，应当附加盖企业药品出库专用章原印章的随货同行单（票）。而直调药品出库时，由供货单位开具两份随货同行单（票），分别发往直调企业和购货单位。由本企业专职质量人员检查药品，且必须按规定做好检查记录。

随货同行单（票）除包括供货单位、上市许可持有人、生产厂商、药品的通用名称、剂型、规格、批号、数量、收货单位、收货地址、发货日期等内容外，还应当标明直调企业名称。

（7）验收。驻厂验收员根据系统中药品直调申请表与生产厂家（供应商）核对药品采购信息，对所购进、销售的药品逐一验收，验收内容包括药品名称、规格、批号、数量、金额、生产厂家（供应商）、销售客户（直调接货方）。

驻厂验收员协助供货方安排快捷安全运输，当天发出货物。将药品的托运单包裹票传真给客户，确保药品的准确发送。如委托接收单位验收，应与接收单位签订委托验收协议书，由接收单位验收人员对到货药品进行验收，并将有验收人员签名的验收记录邮寄或传真回公司存档。

（8）建立直调档案。直调完成后，建立直调档案，做到质量可追溯，内容包括直调申请表、购销记录、验收记录、委托验收协议等。

任务实施

【材料准备】

工具：计算器。

材料：牛黄蛇胆川贝滴丸和穿心莲片、纸箱、笔和纸、《药品经营质量管理规范》（2016 版）、出库复核记录、随货同行单（票）、胶带。

设备：实训场、货架、医药企业虚拟仿真系统。

【实施步骤】

步骤一：审核药品出库凭证

根据出库凭证与系统中药品进行审核，主要审核其品名、规格、包装与库存实物是否相符，库存数量是否充裕等。

步骤二：根据出库凭证，核实备货

根据出库凭证所列品种、规格、数量等，经审核无误，从各个货位上拣出商品，加以集中。

步骤三：出库复核

复核内容：购货单位、药品通用名、剂型、规格、数量、批号、有效期、上市许可持有人、生产企业、出库日期、质量状况。

出库复核无误后，填写药品出库复核记录（表 10－1－4），附加盖企业药品出库专用章原印章的随货同行单（票）（表 10－1－5）。

表 10－1－4　　出库复核记录

编号：

序号	出库日期	购货单位	通用名	商品名	剂型	规格	数量	批号	有效期	上市许可持有人	生产企业	保管员	质量状况	复核人	备注

表 10－1－5 药品随货同行单（票）

购货单位： 销售日期： 年 月 日 含税金额：

出库日期： 年 月 日 无税金额：

通用名	规格	剂型	产地	单位	数量	单价	上市许可持有人	生产企业	批准文号	批号	有效期至	质量状况
大写金额			无税小写			无税小写		收货地址				

开单： 发货员： 复核员： 货品清点无误！签字（盖章）：

送货方式： 运输方式： 送货员： 启运时间： 签字日期：

步骤四：编配包装，发货

药品清点无误后进行包装，办理交接手续。

【操作要点及注意事项】

1. 整件药品的复核应检查包装的完好性。
2. 出库复核记录中必须注明质量状况，并由复核人签字。
3. 拼箱药品应逐品种、逐批号对照销售记录进行复核，复核无误后，在拼箱内附随货同行单（票）并封箱。

任务测评

评价方式包括自我评价、组内评价、组间评价、教师评价，并据此设计了学生自评表（表 10－1－6）、组内评价表（表 10－1－7）、组间互评表（表 10－1－8）、教师考核评价表（表 10－1－9）。其中自我评价、组内评价、组间评价采用线上填写学习通问卷的形式进行，教师评价包含过程评价、结果评价，采用纸质评价表。各评价方式占本任务百分比分解如图 1－1－1 所示。

表 10－1－6 学生自评表

学习任务名称：＿＿＿＿＿＿ 姓名：＿＿＿＿＿＿ 学号：＿＿＿＿＿＿

序号	学习过程	评价内容	评价标准			得分
			符合（分）	部分符合（分）	不符合（分）	
1	课前探究	能够主动完成学习通作业	8～10	5～7	0～4	
2	明确任务	能够绘制正确的工作流程图	8～10	5～7	0～4	
3	制定方案	能够参与小组讨论，提出合理建议，积极参与小组汇报工作	8～10	5～7	0～4	

续表

序号	学习过程	评价内容	评价标准			得分
			符合(分)	部分符合(分)	不符合(分)	
4	任务实施	能够审核药品出库凭证	8～10	5～7	0～4	
5		能够根据出库凭证，核实备货	8～10	5～7	0～4	
6		能够完成出库复核	8～10	5～7	0～4	
7		能够完成包装、发货工作	16～20	10～15	0～9	
8	竞赛提升	能够积极参加课中竞赛并获奖	8～10	5～7	0～4	
9	总结点评	能够客观公正做好自我评价	8～10	5～7	0～4	
合计						

表 10-1-7　组内评价表

学习任务名称：＿＿＿＿＿＿　组别：＿＿＿＿＿＿　被评价者姓名：＿＿＿＿＿＿

序号	学习过程	评价内容	评价标准			得分
			符合(分)	部分符合(分)	不符合(分)	
1	课堂参与合作学习的态度	能够尊重同伴、独立思考，承担并完成岗位职责	8～10	5～7	0～4	
2	获得和提供信息技能	能够查阅规范、工作页解决疑问	8～10	5～7	0～4	
3		在展示汇报时能够积极参与，踊跃表达	8～10	5～7	0～4	
4	帮助和支持技能	在小组讨论时能积极思考，诚恳提问	8～10	5～7	0～4	
5		在讨论过程中能尊重他人，耐心倾听	8～10	5～7	0～4	
6	组织引导技能	能够帮助、督促其他成员参与小组活动，相互勉励，阻止讨论偏离主题	8～10	5～7	0～4	
7	质量控制技能	能够合作完成药品出库复核	8～10	5～7	0～4	
8		能够合作完成药品包装、发货工作	8～10	5～7	0～4	
9	评议的技能	能够对其他组质量判断结果进行专业评价	8～10	5～7	0～4	
10		在展示作品时，能够姿态端正，思路清晰	8～10	5～7	0～4	
合计						

表 10-1-8　组间互评表

学习任务名称：＿＿＿＿＿＿　组别：＿＿＿＿＿＿　被评价者姓名：＿＿＿＿＿＿

序号	评价内容	评价标准			得分
		符合(分)	部分符合(分)	不符合(分)	
1	该小组制定方案科学、高效、合理	16～20	10～15	0～9	

续表

序号	评价内容	评价标准			得分
		符合(分)	部分符合(分)	不符合(分)	
2	该小组进行方案汇报时，使用普通话，思路清晰，条理性强	16～20	10～15	0～9	
3	该小组任务完成过程中遵循 GSP 规范	16～20	10～15	0～9	
4	该小组能够合理评价其他小组	16～20	10～15	0～9	
5	该小组完成药品出库操作	16～20	10～15	0～9	
合计					
评价小组组长签名					

表 10－1－9　　教师考核评价表

学习任务名称：＿＿＿＿＿＿　学生：＿＿＿＿＿＿　学号：＿＿＿＿＿＿

序号	考核要求	评价标准			得分
		符合(分)	部分符合(分)	不符合(分)	
1	完成药品出库操作，流程完整	16～20	10～15	0～9	
2	根据出库凭证，准确完成药品备货	16～20	10～15	0～9	
3	药品出库复核无误	16～20	10～15	0～9	
4	记录填写规范	16～20	10～15	0～9	
5	完成出库药品包装	16～20	10～15	0～9	
合计					

想一想

1. 大家来讨论：你认为在什么情况下药品可以进行“直调”，药品直调时需要注意什么？

2. 请梳理本次课程的知识内容，绘制思维导图。

课堂练习

1. 药品出库应遵循（　　）原则。

A. 先进先出　　B. 按库存量发货

C. 按批准文号发货　　D. 近期不出

2. 以下药品出库时需要双人复核的是（　　）。

A. 非处方药　　B. 处方药

C. 第二类精神药品　　D. 第一类精神药品

3. 出库复核记录上不需要写（　　）。

A. 药品通用名　　B. 采购人员

C. 剂型　　D. 复核人员

4. 发现不得出库的情况，应报告（　　）处理。

A. 采购部　　B. 质管部

C. 财务部　　D. 总经理

5. 随货同行单（票）应加盖（　　）。

A. 法人章　　B. 质量管理专用章

C. 出库专用章　　D. 企业公章

任务二　药品的运输管理

学习目标

1. 能叙述常用的药品运输方式、方法和运输工具，能够根据实际情况合理安排药品的运输。
2. 能叙述危险药品及特殊管理药品的运输管理要求。
3. 能叙述冷链药品运输、委托运输的相关管理要求，能够拟定药品委托运输协议。
4. 能严格按照相关规定办理运输业务。

任务引入

今年春季迎来了倒春寒，人们对感冒类药物需求量增加，某医药经营企业来到我公司订购药品，经过前期工作已签订了药品订购合同，现已根据销售订单完成药品出库。你作为储运部成员，请选择合适的运输工具和方式完成本次运输。

【任务分析】

完成本次任务需要做到：

1. 完成货物清点。
2. 完成运输车辆检查。
3. 完成装车运输。
4. 完成货物交接。

相关知识

药品运输是指用专用运输设备将药品从一个地点向另一个地点运送。

一、运输概述

1. 运输的作用

运输是国民经济的基础和先行，虽与一般生产活动不同，不创造新的物质产品，不增加社会产品数量，不赋予产品新的使用价值，只变动其空间位置，但这变动会使生产能够继续下去，使社会再生产不断推进，所以将其看作物质生产部门。运输作为社会物质生产的必要条件，表现在以下三个方面：

（1）运输是生产的直接组成部分，没有运输，生产内部各环节就无法连接。

（2）运输是生产过程的继续，这一活动联结生产与再生产、生产与消费的环节，联结国民经济各部门、各企业，联结着城乡，联结着不同国家和地区。

（3）运输可以创造场所效用，通过运输将物品运到场所效用最高的地方发挥物品的潜力，实现资源的优化配置，相当于通过运输提高了物品的使用价值。

2. 运输的分类

广义上的运输一般可以分为四类：

（1）在运输场站或仓库范围内近距离的输送称为搬运；

（2）在工厂范围进行的运送为企业内部运输；

（3）在城市范围内将货物进行配载运送的一般称为配送；

（4）在城市及其以上范围的大空间物品运送一般习惯称为运输。

3. 运输的原则

运输具有物品的转移和物品的储存两大职能。运输作业要求运输企业采用经济、合理的运输方案，利用相关的运输设备和运输工具，按照客户要求在规定的时间把货物安全、无差错地送达指定地点。因此运输的基本原则是“及时、准确、安全、经济”。

药品是特殊的商品，药品的质量关系到人们的身体健康和生命安全。药品的质量容易受到外部环境的影响而改变，因此，运输是保证药品质量的重要环节之一。为了确保药品的安全、有效、均一、稳定，运输药品的过程除要遵循普通商品的运输标准外，还必须遵循药品运输的相关规定，如《药品经营质量管理规范》（GSP）等规定。

二、运输方式

运输方式主要包括铁路运输、水路运输、公路运输、航空运输和管道运输等方式。选择运输方式需要考虑到运速、运量、运价、运输货物特点等因素。运输方式的选择关系到药品运输工作的质量、成本和时间。药品经营企业应当根据自身经营情况以及药品的性质，选择合适的运输方式。

1. 铁路运输

铁路运输主要包括以下三类：

（1）整车运输。根据被运输物资的数量、形状等，选择合适的车辆，以车厢为单位的运输方法。

（2）零担运输，也称小件货物运转。按照货物的重量、体积和形状，不需要单独以一辆货车运送，允许与其他货物配装，可以按零担办理。零担运输的货物，一件体积不得小于 0.02 m^3（单件 10 公斤以上除外），每批不超过 300 件。

（3）集装箱运输。集装箱运输指采用集装箱专用列车运输物资。

2. 公路运输

组织公路货物运输的方法主要有：

（1）多（双）班运输，是指在一昼夜内的车辆工作超过一个班以上的货运。运输的基本方法是每辆汽车配备两名左右的驾驶人员，分日、夜两班轮流行驶。

（2）定点运输，是指按发货点固定车队、专门完成固定货运任务的运输组织形式。

（3）定时运输，是指车辆按运行作业计划中所拟定的行车时刻表来进行工作。

（4）甩挂运输，是指利用汽车列车甩挂挂车，减少车辆装卸停歇时间的运输形式。

（5）直达联合运输（即各种运输方式的直达联合运输），是以车站、港口或供需物资单位为中心，按照货物运输的全过程把供销部门、多种运输工具组织成一条龙，将货物从生产地一直运输到消费地。

（6）集装箱运输，包括公路集装箱直达、联运和公路水路集装箱联运。

（7）零担货物运输。当一批货物的重量在 3 t 以下或不满一整车装运时，称为零担货物。其一般是采用定线定站式货运班车或客运班车捎带货物挂车的方法将沿线零担货物集中起来运输的货运形式。

3. 水路运输

（1）班轮运输。船舶在固定的航线和港口间按事先公布的船期表航行以从事客货运输业务，并按事先公布的费率收取运费。班轮运输具有“四定”的特点，即固定航线、固定港口、固定船期和相对固定的费率。

（2）租船运输，又称不定期运输。该种运输没有特定的船期表、航线和港口。船主将船舶出租给租船人使用，以完成特定的货运任务。

（3）航线营运，也称航线形式，即在固定的港口之间，为完成一定的运输任务，配备一定数量的船舶，并按一定的程序组织船舶运行活动。

（4）航次运营。航次运营方式是船舶的运行没有固定的出发港和目的港，船舶仅为完成某一特定的运输任务按照预先安排的航次计划运行。

（5）客货船运营，即客货同船运输，定期、定时发船。

（6）多式联运，即以集装箱为媒介，将铁路、水路、公路和航空等单一的运输方式有机地结合起来，组成一个连贯的运输系统的运输方式。

4. 航空运输

承运人按照货运单上标注的发运日期和航班要求，组织运力将承运的货物运达目的地。航空货物运输的每一道工序，都有严格的操作规范要求和质量指标，包括载重标准、舱位标准、安全标准、完好率等。

5. 管道运输

管道运输是使用管道输送流体货物的一种运输方式。运输的货物主要是油品、天然气、煤浆及其他矿浆。目前，各国主要利用管道进行国内和国际间的流体燃料运输。

6. 不同运输方法优缺点

（1）航空运输速度快、成本高，适合在特殊情况下运输贵重药品和急救药品，特别是有政府指令的救灾、抢险、抢救的药品。

（2）水路运输运量大，而且运费低，但是运输速度慢，在途时间长，而且容易受到天气和气候影响，适合运输对速度和资金周转要求不高的药品。

（3）公路运输发展很快，在交通运输中的地位日趋显著，灵活性非常强，可以实现“门到门”的便利运输，但是公路运输运量不如铁路和水路运输，运费也相对铁路和水路高，不适宜跨省市的长距离运输药品。

（4）铁路运输能力强，运速比公路和水路都快，运费比航空运输低廉，运输安全性高、风险小、受天气影响不大，在中长距离的药品运输领域应用广泛。

（5）管道运输已成为我国继铁路、公路、水路、航空运输之后的第五大运输方式。我国的管道运输主要有油气管道运输。

三、运输方法

运输方法一般有自运和托运两种。市内送货、区域性运输、车站码头集散以自运为主，长途大批量的调拨运输以托运为主。

四、运输管理

1. 运输流程

药品运输和配送过程是由专门的药品运输和配送人员完成的。在整个运输和配送过程中，运输和配送人员在装卸搬运过程中，要按要求轻拿轻放、堆码牢固，重下轻上。

（1）清点货物。装车前，运输和配送人员按照随货同行单（票）清点货物，注意事项如下：

1）对于拼箱药品需要清点件数，检查包装箱有无破损、渗漏。

2）对于整箱药品需要核对名称，产地，批号，件数，箱体有无破损、渗漏以及储存运输条件。

3）清点过程中，若发生数量或质量问题则停止装车。

（2）检查确认。确认无误后，检查储运车辆的情况，而后将药品由发货区搬至车厢内摆放整齐。

（3）路线选择。关闭好车厢，按规定路线运输至目标地。运输和配送人员应选择安全适宜路线。

（4）验收。购货单位的验收人员检查验收无误后，在随货同行单（票）上签字并注明到货时间，客户联留给购货单位。

（5）存档。运输和配送人员将客户签字的随货同行单（票）交回公司储运部门存档。

2. 运输注意事项

药品发运前必须检查药品的名称、规格、单位、数量是否与随货同行单（票）相符，有无液体药品与固体药品合并装箱的情况，包装是否牢固和有无破漏，衬垫是否妥实，包装大小重量等是否符合运输部门的规定。由生产企业直调药品时，须经本单位质量验收合格后方可发运，药品未经质量验收不得发运。发运药品应单货同行，对不能随货同行的单据，应附在银行托收单据内或于承运日邮寄给收货单位。

填制运输单据，应做到字迹清楚、项目齐全，严禁在单据上乱签乱划。发运药品应按每个到站（港）和每个收货单位分别填写运输交接单，也可用发货票的随货同行单（票）代替。拼装整车必须分别给各收货单位填写运输交接单，在药品包装上应加明显区别标志。

药品在装车前还须按发运单核对发送标志和药品标志有无错漏、件数有无差错、运输标志选用是否正确，然后办好运输交接手续，做出详细记录，并向运输部门有关人员讲清该批药品的搬运装卸的注意事项。

搬运、装卸药品应严格按照外包装储运图示标志（图 10－2－1）要求堆放和采取保护措施。一般来说，药品包装多为玻璃容器，易碎，怕撞击、重压，故搬运装卸时必须轻拿轻放，防止重摔，液体药品不得倒置。如发现药品包装破损、污染或影响运输安全时，不得发运。

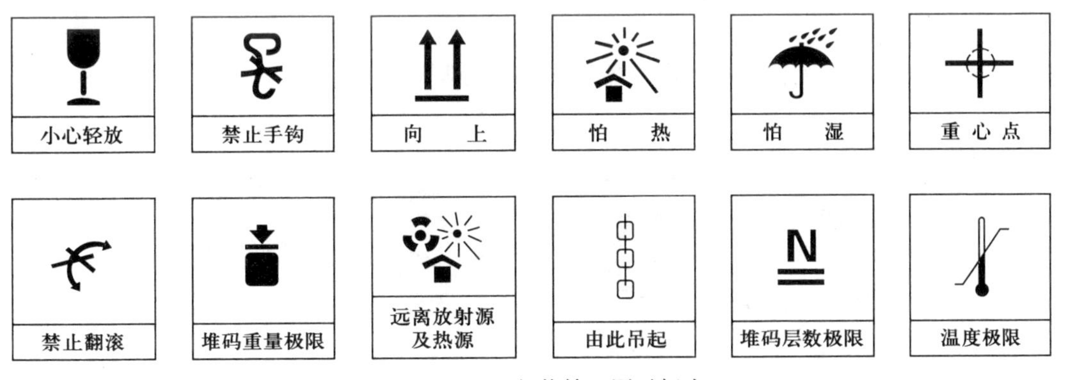

图 10－2－1　包装储运图示标志

五、特殊药品运输管理

1. 危险药品运输及配送

对于危险药品的运输及配送，除要求符合一般药品运输及配送要求外，还应该严格遵照《危险货物运输规则》内的相关规定。

（1）驾驶人员要求

对于聘请的驾驶人员应符合道路运输经营条件，并与驾驶人员签订安全生产责任书。要求驾驶人员严格做到“八不”原则：“不超载超限、不超速行车、不强行超车、不开带病车、不开情绪车、不开急躁车、不开冒险车、不酒后开车”。驾驶人员应严格遵守道路交通规则和交通运输法规，连续驾驶时间不超过 4 小时。

（2）车辆要求

要不定时检查危险药品运输驾驶车辆是否符合安全管理规定，每趟次出车前都要对车辆的安全性能进行全面的检查，发现问题必须及时排除，不消除安全隐患不得出车。危险药品运输驾驶车辆装载货物时，必须检查超载及危险品的情况，发现隐患要及时修复，确认无误后方可出车。建立和健全安全生产事故的相关隐患档案。

（3）包装要求

铁路运输危险货物包装应当符合下列要求：

1）包装物、容器、衬垫物的材质以及包装型式、规格、方法和单件质量（重量），应当与所包装的危险货物的性质和用途相适应；

2）包装能够抗御运输、储存和装卸过程中正常的冲击、振动、堆码和挤压，并便于装卸和搬运；

3）所使用的包装物、容器，须按《中华人民共和国安全生产法》《中华人民共和国工业产品生产许可证管理条例》等国家有关规定，由专业生产单位生产，并经具有专业资质的检测、检验机构检测、检验合格；

4）包装外表面应当牢固、清晰地标明危险货物包装标志（图 10－2－2）和包装储运图示标志；

5）法律、行政法规、有关标准和安全技术规范规定的其他要求。

图 10－2－2　常用危险品标志

2. 特殊管理药品的运输

运输特殊管理药品的企业必须要有特殊管理药品运输管理制度或规程，明确规定药品安全保证措施。特殊管理药品运输相关人员应经过专门的特殊管理药品法规、药品知识和安全知识的培训，取得相应的岗位证书和资质证书。

发运特殊管理的药品必须使用封闭车辆，专人押运，途中不停车，并采取安全保障措施，防止麻醉药品和精神药品在运输途中被盗、被抢、丢失；应尽量采用集装箱或快件方式，尽可能直达运输，减少中转环节；必须凭药品监督管理部门签发的国内运输凭证办理运输手续，如有必要时，企业应根据有关规定派足够的人员押运，并提示和监督运输加强管理。

托运或者自行运输麻醉药品和第一类精神药品的单位，应当向所在地省级药品监督管理部门申请领取运输证明并报告运输信息；运输易制毒化学品，应按相关规定申请运输许可证或者进行备案。

办理托运（包括邮寄）麻醉药品、精神药品应在货物运单上填写具体名称，发货人在记事栏内加盖“麻醉药品或精神药品专用章”，缩短在车站、码头、现场存放时间，采用封闭式运输工具；铁路运输不得使用敞车，水路运输不得配装舱面，公路运输应当覆盖严密、捆扎牢固。运输途中如有丢失，必须认真查找，并立即报当地公安机关和药品监督管理部门。

六、委托运输

1. 委托运输要求

企业委托其他单位运输药品的，首先应当对承运方运输药品的质量保障能力进行审计，索取运输车辆的相关资料，符合 GSP 运输设施设备条件和要求的方可委托。

企业委托第三方运输药品的，应审核承运方的运输设备、药品质量保障能力、人员资质及条件，经过审核，符合要求的方可委托。具体包括：相关资质证照（药品运输经营许可证、营业执照等，运输特殊管理药品的应取得国家规定的相关运输资质证明）、质量管理（组织机构、管理制度、应急机制）、运输设施设备（车辆数量、车型、车况、保险）、运输人员（身份证、驾驶证、身体情况、培训情况）等。

企业委托运输药品应当与承运方签订运输协议，明确药品质量责任、遵守运输操作规程和在途时限等内容。协议中必须规定合理的运输时限，防止长时间的运输对药品质量造成影响。《药品运输服务协议》的主要内容包括：运输工具、运输时限、提货送达地点、操作人员等运输质量要求，并明确赔偿责任和赔偿金额。委托运输记录应当至少保存 5 年。

企业委托运输药品应当有记录，实现运输过程的质量追溯。记录至少包括发货时间、发货地址、收货单位、收货地址、货单号、药品件数、运输方式、委托经办人、承运单位，采用车辆运输的还应当载明车牌号，并留存驾驶人员的驾驶证复印件。

委托运输的，企业应采取运输安全措施管理，防止在运输过程中发生药品盗抢、遗失、调换等事故。

2. 委托运输协议范本

药品委托运输协议

甲方（托运方）：

乙方（承运方）：

为了严格执行国家药监部门相关规定，严格规范 GSP 管理，确保药品物流安全，经过对乙方运输资质的认定，甲乙双方友好协商，就甲方委托乙方向客户运送药品事宜，达成以下一致意见，签署本协议以资共同遵守。

（1）乙方按照甲方要求，自甲方仓库提取药品或由甲方运送至乙方指定物流收货地点，在一定期限内送至甲方指定客户的所在地。每次承运药品的数量、目的地等内容，以发运前甲方填写的物流快递单为准，甲方要求托运后，乙方不得以任何理由拒绝、拖延承运工作；如有特殊情况不能或延后承运的应提前通知甲方。

（2）提货时，甲乙双方应尽共同检查药品外观的义务，确保甲方托运的药品外观包装完整，无破损、受潮等问题。如客户收货后提出药品外包装受损等问题，视为乙方运输途中产生的问题，由乙方最终承担损害赔偿责任。损害赔偿以所托运货品的货值为限，具体计算以甲方含税开票价格为准。

（3）提货后，乙方应严格按照药品外包装箱上图示方法进行存储、运输，确保药品安全送达。其中要求在阴凉处保存的药品应在整个存储、运输途中始终处于 20 ℃以下的温度环境中，运输装卸过程中均不得将药品置于阳光下暴晒；要求冷藏存储的药品除要满足上述要求之外，还应使用有资质的有冷藏设施的运输车辆，储存药品的车厢在整个存储、运输途中始终保持 2 ~ 10 ℃的温度。凡甲方委托运输的药品为液体注射剂产品，乙方必须保证运输全程温度控制在 5 ~ 20 ℃。

如因运输不当导致客户拒收药品，或药品损坏、灭失等情况，乙方应按照该批药品发票含税金额向甲方支付损害赔偿金；如因运输不当导致行政部门对甲方进行处罚，或甲方因此丧失各种经营资质、代理资格，甲方有权解除合同，取消乙方承运资格，并向乙方追偿所受到的损失。

（4）提货后，乙方应及时将货物发往甲方指定地点，根据收货地区路途差异，乙方应在附件约定天数（此天数以工作日计，国家法定假日不计）内送达货物。药检报告及药品销售清单必须随货同行。逾期送达货物的，乙方应及时与甲方沟通，说明情况，双方积极寻求解决方案，避免扩大损失。送达货物的日期以收货人签收日为准，每超过一天扣除 1/5 的运输费用，以此类推。逾期 5 日以上仍无法送达的，甲方有权取消乙方全部或部分省份的承运资格。甲方将定期或不定期征询客户关于运输质量问题的意见，并根据反馈意见（包括客户投诉），甲方有权取消乙方全部或部分省份的承运资格。

（5）药品送达客户后，乙方应取得有客户真实有效签章的送货回单，并在送达货物日起 30 日内将上述回单的一联交回甲方。如回单未取得客户真实有效签章，或无法在 30 日内将回单交回甲方，则乙方应向甲方支付等同于该批药品发票含税金额的违约金，且由此产生的甲方与客户之间的争议对甲方所造成的全部损失由乙方向甲方承担。

（6）甲方托运的货物仅限于约定地区，超出约定区域的，乙方可拒绝承运，未经甲方同意，乙方不得以任何理由将货物发往其他地域。

（7）乙方应根据甲方要求将收货单位需要退回甲方的药品及时运送至甲方指定的地点，本项产生的费用由甲方承担。

（8）甲方委托运输货物中，有部分为医院紧缺、供应紧张的紧俏药品。为确保人民群众的基本用药需求，对于这部分紧俏药品，乙方在此承诺严格做到零破损送货。

甲方将在紧俏药品外包装上张贴黄色警示标志，提醒乙方谨慎运输。凡乙方未能履行前述承诺，出现破损的，应按照破损药品货值 10 倍向甲方支付赔偿金。一经出现紧俏药品运输破损的，甲方有权取消乙方全部或部分省份的承运资格。

（9）乙方完成每次运输业务后应将运输费发票与送货回单 30 日内交给甲方，甲方应在该业务发生当月底或次月初付款。

为确保运输质量，自本协议签订起甲方对乙方运输员可以视情况进行药品运输知识的培训。

甲方承诺，向乙方支付的款项中现金比例不低于 50%（包括电汇等形式支付的现金）。甲方逾期付款，应按所逾期金额万分之三的标准乘以逾期天数向乙方支付违约金，逾期付款 30 日以上，乙方有权单方面解除本合同并要求甲方支付上述违约金。

（10）本协议自　　年　　月　　日至　　年　　月　　日有效，到期后双方可以书面方式续签本协议，本协议应加盖双方骑缝章。

（11）本协议一式两份，如发生争议，双方应友好协商解决，协商不成则交由甲方所在地人民法院管辖。

甲方（盖章）：　　　　　　　　乙方（盖章）：

经办人：　　　　　　　　经办人：

签订日期：　　年　　月　　日　　　　签订日期：　　年　　月　　日

七、冷链药品运输

冷链药品是指需冷藏、冷冻等温度敏感性药品，其从药品生产企业出库到消费者使用前的整个储存、流通过程都必须处于规定的温度环境下，以保证药品的质量。根据温度要求不同分为冷藏药品和冷冻药品。冷藏药品是指对药品储藏、运输有冷处等温度要求的药品。冷处是指温度符合 2～10 ℃的储藏、运输条件。冷冻药品是指对药品储藏、运输有冷冻等温度要求的药品。冷冻是指温度符合 -10～-25 ℃的储藏、运输条件。

需要冷链运输和配送的药品主要包括：生物制品、血液制品、疫苗、部分活菌制剂、部分眼用制剂、部分抗肿瘤药物等。

1. 运输工具

（1）冷藏车

冷藏车的分类方式有以下几种：

1）按底盘承载能力不同，冷藏车分为微型冷藏车、小型冷藏车、中型冷藏车、大型冷藏车。

2）按车厢型式不同，冷藏车分为内置式冷藏车和外挂式冷藏车。

冷藏车要求具有自动调控温度、显示温度、存储和读取温度监测数据的功能，在运输途中要使用自动监测、自动调控、自动记录及报警装置，对运输过程中进行温度的实时监测并记录，温度记录时间间隔设置不超过 10 分钟，数据可读取，温度记录应当随药品移交收货方。

（2）保温箱和冷藏箱

保温箱、冷藏箱的箱体采用吸水性低、透气性小、导热系数小，具有良好温度稳定性的保温材料，保温箱需要配备蓄冷剂以及用于隔离药品与蓄冷剂的隔温装置。

1）保温箱及冷藏箱必须具有外部显示和采集箱体内温度数据的功能。

2）对有特殊低温要求的药品，应当配备符合其储存要求的设施设备。

3）保温箱应根据不同材质、不同配置方式以及环境温度进行保温性能测试，并在测试结果支持的范围内进行运输。

4）运输和配送过程中，应当实时监测并记录冷藏箱或者保温箱内的温度数据。

5）采用保温箱运输时，应根据保温箱的性能验证结果，在保温箱支持的、符合药品储藏条件的保温时间内送达。

2. 冷链药品运输配送注意事项

（1）冷藏、冷冻药品需要在冷库内清点，并由专人装入冷藏箱或者保温箱（使用前应当达到相应的温度要求）。

（2）冷藏车需要提前开启制冷装置，检查冷藏车辆的启动、运行状态，控制温度至冷藏条件，达到规定温度后方可装车。

（3）客户方收货员收到货后，需要核对冷链药品运输记录，在运输记录上签字，自留一联，另一联交给供货方。

（4）从事疫苗配送的，还应配备 2 名以上专业技术人员专门负责疫苗质量管理和验收工作。专业技术人员应当具有预防医学、药学、微生物学或者医学等专业本科以上学历及中级以上专业技术职称，并有 3 年以上从事疫苗管理或者技术工作经历。

（5）从事冷藏、冷冻药品收货、验收、储藏、养护、发货、运输等的工作人员，应接受冷链药品的储藏、运输、突发状况应急处理等业务培训。

（6）运输过程中，药品不得直接接触冰袋、冰排等蓄冷剂，防止对药品质量造成影响。

（7）冷链药品由库区转移到符合配送要求的运输设备的时间应符合规定，冷藏药品应在 30 分钟内，冷冻药品应在 15 分钟内。

（8）需要委托运输冷链药品的单位，应与受托方签订委托合同，明确药品在储藏运输和配送过程中的温度要求。

（9）冷链药品应进行24小时连续、自动的温度记录和监控，温度记录间隔时间设置不得超过30分钟/次，并填写冷链药品运输交接单（表10－2－1）。

表10－2－1　　冷链药品运输交接单

日期：

<table>
<tr><td>供货单位</td><td colspan="2"></td><td></td><td></td></tr>
<tr><td>购货单位</td><td colspan="2"></td><td></td><td></td></tr>
<tr><td rowspan="4">药品信息</td><td>序号</td><td colspan="2">药品名称/规格/生产企业/批号</td><td>数量</td></tr>
<tr><td>1</td><td colspan="2"></td><td></td></tr>
<tr><td>2</td><td colspan="2"></td><td></td></tr>
<tr><td>3</td><td colspan="2"></td><td></td></tr>
<tr><td>温度控制要求</td><td colspan="2"></td><td>温度控制设备</td><td></td></tr>
<tr><td>运输方式</td><td colspan="2"></td><td>运输工具</td><td></td></tr>
<tr><td>启运时间</td><td colspan="2"></td><td>启运时温度</td><td></td></tr>
<tr><td>保温时限</td><td colspan="2"></td><td>随货同行单（票）编号</td><td></td></tr>
<tr><td>发货员签字</td><td colspan="2"></td><td>运输人员签字</td><td></td></tr>
<tr><td>备注</td><td colspan="4"></td></tr>
<tr><td>到达时间</td><td colspan="2"></td><td>在途温度</td><td></td></tr>
<tr><td>到达时温度</td><td colspan="2"></td><td>接收人员签字</td><td></td></tr>
<tr><td>备注</td><td colspan="4"></td></tr>
</table>

（10）在运输过程中，要及时查看温度记录显示仪，如出现温度异常情况，应及时报告并处理。

任务实施

【材料准备】

工具：计算器。

材料：若干整箱药品包装箱，笔和纸、《药品经营质量管理规范》（2016版）、随货同行单（票）、客户信息、模拟车厢。

设备：实训场地、医药企业虚拟仿真系统、GSP仿真系统。

【实施步骤】

步骤一：药品清点

根据随货同行单（票）清点药品品种和数量，检查箱体有无破损、渗漏、异响等异常情况，核对药品名称、规格、剂型、批号等信息。

步骤二：选择运输方式，并检查车辆

1. 根据天气、药品运输要求选择合适的运输工具。

2. 检查车辆的密闭性，以及是否能正常运输。

步骤三：装车运输

1. 根据随货同行单（票）逐一将药品装车，根据药品性质码放整齐。

2. 关闭车厢，按照规定路线运输至目的地。

步骤四：货物交接

1. 配送员将货物交给客户，客户收货。

2. 客户在随货同行单（票）上签字，注明到货时间，客户联交给客户。

3. 客户签字的随货同行单（票）交给公司储运部门存档。

【操作要点及注意事项】

1. 清点药品时，若有数量问题则通知储运部门调整，质量问题则通知质量管理部门。

2. 依据随货同行单（票）逐一将药品装车。

3. 药品装车时要考虑配送线路。

4. 注意交接手续完整性。客户在随货同行单（票）上签字，注明到货时间，客户联交给客户，客户签字联交回公司储运部门存档。客户签字联是客户收货的凭证，作用相当于合同，具有法律效力。

5. 根据客户地址信息安排装车的顺序。

任务测评

评价方式包括自我评价、组内评价、组间评价、教师评价，并据此设计了学生自评表（表 10－2－2）、组内评价表（表 10－2－3）、组间互评表（表 10－2－4）、教师考核评价表（表 10－2－5）。其中自我评价、组内评价、组间评价采用线上填写学习通问卷的形式进行，教师评价包含过程评价、结果评价，采用纸质评价表。各评价方式占本任务百分比分解如图 1－1－1 所示。

表 10－2－2　　学生自评表

学习任务名称：＿＿＿＿＿＿　姓名：＿＿＿＿＿＿　学号：＿＿＿＿＿＿

序号	学习过程	评价内容	评价标准			得分
			符合(分)	部分符合(分)	不符合(分)	
1	课前探究	能够主动完成学习通作业	8～10	5～7	0～4	
2	明确任务	能够绘制正确的工作流程图	8～10	5～7	0～4	
3	制定方案	能够参与小组讨论，提出合理建议，积极参与小组汇报工作	8～10	5～7	0～4	

续表

序号	学习过程	评价内容	评价标准			得分
			符合(分)	部分符合(分)	不符合(分)	
4	任务实施	能够完成货物清点	8 ~ 10	5 ~ 7	0 ~ 4	
5		能够选择合适运输工具，检查运输车辆	8 ~ 10	5 ~ 7	0 ~ 4	
6		能够完成装车运输	8 ~ 10	5 ~ 7	0 ~ 4	
7		能够完成货物交接	16 ~ 20	10 ~ 15	0 ~ 9	
8	竞赛提升	能够积极参加课中竞赛并获奖	8 ~ 10	5 ~ 7	0 ~ 4	
9	总结点评	能够客观公正做好自我评价	8 ~ 10	5 ~ 7	0 ~ 4	
合计						

表 10－2－3　　　　组内评价表

学习任务名称：＿＿＿＿＿＿＿　组别：＿＿＿＿＿＿＿　被评价者姓名：＿＿＿＿＿

序号	学习过程	评价内容	评价标准			得分
			符合(分)	部分符合(分)	不符合(分)	
1	课堂参与合作学习的态度	能够尊重同伴、独立思考，承担并完成岗位职责	8 ~ 10	5 ~ 7	0 ~ 4	
2	获得和提供信息技能	能够查阅规范、工作页解决疑问	8 ~ 10	5 ~ 7	0 ~ 4	
3		在展示汇报时能够积极参与，踊跃表达	8 ~ 10	5 ~ 7	0 ~ 4	
4	帮助和支持技能	在小组讨论时能够积极思考，诚恳提问	8 ~ 10	5 ~ 7	0 ~ 4	
5		在讨论过程中能够尊重他人，耐心倾听	8 ~ 10	5 ~ 7	0 ~ 4	
6	组织引导技能	能够帮助、督促其他成员参与小组活动，相互勉励，阻止讨论偏离主题	8 ~ 10	5 ~ 7	0 ~ 4	
7	质量控制技能	能够合作完成药品清点	8 ~ 10	5 ~ 7	0 ~ 4	
8		能够合作完成药品运输	8 ~ 10	5 ~ 7	0 ~ 4	
9	评议的技能	能够对其他组质量判断结果进行专业评价	8 ~ 10	5 ~ 7	0 ~ 4	
10		在展示作品时，能够姿态端正，思路清晰	8 ~ 10	5 ~ 7	0 ~ 4	
合计						

表 10－2－4　　组间互评表

学习任务名称：________　组别：________　被评价者姓名：________

序号	评价内容	评价标准			得分
		符合(分)	部分符合(分)	不符合(分)	
1	该小组制定方案科学、高效、合理	16～20	10～15	0～9	
2	该小组进行方案汇报时，使用普通话，思路清晰，条理性强	16～20	10～15	0～9	
3	该小组任务完成过程中遵循 GSP 规范	16～20	10～15	0～9	
4	该小组能够合理评价其他小组	16～20	10～15	0～9	
5	该小组完成药品运输操作	16～20	10～15	0～9	
合计					
评价小组组长签名					

表 10－2－5　　教师考核评价表

学习任务名称：________　学生：________　学号：________

序号	考核要求	评价标准			得分
		符合(分)	部分符合(分)	不符合(分)	
1	完成药品运输操作，流程完整	16～20	10～15	0～9	
2	根据随货同行单（票），准确完成药品清点	16～20	10～15	0～9	
3	正确进行药品装车	16～20	10～15	0～9	
4	完成货物交接	16～20	10～15	0～9	
5	完成随货同行单（票）归档	16～20	10～15	0～9	
合计					

想一想

1. 大家来讨论：冷链药品运输过程中对温度要求严格，一旦温度异常，易导致药品质量出现问题，从而影响身体健康。随着国家监管力度加大，冷链药品运输质量得以保证，但仍有部分企业为了利益铤而走险，对此你有何感想？

2. 请梳理本次课程的知识内容，绘制思维导图。

课堂练习

1. 药品运输选用运输工具时不用考虑（　　）。

A. 药品性质　　B. 天气状况

C. 药品包装　　D. 驾驶人员喜恶

2. 关于委托运输说法错误的是（　　）。

A. 应当与承运方签订运输协议　　B. 委托运输应当有记录

C. 不需要索取车辆的相关材料　　D. 审核承运方的承运能力

3. 关于冷链药品运输的说法，以下正确的是（　　）。

A. 冷藏车需提前预冷

B. 蓄冷剂可以接触药品

C. 遇到突发情况随机应变，无须应急预案

D. 保温箱使用时无须考虑路程远近

4. 直调药品出库时应开具（　　）份随货同行单。

A. 1　　B. 2　　C. 3　　D. 4

5. 下列哪种情况不能采用药品直调（　　）。

A. 灾情　　B. 疫情

C. 临床紧急救治　　D. 一般情况

任务三　药品的配送管理

学习目标

1. 能叙述连锁药店的门店配送流程。
2. 能完成连锁企业配送中心的工作任务。
3. 能叙述国家基本药物的配送流程。

任务引入

某药品连锁企业总部根据下季度各个门店的销售计划制订了相应配送计划，现须按照计划向所属门店进行药品配送。你作为配送中心工作人员，请根据计划完成下季度各门店药品的配送，以保障门店的正常运营。

【任务分析】

完成本次任务需要做到：

1. 根据配送计划完成货物清点。
2. 完成运输车辆检查。
3. 完成装车运输。
4. 完成货物交接。

相关知识

药品配送是指在经济合理区域范围内，根据客户需要，对药品进行拣选、加工、包装、分割、组配等作业，并按时送达指定地点的物流活动。

一、药品配送的基本形式

1. 定时配送

定时配送是一种按照固定的时间间隔进行的配送服务。一般药品采用“日配”或者“小时配”的方式，原则是从接受订单到送达不超过 24 个小时。

2. 准时配送

准时配送是指按照客户规定的时间，双方协议配送的服务。通常准时配送不随意改动配送时间，配送的品种也不轻易改变。

3. 定时、定路线配送

定时、定路线配送是指配送的车辆每天按照固定的行车路线、固定的时间进行的配送服务。这种药品配送方式的服务对象一般是在繁华、交通拥挤路段的商业区药店或医院。

4. 共同配送

共同配送是指在一定合理区域范围内，为使物流合理化，由若干个有定期需求的货主，共同要求某一个运输企业利用同一个运输系统来完成配送的服务。

二、连锁药店门店配货管理

连锁药店是现今中国药品零售业的一个最重要的组成形式。连锁企业是由企业总部、配送中心（仓库）和若干家药品零售门店构成，三者是一个完整的有机整体。连锁企业应当按照 GSP 的要求，在企业总部统一领导下，建立覆盖包括总部各管理部门、企业物流配送机构以及全部连锁门店的质量管理体系，实施统一企业标识、统一管理制度、统一计算机系统、统一人员培训、统一采购配送、统一票据管理、统一药学服务规范，对连锁门店的经营活动履行管理责任，实现规模化、集团化经营管理。

配送中心是医药零售连锁企业的后勤支持和保障部门，是存储企业经营全部商品的地方。对于连锁企业经营的饮片、冷藏药品、特殊商品等，配送中心也应按照 GSP 要求配备特殊存储、养护和运输设施设备。另外，药品是特殊商品，还应配备执业药师来担任管理人员，定期组织人工检查，以弥补机器作业的不足，确保药品质量。连锁门店接收企业总部直接配送的药品时，在保证药品质量的前提下，可简化收货、验收程序。

1. 出库与配送管理

（1）出库

配送中心服务的客户是连锁企业的各个门店。每个门店经营状况的不同，导致配送需求也不同，而配送中心就需要通过分拣作业，同时满足各个门店的不同需求。在货物装车、配送之前，对分拣后的货物进行必要的出库复核作业，可以有效提高出库商品的准确性，准确满足门店需求，同时降低出库差异，有效控制商品损耗。

（2）配送

出库复核完毕的货物，应按照科学合理的配送路径将商品输送到门店。送货运输是控制配送中心费用的一个重要环节，寻求有效缩短配送半径的办法，制定合理的配送线路，车辆安装 GPS 卫星定位监控系统，这些不仅能够提高配送效率，也可以大大降低运输费用。

2. 配送方式

（1）由连锁店按照销售申请配货的配送方式

这种配送方式通常称之为拉动式，它比较适用于松散型连锁经营集团，或者用于紧密型连锁经营集团的外围加盟店，也可以作为连锁药店临时药品需求的补充手段。对于一些特殊的药品，例如需要特殊储存或管理的药品、贵重而销售量又少的药品、搬运麻烦的笨重医疗器械等，可以集中储存，根据销售需求的申请再配送调运。

申请配货的配送方式的优点是容易实现，配送中心的管理工作简单。缺点是连锁药店基层领导的工作任务较重，不能全心致力于销售和服务，不利于连锁经营系统的集中核算、考核和管理；当强调经营效益的考核的时候，基层店有可能忽视库存核算，导致基层连锁店库存增大，产生药品积压的倾向。

（2）由配送中心按照计划配货的配送方式

这种配送方式通常称之为推动式，也是许多连锁药店使用的配送方式之一。它适用于紧密型连锁经营集团，或者连锁经营集团的核心层连锁药店。它可以克服申请配货的配送方式的缺点，便于连锁经营系统的集中核算、考核和管理，但是配送中心必须周密地编制配送计划，这使得配送中心的管理工作复杂、难度增大。

连锁药店制订配送计划的方法有下面几种：

1）定期、定量计划配送的方法。在一段时间内，一个连锁店某种药品的销售量有一定的稳定性，其与连锁店的营业面积、营业地点、客流情况等因素存在一定联系。所以，配送中心可以根据各个连锁店一个周期内各种药品的销售量（例如一周、十天），制订定期、定量的药品配送计划，按照这个配送计划对各个连锁店实施药品的配送。

2）根据库存变化的配送方法。定期、定量计划配送的方法是不考虑药品库存的实际情况进行硬性的药品配送，不够灵活，缺乏弹性。为了合理控制药品库存，在既避免积压的同时又保证一定数量的库存，需要考虑配送药品的时机和配送的数量。因此，可以设定各种库存药品数量的下限，作为需要进行配送起点时刻，即当药品低于库存下限的时候进行配送（库存下限也是防止缺货脱销的安全库存数量）；再设定各个药品数量的上限，其与库存下限的差量作为配送的数量。根据库存限额的配送方法需要及时掌握各个零售店药品库存的情况，以便进行适时、适量的药品配送。使用这种方法时，如何制定合理的上下限额是一个需要认真研究的问题，库存限额制定得好，能够收到良好的效果。

3）参照前一时段的药品销售量进行配送的方法。根据库存变化的配送方法考虑了库存的数量，但是没有考虑销售的情况，而最大地满足销售需求是连锁经营最为关心的问题。同时，制定合理的库存限额也存在一定的难度。为此，有的连锁药店使用参照前一时段的药品销售量进行配送的方法。这种方法的思路是，依据各个连锁店的前一个销售周期的各种药品的销售量，再配合一定的比例（例如，前一个销售周期的药品销售量乘以 110%），作为下一个周期的药品配送数量。如果各个时段的药品销售量是平稳的，则药品库存量也是平稳的，也能较好地满足药品销售的需求。

三、国家基本药物的配送管理

基本药物配送是指为国家基本药物制度定点施行单位提供基本药物配送服务的，国家指定的、有基本药物配送资格的医药公司。现在国家对基本药物配送还没有一个统一的规定，各省有好多种模式都在做试点。

新医改和国家基本药物制度，要求集中配送中标药品。这对医药流通企业来说既是一次挑战也是一次机遇。深化基本药物集中配送，对医药商业发展起到了积极和有效的促进作用。

1. 指导企业做大做强

按照新医改和基本药物制度要求，逐步实现集中采购和集中配送。为扩大配送能力、提高服务效率、加强市场布局，医药企业在加强自身配送实力的同时，为实现网络下沉和延伸，必将通过资金投入、网络建设等渠道开办子公司、分公司，实现扩大网络、强大销售、做大规模、壮大实力的目的。

2. 促进企业网络发展

基本药物集中配送要求各医疗机构对本县区卫生主管部门选定的配送企业无条件开户，医药商业市场网络必将因此得到发展空间，特别是获得配送权的医药商业，对先前难以进入的医疗机构，其进入成本将大大降低，效率会大大提高。

3. 优化企业品种结构

目前取得配送权的医药企业大多是以批发和零售普药品种为主，强调的是大量、快速销售。在医疗机构网络规模扩大后，基本药物和增补药物的品类和数量也因此大幅增加，医药企业必然寻求与更多品种生产厂家和供应商的业务联系，重点加强临床用药的采购，从而对品种经营范围和结构提出了新的要求，促进了对医药商业的品种结构优化。

4. 提高企业经营和管理水平

新医改和基本药物制度强调集中配送，对配送企业的效率、能力、经营和管理提出了更高要求。在基本药物的集中配送中，医药企业必然要针对医疗机构药物配送进行流程优化、组织调整、市场整合、财务梳理、员工教育，通过规范管理体制、优化业务流程，严格 GSP 操作，提升员工素质，医药企业的管理能力将得到显著提高。

5. 引领现代物流建设

物流是国家十大产业振兴规划之一，现代物流是今后医药企业一个重要的发展方向，各个省市在配送企业选择中都对现代物流条件赋予了重要的打分权重。医改政策和基本药物配送需要医药经营企业具备更为现代的物流条件，同时 GSP 标准也加强了对现代医药物流硬件要求的规定。

国家药品政策改革目标是建立以国家基本药物制度为基础的药品供应保障体系，保障人民群众基本用药和安全用药。国家基本药物制度作为一项惠民利国的医改新政，在促进社会公共医疗事业进步的同时，也无疑对医疗、医药行业产生重要而深远的影响。

【知识链接】

基本药物：由世界卫生组织于1977年提出，指的是能够满足基本医疗卫生需求，剂型适宜、保证供应、基层能够配备、国民能够公平获得的药品，主要特征是安全、必需、有效、价廉。

任务实施

【材料准备】

工具：计算器。

材料：若干整箱药品包装箱；笔和纸、《药品经营质量管理规范》（2016版）、随货同行单（票）、配送计划、门店信息、模拟车厢。

设备：实训场、医药企业虚拟仿真系统、GSP仿真系统。

【实施步骤】

步骤一：药品清点

根据配送计划和随货同行单（票）清点药品的品种和数量，核对箱体有无破损、渗漏、异响等异常情况，核对药品名称、规格、剂型、批号等信息。

步骤二：选择运输方式，并检查车辆

1. 根据天气、药品运输要求选择合适的运输工具。
2. 检查车辆的密闭性，是否能正常运输。

步骤三：装车运输

1. 根据随货同行单（票）逐一将药品装车，根据药品性质码放整齐。
2. 关闭车厢，按照规定路线运输至目的地。

步骤四：货物交接

1. 配送员将货物交给门店，各门店收货。
2. 各门店在随货同行单（票）上签字，注明到货时间，并将客户联交给门店。
3. 将客户签字的随货同行单（票）交给总部储运部门存档。

【操作要点及注意事项】

1. 清点药品时，若有数量问题则通知储运部门调整，质量问题则通知质量管理部门。
2. 依据销售出库票据逐一将药品装车。
3. 药品装车时要考虑配送线路。
4. 注意交接手续完整性。客户在随货同行单（票）上签字，注明到货时间，将客户联交给客户，并将客户签字联交回公司储运部门存档，客户签字联是客户收货的凭证，作用相当于合同，具有法律效力。

5. 根据客户地址信息安排装车的顺序。

任务测评

评价方式包括自我评价、组内评价、组间评价、教师评价，并据此设计了学生自评表（表10－3－1）、组内评价表（表10－3－2）、组间互评表（表10－3－3）、教师考核评价表（表10－3－4）。其中自我评价、组内评价、组间评价采用线上填写学习通问卷的形式进行，教师评价包含过程评价、结果评价，采用纸质评价表。各评价方式占本任务百分比分解如图1－1－1所示。

表10－3－1　　学生自评表

学习任务名称：＿＿＿＿＿＿＿＿　姓名：＿＿＿＿＿＿＿＿　学号：＿＿＿＿＿＿＿＿

序号	学习过程	评价内容	评价标准			得分
			符合（分）	部分符合（分）	不符合（分）	
1	课前探究	能够主动完成学习通作业	8～10	5～7	0～4	
2	明确任务	能够绘制正确的工作流程图	8～10	5～7	0～4	
3	制定方案	能够参与小组讨论，提出合理建议，积极参与小组汇报工作	8～10	5～7	0～4	
4	任务实施	能够完成货物清点	8～10	5～7	0～4	
5		能够选择合适运输工具，检查运输车辆	8～10	5～7	0～4	
6		能够完成装车运输	8～10	5～7	0～4	
7		能够完成货物交接	8～10	5～7	0～4	
8	竞赛提升	能够积极参加课中竞赛并获奖	8～10	5～7	0～4	
9	总结点评	能够客观公正做好自我评价	8～10	5～7	0～4	
合计						

表10－3－2　　组内评价表

学习任务名称：＿＿＿＿＿＿＿＿　组别：＿＿＿＿＿＿＿＿　被评价者姓名：＿＿＿＿＿＿＿＿

序号	学习过程	评价内容	评价标准			得分
			符合（分）	部分符合（分）	不符合（分）	
1	课堂参与合作学习的态度	能够尊重同伴、独立思考，承担并完成岗位职责	8～10	5～7	0～4	
2	获得和提供信息技能	能够查阅规范、工作页解决疑问	8～10	5～7	0～4	
3		在展示汇报时能够积极参与，踊跃表达	8～10	5～7	0～4	
4	帮助和支持技能	在小组讨论时能积极思考，诚恳提问	8～10	5～7	0～4	
5		在讨论过程中能尊重他人，耐心倾听	8～10	5～7	0～4	

续表

序号	学习过程	评价内容	评价标准			得分
			符合(分)	部分符合(分)	不符合(分)	
6	组织引导技能	能够帮助、督促其他成员参与小组活动，相互勉励，阻止讨论偏离主题	8~10	5~7	0~4	
7	质量控制技能	能够合作完成药品清点	8~10	5~7	0~4	
8		能够合作完成药品配送	8~10	5~7	0~4	
9	评议的技能	能够对其他组质量判断结果进行专业评价	8~10	5~7	0~4	
10		在展示作品时，能姿态端正，思路清晰	8~10	5~7	0~4	
合计						

表 10-3-3　　组间互评表

学习任务名称：____________　组别：____________　被评价者姓名：____________

序号	评价内容	评价标准			得分
		符合(分)	部分符合(分)	不符合(分)	
1	该小组制定方案科学、高效、合理	16~20	10~15	0~9	
2	该小组进行方案汇报时，使用普通话，思路清晰，条理性强	16~20	10~15	0~9	
3	该小组任务完成过程中遵循 GSP 规范	16~20	10~15	0~9	
4	该小组能够合理评价其他小组	16~20	10~15	0~9	
5	该小组完成药品配送操作	16~20	10~15	0~9	
合计					
评价小组组长签名					

表 10-3-4　　教师考核评价表

学习任务名称：____________　学生：____________　学号：____________

序号	考核要求	评价标准			得分
		符合(分)	部分符合(分)	不符合(分)	
1	完成药品配送操作，流程完整	16~20	10~15	0~9	
2	根据随货同行单（票），准确完成药品清点	16~20	10~15	0~9	
3	正确进行药品装车	16~20	10~15	0~9	
4	完成货物交接	16~20	10~15	0~9	
5	完成随货同行单（票）归档	16~20	10~15	0~9	
合计					

想一想

1. 大家来讨论：国家药品政策改革目标是建立以国家基本药物制度为基础的药品供应保障体系，保障人民群众基本用药和安全用药，是一项惠民利国的医改政策，对此你有何感想？

2. 请梳理本次课程的知识内容，绘制思维导图。

课堂练习

1. 配送的基本形式不包括（　　）。

A. 定时配送　　　　B. 准时配送

C. 共同配送　　　　D. 定时、不定路线配送

2. 连锁药店制订配送计划的方法不包括（　　）。

A. 定期、定量计划配送

B. 根据库存变化的配送方法

C. 参照前一时段的药品销售量进行配送的方法

D. 根据门店要求配送

课题十一

药品售后管理与质量风险管理

任务一　药品售后管理

学习目标

1. 能说出药品质量查询的概念，正确填写药品质量查询记录表。
2. 能说出药品质量投诉的相关处理规程和制度。
3. 能说出药品召回的相关内容。

任务引入

药房内，一位顾客带来一瓶已经开启并溶化好的氨苄青霉素干糖浆，投诉药品质量并要求退货。他说："这药过去是淡黄色的，这次变成粉红色了，而且是一个厂生产的，怕是假药。"你作为质量管理员，请完成本次质量投诉处理工作。

【任务分析】

完成本次任务需要做到：

1. 完成质量投诉的接待受理。
2. 完成质量投诉的分析调查。
3. 完成质量投诉的处理、反馈、记录。

相关知识

售后管理是药品质量管理体系中的重要环节，没有售后管理的理念、方法、操作规范的企业，是不符合药品质量体系要求的。企业应着重建立规范的售后管理体系，推进质量体系建设，提升工作人员的综合素质，规范企业的经营管理体系，保证售后质量，建立一个完善、完整的操作流程和科学的售后管理体系。药品售后管理包括药品退货管理，企业质量查询与投诉机制的建立，质量投诉的处理，问题药品的追回及召回，药品不良反应的收集、填报等一系列质量活动。

一、药品质量查询

药品质量查询是指对药品经营全过程中发现药品质量问题，向原供货的药品生产企业或药品经营企业提出针对药品质量问题进行的信息检索、问题咨询、质量确认等。质量查询一般采用书面信函、电话查询、电子函件等方式进行。药品经营企业应热情接待客户的质量查询，做好记录并妥善解答。接待客户查询记录表（见表 11－1－1）。企业应对各类质量查询分类管理并做好汇总，并将汇总结果填入药品质量查询记录表。

表 11－1－1　　药品质量查询记录表

编号：		查询时间：　　年　　月　　日	
药品通用名称		商品名	
剂型		规格	
有效期		数量	
生产厂家		批号	
供货单位			
查询方姓名		联系电话	
地址			
查询（投诉）方意见或建议： 记录人：　　年　　月　　日			
质量管理部门处理意见： 经办人：　　年　　月　　日			
处理结果及客户反馈意见： 经办人：　　年　　月　　日			
填表人：			

二、药品质量投诉

药品质量投诉是指顾客对本企业经营药品质量、管理质量、工作质量、服务质量等相关内容的投诉。企业应按照质量管理制度的要求，制定投诉管理操作规程，内容包括：投诉渠道及方式、档案记录、调查与评估、处理措施、反馈和事后跟踪等，并配备专职或兼职人员负责售后投诉管理。

当企业接到客户投诉后，应分析药品质量投诉内容，查明原因，及时给出反馈意见，并提供有效处理措施。一般药品质量投诉管理操作规程如下。

1. 填写客户投诉受理卡

企业收到客户投诉后，应及时、完整地填写客户投诉受理卡。客户投诉受理卡内容应包括药品名称、规格、批号、投诉人姓名、联系方式、投诉内容等。

2. 核实调查

质量管理部门先对投诉情况进行预审，确定投诉是否属实、投诉内容的性质是否严重，然后安排核实、调查。属于药品本身的质量问题，要根据实际情况，按照有关规定承担相应的质量责任，造成经济损失的还应负责赔偿实际经济损失，必要时应当通知供货单位、药品生产企业和药监部门。属于用户储运或保存养护不当而造成的质量问题，要热情给予技术上的指导和帮助，帮助解决问题。

3. 协商处理

根据调查情况，由质量管理部门提出处理意见，报主管领导审批后执行。一般质量问题由质量管理部负责与客户进行解释、沟通与协商，若涉及退换货、退款，需要经主管领导批准。如有重大质量问题，为防止事态扩大，应当通知药品供货单位及生产企业。当遇到对方提出不合理要求且难以通过协商解决时，则可聘请法定的质量检验机构和药品监督管理部门进行仲裁。

4. 答复反馈

所有调查结果、原因分析、纠正措施及其实施结果、处理意见，均记录在药品质量投诉处理单上，并将上述内容答复给客户，客户对答复内容进行确认，客户有不同意见或要求时，业务部与质量管理部应共同重新审核相关内容和措施，直至客户满意。质量管理部门应对所有的投诉及其纠正措施进行记录整理归档，以便查询和跟踪。

三、用户访问

《药品管理法》规定，药品经营企业应定期或不定期地进行客户访问，广泛征求用户对药品质量与服务质量的意见和建议，做好用户意见的反馈和处理，并做好记录，定期汇总分类，向有关部门报告。用户访问可采取书面征询、会议座谈、上门调查等方式。每次访问应事先做好充分的准备，明确访问目的，拟定调查提纲，组织好访问人员，注重工作效果，并做好访问记录，建立用户访问工作档案。企业对用户反映的意见和提出的问题必须跟踪了解，研究整改措施。进行用户访问一方面可完善和提高企业的经营服务质量水平，另一方面可了解企业质量管理的薄弱环节，为强化管理提供有效的参考依据。药品质量、服务质量征询意见书见表 11 –1 –2。

表 11－1－2　　　　药品质量、服务质量征询意见书

药品质量方面的意见（包括外观和包装质量，请具体列出品名、规格、数量、批号、产地、进货日期、具体情况）：
工作质量方面的意见（包括供应情况、运输问题处理、服务态度）：
建议与要求： 反映日期：　　年　　月　　日　　　　　　反映单位（盖章）：

四、药品召回

1. 药品召回的含义和要求

药品召回是指药品上市许可持有人（以下称持有人）按照规定的程序收回已上市的存在质量问题或者其他安全隐患药品，并采取相应措施，及时控制风险、消除隐患的活动。质量问题或者其他安全隐患是指由于研制、生产、储运、标识等原因导致药品不符合法定要求，或者其他可能使药品具有的危及人体健康和生命安全的不合理危险。已经确认为假药、劣药的，不适用召回程序。

持有人应按照规定建立和完善药品召回制度，收集药品质量和安全的相关信息，对可能存在的质量问题或者其他安全隐患进行调查、评估，及时召回存在质量问题或者其他安全隐患的药品。药品生产企业、药品经营企业、药品使用单位应当积极协助持有人履行召回义务，按照召回计划及时传达、反馈药品召回信息，控制和收回存在质量问题或其他安全隐患的药品。

药品生产企业、药品经营企业、药品使用单位发现其生产、销售或者使用的药品可能存在质量问题或者其他安全隐患的，应当及时通知持有人，必要时应当暂停生产、放行、销售、使用，并向所在省、自治区、直辖市人民政府药品监督管理部门报告，通知和报告的信息应当真实。持有人、药品生产企业、药品经营企业、药品使用单位应当建立并实施药品追溯制度，保存完整的购销记录，保证销售药品的可溯源性。

省、自治区、直辖市人民政府药品监督管理部门负责本行政区域药品召回的监督管理工作。市县级地方人民政府药品监督管理部门负责配合、协助做好药品召回的有关工作，负责行政区域内药品经营企业、药品使用单位协助召回情况的监督管理工作。国家药品监督管理局负责指导全国药品召回的管理工作。

2. 药品召回的分类

（1）根据药品质量问题或者其他安全隐患的严重程度，药品召回分三级。

一级召回：使用该药品可能或者已经引起严重健康危害的；

二级召回：使用该药品可能或者已经引起暂时或者可逆的健康危害的；

三级召回：使用该药品一般不会引起健康危害，但由于其他原因需要召回的。

持有人应当根据调查和评估结果和药品召回等级，形成调查评估报告，科学设计药品召回计划并组织实施。一级召回时限为1日，二级召回时限为3日，三级召回时限为7日，向有关药品生产企业、药品经营企业、药品使用单位等发出召回通知，同时向所在地省、自治区、直辖市人民政府药品监督管理部门备案调查评估报告、召回计划和召回通知。持有人在实施召回的过程中，一级召回每日，二级召回每3日，三级召回每7日，向所在地省、自治区、直辖市人民政府药品监督管理部门报告药品召回进展情况。召回过程中，持有人应当及时评估召回效果，发现召回不彻底的，应当变更召回计划，扩大召回范围或重新召回。变更召回计划的，应当及时备案。持有人应当明确召回药品的标识及存放要求，召回药品的外包装标识、隔离存放措施等，应当与正常药品明显区别，防止差错、混淆。对需要特殊储存条件的，在其储存和转运过程中，应当保证储存条件符合规定。必须销毁的药品，应当在持有人、药品生产企业或者储存召回药品所在地县级以上人民政府药品监督管理部门或者公证机构监督下销毁。对通过更换标签、修改并完善说明书、重新外包装等方式能够消除隐患的，或者对不符合药品标准但尚不影响安全性、有效性的中药饮片，且能够通过返工等方式解决该问题的，可以适当处理后再上市。持有人对召回药品的处理应当有详细的记录，记录应保存5年且不得少于药品有效期后1年。企业在召回完成后，应当对召回效果进行评价，向所在地省、自治区、直辖市人民政府药品监督管理部门提交药品召回总结报告。

（2）根据召回活动发起主体不同，药品召回分为主动召回和责令召回两类。

主动召回是指持有人通过信息的收集分析、调查评估，根据事件的严重程度，在没有官方强制的前提下主动对存在质量问题、安全隐患的药品作出召回。进口药品的境外制药厂商在境外实施药品召回的，应当及时报告国家药品监督管理局；在境内进行召回的，由进口单位按照《药品召回管理办法》的规定负责具体实施。

责令召回是指药品监督管理部门经过调查评估，认为持有人应当召回药品而未主动召回的，或经对持有人主动召回结果审查，认为持有人召回药品不彻底，应当责令持有人召回药品。必要时，药品监督管理部门可以要求持有人、药品生产企业、药品经营企业和药品使用单位立即停止销售和使用该药品。药品监督管理部门作出责令召回决定，应当将责令召回通知书送达持有人。责令召回通知书包括以下内容：召回药品的具体情况，包括名称、规格、批次等基本信息；实施召回的原因；审查评价和（或）调查评估结果；召回等级；召回要求，包括范围和时限等。持有人在收到责令召回通知书后，应当按照规定通知药品生产企业、药品经营企业和药品使用单位，制订、备案召回计划，并组织实施。同时，持有人应当按照规定向所在地省、自治区、直辖市人民政府药品监督管理部门报告药品召回的进展情况，进行召回药品的后续处理。在完成召回和处理后10个工作日内向所在地省、自治区、直辖市人民政府药品监督管理部门和卫生健康主管部门提交药品召回的总结报告。

任务实施

【材料准备】

工具：计算机。

材料：药品、客户投诉受理卡、笔和纸、《药品经营质量管理规范》（2016 版）。

设备：实训场地、药店管理系统、医药企业虚拟仿真系统。

【实施步骤】

步骤一：客户投诉的接收

收到客户投诉后，及时、完整地填写客户质量投诉表，具体见表 11 –1 –3。

表 11 –1 –3　　　　客户质量投诉表

编号：　　　　　　　　　　　　　　被投诉单位：

<table>
<tr><td>投诉者姓名</td><td colspan="2"></td><td>性别</td><td></td><td>年龄</td><td></td><td>联系电话</td><td></td></tr>
<tr><td colspan="3">工作单位或家庭住址</td><td colspan="6"></td></tr>
<tr><td colspan="9">投诉内容：</td></tr>
<tr><td colspan="9">受理人：　　　　　　　　　　受理日期：　年　月　日</td></tr>
<tr><td rowspan="2">处理情况</td><td colspan="8">处理意见及措施：
处理人签字：　年　月　日</td></tr>
<tr><td colspan="4">质量管理部意见：
负责人签字：　年　月　日</td><td colspan="4">主管领导：
负责人签字：　年　月　日</td></tr>
<tr><td>处理结果</td><td colspan="8"></td></tr>
<tr><td>备注</td><td colspan="8"></td></tr>
</table>

步骤二：对质量投诉情况进行核实、调查

1. 对投诉情况进行预审，确定投诉是否属实，投诉内容性质是否严重。

2. 检查投诉药品的有关记录凭证。

3. 详细了解产品质量问题的有关细节，必要时对药品进行内在质量检查。

步骤三：客户投诉处理

根据调查情况，由质量管理部门提出处理意见，报主管领导审批后执行，并填写投诉处理记录。

任务测评

评价方式包括自我评价、组内评价、组间评价、教师评价，并据此设计了学生自评表（表11－1－4）、组内评价表（表11－1－5）、组间互评表（表11－1－6）、教师考核评价表（表11－1－7）。其中自我评价、组内评价、组间评价采用线上填写学习通问卷的形式进行，教师评价包含过程评价、结果评价，采用纸质评价表。各评价方式占本任务百分比分解如图1－1－1所示。

表11－1－4　　**学生自评表**

学习任务名称：________　姓名：________　学号：________

序号	学习过程	评价内容	评价标准			得分
			符合(分)	部分符合(分)	不符合(分)	
1	课前探究	能够主动完成学习通作业	8～10	5～7	0～4	
2	明确任务	能够正确填写药品质量查询记录表	8～10	5～7	0～4	
3	制定方案	能够参与小组讨论，提出合理建议，积极参与小组汇报工作	8～10	5～7	0～4	
4	任务实施	能够完成质量投诉接待受理	8～10	5～7	0～4	
5		能够对质量投诉的问题进行分析、调查	16～20	10～15	0～9	
6		能够提出明确反馈意见及有效措施	8～10	5～7	0～4	
7		能够填写投诉受理记录	8～10	5～7	0～4	
8	竞赛提升	能够积极参加课中竞赛并获奖	8～10	5～7	0～4	
9	总结点评	能够客观公正做好自我评价	8～10	5～7	0～4	
合计						

表11－1－5　　**组内评价表**

学习任务名称：________　组别：________　被评价者姓名：________

序号	学习过程	评价内容	评价标准			得分
			符合(分)	部分符合(分)	不符合(分)	
1	课堂参与合作学习的态度	能够尊重同伴、独立思考，承担并完成岗位职责	8～10	5～7	0～4	

续表

序号	学习过程	评价内容	评价标准			得分
			符合(分)	部分符合(分)	不符合(分)	
2	获得和提供信息技能	能够查阅规范、工作页解决疑问	8~10	5~7	0~4	
3		在展示汇报时能够积极参与，踊跃表达	8~10	5~7	0~4	
4	帮助和支持技能	在小组讨论时能积极思考，诚恳提问	8~10	5~7	0~4	
5		在讨论过程中能尊重他人，耐心倾听	8~10	5~7	0~4	
6	组织引导技能	能够帮助、督促其他成员参与小组活动，相互勉励，阻止讨论偏离主题	8~10	5~7	0~4	
7	投诉处理技能	能够合作完成药品质量投诉项目	16~20	10~15	0~9	
8	评议的技能	能够对其他组质量投诉处理结果进行专业评价	8~10	5~7	0~4	
9		在展示作品时，能姿态端正，思路清晰	8~10	5~7	0~4	
合计						

表 11-1-6　　组间互评表

学习任务名称：____________　组别：____________　被评价者姓名：____________

序号	评价内容	评价标准			得分
		符合(分)	部分符合(分)	不符合(分)	
1	该小组制定方案科学、高效、合理	16~20	10~15	0~9	
2	该小组进行方案汇报时，使用普通话，思路清晰，条理性强	16~20	10~15	0~9	
3	该小组任务完成过程中遵循 GSP 规范	16~20	10~15	0~9	
4	该小组能够合理评价其他小组	16~20	10~15	0~9	
5	该小组完成药品质量投诉项目	16~20	10~15	0~9	
合计					
评价小组组长签名					

表 11-1-7　　教师考核评价表

学习任务名称：____________　学生：____________　学号：____________

序号	考核要求	评价标准			得分
		符合(分)	部分符合(分)	不符合(分)	
1	进行药品质量投诉处理，程序完整	16~20	10~15	0~9	
2	对质量投诉的问题分析无误	16~20	10~15	0~9	

续表

序号	考核要求	评价标准			得分
		符合(分)	部分符合(分)	不符合(分)	
3	投诉协商处理符合要求	16~20	10~15	0~9	
4	记录规范	16~20	10~15	0~9	
5	客户投诉答复反馈准确	16~20	10~15	0~9	
合计					

课堂练习

1. 药品一级召回，应在（　　）小时内，通知到有关药品经营企业、药品使用单位停止销售和使用。

A. 12　　　　B. 24

C. 48　　　　D. 72

2. 下列说法正确的是（　　）。

A. 某药品有一般质量问题可以继续销售

B. 如确认本企业的药品质量没有问题，可不进行客户回访

C. 企业应积极接待并处理质量投诉

D. 二级召回是针对使用该药品可能引起永久不可逆的健康危害的

任务二　药品不良反应和监测

学习目标

1. 能说出关于药品不良反应监测报告制度的相关管理。
2. 能填写药品不良反应报告表和药品群体不良事件基本信息表。
3. 能说出药品不良反应报告程序。

任务引入

一位顾客选用了某药厂生产的藿香正气水，服用3小时后全身皮肤过敏；另一位老年顾客服用了某企业生产的治疗骨质增生、坐骨神经痛的中成药，出现惊厥、抽搐等马钱子中毒症状，经医院抢救病情得到缓解。你作为质量管理员，请完成以上药品不良反应事件处理工作。

【任务分析】

完成本次任务需要做到：

1. 分析、调查药品不良反应发生原因。
2. 处理、上报药品不良反应事件。

相关知识

药品不良反应（ADR）是指合格药品在正常用法用量下出现的与用药目的无关的有害反应。药品经营企业质量管理部门应当配备专职或者兼职人员，按照国家有关规定承担药品不良反应监测和报告工作。

一、药品不良反应监测报告制度

药品生产、经营企业和医疗机构应当建立药品不良反应报告和监测管理制度。药品生产企业应该设立专门机构并配备专职人员，药品经营企业和医疗机构应当设立或者指定机构并配备专（兼）职人员，承担本单位的药品不良反应报告和监测工作。专（兼）职人员能在规定时间内有效完成药品不良反应或者药品不良事件的记录、收集、分析、调查、评价、处理、上报。药品生产、经营企业和医疗机构获知或者发现可能与用药有关的不良反应，应当通过国家药品不良反应监测信息网络报告；不具备在线报告条件的，应当通过纸质报表报所在地药品不良反应监测机构，由所在地药品不良反应监测机构代为在线报告。报告内容应当真实、完整、准确。

药品生产、经营企业和医疗机构应当建立并保存药品不良反应报告和监测档案。

药品生产、经营企业和医疗机构应当主动收集药品不良反应，获知或者发现药品不良反应后应当详细记录、分析和处理，填写药品不良反应/事件报告表（见表 11 －2 －1）并报告。

药品生产、经营企业和医疗机构发现或者获知新的、严重的药品不良反应应当在 15 日内报告，其中死亡病例须立即报告；其他药品不良反应应当在 30 日内报告。有随访信息的，应当及时报告。

药品生产、经营企业和医疗机构获知或者发现药品群体不良事件后，应当立即通过电话或者传真等方式报所在地的县级药品监督管理部门、卫生行政部门和药品不良反应监测机构，必要时可以越级报告；同时填写药品群体不良事件基本信息表（见表 11 －2 －2），对每个病例还应当及时填写药品不良反应/事件报告表，通过国家药品不良反应监测信息网络报告。

药品经营企业发现药品群体不良事件应当立即告知药品生产企业，同时迅速开展自查，必要时应当暂停药品的销售，并协助药品生产企业采取相关控制措施。

表 11－2－1　　药品不良反应/事件报告表

患者姓名：	性别：男/女	出生日期：年　月　日或年龄：	民族：	体重（kg）：	联系方式：
原患疾病：	医院名称： 病历号/门诊号：		既往药品不良反应/事件：有/无/不详 家族药品不良反应/事件：有/无/不详		
相关重要信息：吸烟史/饮酒史/妊娠期/肝病史/肾病史/过敏史/其他					

药品	批准文号	商品名称	通用名称（含剂型）	上市许可持有人	生产厂家	生产批号	用法用量（次剂量、途径、日次数）	用药起止时间	用药原因
怀疑药品									
并用药品									

不良反应/事件名称：	不良反应/事件发生时间：　　年　　月　　日

不良反应/事件过程描述（包括症状、体征、临床检验等）及处理情况（可附页）：

不良反应/事件的结果：痊愈/好转/ 未好转/不详/有后遗症/死亡　　表现：

直接死因：　　死亡时间：　　年　　月　　日

停药或减量后，不良反应/事件是否消失或减轻？　是/ 否/ 不明/ 未停药或未减量

再次使用可疑药品后是否再次出现同样不良反应/事件？是/ 否/ 不明/ 未再使用

对原患疾病的影响：不明显/ 病程延长/ 病情加重/ 导致后遗症/ 导致死亡

关联性评价	报告人评价：肯定/ 很可能/ 可能/ 可能无关/待评价/ 无法评价　签名： 报告单位评价：肯定/ 很可能/ 可能/ 可能无关/待评价/无法评价　签名：		
报告人信息	联系电话：	职业：医生/药师/ 护士/其他	
	电子邮箱：	签名：	
报告单位信息	单位名称：	联系人：	电话：	报告日期：年　月　日
生产企业请填写信息来源	医疗机构　经营企业　个人　文献报道　上市后研究　其他		
备注			

表 11－2－2　　　　　　　　药品群体不良事件基本信息表

<table>
<tr><td colspan="3">发生地区：</td><td colspan="2">使用单位：</td><td colspan="2">用药人数：</td></tr>
<tr><td colspan="3">发生不良事件人数：</td><td colspan="2">严重不良事件人数：</td><td colspan="2">死亡人数：</td></tr>
<tr><td colspan="4">首例用药日期：　　年　　月　　日</td><td colspan="3">首例发生日期：　　年　　月　　日</td></tr>
<tr><td rowspan="4">怀疑药品</td><td>商品名</td><td>通用品</td><td>生产企业</td><td>药品规格</td><td>生产批号</td><td>批准文号</td></tr>
<tr><td></td><td></td><td></td><td></td><td></td><td></td></tr>
<tr><td></td><td></td><td></td><td></td><td></td><td></td></tr>
<tr><td></td><td></td><td></td><td></td><td></td><td></td></tr>
<tr><td rowspan="4">器械</td><td colspan="2">产品名称</td><td>生产企业</td><td colspan="2">生产批号</td><td>注册号</td></tr>
<tr><td colspan="2"></td><td></td><td colspan="2"></td><td></td></tr>
<tr><td colspan="2"></td><td></td><td colspan="2"></td><td></td></tr>
<tr><td colspan="6">本栏所指器械是与怀疑药品同时使用且可能与群体不良事件相关的注射器、输液器等医疗器械</td></tr>
<tr><td colspan="7">不良事件表现：</td></tr>
<tr><td colspan="7">群体不良事件过程描述及处理情况（可附页）：</td></tr>
<tr><td colspan="2">报告单位意见</td><td colspan="5"></td></tr>
<tr><td colspan="2">报告人信息</td><td colspan="5">电话：　　　　　　电子邮箱：　　　　　　签名：</td></tr>
<tr><td colspan="2">报告单位信息</td><td colspan="5">报告单位：　　　　　　联系人：　　　　　　电话：</td></tr>
</table>

报告日期：　　年　　月　　日

二、药品不良反应报告的范围

我国药品不良反应报告范围包括：新药监测期内的国产药品应当报告该药品的所有不良反应，其他国产药品报告新的和严重的不良反应；进口药品自首次获准进口之日起 5 年内报告该进口药品的所有不良反应，满 5 年的报告新的和严重的不良反应。中药不良反应监测除对上市药品不良反应监测外，还应对因用中药材引起的人体伤害进行监测，同时要密切注意引起不良反应的药材品种、产地等。

【知识链接】

新的药品不良反应是指药品说明书中未载明的不良反应。说明书中已有描述，但不良反应发生的性质、程度、后果或者频率与说明书描述不一致或者更严重的，按照新的药品不良反应处理。

严重药品不良反应是指因使用药品引起以下损害情形之一的反应：

a. 导致死亡；

b. 危及生命；

c. 致癌、致畸、致出生缺陷；

d. 导致显著的或者永久的人体伤残或者器官功能的损伤；

e. 导致住院或者住院时间延长；

f. 导致其他重要医学事件，如不进行治疗可能出现上述所列情况的。

药品不良反应报告将会录入数据库，专业人员会分析药品和不良反应/事件之间的关系，根据药品风险的普遍性或者严重程度，决定是否需要采取相关措施，如在药品说明书中加入警示信息、更新药品如何安全使用的信息等。在某种情况下，当药品的风险被认为大于效益时，药品就会撤市。

三、药品不良反应报告程序

1. 实行逐级、定期报告制度

报告范围为药品引起的所有可疑不良反应，发现严重或罕见的 ADR 必须及时报告，必要时可以越级报告（图 11－2－1）。

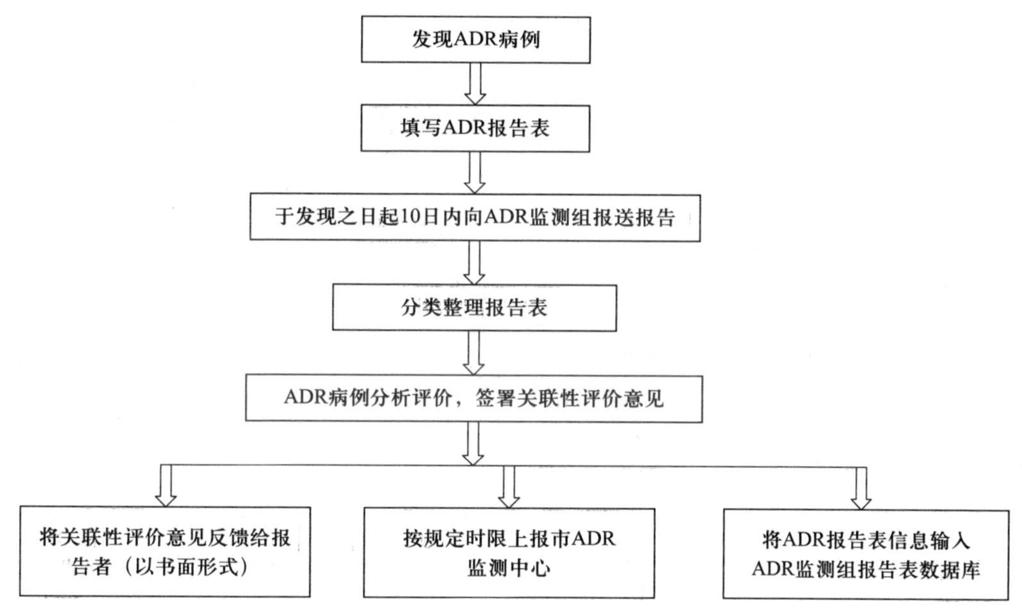

图 11－2－1　一般的不良反应/事件病例报告流程

2. 快速报告

药品生产、经营企业和医疗预防保健机构必须严格监测本单位生产、经营、使用药品的不良反应发生情况。可疑不良反应一经发现，须详细记录、调查，按要求填写表格并报告。药品生产企业、经营企业和医疗预防保健机构发现药品说明书中未载明的可疑严重不良反应病例，必须以快速（最迟不超过 72 小时）有效的方式报告省级药品监督部门、卫生行政部门和药品不良反应监测机构，并同时报告国家 ADR 监测中心（图 11－2－2）。其中死亡病例必须在 12 小时内报告上述机构，并同时报告国家市场监督管理总局和国家卫生健康委（图 11－2－3）。

3. 按季度报告

发现药品说明书中未载的可疑不良反应病例和已载明的所有药品不良反应病例，应按季度向所在省、自治区、直辖市 ADR 监测专业机构集中报告。

4. 防疫药品、普查普治用药品、预防用生物制品的不良反应报告

药品生产企业、经营企业和医疗预防保健机构发现防疫药品、普查普治用药品、预防用生物制品出现的不良反应群体或个体病例，必须立即向所在地药品监督管理部门、卫生行政部门、ADR 监测专业机构报告，同时向国家市场监督管理总局、国家卫生健康委、国家 ADR 监测专业机构报告。

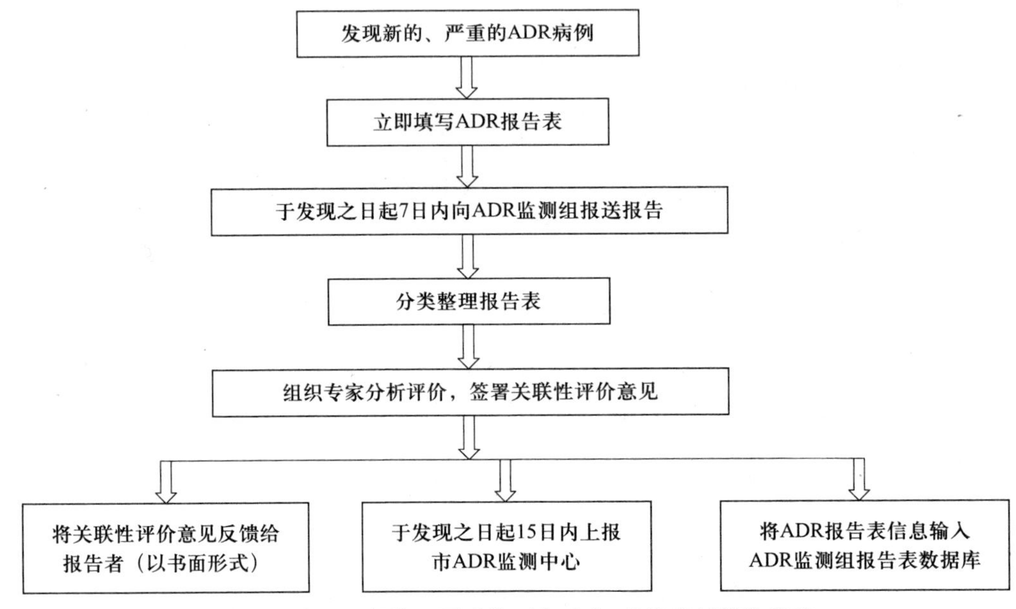

图 11－2－2　新的、严重的不良反应/事件病例报告流程

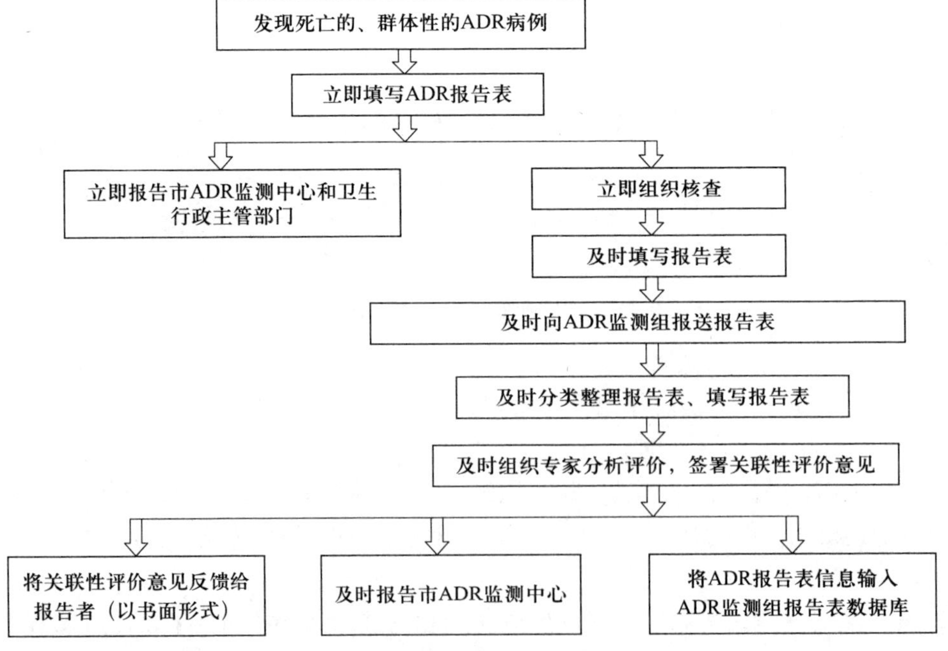

图 11－2－3　死亡的、群体性的不良反应/事件病例报告流程

任务实施

【材料准备】

工具：计算机。

材料：笔和纸、《药品经营质量管理规范》（2016 版）。

设备：实训场地、药店管理系统、医药企业虚拟仿真系统。

【实施步骤】

步骤一：接待客户，分析、调查药品不良反应发生原因

质量管理员做好登记记录。

步骤二：处理、上报药品不良反应事件

对质量投诉的问题进行分析，查明原因，提出明确反馈意见及有效措施。

步骤三：填写药品不良反应事件报告表，并录入系统

根据投诉处理的情况填写药品质量查询记录表、客户质量投诉表。

任务测评

评价方式包括自我评价、组内评价、组间评价、教师评价，并据此设计了学生自评表（表 11 –2 –3）、组内评价表（表 11 –2 –4）、组间互评表（表 11 –2 –5）、教师考核评价表（表 11 –2 –6）。其中自我评价、组内评价、组间评价采用线上填写学习通问卷的形式进行，教师评价包含过程评价、结果评价，采用纸质评价表。各评价方式占本任务百分比分解如图 1 –1 –1 所示。

表 11 –2 –3　学生自评表

学习任务名称：________　姓名：________　学号：________

序号	学习过程	评价内容	评价标准			得分
			符合(分)	部分符合(分)	不符合(分)	
1	课前探究	能够主动完成学习通作业	8 ~ 10	5 ~ 7	0 ~ 4	
2	明确任务	能够正确填写药品不良反应/事件报告表	8 ~ 10	5 ~ 7	0 ~ 4	
3	制定方案	能够参与小组讨论，提出合理建议，积极参与小组汇报工作	8 ~ 10	5 ~ 7	0 ~ 4	
4	任务实施	能够完成客户接待	8 ~ 10	5 ~ 7	0 ~ 4	
5		能够对药品不良反应/事件进行分析	16 ~ 20	10 ~ 15	0 ~ 9	
6		能够评价、处理药品不良反应/事件	8 ~ 10	5 ~ 7	0 ~ 4	
7		能够在线填报药品不良反应/事件报告表	8 ~ 10	5 ~ 7	0 ~ 4	
8	竞赛提升	能够积极参加课中竞赛并获奖	8 ~ 10	5 ~ 7	0 ~ 4	
9	总结点评	能够客观公正做好自我评价	8 ~ 10	5 ~ 7	0 ~ 4	
合计						

表 11－2－4　　组内评价表

学习任务名称：________　组别：________　被评价者姓名：________

序号	学习过程	评价内容	评价标准			得分
			符合(分)	部分符合(分)	不符合(分)	
1	课堂参与合作学习的态度	能够尊重同伴、独立思考，承担并完成岗位职责	8～10	5～7	0～4	
2	获得和提供信息技能	能够查阅规范、工作页解决疑问	8～10	5～7	0～4	
3		在展示汇报时能够积极参与，踊跃表达	8～10	5～7	0～4	
4	帮助和支持技能	在小组讨论时能积极思考，诚恳提问	8～10	5～7	0～4	
5		在讨论过程中能尊重他人，耐心倾听	8～10	5～7	0～4	
6	组织引导技能	能够帮助、督促其他成员参与小组活动，相互勉励，阻止讨论偏离主题	8～10	5～7	0～4	
7	不良反应监测技能	能够合作完成药品不良反应事件的分析	8～10	5～7	0～4	
8		能够合作完成药品不良反应/事件报告表填写上报	8～10	5～7	0～4	
9	评议的技能	能够对其他组售后处理结果进行专业评价	8～10	5～7	0～4	
10		在展示作品时，能姿态端正，思路清晰	8～10	5～7	0～4	
合计						

表 11－2－5　　组间互评表

学习任务名称：________　组别：________　被评价者姓名：________

序号	评价内容	评价标准			得分
		符合(分)	部分符合(分)	不符合(分)	
1	该小组制定方案科学、高效、合理	16～20	10～15	0～9	
2	该小组进行方案汇报时，使用普通话，思路清晰，条理性强	16～20	10～15	0～9	
3	该小组任务完成过程中遵循 GSP 规范	16～20	10～15	0～9	
4	该小组能够合理评价其他小组	16～20	10～15	0～9	
5	该小组完成药品不良反应报告项目	16～20	10～15	0～9	
合计					
评价小组组长签名					

表 11-2-6　　教师考核评价表

学习任务名称：______　组别：______　被评价者姓名：______

序号	考核要求	评价标准			得分
		符合(分)	部分符合(分)	不符合(分)	
1	举止得体，语言清晰，体现沟通技巧	16~20	10~15	0~9	
2	对不良反应症状做出正确判断	16~20	10~15	0~9	
3	对不良反应类型做出正确判断	16~20	10~15	0~9	
4	对不良反应关联性评价判断正确、解释正确	16~20	10~15	0~9	
5	填写报表规范	16~20	10~15	0~9	
合计					

课堂练习

1. 对上市（　　）年以内的药品和列为国家重点监测的药品，须报告该药品引起的所有可疑不良反应。

A. 1　　B. 3　　C. 5　　D. 7

2. 药品经营企业针对药品不良反应监测和报告，不正确的做法是（　　）。

A. 明确销售部门承担药品不良反应监测和报告工作

B. 配备专职或者兼职人员具体负责

C. 对相关人员进行药品不良反应知识的培训和考核

D. 各类与质量管理相关人员的岗位职责中要明确其不良反应报告的责任

任务三　质量风险管理

学习目标

1. 能说出药品质量风险管理的程序。
2. 能说出药品经营各环节质量风险管理评价与控制要点。

任务引入

近日，A 公司的供货单位发生严重变更。现公司拟通过风险评估，排查公司采购过程中存在的风险点并开展风险控制措施，确保采购过程符合 GSP 要求，风险降低至可接受水平。你作为质量管理员，请完成此次关于采购环节的风险评估工作并制定对应措施降低风险发生的概率。

【任务分析】

完成本次任务需要做到：

1. 根据收集的信息进行风险识别。

2. 对待评估的项目逐一进行分析、确定。

3. 制定对应风险控制措施，降低风险。

相关知识

质量风险是指发生导致偏离预期质量情况的可能性，并可能随之引发产品质量不合格等严重性后果。质量风险管理贯穿于药品生命周期的设计、研发、生产、流通等各个阶段。任何一个环节发生问题都会影响所经营药品的质量，从而引发药品质量风险，如存在人为差错、混淆、污染、设备故障、管理不到位等。GSP 强调在药品流通环节建立一套有效的质量风险管理办法，通过预先主动制定的方法识别和控制在药品的各要素、环节、过程中存在的潜在质量问题，达到防范风险、预防质量事故的目的。企业应当依据有关法律法规的要求建立质量管理体系，确定质量方针，制定质量管理体系文件，开展质量策划、质量控制、质量保证、质量改进和质量风险管理等活动。企业还应采用前瞻或者回顾的方式，对药品流通过程中的质量风险进行评估、控制、沟通和审核。

一、GSP 对药品经营企业风险管理的要求

1. 应用质量方针、程序实现对药品整个生命周期目标任务进行质量风险的识别、评估、控制、沟通、审核、回顾，是质量管理体系的一个重要组成部分。

2. 质量风险管理采用前瞻或回顾的方式，促进决策的科学化、合理化，减少决策的风险，并使生产活动中面临的风险损失降至最低。

3. 根据科学知识及经验对质量风险进行评估，以保证产品质量，消除、降低和控制风险，从而保障消费者用药的可靠性和安全性。

4. 通过质量风险管理方法主动地识别并控制药品经营过程中潜在的质量问题，进一步保证和加强药品和服务的质量。

5. 质量风险管理的投入水平、正式程度及方法、措施、形式及形成文件应与存在风险的程度、水平和级别相适应，最终的目的在于保护消费者的利益。

6. 质量风险管理应用于与药物质量相关的所有方面，包括采购、收货、验收、出入库复核、运输等过程，要求每一位员工均应具有药品质量风险意识。

7. 风险管理每个步骤的重要性会因不同的事件而有所区别，因此应在早期对风险进行确认并考虑如何进行风险管理，并根据从确定的风险管理程序中得到的事实证据作出最终的决策。

8. 在实现确定目标的过程中系统、科学地将各类不确定因素产生的结果控制在预期可接受范围，以确保产品质量符合要求。

二、药品质量风险管理程序

药品经营企业应结合自身质量管理实际，成立质量风险管理组织，设计企业质量风险管理方案，经审核批准后，依据质量风险管理计划，启动企业质量风险管理程序，包括质量风险评估、质量风险控制、质量风险沟通和质量风险审核四个步骤（见图 11－3－1）。

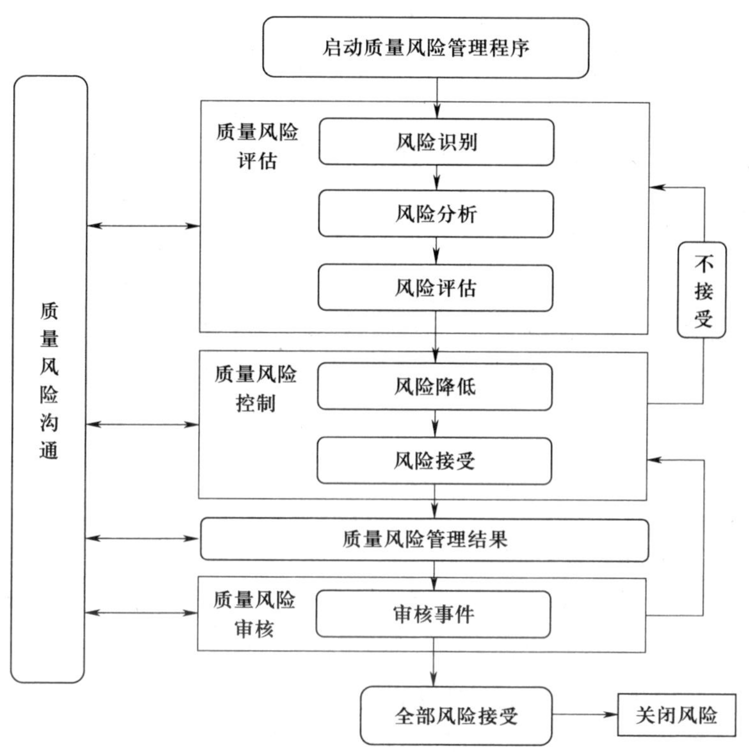

图 11－3－1　药品质量风险管理程序

1. 质量风险评估

风险评估是在一个风险管理过程中，对支持风险决策的资料进行组织的系统过程，用以对危害的确定以及对受害风险的分析和评估。作为风险管理过程的第一步，它包括风险识别、风险分析、风险评估三部分。风险评估着力解决药品质量控制的三个基本问题：将会出现的问题是什么？可能性有多大？问题发生的后果（严重性）是什么？

（1）风险识别

风险识别关注将会出现的问题是什么，是系统地使用信息来寻找和识别所述风险疑问或问题的潜在根源。药品在经营过程中，引起药品质量风险的关键影响因素较多，包括企业负责人的质量风险意识、组织机构、人员培训、质量体系评审、验证与校准、计算机系统、温湿度监控系统、仓储运输设施和管理条件、过程环节管理（药品购进、收货、检查、验收、储存与养护、药品销售、出库与运输、售后服务）等多个环节和关键控制点，任何一个环节出错都会影响所经营药品的质量，引发药品质量风险。药品风险来源复杂，有人为因素，也有药品本身的“两重性”因素。人为因素可导致假药、劣药，药品质量问题，标识缺陷和包装质量问题，用药差错问题等，多属于可控制风险；药品因素主要是药品天然风险，其中包括已知药品因素风险和未知药品因素风险。已知药品因素风险包括药品已知不良反应和已知药物相互作用等，属于可控制风险；未知药品因素风险包括药品未知不良反应，非临床适应证患者使用和未试验人群的应用（如孕产妇、婴幼儿、老年人、肝肾功能障碍者等，他们一般被排除在临床试验人选标准之外）多属不可控制风险。

药品经营企业可以通过采用前瞻或回顾的方式识别质量风险。前瞻的方式是通过对预先设定的质量风险因素进行分析评估，从而确定该因素在影响流通过程中药品质量的风险评价。前瞻性研究注重对风险因素的牵连性、影响性、可发展性的把握，是对风险因素的本质（潜在性）的挖掘。例如，药品经营企业可以通过对当地天气状况进行预先分析，结合季节温湿度的变化，对所经营药品质量状况可能产生的影响进行判断，从而在不同的季节合理调节仓库温湿度，保证经营药品的质量稳定可靠。

回顾的方式就是以已经或可能出现的质量风险为结果，通过回溯过去识别质量风险的研究方式。回顾的方式是一种由“果”至“因”的研究方式。例如，当药品经营企业发现某一阶段药品持续发生质量问题，通过调查发现，是由于仓库温湿度的控制系统出现问题，不稳定的温湿度影响到药品质量，因此企业应该加强对仓库温湿度设备的验证，确保温湿度处于可控状态，保障药品质量。

（2）风险分析

风险分析是用定性、定量的方法对已经被识别的风险及其问题进行分析，进而确认将会出现问题的可能性有多大，出现的问题是否能够被及时发现以及造成的后果。通过分析每个风险的严重性以及发生的可能性，对风险进行深入的描述，然后在风险评价中综合上述因素确认一个风险的等级。在整个风险评估过程中，风险分析是最重要的环节，需要有经验的技术人员及质量相关人员采用适宜的风险分析方法共同完成。目前，药品经营企业常选择风险排序和过滤法、失败模式效果分析作为风险分析工具，下面重点讲解风险排序和过滤法。

风险排序和过滤法是将风险因素进行排列和比较，对每种风险因素作多重的定量和定性评价，权衡因素并确定风险得分，见表 11－3－1、表 11－3－2。

表 11－3－1　　风险发生的可能性（频次）

等级	等级名称	风险得分	频次
第 1 级	不太可能发生	1	发生频次超过 5 年 1 次
第 2 级	稀少	2	发生频次为每 3 年 1 次
第 3 级	可能发生	3	发生频次为每 2 年 1 次
第 4 级	很可能发生	4	发生频次为每 2～3 个月 1 次
第 5 级	经常发生	5	几乎每次都可能发生

表 11－3－2　　风险的严重性量化标准（药品质量类）

等级	等级名称	风险得分	频次
第Ⅰ级	可忽略	1	不产生危害
第Ⅱ级	微小	2	危害轻微，不需要采取纠正措施
第Ⅲ级	中等	3	产生危害，需要采取纠正措施
第Ⅳ级	严重	4	危害严重，产品可能报废
第Ⅴ级	非常严重	5	危害极为严重，产品报废

（3）风险评价

风险评价是指根据预先确定的风险标准（见表 11－3－3），对已经识别并分析的风险进行评价，即通过评价风险的严重性和可能性从而确认风险的等级，划分风险等级应考虑证据的充分性。按照风险排序和过滤法，根据风险发生的可能性和严重性用风险指数矩阵来确定风险综合得分（见表 11－3－4）。

风险综合得分＝风险严重性得分×风险可能性得分

表 11－3－3　　风险等级标准

风险等级	风险描述	采取措施
高风险	严重影响药品内在质量，违反国家质量标准或者可能对顾客构成受伤、严重伤害、生命垂危甚至死亡的风险	应立即建立有效措施控制解决，在得不到有效解决前，不得继续操作
中风险	对药品质量有一定影响，构成顾客的不满意的风险	应立即采取加强日常管理、制定相应记录，加强对员工培训教育等措施来控制解决
低风险	对药品本身质量影响不大，为公司所接受的风险	公司可以接受的质量风险

表 11－3－4　　风险综合得分

严重性	可能性				
	第 1 级	第 2 级	第 3 级	第 4 级	第 5 级
第Ⅰ级	1	2	3	4	5
第Ⅱ级	2	4	6	8	10
第Ⅲ级	3	6	9	12	15
第Ⅳ级	4	8	12	16	20
第Ⅴ级	5	10	15	20	25

风险级别：低级风险，1～5；中级风险，6～12；高级风险，15～25。

注：下画线、加框表示提醒注意各级风险系数的区别。

根据风险严重程度，确定风险可接受性，低风险是可接受风险，可不必主动采取风险干预措施；中等风险是合理风险，通过实施风险控制措施，降低风险，达到可接受水平；不可接受风险，指风险可能导致的伤害严重，必须采取有效干预措施，以规避风险。

练一练

冰片是马应龙麝香痔疮膏主要成分，易挥发，随储存时间的延长，成品中的冰片可能会减少而导致质量的变化。以下是11个批次成品中冰片的含量随月数的变化情况，请计算马应龙痔疮膏储存过程中的质量风险大小。

批号	考察项目	0月	3月	6月	9月	12月	18月	24月	30月	36月
060814	冰片含量	26	25	25	24	25	28	25	24	24
070246		27	27	24	26	27	26	25	26	
070301		27	24	26	26	26	25	25		
070421		26	25	23	25	24	25	25		
071145		26	27	25	27	26	26			
080960		27	25	27	25					
080961		28	26	27	26					
080962		28	25	27	26					
081041		27	25	27	26					
081067		26	26	28	27					
081068		28	27	30	28					

2. 质量风险控制

质量风险控制是对于已经评估过的风险执行风险管理决定措施，包括对降低和/或接受风险作出决策，其目的是将风险降低到一个可以接受的水平，确认风险是否在可以接受的水平上，可以采取什么样的措施来降低、控制或消除风险，在控制已经识别的风险时是否会产生新的风险。

（1）风险降低是指针对风险评估中确定的风险超过了可接受水平时，所应采取的降低风险的措施。风险降低的措施主要包括：

1）降低危害严重性和可能性采取的措施，或提高发现质量风险的能力；

2）无法解决的固有风险，要制定应急措施及预防措施；

3）可以避免或降低的风险，由质量管理部门制定详尽的整改、预防措施，并由相关责任部门负责实施、改进，质量保证室跟踪监督其落实情况；

4）在实施风险降低措施过程中，有可能将新的风险引入系统中，或者增加风险发生的可能性或严重性，应做好相应的措施；

5）应在措施实施后重新进行风险评估，以确认和评价可能的风险变化。

（2）风险接受是指作出是否接受风险的决定。

1）风险处于可接受的范围（低级风险），不必做任何处理。

2）在实施了降低风险的措施后，对残余风险作出是否接受的决定，如果风险结果不能被接受，应该重新进行风险评估以识别新的风险或者未曾评估过的因素。

（3）质量风险控制策略包括事前控制、事中控制、事后反馈等步骤。事前控制，即在质量风险发生前对其采取的预防性控制措施，以避免各种失误、浪费和损失的发生，具体措施包括：风险避免、风险减弱、风险转移、风险自留等方法；事中控制，即药品质量风险发生后，企业应主动运用质量风险管理方案，积极、科学、快速地做出应对措施，将损失降低至最小；事后反馈，即药品质量事故发生后，对整个事件本身进行总结分析，并据此提出今后的改进方案，为今后质量安全防范措施的制定和实施提供科学依据。

3. 质量风险沟通

在风险管理程序实施的各个阶段，决策者和相关部门应该对进行的程度和管理方面的信息进行交流和共享，即风险沟通。通过风险沟通，能够促进风险管理的实施，使各方掌握更全面的信息从而调整或改进措施及其效果。在药品经营过程中，质量风险的确认、风险评估、严重程度、风险控制、处理等信息都需要充分交流，通过质量风险沟通的形式，书面完整记录结果。药品经营全过程包括药品购进、收货、检查验收、储存与养护、药品销售、出库与运输、售后服务等多个环节和关键控制点，每个环节都存在着不同的风险，因此必须开展质量风险管理，并将质量风险管理实施过程通过文件的形式固定下来。

4. 质量风险审核

质量风险审核是根据风险相关的新的（适用性）知识和经验，对风险管理过程的结果进行审核或监控。在风险管理流程的最后阶段，应该对风险管理程序的结果进行审核，尤其是对那些可能会影响到以后质量管理决策的事件进行审核。在药品经营过程中，结合企业质量管理工作中的质量管理体系审核和 GSP 内部评审，并引入新的知识和经验，适时开展质量风险管理的定期审核，从而检验和监控 GSP 实施的有效性、持续性。质量风险审核周期等同于质量体系内审，一般每年一次（特殊情况另定）。通过药品经营过程的质量风险审核表（见表 11 -3 -5）记录药品经营过程中的质量风险审核过程，监控实施质量风险管理的结果。

表 11 -3 -5　　药品经营过程的质量风险审核表

公司总体经营风险的评价				风险控制措施评价及改进意见			
过程	风险因素	缺陷原因	缺陷后果	风险分析	风险评估	管理措施	风险接收
药品经营管理全过程	1. 企业负责人的质量风险意识； 2. 组织机构； 3. 人员配置； 4. 管理制度与职责的制定； 5. 仓储设施和管理条件； 6. 过程管理（药品采购、收货、检查验收、储存与养护、药品销售、出库与运输、退货、售后服务）等多个环节和关键控制点	1. 各项管理措施制定不到位； 2. 各项管理措施执行不到位； 3. 人员配置不到位； 4. 实施设备配置不到位； 5. 过程环节监管不到位	1. 经营质量缺陷药品； 2. 发生假药、劣药经营行为； 3. 变相协助贩毒或提供毒源； 4. 经营药品引起严重不良反应，造成严重质量事故； 5. 经营药品致残致死； 6. 企业没有通过相关检查认证而关门倒闭	1. 人为因素影响较大； 2. 系统可控	风险高	1. 强化企业负责人的质量风险意识，引入质量风险管理模式； 2. 建立健全质量管理管理体系及风险管理活动； 3. 认真严格执行质量管理体系内容； 4. 建立适合公司规模并符合 GSP 要求的计算机系统，全过程实现计算机管理； 5. 各部门、岗位人员配置到位、培训到位，加强全体员工的风险意识； 6. 实施设备的配置到位，并能正常运行	风险减少；风险避免；风险转移

实际工作中，应对药品经营各环节进行质量风险管理评价与控制，常采用图表分析法（见表 11 –3 –6）。分析药品经营过程中某一经营环节面临的质量风险，并将这些风险与企业经营流程结合起来考察，以便发现或识别各种潜在的风险因素，按可接受程度作出评价准则。

表 11 –3 –6　　药品经营各环节质量风险管理评价与控制表

经营环节	风险因素	产生原因	风险后果	风险控制	风险分析	风险评估
质量管理体系	1. 企业领导人的质量风险意识； 2. 组织机构； 3. 人员配置； 4. 仓储设施，管理条件； 5. 过程管理	各项管理措施不到位	1. 经营质量缺陷药品（质量问题、包装破损、短少等）； 2. 发生假药、劣药经营行为； 3. 变相协助贩毒或提供毒源； 4. 所经营药品引发新的严重不良反应； 5. 所经营药品引发致残致死个案	1. 加强企业领导人的质量风险意识，引进质量风险管理模式； 2. 建立质量风险管理组织机构，确立质量风险管理制度、程序，定期开展质量风险管理活动； 3. 加强全员质量风险管理制度、程序的培训，培养全员质量风险管理意识； 4. 确立企业全面的计算机信息管理系统，支持质量风险管理要求； 5. 加强过程管理	1. 人为因素影响较大； 2. 系统可控	风险较高
采购环节	1. 供应商审核； 2. 供应产品审核； 3. 销售人员资质审核	1. 未审核； 2. 资质过期； 3. 审核不到位		1. 确立企业全面的计算机信息管理系统，未经审核，系统不能确认企业为合格供应商；资质过期，系统自动报警；非授权人不能在系统内审批； 2. 对审核人员加强药品购进管理制度、首营企业和首营品种审核制度及相关程序的培训； 3. 通过年度药品质量进货评审，将质量信誉不好的企业从合格供应商列表中删除或不购进其产品	1. 人为因素影响较大； 2. 系统可控	风险高，企业提供虚假证明材料；销售人员挂靠企业或未经授权代理其他企业产品或冒充药品的产品
收货环节	收货检查	1. 未核对采购信息； 2. 检查不到位	1. 接收非本企业购进商品； 2. 接收假药（受污染）或劣药； 3. 接收质量明显缺陷药品（外观质量问题、包装破损、短少等）	1. 确立企业全面的计算机信息管理系统，未经采购人员制定购进计划，系统无收货指令；收货需凭系统指令“采购订单”执行； 2. 对收货人员加强药品采购管理制度、收货程序的培训； 3. 严格执行药品收货管理制度	1. 系统可控； 2. 人为因素影响较大	1. 风险较高，易混入假劣药； 2. 风险适中，由于是中间环节，后期有质量检查验收环节控制

续表

经营环节	风险因素	产生原因	风险后果	风险控制	风险分析	风险评估
质量检查验收环节	检查验收	1. 未验收； 2. 检查验收不到位； 3. 验收延误； 4. 抽样不到位	1. 验收合格假药（受污染、假进口）或劣药； 2. 验收合格药品质量缺陷（外观质量问题、包装破损、短少等）； 3. 验收延误（冷链运输药品），造成药品质量缺陷（内在质量）、药品失效	1. 确立企业全面的计算机信息管理系统，验收员凭收货员签发的验收指令——“验收通知单”执行验收； 2. 对验收员加强药品质量检查验收管理制度、抽样程序、验收程序和进口药品、冷链药品管理制度的培训； 3. 严格执行冷链管理药品要求； 4. 验收不合格药品，质量管理员要履行质量复核手续	1. 人为因素影响较大； 2. 系统可控	风险较高，验收环节是药品入库管理关键环节，是质量管理的重点
储存养护环节	储存管理、养护检查	1. 药品未按存储条件（常温库、阴凉库、冷库）分开存放； 2. 仓库合理储存不到位（未做到“五分开”），药品堆码不到位（未做到符合“五距”）； 3. 仓库“五防”设施不到位，未及时保养、更新，药品仓储环境卫生执行不到位； 4. 仓库温湿度检测、调控设施、设备不到位，不能满足实时检测和自动调控（包括冷库）； 5. 药品存储未按“五区”分开存放，不合格药品未做到专人专区管理，色标管理不到位； 6. 养护员检测温湿度、指导保管员调控温湿度设施执行不到位； 7. “药品催销月报表”执行不到位； 8. 养护检查过程中，发现问题未及时按程序处理； 9. 季度养护分析执行不到位； 10. 保管员库房账务管理不到位	1. 储存不当，造成药品污染、变质、失效（温湿度影响），成为假药； 2. 储存药品过期成为劣药； 3. 储存药品发生质量缺陷（储存造成外观质量问题、包装破损、短少等）； 4. 药品储存批号、数量差错	1. 完善人员培训，养护员、保管员积极落实岗位管理职责，严格执行药品养护管理制度、药品存储管理制度、药品保管管理制度、仓库温湿度管理制度等相关制度和程序； 2. 药品应按存储条件（常温库、阴凉库、冷库）分开存放，仓库合理储存做到“五分开”；药品堆码做到符合“五距”； 3. 仓库“五防”设施要及时保养、更新，定期清洁药品储存区域； 4. 仓库温湿度检测、调控设施、设备需满足时时检测和自动调控（包括冷库），必要时，进行仓库温湿度变化的验证； 5. 药品存储应按“五区”分开存放，不合格药品专人专区管理，实施色标管理； 6. 养护员检测温湿度、指导保管员调控温湿度设施需严格按制度执行； 7. “药品催销月报表”定期收集汇总，转发相关部门； 8. 养护检查过程中，发现问题及时向质量管理部门上报，质量管理部门复核确认后，及时处理； 9. 季度养护分析汇总及时，有分析、有结果； 10. 保管员库房账务做到“日动碰，月盘点”，保证账、货、卡相符率100%； 11. 确立企业全面的计算机信息管理系统，包括仓储管理系统，满足药品存储条件系统控制，指定适宜仓库；满足药品质量状态由质量管理部门指定人员系统确定，仓储部门依据指令控制发货；满足按药品批号管理库房进出账目； 12. 落实质量否决权管理制度，保管员发现药品污染、变质、失效、药品过期或药品质量缺陷，报质量管理部门，复核确认后，入不合格库，严禁销售	1. 人为因素影响较大； 2. 系统可控； 3. 仓库设施、设备更新提高	风险高，储存环节保持药品质量稳定是药品经营企业最重要的质量管理环节，其中温湿度控制是关键，直接影响药品质量（特别是冷藏药品温湿度控制）

续表

经营环节	风险因素	产生原因	风险后果	风险控制	风险分析	风险评估
销售环节	销售客户选择、销售管理	1. 销售部门对客户选择管理不到位； 2. 质量管理人员未对客户资质审核，未梳理客户渠道，盲目开发新客户； 3. 由于仓储运输环节疏忽，造成销售假药、劣药； 4. 销售人员操纵的挂靠销售、走票销售； 5. 未按规定销售特殊管理药品	1. 销售假药、劣药； 2. 协助贩毒或提供毒源； 3. 销售质量缺陷药品（质量问题、包装破损、短少等）	1. 确立企业全面的计算机信息管理系统，未经资质审核的客户，系统不支持发出，问题药品，系统不支持发出；对不具有销售特殊药品资质的客户系统自动拦截； 2. 规范销售人员销售行为； 3. 对销售人员加强药品销售管理制度、程序的培训； 4. 严格执行特殊管理药品的管理制度	1. 人为因素影响较大； 2. 系统可控	风险较高
出库运输环节	1. 出库复核； 2. 冷链药品运输	1. 保管员贯彻药品拆零拼装、药品出库复核管理制度不到位； 2. 药品出库执行“先产先出，近期先出，按批号发货”原则不到位，将质量不合格药品与过期药品发出； 3. 出库复核员坚持“四不发”原则，强化药品外观质量复核的执行工作不到位； 4. 药品搬运人员、运输人员贯彻药品运输管理制度不到位，搬运、堆码药品严格遵守药品外包装标识的要求规范操作不到位； 5. 低温运输药品执行《低温运输药品管理制度》不到位； 6. 特殊管理药品发出未执行“双人发货，双人复核”制度	1. 发出假药、劣药（发错药、发过期药）； 2. 运输原因造成药品变质、药品失效等问题，形成假药； 3. 发出问题药品（药品质量缺陷等）； 4. 发出药品批号错误，数量错误	1. 保管员积极贯彻药品拆零拼装、药品出库复核管理制度，药品出库严格执行“先产先出，近期先出，按批号发货”原则； 2. 出库复核坚持“四不发”原则，强化药品外观质量的复核； 3. 药品搬运人员、运输人员贯彻药品运输管理制度，搬运、堆码药品严格遵守药品外包装标识的要求规范操作； 4. 低温运输药品严格遵守《低温运输药品管理制度》，与承运方签署“质量保证协议”，确保药品运输的质量安全； 5. 确立企业全面的计算机信息管理系统，药品质量状态非“合格的”，不能发出；过期药品不能发出；系统支持执行“先产先出，近期先出，按批号发货”原则	1. 人为因素影响较大； 2. 系统可控	风险较高，出库运输环节是药品到使用用户前的最后关键环节，是质量管理的重点

续表

经营环节	风险因素	产生原因	风险后果	风险控制	风险分析	风险评估
药品退货环节	1. 药品销后退回的验收； 2. 药品购进退货管理	1. 收货人员未凭销售负责人同意签发的“退货申请表”收退货； 2. 退货保管员未核实是否原发出； 3. 抽样不到位； 4. 销后退后检查验收不到位（冷链保存药品退货未判定验收不合格）； 5. 药监部门确认的假劣药品不能再执行购进退出程序，确认的假药、劣药再次销售； 6. 召回药品未经质量审核重新发出	1. 接收销后退回假药（受污染、变质、失效）或劣药； 2. 销后退回验收合格药品质量缺陷（外观质量问题、包装破损、短少，严重不良反应等）； 3. 假药、劣药再次销售	1. 建立企业全面的计算机信息管理系统，系统支持收货员凭销售负责人同意签发的“药品退货申请表”收货；支持退货保管员核实是否原货发出；支持验收员凭收货员签发的销后退回验收指令——“销后退回验收通知单”执行验收；支持销后退回验收判定质量不合格药品不能出库； 2. 对验收员加强药品质量检查验收管理制度、抽样程序、药品销后退回验收程序的培训； 3. 保管员加强对药品销后退回、购进退出管理制度的培训； 4. 严格执行冷链管理药品要求，退货应判定质量不合格； 5. 验收不合格药品，质量管理员要履行质量复核手续	1. 人为因素影响较大； 2. 系统可控	风险高，药品销后退回验收环节是售出药品重新入库管理关键环节，对药品质量验收合格与否是质量管理的重点
售后服务环节	质量信息、质量查询、质量投诉、用户访问、药品不良反应信息反馈、药品召回、质量事故调查	1. 药监系统发布假药或劣药信息遗漏或反馈不及时或未及时启动应急预案； 2. 质量信息反馈延误； 3. 药品不良反应信息收集不主动； 4. 各类质量信息收集不全面，未作分析和汇总； 5. 未及时启动应急预案（药品召回、质量事故调查）	1. 信息遗漏或反馈延误，造成致死致残个案； 2. 信息遗漏，造成使用假药、劣药； 3. 信息遗漏或反馈延误，引发新的严重不良反应； 4. 信息遗漏或反馈延误，使用质量缺陷产品	1. 确立企业“进、储、销、运”的计算机信息管理系统，支持质量管理人员确认的暂停发货指令； 2. 对质量管理员加强药品质量信息、质量查询、质量投诉及用户访问管理制度、程序的培训； 3. 质量管理员能够对药品不良反应监测和报告管理制度、药品召回管理制度、药品质量事故处理管理制度熟练运用；对各类应急预案的启动程序清楚； 4. 质量管理员严格执行质量否决权赋予的责任	1. 人为因素影响较大； 2. 系统可控； 3. 新的严重不良反应（未知风险）	风险高，售后环节是药品质量服务最后环节，是质量信息收集、反馈的集散点，是管理重点

任务实施

【材料准备】

工具：计算机。

材料：A 公司采购环节资料，笔和纸、《药品经营质量管理规范》（2016 版）。

设备：实训场地、药店管理系统、医药企业虚拟仿真系统。

【实施步骤】

步骤一：信息分类汇总，风险识别

将信息按照供货方、采购过程、参与人员、文件系统四个方面进行分类汇总。

步骤二：风险分析，确定分级

对待评估的项目逐一进行分析，确定风险等级。

步骤三：风险评价

进行风险评价，确定风险得分。

步骤四：风险控制

制定对应风险控制措施以降低风险。

任务测评

评价方式包括自我评价、组内评价、组间评价、教师评价，并据此设计了学生自评表（表11－3－7）、组内评价表（表11－3－8）、组间互评表（表11－3－9）、教师考核评价表（表11－3－10）。其中自我评价、组内评价、组间评价采用线上填写学习通问卷的形式进行，教师评价包含过程评价、结果评价，采用纸质评价表。各评价方式占本任务百分比分解如图1－1－1所示。

表11－3－7　　学生自评表

学习任务名称：__________　姓名：__________　学号：__________

序号	学习过程	评价内容	评价标准			得分
			符合（分）	部分符合（分）	不符合（分）	
1	课前探究	能够主动完成学习通作业	8～10	5～7	0～4	
2	明确任务	能够按程序进行质量风险管理	8～10	5～7	0～4	
3	制定方案	能够参与小组讨论，提出合理建议，积极参与小组汇报工作	8～10	5～7	0～4	
4	任务实施	能够完成风险识别	8～10	5～7	0～4	
5		能够完成风险分析	8～10	5～7	0～4	
6		能完成风险评价	8～10	5～7	0～4	
7		能够提出建议纠正预防措施	8～10	5～7	0～4	
8		能够完成风险评估报告	8～10	5～7	0～4	
9	竞赛提升	能够积极参加课中竞赛并获奖	8～10	5～7	0～4	
10	总结点评	能够客观公正做好自我评价	8～10	5～7	0～4	
合计						

表 11-3-8　　组内评价表

学习任务名称：＿＿＿＿＿＿　组别：＿＿＿＿＿＿　被评价者姓名：＿＿＿＿＿＿

序号	学习过程	评价内容	评价标准			得分
			符合(分)	部分符合(分)	不符合(分)	
1	课堂参与合作学习的态度	能够尊重同伴、独立思考，承担并完成岗位职责	8~10	5~7	0~4	
2	获得和提供信息技能	能够查阅规范、工作页解决疑问	8~10	5~7	0~4	
3		在展示汇报时能够积极参与，踊跃表达	8~10	5~7	0~4	
4	帮助和支持技能	在小组讨论时能积极思考，诚恳提问	8~10	5~7	0~4	
5		在讨论过程中能尊重他人，耐心倾听	8~10	5~7	0~4	
6	组织引导技能	能够帮助、督促其他成员参与小组活动，相互勉励，阻止讨论偏离主题	8~10	5~7	0~4	
7	风险控制技能	能够合作完成风险评估	8~10	5~7	0~4	
8		能够合作完成风险控制	8~10	5~7	0~4	
9	评议的技能	能够对其他组质量判断结果进行专业评价	8~10	5~7	0~4	
10		在展示作品时，能姿态端正，思路清晰	8~10	5~7	0~4	
合计						

表 11-3-9　　组间互评表

学习任务名称：＿＿＿＿＿＿　组别：＿＿＿＿＿＿　被评价者姓名：＿＿＿＿＿＿

序号	评价内容	评价标准			得分
		符合(分)	部分符合(分)	不符合(分)	
1	该小组制定方案科学、高效、合理	16~20	10~15	0~9	
2	该小组进行方案汇报时，使用普通话，思路清晰，条理性强	16~20	10~15	0~9	
3	该小组任务完成过程中遵循 GSP 规范	16~20	10~15	0~9	
4	该小组能够合理评价其他小组	16~20	10~15	0~9	
5	该小组完成质量风险管理项目	16~20	10~15	0~9	
合计					
评价小组组长签名					

表 11-3-10　　　　　　　　　　教师考核评价表

学习任务名称：________________　　学生：________________　　学号：________________

序号	考核要求	评价标准			得分
		符合(分)	部分符合(分)	不符合(分)	
1	正确识别风险	16~20	10~15	0~9	
2	对待评估的项目逐一进行分析，确定采购风险	16~20	10~15	0~9	
3	进行风险评价，确定风险得分	16~20	10~15	0~9	
4	制定相应控制措施，使质量风险降低到可接受的程度	16~20	10~15	0~9	
5	风险评估报告规范	16~20	10~15	0~9	
合计					

课堂练习

1. 药品质量风险管理是对药品整个生命周期风险的识别、评估、控制、沟通、回顾的系统过程，运用时可采用（　　）。

A. 前瞻的方式　　　　B. 回顾的方式

C. 以上都对　　　　D. 以上都不对

2. 风险控制的目的是（　　）。

A. 为了减少或降低风险使其达到可接受水平

B. 为了消除风险

C. 为了降低风险的危害程度

D. 使风险在可控的范围内

模块五

质量管理体系文件与计算机管理信息系统

课题十二

质量管理体系文件

任务一　质量管理体系文件概述

学习目标

1. 能说出GSP对药品零售企业、药品批发企业和零售连锁企业的要求。
2. 能说出建立质量管理体系文件的原则、质量管理体系文件的类型与主要内容。
3. 能将质量管理体系文件分类管理，制定质量管理体系文件分目录、总目录。

任务引入

某药品批发企业依据2019年修订的《中华人民共和国药品管理法》，决定对质量管理体系文件发起新的一轮修订和整理。你作为质量管理部门成员，请先对原有的质量体系文件进行梳理，编制质量体系文件总目录。

【任务分析】

完成本次任务需要做到：

1. 梳理质量管理制度。
2. 梳理质量职责文件。
3. 梳理操作规程文件。
4. 完成质量体系文件总目录。
5. 通过质量体系文件目录的梳理，了解GSP对药品零售企业、药品批发企业和零售连锁企业的要求以及质量管理体系文件的类型与主要内容。

相关知识

质量管理体系文件是指用于保证药品经营质量的文件管理系统，是由一切涉及药品经营质量管理的要求、书面标准和实施过程中的记录组成。质量管理体系文件是描述和规范企业质量管理体系活动的一整套文件，贯穿于药品质量管理的全过程，包括企业的质量管理制度、各部门和工作岗位的质量职责、质量管理工作程序以及经营活动中的相关记录和原始凭证等。质量管理体系文件的内容应当涵盖企业所有与药品质量相关的管理及业务活动，包括采购、收货、验收、储存、销售、运输、财务、信息、人力资源以及质量管理等方面。

质量管理体系文件以“事事有规定，事事按规定”为目标，是药品经营质量管理的决定性要素，是实施、保证和保持质量管理体系有效运行的基础。质量管理体系文件不仅是保证企业内部质量管理体系有效开展质量管理活动的基础和依据，也是企业贯彻执行 GSP 要求的必要支撑。质量管理体系文件并不等同于质量管理文件，质量管理文件是质量管理体系文件其中一个部分，除此之外质量管理体系文件还包括操作规程、记录、报告、原始凭证等在内的一切与药品经营质量有关的所有文件。

质量管理体系文件明确了药品经营企业质量管理的目标和方法，界定了各个岗位人员的职责和权限，使得一切活动按规程有记录，做到了有据可循、有凭可查，确保了质量活动的可追溯性和质量目标的实现，是企业内部质量管理活动有序进行的依据。在开展企业内部审查和外部检查活动中，质量管理体系文件能够证明质量管理活动过程已经经过确认和优化、文件规定被有效实施并处于可控的状态。同时，质量管理体系文件是企业开展培训活动的教材，也是企业提高产品质量的保证和持续改进质量体系的基础。

《药品经营质量管理规范》第五条规定，企业应当依据有关法律法规及本规范的要求建立质量管理体系，确定质量方针，制定质量管理体系文件，开展质量策划、质量控制、质量保证、质量改进和质量风险管理等活动。GSP 将质量管理体系文件作为单独一节提出，突显质量管理体系文件的重要性。

一、GSP 对药品批发企业和零售连锁企业质量管理体系文件的要求

1. 企业制定质量管理体系文件应当完备，并符合企业实际，文件包括质量管理制度、部门及岗位职责、操作规程、档案、报告、记录和凭证等。

2. 文件的起草、修订、审核、批准、分发、保管，以及修改、撤销、替换、销毁等应当按照文件管理操作规程进行，并保存相关记录。

3. 文件应当标明题目、种类、目的以及文件编号和版本号，并分类存放，便于查阅，文字应当准确、清晰、易懂。企业应当定期审核、修订文件。企业使用的文件应当为现行有效的文本，已废止或者失效的文件除留档备查外，不得在工作现场出现。企业应当保证各岗位获得与其工作内容相对应的必要文件，并严格按照规定开展工作。

4. 企业应当制定药品采购、收货、验收、储存、养护、销售、出库复核、运输等环节及计算机系统的操作规程；应当建立药品采购、验收、养护、销售、出库复核、销后退回和

购进退出、运输、储运温湿度监测、不合格药品处理等相关记录，记录应当真实、完整、准确、有效和可追溯。

5. 通过计算机系统记录数据时，有关人员应当按照操作规程，通过授权及密码登录后方可进行数据的录入或者复核。数据的更改应当经质量管理部门审核并在其监督下进行。数据的更改过程应当留有记录。

6. 书面记录及凭证应当及时填写，并做到字迹清晰，不得随意涂改，不得撕毁。更改记录的，应当注明理由、日期并签名，保持原有信息清晰可辨。记录及凭证应当至少保存5年。疫苗的记录及凭证按相关规定保存。特殊管理的药品的记录及凭证按相关规定保存。

二、GSP对药品零售企业质量管理体系文件的要求

1. 企业应当按照有关法律法规及《药品经营质量管理规范》规定，制定符合企业实际的质量管理文件，包括质量管理制度、岗位职责、操作规程、档案、记录和凭证等。

2. 企业应当对质量管理文件定期审核，及时修订。

3. 企业应当采取措施确保各岗位人员正确理解质量管理文件的内容，保证质量管理文件有效执行。

4. 企业应当明确企业负责人、质量管理、采购、验收、营业员以及处方审核、调配等岗位的职责，设置库房的还应当包括储存、养护等岗位职责。质量管理岗位、处方审核岗位的职责不得由其他岗位人员代为履行。

5. 企业应当建立药品采购、验收、销售、陈列检查、温湿度监测、不合格药品处理等相关记录，做到真实、完整、准确、有效和可追溯。记录及凭证应当至少保存5年。特殊管理的药品的记录及凭证按相关规定保存。

6. 通过计算机系统记录数据时，相关岗位人员应当按照操作规程，通过授权及密码登录计算机系统，进行数据的录入，保证数据原始、真实、准确、安全和可追溯。电子记录数据应当以安全、可靠方式定期备份。

三、建立质量管理体系文件的原则

质量管理体系文件应是长期遵循的、保证企业质量管理体系有效运行的基础文件系统。按照《药品管理法》《药品经营质量管理规范》等法律法规的要求，企业在编制质量管理体系文件时应当遵循以下原则。

1. 合法性原则

质量管理体系文件内容应符合国家相关法律法规、政策文件的规定，围绕企业质量方针和质量目标来建立，覆盖质量管理的所有要求。

2. 系统性原则

质量管理体系文件应齐全、层次清晰，各部门质量管理程序、职责应紧密衔接。文件之间应保持内在的逻辑性、关联性、一致性，不互相矛盾。

3. 实用性原则

质量管理体系文件既要与现行的法规、标准有效衔接，又要根据企业的实际情况，充分考虑其实用性，满足实际经营活动的需要。

4. 前瞻性原则

质量管理体系文件的编制要具有一定的前瞻性，既能满足企业实际需要，又要充分考虑未来的发展变化。在编制过程中要注意学习和借鉴外部先进的管理经验，将其积极融入自身的质量管理体系文件中，并不断完善优化。

5. 指令性原则

质量管理体系文件是企业经营活动的准则，应当明确规定企业应该做什么、不应该做什么以及如何去做，并能够给予企业各岗位员工正确的指导。

6. 可操作性原则

质量管理体系文件的规定应当是企业在实际工作中能够达到和实现的。

7. 可检查性原则

质量管理体系文件应能够便于监督部门量化检查和考核。

四、质量管理体系文件的类型与主要内容

1. 质量管理体系文件的类型

GSP 规定，企业制定质量管理体系文件应当符合企业实际。文件包括质量管理制度、部门及岗位职责、操作规程、档案、报告、记录和凭证等。质量管理制度、部门及岗位职责、操作规程属于执行性文件，是开展各项工作和活动的基本准则和标准；档案、报告、记录和凭证属于结果性文件，也是对各项工作和活动进行追溯、核实的依据，要与企业计算机系统的功能紧密结合。

（1）质量管理制度

质量管理制度是企业根据质量管理工作的实际需要而制定的质量规则，是对企业各部门和各业务环节如何实施质量管理做出的明确规定。质量管理制度对企业质量管理过程具有权威性和约束力，是首要的支持性文件，明确了企业应该开展的全部质量工作。

（2）质量职责文件

质量职责文件主要指部门及岗位职责文件。质量职责是企业根据质量管理工作的需要，对组织机构中各部门和岗位的工作内容、工作目标、工作结果等提出的明确要求，即明确了相关的质量管理工作由谁负责完成的问题。

（3）操作规程文件

操作规程是为进行某项质量活动或过程所规定的途径，是对各项质量活动采取方法的具体描述，也是企业规范经营活动的支持性文件。在操作规程中应明确规定何时、何地以及如何做，应采取什么材料、设备，用到了哪些质量管理体系文件，如何对活动进行控制和记录等。

（4）记录文件

记录文件是阐明所取得的结果或提供所完成活动的证据性文件，主要包括档案、报告、记录和凭证等。记录是工作过程中的真实记载，反映工作的质和量，在需要追溯相关质量信息时可用于提供证据。在药品流通过程中，随着大量记录的流转，相关人员可以依据记录了解、追溯、控制药品流转的情况。因此，在药品的进、存、销各环节建立记录，并在记录中真实记载有关所经营药品的质量信息，可以使得经营过程清晰、透明、可追溯。

2. 质量管理体系文件的主要内容

（1）质量管理制度

1）药品批发企业质量管理制度。药品批发企业质量管理制度应当包括以下内容：①质量管理体系内审的规定；②质量否决权的规定；③质量管理文件的管理；④质量信息的管理；⑤供货单位、购货单位、供货单位销售人员及购货单位采购人员等资格审核的规定；⑥药品采购、收货、验收、储存、养护、销售、出库、运输的管理；⑦特殊管理的药品的规定；⑧药品有效期的管理；⑨不合格药品、药品销毁的管理；⑩药品退货的管理；⑪药品召回的管理；⑫质量查询的管理；⑬质量事故、质量投诉的管理；⑭药品不良反应报告的规定；⑮环境卫生、人员健康的规定；⑯质量方面的教育、培训及考核的规定；⑰设施设备保管和维护的管理；⑱设施设备验证和校准的管理；⑲记录和凭证的管理；⑳计算机系统的管理；㉑药品追溯的规定；㉒其他应当规定的内容。

2）药品零售企业质量管理制度。药品零售企业质量管理制度应当包括以下内容：①药品采购、验收、陈列、销售等环节的管理，设置库房的还应当包括储存、养护的管理；②供货单位和采购品种的审核；③处方药销售的管理；④药品拆零的管理；⑤特殊管理的药品和国家有专门管理要求的药品的管理；⑥记录和凭证的管理；⑦收集和查询质量信息的管理；⑧质量事故、质量投诉的管理；⑨中药饮片处方审核、调配、核对的管理；⑩药品有效期的管理；⑪不合格药品、药品销毁的管理；⑫环境卫生、人员健康的规定；⑬提供用药咨询、指导合理用药等药学服务的管理；⑭人员培训及考核的规定；⑮药品不良反应报告的规定；⑯计算机系统的管理；⑰药品追溯的规定；⑱其他应当规定的内容。

（2）质量职责文件

《药品经营质量管理规范》第三十七条规定，部门及岗位职责应当包括：①质量管理、采购、储存、销售、运输、财务和信息管理等部门职责；②企业负责人、质量负责人及质量管理、采购、储存、销售、运输、财务和信息管理等部门负责人的岗位职责；③质量管理、采购、收货、验收、储存、养护、销售、出库复核、运输、财务、信息管理等岗位职责；④与药品经营相关的其他岗位职责。

（3）操作规程文件

《药品经营质量管理规范》第一百三十八条规定，药品零售操作规程应当包括：①药品采购、验收、销售；②处方审核、调配、核对；③中药饮片处方审核、调配、核对；④药品拆零销售；⑤特殊管理的药品和国家有专门管理要求的药品的销售；⑥营业场所药品陈列及检查；⑦营业场所冷藏药品的存放；⑧计算机系统的操作和管理；⑨设置库房的还应当包括储存和养护的操作规程。

（4）记录文件

《药品经营质量管理规范》规定，企业应当建立药品采购、验收、养护、销售、出库复核、销后退回和购进退出、运输、储运温湿度监测、不合格药品处理等相关记录，记录应做到真实、完整、准确、有效和可追溯。

任务实施

【材料准备】

工具：纸、笔。

材料：《中华人民共和国药品管理法》《药品经营质量管理规范》（2016 版）、质量管理制度文件、质量职责文件、操作规程文件等。

设备：计算机等。

【实施步骤】

步骤一：梳理质量管理制度

对提供的质量管理制度文件进行梳理，形成分目录。

步骤二：梳理质量职责文件

对提供的质量职责文件进行梳理，形成分目录。

步骤三：梳理操作规程文件

对提供的操作规程文件进行梳理，形成分目录。

步骤四：汇制质量管理体系文件总目录

将质量管理制度、质量职责文件、操作规程文件分类整理，汇总分目录，形成总目录。

【操作要点及注意事项】

质量管理制度、质量职责文件、操作规程文件的准备可由教师提供样本或由学生上网检索获得，此实训任务主要考核学生对质量管理体系文件的基本认识，能分类梳理不同类型的质量管理体系文件，能基本了解不同类型质量管理体系文件的内容。

任务测评

评价方式包括自我评价、组内评价、组间评价、教师评价，并据此设计了学生自评表（见表 12－1－1）、组内评价表（见表 12－1－2）、组间互评表（见表 12－1－3）、教师考核评价表（见表 12－1－4）。其中自我评价、组内评价、组间评价采用线上填写学习通问卷的形式进行，教师评价包含过程评价、结果评价，采用纸质评价表。各评价方式占本任务百分比分解如图 1－1－1 所示。

表 12－1－1 **学生自评表**

学习任务名称：________ 姓名：________ 学号：________

序号	学习过程	评价内容	评价标准			得分
			符合(分)	部分符合(分)	不符合(分)	
1	课前探究	能够主动完成学习通作业	8～10	5～7	0～4	
2	明确任务	能够正确理解质量管理体系文件的构成，形成开展方案	8～10	5～7	0～4	
3	制定方案	能够参与小组讨论，提出合理建议，积极参与小组汇报工作	8～10	5～7	0～4	
4	任务实施	能够完成质量管理制度分目录的编制	8～10	5～7	0～4	
5		能够完成质量职责文件分目录的编制	8～10	5～7	0～4	
6		能够完成操作规程文件分目录的编制	8～10	5～7	0～4	
7		能够完成质量管理体系文件总目录的编制	16～20	10～15	0～9	
8	竞赛提升	能够积极参加课中竞赛并获奖	8～10	5～7	0～4	
9	总结点评	能够客观公正做好自我评价	8～10	5～7	0～4	
合计						

表 12－1－2 **组内评价表**

学习任务名称：________ 组别：________ 被评价者姓名：________

序号	学习过程	评价内容	评价标准			得分
			符合(分)	部分符合(分)	不符合(分)	
1	课堂参与合作学习的态度	能够尊重同伴、独立思考，承担并完成岗位职责	8～10	5～7	0～4	
2	获得和提供信息技能	能够查阅规范、工作页解决疑问	8～10	5～7	0～4	
3		在展示汇报时能够积极参与，踊跃表达	8～10	5～7	0～4	
4	帮助和支持技能	在小组讨论时能积极思考，诚恳提问	8～10	5～7	0～4	
5		在讨论过程中能尊重他人，耐心倾听	8～10	5～7	0～4	
6	组织引导技能	能够帮助、督促其他成员参与小组活动，相互勉励，阻止讨论偏离主题	8～10	5～7	0～4	
7	质量控制技能	能够合作完成质量管理体系文件的梳理	8～10	5～7	0～4	
8		能够合作完成质量管理体系文件目录的编制	8～10	5～7	0～4	

续表

序号	学习过程	评价内容	评价标准			得分
			符合(分)	部分符合(分)	不符合(分)	
9	评议的技能	能够对其他组目录编制情况进行专业评价	8～10	5～7	0～4	
10		在展示作品时，能姿态端正，思路清晰	8～10	5～7	0～4	
合计						

表 12－1－3　　组间互评表

学习任务名称：________　组别：________　被评价者姓名：________

序号	评价内容	评价标准			得分
		符合(分)	部分符合(分)	不符合(分)	
1	该小组制定方案科学、高效、合理	16～20	10～15	0～9	
2	该小组进行方案汇报时，使用普通话，思路清晰，条理性强	16～20	10～15	0～9	
3	该小组任务完成过程中遵循 GSP 规范，样品选取合理	16～20	10～15	0～9	
4	该小组能够合理评价其他小组	16～20	10～15	0～9	
5	该小组完成质量管理体系文件目录编制	16～20	10～15	0～9	
合计					
评价小组组长签名					

表 12－1－4　　教师考核评价表

学习任务名称：________　学生：________　学号：________

序号	考核要求	评价标准			得分
		符合(分)	部分符合(分)	不符合(分)	
1	质量管理制度分目录编制正确	16～20	10～15	0～9	
2	质量职责文件分目录编制正确	16～20	10～15	0～9	
3	操作规程文件分目录编制正确	16～20	10～15	0～9	
4	质量管理体系文件总目录编制正确	16～20	10～15	0～9	
5	文稿规范，格式工整，无错别字	16～20	10～15	0～9	
合计					

想一想

1. 大家来讨论：零售药店的从业人员有时不能严格按照质量管理体系文件的相关要求开展工作，如果你作为企业的管理人员应采取哪些措施促使质量管理体系文件的严格贯彻与实施？

2. 请梳理本次课程的知识内容，绘制思维导图。

课堂练习

1. 收货凭证属于质量管理体系文件中的（　　）。

A. 质量管理制度　　B. 质量职责文件

C. 操作规程文件　　D. 记录文件

2. （多选）质量职责文件的内容包括（　　）。

A. 质量管理、采购、储存、销售、运输、财务和信息管理等部门职责

B. 企业负责人、质量负责人及质量管理、采购、储存、销售、运输、财务和信息管理等部门负责人的岗位职责

C. 质量管理、采购、收货、验收、储存、养护、销售、出库复核、运输、财务、信息管理等岗位职责

D. 与药品经营相关的其他岗位职责

E. 药品拆零销售管理

任务二　质量管理文件示例

学习目标

1. 能说出质量管理体系文件的类型。

2. 能分析质量管理体系文件主要内容的实例。

3. 能规范编写质量管理体系文件。

任务引入

某药品零售企业依据2019年修订的《中华人民共和国药品管理法》，决定对质量管理体系文件发起新一轮的修订和整理。你作为质量管理部门成员，请修订药品处方审核人员岗位职责文件。

【任务分析】

完成本次任务需要做到：

1. 梳理药品处方审核人员岗位职责。

2. 完成药品处方审核人员岗位职责文件的修订。

3. 通过对职责文件的修订，了解质量体系文件的主要类型和内容。

相关知识

企业应当按照药品监督管理法律法规以及 GSP 的要求，结合企业管理实际制定质量管理体系文件。质量管理体系文件应当涵盖到企业药品经营许可证核准的所有经营范围，对经营范围涉及的各品种类别均应明确规定其经营管理的具体要求。制定文件应当紧密结合企业管理的实际情况，包括企业的组织结构特征、采用的计算机及物流技术手段、管理及经营的模式等。

一、质量管理制度

1. 目的

建立公司药品经营质量管理体系文件系统，保证公司质量管理体系文件的规范性、科学性、实时性、有效性。

2. 制定依据

《中华人民共和国药品管理法》《药品经营质量管理规范》等法律法规。

3. 适用范围

本制度适用于公司各类质量管理体系文件的管理。

4. 内容

（1）质量管理制度包括：质量管理制度、部门及岗位职责、操作规程、记录及凭证、档案及报告等。

（2）质量管理制度的编制程序

1）公司和各职能部门可以按工作需要适时提出编制或修改要求。

2）起草及修订：必须依据《中华人民共和国药品管理法》《药品经营质量管理规范》等有关法律法规和规章，遵循文件编制原则，结合公司实际，编制各类质量文件；起草前由质量管理部门提出修订需求，提交变更申请单，经质量负责人审核、总经理批准后进行。

3）审核、批准及修改：由质量负责人组织相关人员对初稿进行评审、讨论及修改，在评审、修改基础上由质量负责人审定，并根据控制级别分别由质量机构负责人起草、质量负责人审核、总经理批准。

（3）文件编制的基本要求

1）合法性：符合有关法律法规、GSP 的要求。

2）可操作性：适合本公司的实际情况，经过努力可以做到。

3）规范性：文字用语要规范、简明、易懂，避免使用含糊的词语，编写顺序有逻辑性，文件标题应能清楚地说明文件的主要内容。

4）统一性：表头、术语、符号、尺寸、打印字体、格式统一，文件与文件之间相关联的内容统一。

5）可追踪性：应反映文件变更的过程。

6）改进性：不断完善、健全文件系统，必要时应对文件进行复审、修订。

7）不牵连性：尽量避免文件互相交叉与重复。

8）文件编码唯一性：为规范内部文件管理，有效分类、便于检索，各类文件应遵守质量管理部门统一编码原则，必须做到格式规范，类别清晰，一文一号，编码一旦确定便不得随意更改。

（4）文件格式

1）质量管理制度、部门及岗位职责、操作规程由表头、正文及附件组成。

2）表头

<table>
<tr><td colspan="4" rowspan="2">文件名称</td><td>编　号</td><td></td></tr>
<tr><td>页　码</td><td></td></tr>
<tr><td>起 草 人</td><td></td><td>审 核 人</td><td></td><td>批 准 人</td><td></td></tr>
<tr><td>起草日期</td><td></td><td>批准日期</td><td></td><td>执行日期</td><td></td></tr>
<tr><td>分发部门</td><td></td><td>变更记录</td><td></td><td>版 本 号</td><td></td></tr>
</table>

3）编号

①文件编号由 4 个英文字母的公司代码、2 个英文字母的文件类别代码、3 位阿拉伯数字的序号组合而成，详细如下：

□□□□　—　□□　—　□□□

公司代码　—　文件类别代码　—　文件序号

②公司代码：“××××××有限公司”代码为××××。

③文件类别：

A. 质量管理制度的文件类别代码，用英文字母“ZD”表示；

B. 质量管理质量职责的文件类别代码，用英文字母“ZZ”表示；

C. 质量管理操作规程的文件类别代吗，用英文字母“GC”表示。

④文件序号：质量管理体系文件按文件类别分别用 3 位阿拉伯数字，从“001”开始顺序编码。

4）版本号：文件版本号用来记载文件修改次数，用 2 位阿拉伯数字表示，从“01”开始，按次编写。

5）版式纸张：纸张选择为便于印发与整理归档，除少数图表之外，所有质量管理体系文件均以 A4 纸为标准尺寸。

6）正文为制定文件的目的、适用范围和规定内容。

7）附件为文件必要的图、表及其他说明性内容。

（5）文件的管理、发放和使用

1）质量管理体系文件由质量管理部门统一归口管理，其管理职责包括：组织编制、审核、修订、解释、培训、指导、检查、保管等。

2）各类质量管理体系文件根据使用部门不同下发到不同的部门与岗位人员。

3）办公室负责文件的发放和废止文件的收回并移交质量管理部门处理。

4）文件一经批准，应在执行之日前发放至有关部门人员。

5）文件使用部门应正确使用和妥善保管好文件，保证各项文件的正确执行，各岗位必须严格按照规定开展工作。

6）新文件在执行日期之前必须进行培训。培训方式可以是传阅、开会宣读等；培训人员原则上是文件的编制人、审核人或批准人。

（6）文件的时效

1）须定期审核、修订文件，使用的文件应当为批准的现行文本。原则上每两年对文件进行一次评估与修订。

2）当质量体系文件运行中发现部分章节错误或不适用时，由文件起草部门统一对错误或不适用章节进行修订，经原审批部门审批后执行；办公室对修订文件进行更新，相关部门培训后生效。

3）当发生以下情况时应进行整套文件重新修订：文件有大量文字修改；国家有关法律法规和规范进行了修订；公司组织机构和职能发生变动；政府主管部门检查或执行过程中发现问题需要做重大修改。

（7）文件的撤销与销毁

1）被更新文件自新修订文件执行之日起同时废止。

2）已撤销和过时的文件除留档备查外，不得在工作现场出现；质量管理部负责统一回收处理。

3）作废文件由质量管理部门负责统一集中保管与销毁，并做销毁记录备查。

（8）文件保管与归档

1）质量管理体系文件应妥善保管，不得丢失、撕毁或涂改，应保持文件清洁，整齐及完整。文件不得随便复印。

2）文件的归档包括文件归档和各种记录、凭证、报告和档案归档。各种记录、凭证、报告一旦填写完成，应按类归档，并保存至规定时限。

3）质量管理部门应存放有一整套纸质现行质量管理制度原件（或样本），并根据文件变更情况随时更新，记录在案。

二、操作规程文件

示例一：　　　　零售药店药品陈列及检查操作规程

营业场所药品陈列及检查操作规程				编　号	
				页　码	
起 草 人		审 核 人		批 准 人	
起草日期		批准日期		执行日期	
变更记录				版 本 号	

1. 目的

通过制定营业场所的药品陈列及检查操作规程，有效控制营业场所的药品陈列及检查符合质量规定的要求。

2. 依据

《中华人民共和国药品管理法》《药品经营质量管理规范》。

3. 适用范围

适用营业场所的药品陈列及检查全过程。

4. 责任者

门店养护人员及门店营业员。

5. 内容

（1）药品陈列

1）药品陈列要求做到分类合理，摆放整齐有序。陈列做到药品与非药品分区存放。

2）按药品性质不同进行分类陈列：

①内服药与外用药分开存放；②处方药与非处方药分柜摆放；③需阴凉储存的药品集中陈列于阴凉区（或阴凉柜）；④拆零药品集中摆放于拆零专柜，保留原包装的标签、说明书；⑤含麻黄碱复方制剂等特殊管理药品应单独闭柜陈列，并有专用标识；⑥中药饮片分开摆放，格斗前应写正名正字，装入格斗的应当是经过加工炮制的中药饮片，经清斗复核装斗。不得错斗、串斗、借用格斗，防止混药；⑦中药材集中摆放，贵重中药材做到专柜专账管理。

3）按药品功能做到相对分开摆放，包括抗感染药、呼吸系统用药、消化系统用药、循环系统用药（包括抗高血压、调血脂药等）、内分泌用药、滋补类用药等。

4）药品按批号远近，分开存放，做好批号跟踪。

5）非药品区应有明显“非药品区”标识，按用途不同分为保健食品、食品、医疗器械、生活用品等。

（2）陈列药品检查方法

1）药品养护员依据陈列药品的流动情况，制订养护检查计划，对陈列药品每个月检查一次，并认真填写陈列药品检查记录。

2）药品养护：药品养护员在质量养护检查中，依据陈列药品的外观质量变化情况，抽样进行外观质量的检查；抽样的药品依照药品外观质量检查要点，按照药品剂型逐一检查，检查合格的药品填写完成陈列药品检查记录，可继续上架销售；质量有问题或有疑问的品种要立即下柜停止销售，并详细记录，同时上报质量管理员进行复查。

3）中药饮片养护：中药饮片要按其特性分类存放，药斗要做到一货一斗，不得错斗、串斗；新进饮片装斗前要填写清斗记录，按要求真实、准确记录相关项目；养护员每月检查药斗内饮片质量，防止生虫、霉变、走油、结串、串药；夏防季节，对易变质饮片要每天检查，如有变化要及时采取相应的养护措施，并如实填写中药饮片检查记录。

4）药品效期管理：药品养护员根据每月对陈列药品的检查，填报近效期药品催售表，一式三份，质量负责人、养护员各一份，柜组一份。质量负责人督促营业员按照“先进先出、近期先出”的原则进行销售；养护员每月对近效期商品进行核查，在近效期药品催销表上如实记录已售、退货结论。

示例二：　　　　　　　　　营业场所冷藏药品存放操作规程示例

<table>
<tr><td colspan="4" rowspan="2">营业场所冷藏药品存放操作规程</td><td>编　号</td><td></td></tr>
<tr><td>页　码</td><td></td></tr>
<tr><td>起草人</td><td></td><td>审核人</td><td></td><td>批准人</td><td></td></tr>
<tr><td>起草日期</td><td></td><td>批准日期</td><td></td><td>执行日期</td><td></td></tr>
<tr><td>变更记录</td><td colspan="3"></td><td>版本号</td><td></td></tr>
</table>

1. 目的

通过制定营业场所冷藏药品的存放操作规程，有效控制营业场所冷藏药品的存放符合质量规定的要求。

2. 依据

《中华人民共和国药品管理法》《药品经营质量管理规范》。

3. 适用范围

适用营业场所冷藏药品的存放全过程。

4. 责任者

门店在册上岗人员。

5. 内容

（1）冷藏药品的收货、验收操作程序

1）冷藏药品收货区应在阴凉或冷藏环境中，不得置于露天、阳光直射和其他可能改变周围环境温度的位置。营业员收货前，应查看销售清单，现场导出在途温度记录单并确认运输全程温度符合规定的要求后，方可接收货物，移入待验区并立即通知验收人员进行验收。如不符合要求，应当场拒收，并将药品存放于退货区并上报质量管理员。

2）冷藏药品的验收要在30分钟内完成，验收人员需按照冷藏药品的温度要求及外观质量情况进行验收，验收合格后立即将药品转入低温柜存放；对质量不合格或有疑问的药品要及时上报质量管理员待查。

（2）冷藏药品的储藏、养护操作程序

1）冷藏药品需存放在可调节温度的低温柜中，养护人员每天两次对低温柜内温湿度进行监测并记录，确保冷藏药品质量合格。

2）低温柜要定期进行维护保养并做好记录。养护人员如发现设备故障，应先将药品隔离，暂停销售，做好记录并及时上报质量管理员。

三、质量职责文件

示例一：　　门店质量验收员岗位职责

门店质量验收员岗位职责				编　　号	
				页　　码	
起 草 人		审 核 人		批 准 人	
起草日期		批准日期		执行日期	
变更记录				版 本 号	

1. 目的

规范药品的验收工作，保证入库药品的质量。

2. 依据

《中华人民共和国药品管理法》《药品经营质量管理规范》。

3. 适用范围

适用于门店药品质量验收的全过程。

4. 责任者

门店质量验收员。

5. 内容

（1）门店质量验收员可由门店质量管理员或其他具有药学或者医学、生物、化学等相关专业学历或者具有药学专业技术职称的人员担任。中药饮片验收人员应当具有中药学中专以上学历或者具有中药学专业初级以上专业技术职称。

（2）应认真学习和执行公司质量验收制度和验收工作流程。

（3）门店验收可简化手续，但必须核对品名、规格、数量、批号、生产日期、有效期、到货日期、上市许可持有人/生产企业及质量情况等信息。

（4）验收中发现明显不合格的包装破损等外观质量问题应填写药品质量问题报告确认表，并存放于待验区上报质管员处理。

（5）验收中如发现质量异常，应在销售清单空白处注明，将其放入退货区，填写药品质量问题报告确认表报门店质量管理员确认，并报质量管理部处理。

（6）验收中发现药品实物的数量、批号、规格等与销售清单不符的，应与配送单位联系确认实际配送的数量、批号、规格。数量不符的配送单位补开销售清单或冲红，并在销售清单上注明；批号不符的应取得配送单位批号更正单后录入；规格不符的应退回配送单位重新配送正确规格的药品或取得配送单位规格更正单后录入。批号更正单和规格更正单应附于相应销售清单之后。

（7）需冷藏保存的药品应在冰箱待验区内验收。冷藏药品有质量疑问或需退回的应放入冰箱退货区待退，并通知配送单位冷藏车或冷藏箱来取货退回。

（8）验收合格的药品交由营业员上架销售。

（9）门店验收员在验收合格后，应在销售清单上签名，在到货24小时内进行电脑审核确认，将销售清单按OTC、单轨、双轨等以及配送时间分类装订保存，至少保存5年。

示例二： **营业员岗位职责**

<table>
<tr><td colspan="4" rowspan="2">营业员岗位职责</td><td>编　号</td><td></td></tr>
<tr><td>页　码</td><td></td></tr>
<tr><td>起 草 人</td><td></td><td>审 核 人</td><td></td><td>批 准 人</td><td></td></tr>
<tr><td>起草日期</td><td></td><td>批准日期</td><td></td><td>执行日期</td><td></td></tr>
<tr><td>变更记录</td><td colspan="3"></td><td>版 本 号</td><td></td></tr>
</table>

1. 目的

规范药品零售门店的销售，保证销售的服务质量和药品质量。

2. 依据

《中华人民共和国药品管理法》《药品经营质量管理规范》。

3. 适用范围

适用于门店药品销售的全过程。

4. 责任者

药品零售门店营业员。

5. 内容

（1）药品零售门店营业员应当由高中及以上文化程度并经培训合格或药学专业毕业人员担任。

（2）认真学习和执行药品法律、法规、GSP及公司质量管理制度，按药品性能或剂型分类陈列药品，做到药品与非药品分开、内服药与外用药分开、处方药与非处方药分开陈列。

（3）能正确介绍药品的性能、用途、用法、剂量、禁忌和注意事项，不得夸大宣传。

（4）应做到问病售药，不得销售不对症药品，必须核对所售药品是否是顾客需要的药品，防止药疗事故发生。销售药品应做到先进先出、近效期先出，但必须确保售出药品在正常使用的情况下处于有效期内。

（5）能按药品的性能陈列药品，类别标识正确，符合GSP的要求。

（6）注意避光、防潮，发现有质量问题和顾客反映有质量问题的药品要停止销售，存放于退货区，并立即报告质量管理员复查处理。

（7）必须将拆零销售药品装入拆零药袋，写明品名、规格、用法、用量、门店名称、有效期、拆零数量、销售时间等内容，检查有无质量问题，提供说明书复印件。保存外包装和说明书原件并登记销售情况。有质量疑问的不得出售。

（8）对陈列药品每月进行质量检查，并做好检查记录。

（9）处方药销售时，处方必须经执业药师或其他药学技术人员审核签字后才能调配，不得由其他人员代为审核。单轨制处方药必须登记并将处方附于记录后，医保销售可单独列明。双轨制处方药、国家有专门管理要求的药品必须按公司制度规定登记销售。

（10）经常整理所管辖区域的药品，保持陈列货架和药品的整洁卫生，并保持营业场所的整洁卫生。

任务实施

【材料准备】

工具：纸、笔。

材料：《中华人民共和国药品管理法》《药品经营质量管理规范》（2016 版）、质量管理制度、质量职责文件、操作规程文件等。

设备：计算机等。

【实施步骤】

步骤一：梳理药品处方审核人员岗位职责

参考药品处方审核人员岗位职责文件袋修订版本，梳理药品处方审核人员岗位职责，明确岗位职责文件的格式。

步骤二：编写岗位职责文件表头

编写岗位职责文件表头，完善相关信息。

步骤三：编写岗位职责文件的目的、依据、适用范围及责任

编写岗位职责文件的目的、依据、适用范围及责任。

步骤四：编写岗位职责文件的内容

编写岗位职责文件的内容，调整格式，形成岗位职责文件。

【操作要点及注意事项】

1. 药品处方审核人员岗位职责文件待修订版本可由教师提供或由学生上网检索获得。
2. 岗位职责文件应明确规定工作内容、工作目标、工作结果，并有相应的实施依据。
3. 岗位职责文件的格式应统一、规范，条厘清晰。

任务测评

评价方式包括自我评价、组内评价、组间评价、教师评价，并据此设计了学生自评表（见表 12－2－1）、组内评价表（见表 12－2－2）、组间互评表（见表 12－2－3）、教师考核评价表（见表 12－2－4）。其中自我评价、组内评价、组间评价采用线上填写学习通问卷的形式进行，教师评价包含过程评价、结果评价，采用纸质评价表。各评价方式占本任务百分比分解如图 1－1－1 所示。

表 12-2-1　学生自评表

学习任务名称：________　姓名：________　学号：________

序号	学习过程	评价内容	评价标准			得分
			符合(分)	部分符合(分)	不符合(分)	
1	课前探究	能够主动完成学习通作业	8~10	5~7	0~4	
2	明确任务	能够正确理解岗位职责文件的内容和要求	8~10	5~7	0~4	
3	制定方案	能够参与小组讨论，提出合理建议，积极参与小组汇报工作	8~10	5~7	0~4	
4	任务实施	能够完成药品处方审核人员岗位职责的梳理	8~10	5~7	0~4	
5		能够正确编写岗位职责文件表头	8~10	5~7	0~4	
6		能够正确编写岗位职责文件的目的、依据、适用范围及责任	8~10	5~7	0~4	
7		能够完成药品处方审核人员岗位职责文件的编写	16~20	10~15	0~9	
8	竞赛提升	能够积极参加课中竞赛并获奖	8~10	5~7	0~4	
9	总结点评	能够客观公正做好自我评价	8~10	5~7	0~4	
合计						

表 12-2-2　组内评价表

学习任务名称：________　组别：________　被评价者姓名：________

序号	学习过程	评价内容	评价标准			得分
			符合(分)	部分符合(分)	不符合(分)	
1	课堂参与合作学习的态度	能够尊重同伴、独立思考，承担并完成岗位职责	8~10	5~7	0~4	
2	获得和提供信息技能	能够查阅规范、工作页解决疑问	8~10	5~7	0~4	
3		在展示汇报时能够积极参与，踊跃表达	8~10	5~7	0~4	
4	帮助和支持技能	在小组讨论时能积极思考，诚恳提问	8~10	5~7	0~4	
5		在讨论过程中能尊重他人，耐心倾听	8~10	5~7	0~4	
6	组织引导技能	能够帮助、督促其他成员参与小组活动，相互勉励，阻止讨论偏离主题	8~10	5~7	0~4	
7	质量控制技能	能够合作完成药品处方审核人员岗位职责文件的梳理	8~10	5~7	0~4	
8		能够合作完成药品处方审核人员岗位职责文件的编写	8~10	5~7	0~4	

续表

序号	学习过程	评价内容	评价标准			得分
			符合(分)	部分符合(分)	不符合(分)	
9	评议的技能	能够对其他组编制情况进行专业评价	8~10	5~7	0~4	
10		在展示作品时，能姿态端正，思路清晰	8~10	5~7	0~4	
合计						

表 12-2-3　组间互评表

学习任务名称：＿＿＿＿＿＿　组别：＿＿＿＿＿＿　被评价者姓名：＿＿＿＿＿＿

序号	评价内容	评价标准			得分
		符合(分)	部分符合(分)	不符合(分)	
1	该小组制定方案科学、高效、合理	16~20	10~15	0~9	
2	该小组进行方案汇报时，使用普通话，思路清晰，条理性强	16~20	10~15	0~9	
3	该小组任务完成过程中遵循 GSP 规范，样品选取合理	16~20	10~15	0~9	
4	该小组能够合理评价其他小组	16~20	10~15	0~9	
5	该小组完成质量管理体系文件目录编制	16~20	10~15	0~9	
合计					
评价小组组长签名					

表 12-2-4　教师考核评价表

学习任务名称：＿＿＿＿＿＿　学生：＿＿＿＿＿＿　学号：＿＿＿＿＿＿

序号	考核要求	评价标准			得分
		符合(分)	部分符合(分)	不符合(分)	
1	药品处方审核人员岗位职责文件表头正确	16~20	10~15	0~9	
2	药品处方审核人员岗位职责文件格式正确	16~20	10~15	0~9	
3	药品处方审核人员岗位职责文件内容合理，可执行	32~40	20~31	0~19	
4	文稿规范，无错别字	16~20	10~15	0~9	
合计					

想一想

1. 大家来讨论：除示例外，零售药店的操作规程文件还有哪些？有什么内容？
2. 请梳理本次课程的知识内容，绘制思维导图。

课堂练习

1. 质量管理体系文件管理制度属于质量管理体系文件中的（　　）。

A. 质量管理制度　　B. 质量职责文件

C. 操作规程文件　　D. 记录文件

2. （多选）根据营业场所药品陈列及检查操作规程，中药饮片的养护应做到（　　）。

A. 中药饮片要按其特性分类存放，药斗要做到一货一斗，不得错斗、串斗

B. 新进饮片装斗前要填写清斗记录，按要求真实、准确记录相关项目

C. 养护员每周检查药斗内饮片质量，防止出现生虫、霉变、走油、结串、串药等现象

D. 夏防季节，对易变质饮片要每天检查，如有变化要及时采取相应的养护措施，并如实填写中药饮片检查记录

课题十三

计算机管理信息系统

任务一　GSP对药品经营企业计算机系统的要求

学习目标

1. 能说出药品经营企业计算机系统的组成。
2. 能说出GSP对计算机系统的要求。

任务引入

根据《药品经营质量管理规范》对药品经营企业计算机系统的要求，某药品零售连锁企业通过招标新购进一套连锁经营信息系统，你作为一名质量管理部门工作人员应对计算机系统的组成以及相关功能有所了解。为了更好地适应岗位工作要求，请开展相关知识的学习。

【任务分析】

完成本次任务需要做到：

1. 了解计算机系统的组成。
2. 了解《药品经营质量管理规范》对计算机系统的要求。

相关知识

《药品经营质量管理规范》第五十七条对药品批发企业进行规定，要求企业应当建立能够符合经营全过程管理及质量控制要求的计算机系统，实现药品可追溯；第一百四十六条对药品零售企业进行规定，要求企业应当建立能够符合经营和质量管理要求的计算机系统，并满足药品追溯的要求。

一、计算机系统的组成

企业计算机系统是由硬件设备和相关软件组成并完成企业经营、管理及质量控制的系统，用于企业经营和管理各项活动中的信息化处理，包括数据输入、处理和输出，可提高企业管理的效率、准确性和质量控制的有效性。

药品经营企业的计算机标准系统由业务 ERP、仓库管理系统、运输管理系统、温湿度监测系统等组成。

1. 业务 ERP：管理企业采购、销售、库存、人事绩效考核、财务等方面的软件系统，统称为 ERP。

2. 仓库管理系统：专门用于物流基地智能仓储管理的软件系统，主要由软件和相应的硬件设施组成。

3. 运输管理系统：专门用于物流基地车辆智能调度的运输管理系统，主要由软件和相应的硬件设施组成。

4. 温湿度监测系统：主要是通过在仓库的各个监测点安装“温湿度传感器”采集数据，通过有线或者无线的方式传输数据到计算机，配合相应的软件和报警设备实现监测功能。

计算机系统必须涵盖的环节：采购、收货与验货、仓储（温湿度监测、养护、效期管理）、销售、出库复核、运输记录。

计算机系统的核心功能主要包括：权限控制、业务流程管控、数据真实可追溯、系统可升级对接监管平台。其中，系统可升级对接监管平台中的数据库和应用软件主要包括以下三点要求：①供应商资格认定。企业应当将审核合格的供货单位、购货单位及经营品种等信息录入系统，建立质量管理基础数据库并有效运用。②质量管理基础数据。该数据包括供货单位、购货单位、经营品种、供货单位销售人员资质、购货单位采购人员资质及提货人员资质等相关内容，且该数据与对应的供货单位、购货单位以及购销药品的合法性、有效性相关联，与供货单位或购货单位的经营范围相对应，由系统进行自动跟踪、识别与控制。③系统对接近失效的质量管理基础数据进行提示、预警，提醒相关部门及岗位人员及时索取、更新相关资料；任何质量管理基础数据失效时，系统会自动锁定与该数据相关的业务功能，直至数据更新和生效后，相关功能可恢复。

二、GSP 对计算机系统的要求

药品经营企业应当按照《药品经营质量管理规范》相关规定，在系统中设置各经营流程的质量控制功能，与采购、销售以及收货、验收、储存、养护、出库复核、运输等系统功能形成内嵌式结构，对各项经营活动进行判断，对不符合药品监督管理法律法规以及《药品经营质量管理规范》的行为进行识别及控制，确保各项质量控制功能的实时和有效。

1. GSP 对药品批发企业计算机系统的要求

（1）计算机系统的硬件设施和网络环境应当符合的要求：

1）有支持系统正常运行的服务器；

2）质量管理、采购、收货、验收、储存、养护、出库复核、销售等岗位配备专用的终端设备；

3）有稳定、安全的网络环境，有固定接入互联网的方式和可靠的信息安全平台；

4）有实现相关部门之间、岗位之间信息传输和数据共享的局域网；

5）有符合《药品经营质量管理规范》及企业管理实际需要的应用软件和相关数据库。

（2）负责信息管理的部门应当履行的职责：

1）负责系统硬件和软件的安装、测试及网络维护；

2）负责系统数据库管理和数据备份；

3）负责培训、指导相关岗位人员使用系统；

4）负责系统程序的运行及维护管理；

5）负责系统网络以及数据的安全管理；

6）保证系统日志的完整性；

7）负责建立系统硬件和软件管理档案。

（3）质量管理部门应当履行的职责：

1）负责指导设定系统质量控制功能；

2）负责系统操作权限的审核，并定期跟踪检查；

3）监督各岗位人员严格按规定流程及要求操作系统；

4）负责质量管理基础数据的审核、确认生效及锁定；

5）负责经营业务数据修改申请的审核，符合规定要求的方可按程序修改；

6）负责处理系统中涉及药品质量的有关问题。

（4）药品批发企业应当严格按照管理制度和操作规程进行计算机系统数据的录入、修改和保存，以保证各类记录的原始、真实、准确、安全和可追溯。各操作岗位通过输入用户名、密码等身份确认方式登录系统，并在权限范围内录入或查询数据，未经批准不得修改数据信息；修改各类业务经营数据时，操作人员在职责范围内提出申请，经质量管理人员审核批准后方可修改，修改的原因和过程在系统中予以记录；系统对各岗位操作人员姓名的记录，根据专有用户名及密码自动生成，不得采用手工编辑或菜单选择等方式录入；系统操作、数据记录的日期和时间由系统自动生成，不得采用手工编辑、菜单选择等方式录入。

（5）药品批发企业应当根据计算机管理制度对系统各类记录和数据进行安全管理。采用安全、可靠的方式存储、备份；按日备份数据；备份记录和数据的介质存放于安全场所，防止与服务器同时遭遇灾害造成损坏或丢失；记录和数据至少保存 5 年；疫苗、特殊管理的药品的记录和数据按相关规定保存。

（6）药品批发企业应当将审核合格的供货单位、购货单位及经营品种等信息录入计算机系统，建立质量管理基础数据库并有效运用。质量管理基础数据包括供货单位、购货单位、经营品种、供货单位销售人员资质、购货单位采购人员资质及提货人员资质等相关内容；质量管理基础数据与对应的供货单位、购货单位以及购销药品的合法性、有效性相关联，与供货单位或购货单位的经营范围相对应，由系统进行自动跟踪、识别与控制；系统对接近失效的质量管理基础数据进行提示、预警，提醒相关部门及岗位人员及时索取、更新相关资料；任何质量管理基础数据失效时，系统都自动锁定与该数据相关的业务功能，直至数据更新和生效后，相关功能方可恢复；质量管理基础数据是企业合法经营的基本保障，须由专门的质量管理人员对相关资料审核合格后，据实确认和更新，更新时间由系统自动生成；其他岗位人员只能按规定的权限，查询、使用质量管理基础数据，不能修改数据的任何内容。

（7）药品采购订单中的质量管理基础数据应当依据数据库生成。计算机系统对各供货单位的合法资质，能够自动识别、审核，防止超出经营方式或经营范围的采购行为发生。采购订单确认后，系统自动生成采购记录。

（8）药品到货时，计算机系统应当支持收货人员查询采购记录，对照随货同行单（票）及实物确认相关信息后，方可收货。

（9）验收人员按规定进行药品质量验收，对照药品实物在计算机系统采购记录的基础上录入药品的批号、生产日期、有效期、到货数量、验收合格数量、验收结果等内容，确认后系统自动生成验收记录。

（10）计算机系统应当按照药品的管理类别及储存特性，自动提示相应的储存库区。

（11）计算机系统应当依据质量管理基础数据和养护制度，对库存药品按期自动生成养护工作计划，提示养护人员对库存药品进行有序、合理的养护。

（12）计算机系统应当对库存药品的有效期进行自动跟踪和控制，具备近效期预警提示、超有效期自动锁定及停销等功能。

（13）销售药品时，计算机系统应当依据质量管理基础数据及库存记录生成销售订单，系统拒绝无质量管理基础数据或无有效库存数据支持的任何销售订单的生成。系统对各购货单位的法定资质能够自动识别并审核，防止超出经营方式或经营范围的销售行为的发生。销售订单确认后，系统自动生成销售记录。

（14）计算机系统应当将确认后的销售数据传输至仓储部门提示出库及复核。复核人员完成出库复核操作后，系统自动生成出库复核记录。

（15）计算机系统对销后退回药品应当具备以下功能：

1）处理销后退回药品时，能够调出原对应的销售、出库复核记录；

2）对应的销售、出库复核记录与销后退回药品实物信息一致的方可收货、验收，并依据原销售、出库复核记录数据以及验收情况，生成销后退回验收记录；

3）退回药品实物与原记录信息不符，或退回药品数量超出原销售数量时，系统拒绝药品退回操作；

4）系统不支持对原始销售数据的任何更改。

（16）计算机系统应当对经营过程中发现的质量有疑问药品进行控制。各岗位人员发现质量有疑问药品，按照本岗位操作权限实施锁定，并通知质量管理人员；被锁定药品由质量管理人员确认，不属于质量问题的，解除锁定，属于不合格药品的，由系统生成不合格记录；系统对质量不合格药品的处理过程、处理结果进行记录，并跟踪处理结果。

（17）计算机系统应当对药品运输的在途时间进行跟踪管理，对有运输时限要求的，应当提示或警示相关部门及岗位人员。系统应当按照《药品经营质量管理规范》要求，生成药品运输记录。

（18）计算机系统的硬件、软件、网络环境及管理人员的配备，应当满足企业经营规模和质量管理的实际需要。

2. GSP 对药品零售企业计算机系统的要求

（1）药品零售企业系统的销售管理应当符合的要求：

1）建立包括供货单位、经营品种等相关内容的质量管理基础数据；

2）依据质量管理基础数据，自动识别处方药、特殊管理的药品以及其他国家有专门管理要求的药品；

3）拒绝国家有专门管理要求的药品超数量销售；

4）与结算系统、开票系统对接，对每笔销售自动打印销售票据，并自动生成销售记录；

5）依据质量管理基础数据，对拆零药品单独建立销售记录，对拆零药品实施安全、合理的销售控制；

6）依据质量管理基础数据，定期自动生成陈列药品检查计划；

7）依据质量管理基础数据，对药品有效期进行跟踪，对近效期的药品给予预警提示，超有效期的药品自动锁定及停销；

8）各类数据的录入与保存的要求与上述药品批发企业第（4）、第（5）项相同。

（2）药品经营企业应当根据有关法律法规、《药品经营质量管理规范》以及质量管理体系内审的要求，及时对系统进行升级，完善系统功能。

任务实施

【材料准备】

材料：纸、笔等。

设备：计算机、连锁药店经营管理系统等。

【实施步骤】

步骤一：认识连锁药店经营管理系统的基本组成

登录连锁药店经营管理系统，了解其基本功能包括商品及供应商管理、采购管理、智能养护管理、质管审核、仓储管理、配送管理、门店管理等。

步骤二：了解商品及供应商管理的基本功能

1. 首营商品管理：新品登记、首营品种采购审批、质量管理部门审批、负责人审批。

2. 首营企业审批：供应商登记、采购部审批、质量管理部门审批、负责人审批。

3. 经营范围管理：管理到每个商品。

4. 法人委托书的管理：按类别、品种管理每个法定代表人委托书的委托范围及其有效期。

步骤三：了解采购管理的基本功能

1. 流程：订单—收货—验收—入库。

2. 订单：首营企业、首营品种、经营范围等控制。

3. 收货：按订单收货，核对药品的品种、数量。冷藏药品必须有冷链运输凭证并进行登记，不符合要求的应拒收。可以根据客户的印章电子档案进行单据的核对。

4. 验收：根据收货记录进行验收，拒收不合格药品。

5. 入库：根据药品的存储条件，分类入库。

步骤四：了解智能养护管理的基本功能

1. 自动分类：根据 GSP 的规范，自动区分是否重点养护。

2. 自动计划：根据每个批次药品的养护日期或入库日期，计算需要养护的商品，减少养护量。

3. 自动处理：发现不合格药品，养护填写后自动进入不合格药品区处理。

步骤五：了解质量管理部门审核的基本功能

1. 信息变更审核：系统中关键信息的更改都必须经过质量管理部门的审核，如供应商资料、商品资料、验收信息等，做到所有变更都可以追溯。

2. 权限审核：系统中人员、角色权限的变更都必须经过质量管理部门的审核。

3. 电子档案：供应商、商品的资料可以通过电子档案的形式进行存储查看，业务过程中的药检单、温湿度记录等也可以电子档案的形式进行存储。

步骤六：了解仓储管理的基本功能

1. 批次管理：入库、库存、配送、门店销售全程批次跟踪。

2. 运输管理：按门店配送单生成送货单、按送货单生成运输单。

3. WMS 接口：支持与 WMS 对接，实现电子标签及打单拣货多种模式，按运输路线、送货时间等进行批次管理。

步骤七：了解配送管理的基本功能

1. 多级配送：先由配送中心配送到地区配送点，再由地区配送点配送到门店。

2. 配送价格：按不同门店设置配送价格，根据配送价、进价、零售价进行折扣或加点定价。

步骤八：了解门店管理的基本功能

1. 门店间调拨：自动生成退回记录和配送记录。

2. 电子监管码管理：系统集成电子监管码采集和上传功能。

3. 特殊药品：麻黄碱类销售控制，购买者需要登记个人身份信息，每次限量，按月/日限次。

4. 处方药销售：处方药自动控制，药师审方，指纹验证。

5. 盘点模式：支持整库盘点和抽查盘点模式。

6. 收银财务：对门店收银、客户支付、财务对账进行控制。

【操作要点及注意事项】

不同连锁药店的经营管理系统在功能上会有所差别，本任务要求对系统的基本功能有所了解，建立初步认识，实训任务开展时应根据实际情况进行调整。

任务测评

评价方式包括自我评价、组内评价、组间评价、教师评价，并据此设计了学生自评表（见表13－1－1）、组内评价表（见表13－1－2）、组间互评表（见表13－1－3）、教师考核评价表（见表13－1－4）。采用线上评价与线下评价相结合的方式。其中自我评价、组内评价、组间评价采用线上填写学习通问卷的形式进行，教师评价包含过程评价、结果评价，采用纸质评价表。各评价方式占本任务百分比分解如图1－1－1所示。

表13－1－1　　学生自评表

学习任务名称：__________　姓名：__________　学号：__________

序号	学习过程	评价内容	评价标准			得分
			符合（分）	部分符合（分）	不符合（分）	
1	课前探究	能够主动完成学习通作业	8～10	5～7	0～4	
2	明确任务	能够明确连锁药店经营管理系统的基本组成	8～10	5～7	0～4	
3	制定方案	能够参与小组讨论，提出合理建议，积极参与小组汇报工作	8～10	5～7	0～4	
4	任务实施（完成5项及以上，此处得满分）	能够说出商品及供应商管理的基本功能	8～10	5～7	0～4	
5		能够说出采购管理的基本功能	8～10	5～7	0～4	
6		能够说出智能养护管理的基本功能	8～10	5～7	0～4	
7		能够说出质管审核的基本功能	8～10	5～7	0～4	
8		能够说出仓储管理的基本功能	8～10	5～7	0～4	
9		能够说出配送管理的基本功能	8～10	5～7	0～4	
10		能够说出门店管理的基本功能	8～10	5～7	0～4	
11	竞赛提升	能够积极参加课中竞赛并获奖	8～10	5～7	0～4	
12	总结点评	能够客观公正做好自我评价	8～10	5～7	0～4	
合计						

表13－1－2　　组内评价表

学习任务名称：__________　组别：__________　被评价者姓名：__________

序号	学习过程	评价内容	评价标准			得分
			符合（分）	部分符合（分）	不符合（分）	
1	课堂参与合作学习的态度	能够尊重同伴、独立思考，承担并完成岗位职责	8～10	5～7	0～4	

续表

序号	学习过程	评价内容	评价标准			得分
			符合(分)	部分符合(分)	不符合(分)	
2	获得和提供信息技能	能够查阅规范、工作页解决疑问	8～10	5～7	0～4	
3		在展示汇报时能够积极参与，踊跃表达	8～10	5～7	0～4	
4	帮助和支持技能	在小组讨论时能积极思考，诚恳提问	8～10	5～7	0～4	
5		在讨论过程中能尊重他人，耐心倾听	8～10	5～7	0～4	
6	组织引导技能	能够帮助、督促其他成员参与小组活动，相互勉励，阻止讨论偏离主题	8～10	5～7	0～4	
7	质量控制技能	完成任务时能够互相合作与帮助	16～20	10～15	0～9	
8	评议的技能	能够对其他组质量判断结果进行专业评价	8～10	5～7	0～4	
9		在展示作品时，能姿态端正，思路清晰	8～10	5～7	0～4	
合计						

表 13－1－3　　组间互评表

学习任务名称：________　组别：________　被评价者姓名：________

序号	评价内容	评价标准			得分
		符合(分)	部分符合(分)	不符合(分)	
1	该小组制定方案科学、高效、合理	16～20	10～15	0～9	
2	该小组进行方案汇报时，使用普通话，思路清晰，条理性强	16～20	10～15	0～9	
3	该小组任务完成过程中遵循 GSP 规范	16～20	10～15	0～9	
4	该小组能够合理评价其他小组	16～20	10～15	0～9	
5	该小组完成学习任务	16～20	10～15	0～9	
合计					
评价小组组长签名					

表 13－1－4　　教师考核评价表

学习任务名称：________　学生：________　学号：________

序号	考核要求	评价标准			得分
		符合(分)	部分符合(分)	不符合(分)	
1	能够明确说出连锁药店经营管理系统的基本组成	16～20	10～15	0～9	

续表

序号	考核要求	评价标准			得分
		符合(分)	部分符合(分)	不符合(分)	
2	能够明确说出各组成部分的功能	32～40	20～31	0～19	
3	能够说出 GSP 计算机系统的要求	16～20	10～15	0～9	
4	表达清晰，规范	16～20	10～15	0～9	
合计					

想一想

1. 大家来讨论：药品批发企业的计算机系统和药品连锁经营企业的计算机系统在功能上有哪些相同的地方？又有哪些不同的地方？

2. 请梳理本次课程的知识内容，绘制思维导图。

课堂练习

1. （多选）药品经营企业的标准系统由（　　）组成。

A. 业务 ERP　　B. 仓库管理系统

C. 运输管理系统　　D. 温湿度监测系统

E. 连锁门店管理系统

2. （多选）药品批发企业计算机系统的硬件设施和网络环境应当（　　）。

A. 有支持系统正常运行的服务器

B. 有质量管理、采购、收货、验收、储存、养护、出库复核、销售等岗位配备专用的终端设备

C. 有稳定、安全的网络环境，有固定接入互联网的方式和可靠的信息安全平台

D. 有实现相关部门之间、岗位之间信息传输和数据共享的局域网

E. 有符合《药品经营质量管理规范》及企业管理实际需要的应用软件和相关数据库

任务二　计算机系统在药品经营企业中的应用

学习目标

1. 能运用计算机系统处理 GSP 业务。

2. 能说出计算机系统在 GSP 中的运用过程。

3. 能独立操作连锁药店经营管理系统进行收银、盘点。

任务引入

根据《药品经营质量管理规范》对药品经营企业计算机系统的要求，某药品零售连锁企业通过招标，新购进一套连锁经营信息系统。为了更好地适应岗位工作要求，你作为一名零售药品门店营业员，请开展对门店管理系统的学习。

【任务分析】

完成本次任务需要做到：

1. 了解计算机系统的作用。
2. 了解计算机系统在 GSP 中的运用过程。
3. 掌握药品零售门店系统的使用。

相关知识

计算机信息化可以帮助企业有效地掌握有关业务信息，在药品流通过程中，有效防止药品的污染、混淆与差错，提高企业管理水平和工作效率，降低人工成本，提高企业的经济效益。

一、计算机系统的作用

企业计算机系统是企业进行 GSP 质量管理活动的重要基础条件。与一般设备系统不同，计算机系统对企业经营管理活动和质量管理活动的影响是全方位的。建立一个有效的计算机管理系统，对于企业更有效地实施各环节的质量控制和质量保证有强大的支撑作用。具体来说，主要有以下三个方面的作用。

1. 降低运营成本，提高工作效率

计算机处理数据的速度是人工的数百倍，企业计算机系统的建立可以极大地减少人力资源的投入，信息化使产品销售和服务的时间缩短，从而大大提升效率。

2. 提高产品质量，促进药品销售

标准化、规范化、系统化、程序化的计算机系统数据管理，可以最大限度地避免因人工操作造成的不确定因素，使服务质量得到有效控制和提高。计算机系统建设将使基于大数据分析的客户开发和市场营销成为可能，进一步多样化销售渠道和手段，并促使企业从以事务为中心的传统管理模式向以客户为中心的管理模式转变，不断增进用户满意度。

3. 提高医药企业管理水平

计算机系统使管理者对企业内部和外部信息的掌握更加完备、及时、准确，并实现企业上下级之间、各部门之间、内外部之间的实时沟通，使企业实现对物流、资金流的更有效管理。

二、计算机系统在 GSP 中的运用

1. 采购

药品的采购订单应当依据计算机管理系统建立的质量管理基础数据制定。系统对各购货单位的法定资质能自动识别、审核，拒绝无质量管理基础数据支持的任何采购订单的生成。系统对各供货单位的法定资质自动审核，拒绝超出经营范围、经营方式的采购行为发生。采购订单确认后，自动生成采购记录，没有质量保证协议不能生成采购计划，系统拒绝生成计划时会显示原因。

2. 收货

药品到货时，系统应支持收货人员查询采购订单，对照随货同行单（票）及实物确认相关信息无误后，方可进行收货。系统支持收货人员查询到货品种和供应商的基础信息，支持收货人员记录相关到货信息。收货人员核对确认到货信息后，提交验收组验收。

3. 验收

验收人员对照系统信息提示进行药品实物验收，对照药品实物在系统采购记录的基础上录入药品的批号、生产日期、有效期、到货数量、验收合格数量、验收结果等内容，系统自动显示验收记录和验收员姓名。确认后，系统自动生成验收记录。验收结束后系统可打印或输入入库指令，通知仓库入库。系统根据药品的管理类别及储存特性，自动提示相应的储存库区。

4. 养护

系统依据质量管理基础数据库和养护制度及验收记录，对库存药品按期自动生成养护工作计划，提示养护人员对库存药品进行有序、合理的养护，自动提示养护工作进度。

5. 效期管理

系统对库存药品的有效期进行自动跟踪和控制，具备近效期预警提示、超有效期自动锁定及停售等功能。企业应建立“近效期停销制”，判断近效期销售的合理性和可预期的危害。近效期预警的期限应根据企业在供应链所处的位置、销售对象、药品正常使用完毕的合理期限来综合评估。

6. 销售

药品经营企业销售药品时，系统根据质量管理基础数据及库存记录生成销售订单，系统拒绝无质量管理基础数据或无有效库存数据支持的任何销售订单的生成。系统对购货单位的法定资质能够自动识别并审核，防止超出经营方式或经营范围的销售行为的发生。销售订单确认后，系统自动生成销售记录。

7. 出库

药品经营企业将确认后的销售数据传输至仓储部门，提示出库、复核及开票，系统自动生成出库指令，打印出库单或生成拣货任务，跟踪拣货出库进程。复核人员在系统界面上进行复核操作，生成相应的质量复核结果，标明复核人员姓名。复核人员完成出库复核操作后，系统自动生成出库复核记录。

8. 退回

药品经营企业的系统对销后退回的药品开展以下工作：

（1）处理销后退回药品时，调出原对应的销售、出库复核记录。

（2）对应的销售、出库复核记录与销后退回药品实物信息一致时，方可开展收货、验收，并依据原销售、出库复核记录数据以及验收情况，生成销后退回验收记录。

（3）退回药品实物与原记录不符，或退回药品数量超出原销售数量时，系统拒绝药品退回操作。

（4）保持原始销售记录，无法做任何更改。

9. 有疑问药品控制

系统对经营过程中发现的质量有疑问药品进行控制，各岗位人员发现质量有疑问药品时，按照本岗位操作权限实施锁定，并通知质量管理人员。被锁定药品由质量管理人员确认，不属于质量问题的，解除锁定；属于不合格药品的，由系统生成不合格记录。系统对不合格药品的处理过程、处理结果进行记录，并跟踪处理结果。

10. 运输

系统应当对药品运输的在途时间进行跟踪管理，记录发运记录，建立运输记录；对有运输时限要求的，应当提示、警示相关部门及岗位人员。

任务实施

【材料准备】

材料：纸、笔等。

设备：计算机、连锁药店经营管理系统等。

【实施步骤】

步骤一：登录连锁药店门店管理系统

登录连锁药店门店管理系统，了解其基本功能。

步骤二：使用系统收银功能

1. 使用 POS 机：扫描条形码、拼音码、编码、监管码、价格等多种情况。

2. 使用便捷输入功能：使用挂起重新引用、处方引用功能。

3. 选择结算方式：医保结算、银行卡结算、支付宝结算、微信钱包结算、支票结算、医卡通结算等。

4. 使用离线收银功能：断网模式下，进入离线收银。

5. 设置药品拆零规则：设置对应关系及拆零比例，生成拆零药品销售记录。

6. 使用财务管理功能：进行交款管理，生产门店日结，交接班统计表。

步骤三：使用系统盘点功能

1. 选择盘点模式：整库盘点和抽查盘点。

2. 开展盘点流程：盘点准备—盘点（可使用手持终端盘点）—输入—生成差异—审核生成调整记录。

【操作要点及注意事项】

不同连锁药店的经营管理系统在功能上会有所差别，实训任务开展时应根据实际情况进行调整。

任务测评

评价方式包括自我评价、组内评价、组间评价、教师评价，并据此设计了学生自评表（见表13－2－1）、组内评价表（见表13－2－2）、组间互评表（见表13－2－3）、教师考核评价表（见表13－2－4）。其中自我评价、组内评价、组间评价采用线上填写学习通问卷的形式进行，教师评价包含过程评价、结果评价，采用纸质评价表。各评价方式占本任务百分比分解如图1－1－1所示。

表13－2－1　　学生自评表

学习任务名称：________　姓名：________　学号：________

序号	学习过程	评价内容	评价标准			得分
			符合（分）	部分符合（分）	不符合（分）	
1	课前探究	能够主动完成学习通作业	8～10	5～7	0～4	
2	明确任务	能够撰写任务开展实施方案	8～10	5～7	0～4	
3	制定方案	能够参与小组讨论，提出合理建议，积极参与小组汇报工作	8～10	5～7	0～4	
4	任务实施	能够正确使用系统收银功能	20－25	15－19	0～14	
5		能够正确使用系统盘点功能	20～25	15～19	0～14	
6	竞赛提升	能够积极参加课中竞赛并获奖	8～10	5～7	0～4	
7	总结点评	能够客观公正做好自我评价	8～10	5～7	0～4	
合计						

表13－2－2　　组内评价表

学习任务名称：________　组别：________　被评价者姓名：________

序号	学习过程	评价内容	评价标准			得分
			符合（分）	部分符合（分）	不符合（分）	
1	课堂参与合作学习的态度	能够尊重同伴、独立思考，承担并完成岗位职责	8～10	5～7	0～4	
2	获得和提供信息技能	能够查阅规范、工作页解决疑问	8～10	5～7	0～4	
3		在展示汇报时能够积极参与，踊跃表达	8～10	5～7	0～4	
4	帮助和支持技能	在小组讨论时能积极思考，诚恳提问	8～10	5～7	0～4	
5		在讨论过程中能尊重他人，耐心倾听	8～10	5～7	0～4	

续表

序号	学习过程	评价内容	评价标准			得分
			符合(分)	部分符合(分)	不符合(分)	
6	组织引导技能	能够帮助、督促其他成员参与小组活动，相互勉励，阻止讨论偏离主题	8~10	5~7	0~4	
7	质量控制技能	完成任务时能够互相合作与帮助	16~20	10~15	0~9	
8	评议的技能	能够对其他组质量判断结果进行专业评价	8~10	5~7	0~4	
9		在展示作品时，能姿态端正，思路清晰	8~10	5~7	0~4	
合计						

表 13-2-3　　组间互评表

学习任务名称：________　组别：________　被评价者姓名：________

序号	评价内容	评价标准			得分
		符合(分)	部分符合(分)	不符合(分)	
1	该小组制定方案科学、高效、合理	16~20	10~15	0~9	
2	该小组进行方案汇报时，使用普通话，思路清晰，条理性强	16~20	10~15	0~9	
3	该小组任务完成过程中遵循 GSP 规范	16~20	10~15	0~9	
4	该小组能够合理评价其他小组	16~20	10~15	0~9	
5	该小组完成学习任务	16~20	10~15	0~9	
合计					
评价小组组长签名					

表 13-2-4　　教师考核评价表

学习任务名称：________　学生：________　学号：________

序号	考核要求	评价标准			得分
		符合(分)	部分符合(分)	不符合(分)	
1	能够正确说出连锁药店门店管理系统的基本功能	16~20	10~15	0~9	
2	能够正确使用系统收银功能	16~20	10~15	0~9	
3	能够正确使用系统盘点功能	16~20	10~15	0~9	
4	操作规范，思路清晰	16~20	10~15	0~9	
5	记录规范完整	16~20	10~15	0~9	
合计					

想一想

1. 大家来讨论：药品零售企业在销售中药、特殊药品及处方药品时应对系统进行怎样设置以确保符合《药品经营质量管理规范》的要求?

2. 请梳理本次课程的知识内容，绘制思维导图。

课堂练习

1. (多选) 药品经营企业计算机系统的作用有（　　）。

A. 降低运营成本，提高工作效率

B. 提高产品质量，促进药品销售

C. 提高医药企业管理水平

D. 提升企业知名度

2. (多选) 药品经营企业计算机系统对有疑问药品的控制包括（　　）。

A. 各岗位人员按本岗位操作权限实施锁定

B. 被锁定药品由质量管理人员确认，不属于质量问题的，解除锁定

C. 被锁定药品由质量管理人员确认，属于不合格药品的，由系统生成不合格记录

D. 对不合格药品的处理过程、处理结果进行记录，并跟踪处理结果